Dittmar Werner

Alltag und Lebenswelt:
Phänomenologische Erkundungen zur Religionspädagogik –
Ethik und Philosophie in bildungstheoretischer und
unterrichtspraktischer Ausrichtung

THELEM

Dresdner Hefte für Philosophie
Herausgegeben von Thomas Rentsch
und Johannes Rohbeck
Heft 11

Dittmar Werner

Alltag und Lebenswelt:
Phänomenologische Erkundungen zur
Religionspädagogik – Ethik und Philosophie
in bildungstheoretischer und unterrichtspraktischer Ausrichtung

THELEM

2005

Die Deutsche Bibliothek – CIP-Einheitsaufnahme

Bibliografische Information der Deutschen Bibliothek
Die Deutsche Bibliothek verzeichnet diese Publikation in der
Deutschen Nationalbibliographie; detaillierte bibliographische Daten
sind im Internet über <http://dnb.ddb.de> abrufbar.

Bibliographic information published by Die Deutsche Bibliothek
Die Deutsche Bibliothek lists this publication in the Deutsche
Nationalbibliografie; detailed bibliographic data is available in the
Internet at <http://dnb.ddb.de>

ISBN 3-937672-03-6

D.30

© 2005 w.e.b. Universitätsverlag und Buchhandel
Eckhard Richter & Co. OHG
Bergstr. 78, 01069 Dresden
Thelem ist ein Imprint von w.e.b.
Alle Rechte vorbehalten. All rights reserved.
Satz und Layout: w.e.b.
Umschlag: w.e.b.
Umschlagabb.: »Landschaft bei Aix« (um 1886) von Paul Cézanne
Printed in Germany.

Inhaltsverzeichnis

0 VORWORT

Der Weg zu dieser Arbeit wird von eigenen Praxiserfahrungen im gymnasialen Religionsunterricht bestimmt, die nach meiner persönlichen Einschätzung zunehmend die Gefahr erkennen lassen, dass die zu vermittelnden Inhalte auf eine Wissensvermittlung und Wissensaneignung ausgerichtet werden, mit denen primär zweckrationale Ansprüche Geltung erlangen sollen. Damit treten besonders prüfungsrelevante Denk- und Verhaltensmuster in den Vordergrund, die darauf hinauslaufen, religionspädagogisches Lehren und Lernen der ›Stoffvermittlung‹ und ökonomisierbarer Verwertbarkeit zuzuführen. Dass damit zugleich auch die Tendenz zur Ausblendung schülerorientierter, subjekthaltiger Unterrichtsverfahren einhergeht, ist die absehbare Konsequenz. In der weiteren Folge werden religionspädagogische Unterrichtsgehalte der Einschränkung zur Artikulation individueller Erfahrungsräume unterliegen, wenn die umfassende Thematisierung und Gestaltung von persönlichen Lebensgeschichten mehr und mehr ausgeklammert werden. Somit macht es sich das vorliegende Projekt zur Aufgabe, den Blick auf die Wirklichkeit gegenwärtiger religionspädagogischer Theoriebildung und deren unterrichtspraktischer Umsetzung aus der Perspektive ihrer Subjekthaltigkeit zu richten. Tragende Funktion soll dabei die Erörterung eines Erziehungs- und Bildungsverständnisses haben, mit dem es möglich werden kann, religionspädagogische Unterrichtsprozesse so zu gestalten, dass sie einem erfahrungs- und erlebnisorientierten Subjekt- und Religionsverständnis förderlich sind. Von daher wird durchgängig der Frage nachzugehen sein, mit welchem Wirklichkeitsansatz es dem Religionsunterricht gelingen kann, sein Anliegen im Interessen- und Fragehorizont der Schüler so zu verankern, dass er der Gefahr einer überhöhten Abstraktheit entgeht. Hier scheint eine Revision gegenwärtigen religionspädagogischen Selbstverständnisses insofern nötig, als Perspektiven zu entfalten sind, mit denen der pädagogische Boden für eine engere Verknüpfung von Lebensgeschichte und Religion bereitet wird. Was einen veränderten Unterricht vor diesem Hintergrund ausmacht, muss sich dann an dem spezifischen Lernkonzept erweisen, mit dem es möglich werden soll, den Ort für Wissen und Rationalität innerhalb der Welt der Heranwachsenden zu finden. Religionspädagogische Erziehung und Bildung werden jedoch nicht bei dieser Verortung stehen bleiben können. Sie werden vielmehr Perspektiven aufzeigen, mit denen sich Lernfixierungen überwinden lassen, um subjekt- und identitätsstiftenden Unterricht zu verwirklichen. Der Impuls, Wege zur Einlösung des Anspruchs zu entwerfen, religionspädagogische Unterrichtswirklichkeit subjektorientiert anzureichern und in lebenspraktische Handlungskompetenzen zu überführen, wurde von daher zum leitenden Erkenntnisinteresse der vorliegenden Arbeit. Dabei ankert dieses Interesse in der

Überzeugung, dass subjekthaltige Wirklichkeit im Rahmen eines Fächerverbundes von Religion/Ethik und Philosophie Praxisrelevanz erhalten sollte.

Für die Möglichkeit, meine oben skizzierten Überlegungen in einem Dissertationsprojekt zu konkretisieren, das unter dem Originaltitel »Phänomenologische Grundlagen religionspädagogischer Bildungstheorien und ihre schulpraktische Ausrichtung« vom Fachbereich Evangelische Theologie – Praktische Theologie/Religionspädagogik an der Johann Wolfgang Goethe-Universität angenommen worden ist, möchte ich mich besonders bedanken bei Herrn *Prof. H.-G. Heimbrock*, dessen ungebrochene Geduld die Motivation zur kontinuierlichen Weiterführung der vorliegenden Arbeit über einen langen Zeitraum hinweg aufrecht erhalten hat. Herr *Prof. W. Kurz* von der Universität Gießen erklärte sich freundlicherweise bereit die Zweitkorrektur zu übernehmen. Einen herzlichen Dank möchte ich auch richten an *Dr. Dieter Werner*, mit dessen Hilfe es gelang, meine 'Techniken des wissenschaftlichen Arbeitens' wesentlich zu verfeinern sowie an *Dr. Markus Matthias* (PD), dessen fachkompetente Hinweise für die Endredaktion hilfreich waren. Für die informationstechnologische Unterstützung danke ich *Wolfgang Herbert, Frank Brucker* und *Sven Walther*. Gezielte Lektoratshinweise gab *Barbara Zeizinger*. Darüber hinaus sei allen gedankt, die trotz ihrer Skepsis gegenüber meinem Vorhaben am Gelingen dieser Arbeit interessiert waren.

0.1 Intention der Arbeit

Der Impuls für die vorliegende Arbeit kam aus der religionspädagogischen Unterrichtspraxis. An vielen Stellen ist hier die Tendenz zum Verlust von Subjekthaltigkeit zu bemerken, wenn z.B. ein Thema wie »Naturwissenschaft und Glaube« auf der Jahrgangsstufe 13 zwar zu hochinteressanten Erkenntnissen sowohl über den Forschungsstand der Naturwissenschaften als auch über die Funktion der Religion in diesen Zusammenhängen führt, dabei aber stetig der Verlust erlebnisnaher und erfahrungshaltiger Wirklichkeit zu verspüren ist. Gibt es also einen wissenschaftlichen Erkenntnisrahmen, so fragte ich mich, der es möglich macht, im Religionsunterricht dem drohenden Verlust an subjekthaltiger Wirklichkeit etwas entgegen zu setzen? Sowohl mit der wissenschaftstheoretischen Seite, wie sie auf der Grundlage der husserlschen Phänomenologie schwerpunktbezogen auf den Prinzipien der Lebenswelt- und Alltagsorientierung in dieser Arbeit zur Entfaltung kommen, aber besonders auch mit den Impulsen für die Unterrichtspraxis hoffe ich dem genannten Anspruch gerecht zu werden. So wurde die Aufarbeitung der wesentlichen Literatur zum Themenbereich ›Lebenswelt‹ die Grundlage für den fachwissenschaftlichen Anteil der vorliegenden Dissertation, der auf dem Hintergrund persönlicher Unterrichtserfahrungen in entsprechende Praxisteile transformiert werden konnte. Damit verbinden sich in diesem Projekt bewusst die notwendige wissenschaftliche Argumentation mit dem Genus der auf dieser Grundlage einlösbaren Unterrichtsplanung.

Die gesamte Arbeit entwirft eine Anthropologie, die hinter das Faktische und Messbare, das Modellhafte und Konstruktivistische von Existenzerklärungen zurückgeht. Sie will Menschsein verstehen und pädagogisch neu entdecken als die Wahrnehmung einer Lebenswirklichkeit, die gekennzeichnet ist von natürlichen und ursprünglichen Erfahrungen, von Krisen und Brüchen, Umwegen und Unwägbarkeiten. Alles Kontingente in der menschlichen Existenz muss aus der Vergessenheit befreit und als Zeichen der Würde unserer Existenz wieder in sein Recht gesetzt werden. Diese anthropologische Position kann dann die Grundlage abgeben für das Erziehungs- und Bildungshandeln im Unterricht, wenn der Bezug zu den Lebensgeschichten und Lebenserfahrungen der Schüler die curriculare Verfasstheit von Unterricht zu entschränken hilft und es ermöglicht, Unterrichtsgehalte lebbar zu machen. Sie kann religiöses Verstehen dadurch fördern, dass sie nicht mehr modellhaften Vermittlungskonzepten folgen muss, sondern Glaubensorientierung aus dem Alltag der Schüler selbst entwirft.

Die Arbeit versteht ihr Anliegen als Impuls für die Praxis. Dabei sollen die Erkenntnisse über die Lebbarkeit von Glauben, Rationalität und verantwortlichem Handeln aus einem Fächerkanon von Religion/Ethik und Philosophie hervorgehen, um so der Pluralität gegenwärtiger Lebensentwürfe und der Vieldimensionalität subjekthaltiger Wirklichkeit gerecht zu werden, die auch die Fähigkeit umfasst, ihr mit angemessener Deutungskompetenz zu begegnen.

o.2 Aufbau der Arbeit

Den Rahmen zur Entfaltung des angestrebten Projekts bilden meine Studienerfahrungen im Fach Evangelische Religionspädagogik und eine langjährige Unterrichtspraxis auf den Sekundarstufen I und II des Gymnasiums. Vor diesem Hintergrund kommen in Kapitel I Reflexionen über persönliche religionspädagogische Studien- und Unterrichtserfahrungen sowie daraus abzuleitende didaktisch-methodische Konsequenzen und Weiterführungen zu Wort. Mit Kapitel II stellt ein historischer Rückblick den jeweiligen Ertrag der fachdidaktischen Konzeptionen von der »Evangelischen Unterweisung« bis zur Unterrichtsgestaltung nach den Prinzipien der »Problem- und Humanorientierung« dar. Nicht allein der Ertrag, besonders aber die Notwendigkeit für weiterführende Perspektiven hinsichtlich der Einbeziehung der Lebenswirklichkeit der Schüler und deren Verortung werden deutlich gemacht. Kognitiv-psychologische Entwicklungsmodelle zur moralischen Urteilsbildung bei Kindern und Heranwachsenden verweisen in Kapitel III auf Möglichkeiten und Grenzen subjektnaher Wirklichkeitswahrnehmung hinsichtlich der Beziehung von Glaube und verstehendem Denken. In diesem Zusammenhang findet die phänomenologisch orientierte Pädagogik und deren Ausrichtung auf eine subjekthaltige Erziehungs- und Bildungstheorie in Kapitel IV hinsichtlich ihrer Kriterien Leiblichkeit, Rationalität und Lernen weiterführende Beachtung. Eingebunden in dieses Erziehungsverständnis sind in Kapitel V die Darstellung ästhetischer Lern- und Bildungskonzeptionen, mit denen die Kategorien der Fiktion und Transzendenz als bildungsrelevante Wirklichkeitsdeutungen für das Subjekt nachgewiesen werden sollen. Kapitel VI beschreibt die theologisch-religionspädagogische Relation von Glaube und Bildung in der Absicht, subjekthaltigen Unterricht zu verstehen als einen Prozess, in dem das Subjekt als Ebenbild Gottes unverfügbar bleibt. Wirklichkeitsorientierte Lernkonzeptionen, wie sie für dieses Unterrichtsverständnis didaktisch zu entwerfen sind, greifen mit Kapitel VII lebensweltliche und leibgebundene Wahrnehmungsweisen auf, um zu zeigen, wie soziale und biographische Lebensnähe als identitätsstiftende Prozesse im Unterrichtsgeschehen subjekthaltige Wirklichkeitsvorgänge fördern. Aus der Öffnung des Unterrichts in den lebensweltlich-regionalen Nahbereich ›vor Ort‹ soll ein religionspädagogisches Projekt und dessen subjekthaltige Lernrelevanz hinsichtlich veränderter Wahrnehmungs- und Aufmerksamkeitsweisen in Kapitel VIII unter dem Thema »Religion im Alltag« vorgestellt werden. Fächerverbindend zwischen Religion/Ethik und Philosophie kommen daran anschließend mit Kapitel IX zu den Themen »Mensch und Raum« sowie »Übergänge – Schwellen und Passagen« zwei Unterrichtskonzeptionen zur Darstellung, deren Wahrnehmungshorizont die rein kognitive Linearität unterrichtspraktischer Zielsetzungen überwinden hilft und sich in phänomenologischer Lesart auf die ursprüngliche Anschaulichkeit gelebter Subjektivität ausrichtet. Kapitel X schließt die vorliegende Arbeit in einem Rück- und Ausblick mit Reflexionen zur Tragweite der Lebensweltorientierung im Kontext ihres Erziehungs- und Bildungsrahmens ab.

Ich halte es für lohnenswert und notwendig, innovative Impulse, die das oben Gesagte verwirklichen, für den Religionsunterricht zu entfalten, zumal es hier immer dringlicher erscheint, zu einem veränderten Subjekt-, und Rationalitätsverständnis auf dem Boden pädagogischer Wirklichkeitsorientierungen zu gelangen. Neben der methodologischen Neubesinnung zur Realisierung dieses Ansatzes inklusive der damit einhergehenden Revision von Lehren und Lernen sowie des sie tragenden Bildungsverständnisses, erachte ich die Frage nach der Verfasstheit der Rahmenbedingungen, die Unterricht Wirklichkeit werden lassen, für eminent bedeutsam. Um im weiteren Verlauf des vorliegenden Projekts die Innovationsmöglichkeiten eines phänomenologisch-lebensweltlich gestalteten Unterrichts hervorzuheben, gehe ich mit dem folgenden Kapitel zunächst zurück in einige biographische Erläuterungen zu meiner Studien- und Ausbildungszeit.

TEIL I

EINE BIOGRAPHISCHE UND HISTORISCHE RÜCKBLENDE

1. KAPITEL: DAS UNTERRICHTEN LERNEN

1.1 Die Studienzeit

Meine Studienzeit während der siebziger Jahre war maßgeblich beeinflusst von einer gesellschaftspolitischen Situation, die in der Auseinandersetzung stand mit dem Marxismus. Einflüsse dieser Gesellschaftstheorie wirkten sich auf das Selbstverständnis der Religionspädagogik in einem Sinne aus, mit dem ideologiekritische Reflexionen zunehmend an Bedeutung gewannen. Es ergab sich dadurch die fachwissenschaftliche Notwendigkeit »Religion und Emanzipation«[1] so zueinander in Beziehung zu bringen, dass die Ideologiebildung durch Religion, wie sie marxistisch konstatiert wurde, aufgearbeitet werden konnte. »Emanzipation als Lernziel der Schule«[2] sollte für die Aufklärung des Menschen und dessen Befreiung aus der Abhängigkeit von Instanzen und Autoritäten Raum bekommen, um mit der »Revision der religiösen Erziehung«[3] einen Weg zu beschreiten, auf dem der Mensch prozesshaft zu Selbstbestimmung, Soziabilität und Transzendierung findet. Für die Unterrichtspraxis ergab sich in der Konsequenz der hier skizzierten Strömung einer »Politischen Theologie«[4], dass der Religionsunterricht in einer pluralistischen Gesellschaft die Herausbildung von eigenen Haltungen, die Auseinandersetzung mit Existenzfragen, also Sinn- und Lebensdeutungen, fördern helfen muss. Das sollte geschehen durch eine ganzheitliche, d.h. rational-analytische *und* synthetische Erfassung der Wirklichkeit. Die »Erziehung zur Mündigkeit«[5] generierte dabei zum Leitziel des Unterrichts, der in emanzipatorischer Absicht curricular verfasst und von Lernzielen her zu strukturieren sein würde. Unter dieser Einbindung von wertbildenden, anthropologischen, gesellschaftskritischen und die Wirklichkeit transzendierenden Dimensionen, sollte der Religionsunterricht zeigen, welchen Beitrag religiöses Denken, Fragen und Handeln zur Selbstbestimmung des Menschen erbringen kann. Der Neuansatz religionspädagogischen Handelns war

---

[1]   Vgl. *Siegfried Vierzig*, Religion und Emanzipation; in: Informationen zum Religionsunterricht, 2.Jg., Heft 3+4, Kassel, Dezember 1970, S. 4–7.
[2]   Vgl., *Kurt Gerhard Fischer*, Emanzipation als Lernziel der Schule von morgen, ebd., S. 7–11; *Siegfried Vierzig*, »Emanzipation« oder absolute Werte als Zielsetzung der Religionspädagogik, ebd., S. 12–13.
[3]   Vgl., *Hubertus Halbfas*, Revision der religiösen Erziehung I; in: Religion heute: Informationen zum Religionsunterricht, 4.Jg., Heft 1, Hannover, März 1972, S. 1–9; ders.: Revision der religiösen Erziehung II; in: Religion heute, 4.Jg., Heft 3, Hannover, September 1972, S. 1–11; ders.: Revision der religiösen Erziehung III; in: Religion heute, 6. Jg., Heft 3, Hannover, September 1974, S. 23–30.
[4]   Vgl. *Siegfried Vierzig*, Politische Theologie; in: Religion heute, 6.Jg., Heft 2, Hannover, Juni 1974, S. 32–38; ders., Politische Theologie II; in: Religion heute, 6.Jg. Heft 3, Hannover, September 1974, S. 32–34.
[5]   Vgl., *Theodor W. Adorno*, Erziehung zur Mündigkeit, Frankfurt 1970.

mit Bezug auf die »Schüler im Religionsunterricht«[6] darin zu sehen, dass deren Erfahrungen, Konflikte und Probleme den Ausgangspunkt des Unterrichts bestimmen sollten. Konsequenterweise ergab die Konzeption eines problem- und schülerorientierten Unterrichts die veränderte Rolle des Lehrers dahingehend, dass er
den Schüler mit dessen personal-affektiven Erfahrungen lernen musste ernst zu
nehmen, um so Verstehens- und Aneignungsmöglichkeiten für die christliche
Tradition und deren Gegenwartsbedeutung zu schaffen.

1.2 Die schulische Ausbildungszeit

Mit dem Referendariat begann die Einübung in die Unterrichtspraxis, wobei während dieser Zeit zunächst die Beobachtung[7] von wesentlichen Elementen des
Unterrichts im Vordergrund stand. Die Aufmerksamkeit galt hier unter anderem
der Wechselwirkung des Verhaltens zwischen Lehrer und Schüler, den Sozialfor-
men und der Gliederung des Unterrichts, den Verwendungsmöglichkeiten von
audio-visuellen Hilfsmitteln sowie Merkmalen über die Unterrichtsplanung und
den Verlauf der Stunden.
Für die Unterrichtsbesuche, die ich zum großen Teil über das Thema »Was heißt
Selbstverwirklichung?« durchführte, war es entscheidend, nach dem Muster der
didaktisch-methodischen Analyse die Unterrichtsplanung so vorzunehmen, dass
deutlich wurde, wie sich das jeweilige Zentrum der Stunde begründen ließ und
mit welchen Methoden die anstehenden Ziele zu erreichen waren.
   Meine *Examensstunde* gestaltete ich innerhalb der Unterrichtseinheit »Streben
nach Glück« zu dem Thema »Glück durch Besitz?« vor dem Hintergrund einer
lernziel- und problemorientierten Konzeption, wie ich sie hier vorstellen möchte:

---

[6]   Vgl., *Siegfried Vierzig*, Der Schüler im Religionsunterricht – Thesen zu einer schülerorientierten
Religionsdidaktik; in: Religion heute, 4.Jg., Heft 2, Hannover, Juni 1972, S. 1–8.
[7]   Vgl. Aspekte der Unterrichtsbeobachtung – Handreichungen für Referendare an der Prälat-
Diehl-Schule, Groß-Gerau, 1977. Diese wurden erstellt unter besonderer Berücksichtigung von
Heinrich Roth/Alfred Blumenthal (Hg.), Didaktische Analyse, Hannover 1964; *Paul Heimann/Günter
Otto/Wolfgang Schulz*, Unterricht – Analyse und Planung, Hannover 1965; *Wilhelm H. Peterßen*,
Grundlage und Praxis des lernzielorientierten Unterrichts, Ravensburg 1978; *Lee J. Cronbach*, Einfüh-
rung in die Pädagogische Psychologie, Weinheim 1974.

1.3 Streben nach Glück: Eine lernziel- und problemorientierte Examensstunde

Entwurf für die Examenslehrprobe im Fach Evangelische Religion

Studienseminar I
Darmstadt, 10/3/79
Lehramt an Gymnasien
Darmstadt

Dittmar Werner
3. Semester
Englisch/Ev. Religion

Schule: Prälat-Diehl-Schule, Groß-Gerau
Klasse: 7a
Datum: 14/3/79
Zeit: 9.25/10.10 Uhr
Raum: 3

Eigenverantwortlicher Unterricht
Prüfungsvorsitzender: Herr Langstroff
Studienseminarleiter: Herr Meinel
Schulseminarleiter: Herr Meyer
Fachleiter: Dr. Hermann
Direktor: Herr Guckes

Thema der Unterrichtseinheit:
Streben nach Glück

Thema der Unterrichtsstunde:
Glück durch Besitz? – Erarbeitung des Problems anhand einer Bild/Text Aussage und eines Gleichnisses (Lk. 12, 15–21)

Hausaufgabe der vorangegangenen Stunde:
Darstellung des Verlaufs der bisherigen Unterrichtsstunden und Zusammenfassung der Ergebnisse

1. Geplanter Verlauf der Stunde:

Stundenphasen/Lernschritte	Methode/Medien
– Einstieg: Anknüpfung an die Hausaufgabe	Schülerbeiträge
–Vorbereitung: Äußerungen zum Bild Berichte aus dem persönlichen Erfahrungsbereich	Lehrerimpuls Schülerbeiträge
– Vertiefung: Welches Glück wird den Menschen versprochen? Welches Glück streben die Menschen an? Welche Aussage/Position wird in dem Text deutlich?	L/S Gespräch Text Tafel
– Erweiterung/Transfer (Gleichnis): Bestreben des Mannes Glücksvorstellung des Mannes Welche Kritik bringt der bibl. Text zum Ausdruck? Welcher Reichtum/welches Glück wird in dem bibl. Text betont? Parallelen/Unterschiede zu Bild/Text I	L/S Gespräch Tafel
– Hausaufgabe: Ein Freund sagt zu dir: »Wenn ich viel Geld habe, bin ich glücklich, weil ich mir alles kaufen kann, was ich möchte.« Beschreibe in Gesprächsform, wie sich deine Meinung zu der Aussage des Freundes darstellt!	

2. Lernziele

2.1 Lernziele der Unterrichtseinheit

Die Schüler sollen:

- Vorstellungen von Glück aus ihrem Erfahrungs- und Erlebnisbereich
  nennen können

- erkennen, dass Menschen ihr Glück beeinflussen/herbeiführen wollen, um ihre Wunschvorstellungen zu verwirklichen
- erkennen, dass es unterschiedliche Begriffe/Vorstellungen von Glück gibt
- erfassen, dass Glück nicht allein in der Befriedigung materieller Bedürfnisse liegt
- durch die Arbeit mit biblischen Texten erkennen, dass die Bibel Aussagen zum Thema Glück macht
- mit Hilfe der biblischen Texte verschiedene »Glücksdimensionen« erarbeiten

2.2 Lernziele der Unterrichtsstunde

Die Schüler sollen

- den Verlauf und die Ergebnisse der bisherigen Unterrichtsarbeit darstellen können
- Äußerungen zu der Bildaussage machen können
- den ersten Text in Beziehung setzen können zu dem Bild
- die im Bild und Text intendierte/kritisierte Glücksvorstellung nennen können
- die Glücksvorstellungen des bibl. Textes erarbeiten können
- die neue »Dimension« der biblischen Textaussage nennen können

3. Zur Analyse der Unterrichtssituation

Ich unterrichte die evangelischen Schüler der Klasse 7a seit 1. November 1978 im eigenverantwortlichen Unterricht. Die Klasse setzt sich aus 16 Jungen und 4 Mädchen zusammen. Sie sind mit dem 7. Schuljahr von der Gesamtschule Groß-Gerau und anderen Schulen aus dem Umkreis an der Prälat-Diehl-Schule aufgenommen worden, so dass sich erst ein neuer Klassenverband bilden musste. Diese Situation bringt es mit sich, dass die Schüler mit den unterschiedlichsten Erfahrungen aus ihrem vorangegangenen Religionsunterricht (bibel-, problemorientiert, wenig RU) an unsere Schule kamen. Für diese Gruppe ergab sich aus der angesprochenen Situation aber kein Problem, da es den Schülern Spaß machte, über ihre Erfahrungen zu berichten. Für die Unterrichtsgestaltung hatten die Gruppengespräche motivierenden Charakter. Durch entsprechende Themenangebote (Autorität/Gesetze/Ordnungen/Freundschaft/Leid/Glück) konnten die unterschiedlichen Voraussetzungen angeglichen und Interesse geweckt werden. Die Schüler sind dem Unterricht gegenüber sehr offen und arbeiten interessiert mit. Die Schüler-Schüler Umgangsformen sind im allgemeinen als gut zu bezeichnen (freundlich/hilfsbereit). Es fällt jedoch auf, dass die Mädchengruppe von der Jungengruppe »getrennt« ist. Bei den Jungen stehen zwei Schüler (Michael Becker: »Professor«! und Michael Jekel) im Vordergrund, die besonders durch ihr sprachliches Verhalten hervortreten, das sie »über« den Durchschnitt der Mitschüler stellt. Insgesamt gesehen sind dies aber keine hemmenden Faktoren, da die Schüler im Unterrichtsgespräch durchaus in der Lage sind, aufeinander einzugehen. Die Schüler-Lehrer Beziehungen werden von einer offenen und herzlichen Atmosphäre getragen. Es war bisher noch nicht notwendig, Sanktionen auszusprechen, da die Schüler bereitwillig auf die Unterrichtsangebote und Unterrichtsformen eingehen und ihre Arbeitsaufträge bereitwillig ausführen. Die Schüleraktivitäten sind hoch. Die Schüler bringen gern Unterrichtsmaterial (Plakate, Anzeigen etc.) für Unterrichtsprojekte von zu Hause mit und ergreifen Eigeninitiative. Die Lern- und Arbeitsweise der Klasse ist dadurch gekennzeichnet, dass sie bei entsprechender Motivation sozial- und handlungsbezogen lernt. Auseinandersetzungen mit einem Problem in der Diskussion (bei gleichzeitiger Beachtung von Gruppenprozessen) und in Handlungen (Projekte/Plakataktion) führen zu Erkenntnissen und Verhaltensänderungen (Einsichten/Transfer/Ich-Betroffenheit). Das Lernen und Denken aus der Anschauung ist dem Alter entsprechend in dieser Klasse vorrangig. Es finden sich aber auch Ansätze zum »Intellektualisieren«, obwohl die oftmals falsche Anwendung von Fremdwörtern oder Begriffen auf die noch nicht gelungene Bedeutungsklärung schließen lässt. Für die Gesamtgruppe gilt generell, dass Anschaulichkeit und Transparenz einer Stunde zur Optimierung der Denk- und Lernprozesse beitragen. Die Arbeitshaltung und Einstellung der Schüler gegenüber dem Unterricht ist von einem gleichmäßig guten Engagement gekennzeichnet. Durch die besondere Situation der heutigen Stunde kann jedoch eine gewisse Einschränkung der Aktivitäten erfolgen, was sich zum Teil schon bei den Unterrichtsbesuchen zeigte.

4. Zur didaktischen Analyse

4.1 Didaktische Analyse der Unterrichtseinheit

Das zu behandelnde Stoffgebiet steht unter dem Thema »Streben nach Glück« und lehnt sich in der Durchführung an die Lernziele der Rahmenrichtlinien an. Ausgehend von den Glücksvorstellungen im Erfahrungs- und Erlebnisbereich der Schüler soll sich die Gestaltung dieser Unterrichtseinheit über die Erarbeitung verschiedener Vorstellungen und Erlebnisweisen von Glück zu der angestrebten Erkenntnis hin entwickeln, dass sich Glück im Lebensvollzug mehrdimensional darstellt. Ein wichtiges Ziel in diesem Zusammenhang ist es, mit Hilfe von profanen und biblischen Texten den Schülern die Einsicht zu vermitteln, dass Glück sich nicht nur im materiellen Bereich verwirklicht. Die »Tiefendimension« soll in dem Sinne erarbeitet werden, dass Glück als Vollzug sinntragenden Lebens (Glück im

Handeln am Menschen, Glück als innerer Reichtum, Glück als Geschenk Gottes)
deutlich wird. Dieser Unterrichtseinheit war die Sequenz »Leid im menschlichen
Leben« vorangegangen, so dass mit der Einheit »Glück« jetzt die kontrastierende
Dimension menschlichen Lebens im Unterricht zur Sprache kommt.

Die Behandlung des Themas Glück findet in der theologischen Fachwissen-
schaft keine allzu große Beachtung.[8] Selbst ein so bekanntes theologisches
Fachlexikon wie ›Religion in Geschichte und Gegenwart‹ geht unter dem entsprechenden Stichwort nicht auf die theologisch-religiöse Dimension von Glück ein.
Es wird nur gesagt, dass ein Mensch Glück habe, wenn ihm »Unternehmungen
gelingen«, dass er Erfolg habe aufgrund einer »inneren Potenz«, dass am Glück
etwas hafte, das »Staunen erregt« und dass es seine Deutung als »angeborenes
Heil« finde.[9] Nun muss die Abwesenheit des Begriffs im biblisch-theologischen
Bereich nicht die Abwesenheit der Thematik an sich bedeuten. Es ist in der Tat
so, dass die Bibel Glück unter dem Verständnis von Seligkeit - Freude - Friede -
Heil - Wohl - Leben und Gnade zum Ausdruck bringt. Man kann jedoch nicht
daran vorbeisehen, dass die Thematik »Leid« einen weitaus größeren Raum in den
biblischen Texten einnimmt als die Darstellung von Glückssituationen (Gerichts-
gedanke/Dialektik von Gesetz und Evangelium!).

In der Philosophie findet eine bedeutend stärkere Auseinandersetzung mit
dem Phänomen Glück statt. Glück wird hier verstanden als »Glück des Menschen
im Glück der Polis« (Platon); Glück verwirklicht sich in der »Tugend und Tüchtigkeit (Handeln) bürgerlichen Lebens« (Aristoteles); das Glück liegt »im Individuum« (Stoa); Glück erweist sich »im Genuss Gottes« (felicitas, Mittelalter);
Glück als ›summum bonum‹ (Renaissance/Barock); Glück als Maximum von
›pleasure‹ (Aufklärung/Locke); Glück als ungehinderter Fortschritt (18.Jhdt);
Glück als Befriedigung aller unserer Neigungen (Kant); Glück als Übereinstimmung des Äußerlichen mit dem Innerlichen (Hegel); als Gefühl, dass die Macht
wächst, ein Widerstand überwunden wird (Nietzsche); Glück als Befriedigung li-
bidinöser Regungen (Freud) und als die Wirklichkeit der Freiheit in der Selbstbestimmung der befreiten Menschheit (Marcuse).[10] Diesem letzten Ansatz ist auch
die politische Dimension von Glück zuzuordnen, wenn das Grundgesetz und die
Grundsatzprogramme der Parteien von der »Würde des Menschen« und der
»freien Entfaltung der Persönlichkeit« sprechen.

Im Hinblick auf den Religionsunterricht und die in der vorliegenden Unter-
richtseinheit formulierten Lernziele lässt sich die didaktische Entscheidung für die
Auswahl des Stoffgebietes dadurch begründen, dass der Religionsunterricht die
Aufgabe hat, die anthropologischen Bedingungen des Religiösen zu ermitteln. Für

---

[8] Vgl., *Dorothee Sölle*, Plädoyer für das Glück; in: Dies., Phantasie
und Gehorsam, Stuttgart 1976, S. 48–55; *H.Buhr*, Das Glück und die Theologie, Stuttgart 1969.
[9] *Kurt Galling* (Hg.), Artikel »Glück«; in: Religion in Geschichte und Gegenwart – Handwörter-
buch für Theologie und Religionswissenschaft, Bd.2, Tübingen 1958, 1628–1629.
[10] *Joachim Ritter*, (Hg.), Historisches Wörterbuch der Philosophie,Bd.3, Darmstadt 1977, 679–707.

die Kinder dieser Altersstufe heißt das, dass ihre Lebenserfahrungen zur Sprache gebracht werden müssen. Der Religionsunterricht hat einen Beitrag zur Gesamtdeutung menschlicher Wirklichkeit zu leisten und zur Selbstfindung des Schülers beizutragen. Für die Schüler konkretisiert sich dieser Ansatz z.B. im Bereich Leistung unter den Aspekten Erfolg (Glück!), Misserfolg (Enttäuschung/Leid).

Die Problematik der Verwendung von biblischen Texten im RU äußert sich in der Situation eines »problemorientierten Unterrichts«. Es sind in diesem Zusammenhang Überlegungen darüber anzustellen, ob ein biblischer Text Gegenwarts- und Zukunftsbedeutung für die Schüler haben kann. Die Entscheidung für eine Verbindung von modernen und biblischen Texten im Unterricht gründet in der Überlegung, den Schülern die Einsicht in das Vorhandensein aktueller Aussagen in der Bibel zu vermitteln.

Die Erfahrungen im vorangegangenen Unterricht haben gezeigt, dass die Schüler sich engagiert beteiligen, wenn sie »emotional« angesprochen werden. Das vorliegende Thema trägt dieser Situation Rechnung. Der Unterrichtsinhalt verlangt – abgesehen von der Arbeit mit dem biblischen Text – keine besonderen Abstraktionsfähigkeiten, da er sich auf die Erlebnis- und Erfahrungsbereiche der Schüler stützt.

4.2 Didaktische Analyse der Unterrichtsstunde

Kinder dieser Altersgruppe erleben und verstehen Glück vornehmlich im Sinne von »nicht erwischt werden«, »beschenkt werden«, gute Noten und Leistungen erbringen und Chancen im Spiel und Wettkampf für einen angestrebten Sieg wahrnehmen. Hier liegen Glückserfahrungen vor, die sich in äußeren Lebensvollzügen und Zielverwirklichungen ausdrücken. Die heutige Stunde erhält ihren Stellenwert von zwei Aspekten her, mit denen sie sich in die Unterrichtseinheit einfügt. Der erste Teil der Stunde ist mit Bildbetrachtung und Textdiskussion dem direkten Erfahrungsbereich der Schüler entnommen. Befriedigung von Bedürfnissen (Glücksstreben) durch Konsum/Reichtum ist den Kindern durch Einkäufe im Supermarkt und dem Erwerb von Luxusartikeln aus dem alltäglichen Leben bekannt. Von daher sind mit dieser Einführung der Thematik Motivationsmöglichkeiten verbunden. Die Vertiefung und Problematisierung dieser Phase soll der Einsicht dienen, dass mit der angesprochenen Form des Glücksstrebens Glück auf einseitigen Voraussetzungen aufgebaut wird. Den Schülern soll deutlich werden, dass hier eine »verkürzte« Form von Glücksvorstellung zur Sprache kommt. Der Kontrastierung und Offenlegung einer »erweiterten Glücksdimension« dient der biblische Text. Er eignet sich insofern gut, als er zum einen eine ähnliche Situation wie der Ausgangstext präsentiert (Anhäufung von Gütern zum Reichtum/Glück) und dann aber die entscheidende Erweiterung bringt, indem er Glück als inneren Reichtum (Gottesgeschenk) versteht.

Lk. 12, 15–21 gehört in die Reihe der eschatologischen Gleichnisrede. Die Thematik wird aber in Form präsentischer Eschatologie zum Ausdruck gebracht. Damit soll gesagt werden, dass der Text die Frage stellt nach dem Sinn dessen, was hier und heute gemacht wird. Kritisiert wird der Weg zum Glück durch Konsumverhalten und Reichtum. Der Text bietet von diesem Ansatz her eine gute Möglichkeit der aktuellen Problematisierung. In seiner Auslegung des Lukasevangeliums fasst *Bartsch* diesen Sachverhalt so: »Niemand hat das Leben, und zwar die *zoé* durch den Überfluss an Verfügbarem; denn unser Leben gründet nicht im Verfügbaren, sondern in der Gnade Gottes, die uns in Jesus begegnet, die es zu ergreifen gilt, um im hereinbrechenden Gericht bestehen zu können.«[11] Die Unterrichtseinheit wird auf der einen Seite umfasst von der Zielsetzung des Religionsunterrichts, die »anthropologischen Grundbefindlichkeiten des Religiösen« zu verdeutlichen, und auf der anderen Seite von der Befragung christlicher Tradition zu Gegenwartsproblemen. Von daher lässt sich als Gesamtlernziel des Religionsunterrichts formulieren: »Fähigkeit, die religiöse Frage in den jeweiligen Entscheidungs- und Konfliktsituationen zu stellen und in Auseinandersetzung mit vorgegebenen Antworten religiöser Tradition zu einer eigenen Antwort zu kommen.«[12] Das Thema Glück ordnet sich dabei dem Zwischenziel »Fähigkeit zu eigener religiöser Welt- und Lebensdeutung im individuellen Bereich«[13] zu. Die speziellen Lernziele der Stunde lassen sich in diesem Rahmen von zwei Positionen her begründen. Zum einen ist es wichtig, vom Erfahrungsbereich der Schüler auszugehen, um sie für das Thema zu sensibilisieren. Die Auseinandersetzung mit der Bild- und Textinformation soll diesem Lernziel Rechnung tragen. In der Problematisierung dieser Informationen liegt ein wichtiger Hinweis auf die Mehrdimensionalität von Glückserfahrungen. Zum anderen begründet sich die Beschäftigung mit dem biblischen Text auf der Überlegung, dass im Religionsunterricht versucht werden muss, die Kluft zu überwinden, die sich aus der Verschiebung der Denk- und Lebensformen von den Bereichen des Sakralen ins Profane ergibt. Wir haben es hier mit dem Versuch der Bewältigung von soziokulturellen Phänomenen insofern zu tun, als der Einfluss der Säkularisation den Zugang zur biblischen Tradition erheblich erschwert. Die Bedeutung der Bibel wird von vielen Seiten in unserer Gesellschaft bestritten. Von daher ist es verständlich, dass die Schüler kaum Motivation empfinden, sich mit der Bibel zu beschäftigen. Das Lernziel für den Religionsunterricht ließe sich somit als »die Bibel neu entdecken lernen« formulieren. Der oben beschriebene Weg ist ein solcher »Entdeckungsversuch«. Dieses Vorhaben kann jedoch nur gelingen, wenn deutlich wird, dass die in den Texten angesprochenen Probleme im Erfahrungsbereich der Schüler liegen. Diesen Zusammenhang von Tradition und Gegenwart zu zeigen, setzt sich die heutige

---

[11]   *Hans-Werner Bartsch*, Wachet aber zu jeder Zeit, Hamburg 1963, S. 102.
[12]   *Horst Heinemann*, Projektideenplan zum Religions-Unterricht; in: Informationen zum Religions-Unterricht, 2. Jg., Heft 3+4, Kassel, Dezember 1970, Nr. 3/4, S. 22.
[13]   Ebd.

Stunde zum Ziel. Hier liegt ihre Schwierigkeit, aber auch ihre Möglichkeit, den Schülern neue Erkenntnisse zu vermitteln. Der Stundeninhalt trägt von daher exemplarischen Charakter, weil an einem Text gezeigt werden soll, dass im Gesamtzusammenhang der biblischen Tradition Aussagen über das Glück gemacht werden. Es lässt sich bei der Betrachtung möglicher didaktischer Alternativen natürlich überlegen, ob ein biblischer Text nur vordergründigen Legitimationscharakter in einer Religionsstunde besitzt, an dessen Stelle auch andere Medien oder Texte treten könnten. Kommt ein religiöser Aspekt dann erst in den Entwurf, wenn die Bibel in den Unterricht einbezogen wird? – Aus meiner Sicht liegt die »religiöse Qualität« der Einheit schon in der Fragestellung nach Glück als Frage nach den Bedingungen unserer Existenz. Die Einbeziehung des biblischen Textes entspricht den angegebenen Lernzielen der Unterrichtseinheit bzw. der Unterrichtsstunde und den didaktischen Schritten des problemorientierten Unterrichts: Schülerexistenz – Problem – Interpretation – Text. Dabei konkretisiert sich der Text für die heutige Stunde als Befragung der Tradition auf ihren Beitrag zu gegenwärtigen Inhalten und Problemen.

5. Zur Methode

Die Reihenfolge des Vorgehens ist von der Überlegung geleitet, den Schülern von einer Motivationsstufe ausgehend einen thematischen Aspekt von mehreren Ansätzen her zu verdeutlichen. Bild und Text (Einstieg) dienen als Anschauungsmaterial dem Ziel, einen Inhalt zu vermitteln, der den Schülern zwar bekannt ist, der aber erst in seiner Vielfältigkeit deutlich werden muss. Die Akzentuierung der Lernschritte liegt von daher jeweils auf den Vertiefungs- und Problematisierungsphasen, die in der Zeitplanung den größten Raum einnehmen werden. Der Unterrichtsstil wird sich in den Bereichen Schüleräußerungen (Schülergespräch) und Lehrer/Schüler Gespräch abspielen. Speziell die Vertiefungsphasen werden durch Fragestellung und Impulsgebung ein lehrerkonzentriertes Vorgehen notwendig machen. Die Fragen richten sich hauptsächlich darauf, zur Verdeutlichung des Zusammenhangs der erarbeiteten Schritte mit dem Stundenthema beizutragen.

Das Tafelbild wird die Ergebnisse zu der Frage »Glück durch Besitz?« in Beziehung zu Bild- und Textmaterial I und II festhalten. Parallelen und Unterschiede sollen dabei deutlich werden. Die Lernzielüberprüfung lässt sich jeweils an den Vertiefungsphasen festmachen, wenn durch die Schüleraussagen deutlich wird, dass ein erweitertes Glücksverständnis erkannt worden ist. Die Hausaufgabe bezieht sich auf die Unterrichtsthematik und will überprüfen, ob die Schüler die neuen Erkenntnisse in ihre Darstellung einbeziehen. Die heutige Stunde orientiert sich an der bisherigen Organisation des Unterrichts, während der die Schüler Gelegenheit hatten, von verschiedenen Texten (Schlager, Fabel, Kurzgeschichte, bibl. Text) und eigenen Erfahrungen ausgehend das Thema Glück zu diskutieren. Die

Stunde stützt sich von daher auf bereits erworbene Kenntnisse der Schüler und verwirklicht darüber hinaus durch die methodische Gestaltung (Einsatz von Bildmaterial/Textvergleich) neue Formen und Inhalte.

TEXT 1:
Die Reklame versprach ihnen alles Glück auf Erden im Einkaufszentrum. Die Ausbeute aber war denkbar gering: Zwei Eimer Persil. Der Preis war hoch – das Geld nicht gerechnet –: ein freier Samstagvormittag für den Vater; für die Oma zwei Tage Fußschmerzen vom vielen Laufen und für das Kind keine Zeit zum Spielen vor der Fernsehsendung.[14]

TEXT 2:
Lukas 12, 15–21: Das Gleichnis vom reichen Kornbauer
Und zu allen gewandt fuhr Jesus fort: Nehmt euch in acht und hütet euch vor aller Habsucht. Denn der Besitz gibt kein Leben, auch dem nicht, der an allem Überfluss hat. Dann erzählte er ihnen eine Geschichte: Ein reicher Mann hatte

---

[14] *Gerhard Kiefel* (Hg.), Auf den Spuren des Glücks, Wuppertal 1972, S. 62.

eben eine gute Ernte eingebracht. Nun überlegte er: Was soll ich tun? Ich habe nicht genug Lagerraum für meine Frucht. Ich weiß, was ich tue: Ich reiße alle meine Scheunen ab und baue größere, und in ihnen sammle ich meinen ganzen Weizen und alle meine Güter. Dann sage ich zu mir selbst: Nun hast Du einen Vorrat für viele Jahre. Lass dir's wohl sein, iss, trink und sei fröhlich. Aber Gott sprach zu ihm: Du Tor, in dieser Nacht wird man dein Leben von dir nehmen. Wem wird dann dein Vorrat gehören? So endet, wer Schätze aufhäuft und in Wirklichkeit arm bleibt, weil er den Reichtum nicht sucht, den Gott geben will.

TAFELBILD

Glück durch Besitz?		
Bild	**Text I**	**Bibel Text (Lk 12, 15–21)**
	übt Kritik an:	warnt vor:
Supermarkt	Reklame/Werbung	Habsucht
Einkauf	Glücksversprechen:	Besitz
Vorrat	– Besitz	Überfluss
Besitz	– Habsucht	
Überfluss	– Vorrat	
	Grund:	Grund:
	Täuschung	Besitz gibt kein Leben
	Verpasstes Glück:	Glück:
	Vater: Freizeit	Reichtum
	Oma: Ruhe	Ernte
	Kind: Spiel	Großer Lagerraum
		Weizen sammeln
		Güter sammeln: Vorrat
		Essen/Trinken
		Frohsinn
		= äußerer Reichtum
		Verpasstes Glück:
		Ruhe
		Behaglichkeit
		Zufriedenheit
		Reichtum in Gott:
		Innerer Reichtum

Das Konzept der Stunde macht den Spagat deutlich zwischen seiner formal lernzielorientierten Ausrichtung und der inhaltlich-affektiven Orientierung. Es folgt
damit einem Lernverständnis, das sich an der Planbarkeit von Unterrichtsprozessen ausrichtet und ein ergebnissicherndes Ziel anstrebt, wobei jedoch der Inhalt,
nämlich »Glück« als Lebensgestaltung, rein kontingenten, also nicht festlegbaren
und überprüfbaren Prozessen folgt. Die Wirklichkeit, wie sie Schüler hier im
Rahmen schulischer Notwendigkeiten erfahren, scheint gespalten zu sein. Somit
bleibt an dieser Stelle noch ungeklärt, mit welchen pädagogischen Mitteln die
Überwindung dieses Widerspruchs gelingen kann.

An diese ersten Praxiserfahrungen während des Referendariats schließe ich
eine Reflexion zu den religionspädagogischen Leitlinien an, die mir im Laufe meiner Ausbildungszeit wichtig wurden.

1.4 Pädagogische Reflexion

Die zentrale Frage für den *religionspädagogischen Ausbildungsteil* während des *Referendariats* zentrierte sich auf die Überlegung nach den Möglichkeiten und Grenzen der Planbarkeit von Unterricht. Wir standen in der Diskussion um dessen
Lernzielorientierung, machten uns aber auch sein Defizit, nämlich den Mangel an
Affektivität durch die Gefahr operationalistischer Technisierung deutlich. Schü-
lerorientiertes Lernen, so sagten wir, heißt, dass die Schüler voneinander lernen,
um zur Artikulation ihrer Selbsterfahrungen und Bedürfnisse zu kommen. Lernen
kann auf diese Weise erkennendes und verhaltenänderndes Lernen sein, das zur
Ich-Erweiterung und zur erweiterten Erfahrung und Wahrnehmung führt. Dabei
muss die Voraussetzung gegeben sein, dass das Lernen nicht aufgrund der Lehrer-
autorität geschieht. Es wäre fatal, davon auszugehen, den Unterrichtserfolg des
Lehrers, der z.B. an der Einlösung der gesetzten Lernziele »gemessen« wird, schon
als Bescheidwissen der Schüler zu werten. Die Schüler sind erst *in der Sache*, sagten wir, wenn sie *die Sache neu sehen* gelernt haben. Dies kann nicht nur in rein
kognitiven, sondern muss besonders in affektiv-erfahrungsorientierten Lernzu-
sammenhängen geschehen.

Für den Religionsunterricht in einer »glaubenslosen Welt« fanden wir die
Möglichkeit, religiöse Strukturen für die Schüler dadurch sichtbar zu machen,
dass wir es uns zum Prinzip erwählten, das Sakrale ins Profane zu wenden. Damit
sollte es gelingen, dem Anliegen des Evangeliums als frohe Botschaft gerecht zu
werden, und den Schüler in seinem Selbstseinwollen, in seinem Willen »gut zu
sein«, zu unterstützen.

Nach genau zwanzigjähriger Praxis – würde es der Schul-Alltag zulassen, wohl
schon einige Jahre früher –, stellte sich das Bedürfnis ein, meinem Verständnis

von Schule, dem Unterrichtsprozess, den Schülern und meiner Rolle als Lehrer mit »etwas Neuem«, einem veränderten und erweiterten Theorie- und Praxisverständnis, zu begegnen. Das Schlüsselerlebnis hierfür entsprang aus der Behandlung des Themas »Wirklichkeit: Naturwissenschaft oder Religion?« in einem Grundkurs der zwölften Klasse auf der gymnasialen Oberstufe.

1.5 Der schräge Blick auf die Wirklichkeit: Erfahrungsskizze zur Behandlung des Themas »Wirklichkeit« in einer zwölften Klasse der gymnasialen Oberstufe

Mit Eintritt in die Jahrgangsstufe 12 erreichen die Schüler die sogenannte Qualifikationsphase, in der die Frage nach der Wirklichkeit dreifach differenziert wird in »Die Wirklichkeit der Welt und die Frage nach Gott«, »Die Wirklichkeit des Menschen und die Frage nach Jesus Christus« und »Die Wirklichkeit der Gesellschaft und die Frage nach Gemeinschaft.«[15] Diese thematischen Perspektiven bieten die Möglichkeit zur interdisziplinären Auseinandersetzung mit den Natur- und Gesellschaftswissenschaften, der Philosophie und Anthropologie. Denn erst über die Vielfältigkeit der Vermittlung von Wirklichkeit und ihrer Einbindung in den lebensgeschichtlichen Zusammenhang der Schüler kommt deren existenzielle Bedeutung zum Tragen.

Der Anspruch, mit dem die didaktische Konzeption des Faches Evangelische Religionslehre hier auftritt, läuft darauf hinaus, Religionsunterricht als ein Gestaltungsmoment der Glaubenspraxis zwischen subjektiver und gesellschaftlicher Wirklichkeit zu verstehen, um von hieraus den Schülern die Fähigkeit zu vermitteln, »Theologie zu betreiben« unter dialogischer, geschichtlicher und eschatologischer Perspektive. Theologie in einen dialogischen Vermittlungsprozess zu stellen heißt, in den interdisziplinären Dialog mit den Sozial- und Naturwissenschaften, der Philosophie und Anthropologie als auch mit anderen Religionen und Weltanschauungen zu treten. Vor einer geschichtlichen Perspektive sich mit Theologie zu beschäftigen, meint die Fähigkeit, unsere Existenz in der Welt und Gesellschaft mit dem Blick auf Gott, Jesus Christus und die Kirche auszulegen. Dabei soll der Deuterahmen aus der theologischen Perspektive zum Beispiel Schöpfung, Erlösung und Vollendung zum Interpretament für die Existenzbedingungen in unserer Weltwirklichkeit machen. Aus der eschatologischen Perspektive theologisch zu arbeiten, spricht die Fähigkeit an, das eigene Wahrnehmen, Urteilen und Handeln so wirksam werden zu lassen, dass es aus dem christlichen Glauben heraus als eine

---

[15] Kursstrukturplan, Gymnasiale Oberstufe, Aufgabenfeld II: Evangelische Religionslehre, hg. v. Hessischen Kultusministerium, Wiesbaden 1993, S. 7–8.

befreiende und auf Hoffnung gerichtete Lebensmöglichkeit in die Wirklichkeit eintritt.

Die oben angesprochenen thematischen Perspektiven entfalten ihr Wirklichkeitsverständnis in der interdisziplinären Auseinandersetzung mit den Naturwissenschaften, mit Kosmologien und Überlieferungen mit religiös-weltanschaulichem Charakter. Wirklichkeit kommt somit als die Realität einer Welt zur Sprache, die geprägt ist von einem auf technische Entwicklung hin orientierten Weltbild- und Naturverständnis, das sich in die Diskussion zwischen Wissenschaft und religiös-christlichen Erkenntnisweisen unter den Fragen nach Grund und Sinn des Lebens und der Welt als Schöpfung Gottes mit theologisch-religiösen Wertvorstellungen einbringt. In Bezug auf die Lebenswirklichkeit und den Erfahrungshorizont der Schüler ist davon auszugehen, dass der Lehrer in der Unterrichtspraxis ein Weltverständnis berücksichtigen muss, dessen Charakter stark von naturwissenschaftlichem Denken geprägt ist. In der Konsequenz dieses Denkens wird Wirklichkeit reduziert auf das durch die Sinne erfahrbare Umfeld. Anschauungen, deren Blick auf umfassendere Wirklichkeitsdeutungen gerichtet ist, werden von daher oft als unwissenschaftlich betrachtet. Wie die unterrichtspraktische Erfahrung lehrt, können mit Reflexionen über menschliche Erkenntnisweisen etwa von der Art: Was ist wissenschaftliche Erkenntnis? Wo liegen ihre Möglichkeiten, wo ihre Grenzen? Wie umfassend kann menschliche Erkenntnis sein? Welche Erkenntnismöglichkeiten über die Wirklichkeit gibt es im Dialog zwischen Wissenschaft und Glauben?, ein reduktionistisches Wissenschaftsverständnis als auch ein dogmatischer religiöser Überbau zur Interpretation der Wirklichkeit vermieden werden. Um jedoch auch gleichzeitig einen puren Relativismus zu verhindern, geht es dem didaktisch-methodischen Vorgehen zu diesem Thema um den Verweis auf die Einbindung des menschlichen Daseins in beide Wirklichkeitsbereiche. Lernfelder, die dabei den methodischen Unterrichtsweg bestimmen, können einen Bogen schlagen von der Verhältnisbestimmung zwischen »Mythos und Wissenschaft«[16] zu dem Teilthema »Die Entwicklung naturwissenschaftlichen Denkens und ihr Einfluss auf die Herausformung der Weltbilder«[17] über den Versuch, Wissenschaft und Glaube miteinander ins Gespräch zu bringen unter dem Themenaspekt »Physik und Transzendenz«[18] bis in die Auseinandersetzung über die Frage »Wie wirklich ist die Wirklichkeit?«[19], mit der sich die menschlichen Erkenntnismöglichkeiten, aber auch unsere Erkenntnisgrenzen sowohl aus wissen-

---

[16] Vgl., *Hans Freudenberg/Klaus Goßmann*, Religion; in: Dies., Sachwissen Religion, Göttingen 1991, S. 9–15; *Mircea Eliade*, Die Funktion der Mythen; in: Sachwissen Religion, Texte, Göttingen 1991; S. 14; *Eckhart Marggraf/Eberhard Röhm* (Hg.), Glaube und Naturwissenschaft, Oberstufe Religion, Stuttgart 1996, S. 6–7.

[17] Vgl., *Eckhart Marggraf/Eberhard Röhm* (Hg.), a.a.O., S. 8–14.

[18] Vgl., *Hans-Peter Dürr* (Hg.), Physik und Transzendenz, Bern 1989.

[19] Vgl., *Jürgen Audretsch*, Physikalische und andere Aspekte der Wirklichkeit; in: Die andere Hälfte der Wahrheit: Naturwissenschaft – Philosophie – Religion, 1992, S. 13–38; *Hoimar von Ditfurth*, Wie wirklich ist die Wirklichkeit?; in: Ders., Wir sind nicht nur von dieser Welt, Hamburg 1981, S. 153–158.

schaftlichem als auch religiösem Wirklichkeitsverständnis betrachten lassen. So kann es gelingen, Schülerinnen und Schüler zur Wahrnehmung der Vielfalt von Wirklichkeit zu befähigen, wenn sie dazu angeleitet werden, ihr eigenes Welt- und Wirklichkeitsverständnis in den Dialog zwischen Wissenschaft und Religion einzubringen. Sie sensibilisieren ihre persönliche Lebensperspektive aus der Erkenntnis über die Vieldimensionalität von Wirklichkeit auf der ethischen Grundlage als Toleranz; auf der Basis wissenschaftlichen Denkens als Reflexion über Möglichkeiten und Grenzen objektivierender Erkenntnisformen und vor dem Hintergrund religiöser Deutungen als mögliche Erweiterung des Realitätsverständnisses auf die Dimension des Transzendenten, das als neuer Maßstab des Handelns bewusst werden kann und mit dem Zweckrationales und Funktionales in kritisches Denken und Agieren übergehen.

Von dieser Absicht, nämlich theologisches und naturwissenschaftliches Wirklichkeitsverständnis miteinander ins Gespräch zu bringen, war die Arbeit in dem oben besprochenen Religionskurs zum Thema »Wirklichkeit« getragen. Es war mir wichtig, auf der Grundlage von Sachinformationen, philosophisch-erkenntnistheoretischen Zugängen und dem Nachdenken über das Verhältnis zwischen physikalischer und religiöser Weltdeutung einerseits sowie biologischer und religiöser Sicht der Wirklichkeit andererseits, eine rein immanent zu bestimmende Realität in Frage zu stellen und Begründungsmöglichkeiten für eine transzendent-zweckfreie Realität, letztlich für den »Ort Gottes«, und damit für die Bedeutung des Religiösen in einer wissenschaftlichen Welt zu finden.

1.5.1 Allgemeine Nachbetrachtung

Mit seiner Einbindung in die Aufgabenstellungen, wie sie durch die Kursstrukturpläne vorgegeben sind, folgte der Diskurs über die Wirklichkeit dem Ziel, Glaubensfragen christlicher Theologie schüler-, sach- und wissenschaftsorientiert in die Lebenswirklichkeit der gegenwärtigen Welt zu übertragen. Es ging dabei um die Erschließung derjenigen Fragen, die aus den Lebenswelterfahrungen der Schüler hervorgehen. Da solche Erfahrungen jedoch oftmals in der Alltagswirklichkeit nicht mehr hinterfragt werden, macht es sich der Religionsunterricht zur Aufgabe, von theologischen, natur- und humanwissenschaftlichen Zugängen aus das den Alltagserfahrungen zugrundeliegende Wirklichkeitsverständnis zu hinterfragen und im interdisziplinären Gespräch für die Existenzdeutung der Schüler fruchtbar zu machen. Der Erschließungsprozess der Wirklichkeit soll sich dabei nicht auf die gedankliche Durchdringung beschränken, sondern auch vom Emotionalen her den Zugang zur Wirklichkeit bereitstellen. Die Auseinandersetzung mit der Wirklichkeit kann so zu einem Sehen führen, das hinter der Oberfläche die Tiefe der menschlichen Möglichkeiten aufscheinen lässt und dabei die Grenzen wissenschaftlichen Wirklichkeitsverständnisses überschreitet. So lässt sich der Gefahr ei-

nes reduktionistischen, naturwissenschaftlichen Wirklichkeitsverständnisses entge-
gentreten und zu einer Ganzheitlichkeit finden, wenn die Erkenntnisweisen von
Religion und Philosophie mit den wissenschaftlichen Deutekategorien korrelie-
ren.[20]

Der Religionsunterricht in der gymnasialen Oberstufe steht in gewisser Weise
vor dem Problem, eine wissenschaftsorientierte Grundbildung vermitteln und in
die Methoden wissenschaftlichen Arbeitens einführen zu wollen, gleichzeitig aber
auch die Einlinigkeit der Wissenschaftsausrichtung in der Lebenswirklichkeit der
Schüler kritisch zu hinterfragen und zu übersteigen. Mit dieser Forderung nach
der Akademisierung gymnasialen Unterrichtens geht ein hohes Maß an abstrakten
und normierten Anforderungen im Unterrichtsverlauf einher, die wenig Raum
lassen für Empathie und Emotionalität. Der Lehrer gerät in die Rolle desjenigen,
der die Dinge vorkonstruiert und als Wissender vor die Schüler tritt. Obwohl das
Thema an der Lebenserfahrung der Schüler ausgerichtet ist, sind sie letztlich auf
die Rolle festgelegt, sich für das Abitur geeignetes, abfragbares und reproduzierba-
res Wissen anzueignen. Die Texte zur Erarbeitung der Unterrichtsthematik ermöglichen bei methodischem Geschick des Lehrers – durchaus eine kreative Auseinandersetzung –, bewahren aber kaum vor der Gefahr einer geplanten Konfor-
mität und Anonymität der Kursteilnehmer. Die Orientierung an einem Lernziel-
katalog ermöglicht einen überprüfbaren, abgesicherten Unterrichtsverlauf, aus
dem die Absichten, Mittel und Methoden zur Erreichung der gewünschten Ziele
hervorgehen. Er steht aber auch in der Gefahr, die Freiheit der vom Unterrichtsverlauf betroffenen Subjekte, ihre Sinnlichkeit und Identitätsentwürfe, zu miss-
achten. Hier gerät ein wissenschaftsorientierter Religionsunterricht erneut in
Konflikte mit sich selbst, wenn er zwar der »Wissensarroganz«[21] gegenzusteuern
beabsichtigt, aber mit der »Belehrungsmaschinerie«[22] der Wissenschaft gegen Endlichkeit und Sterblichkeit ankämpft, deren Entfaltung doch auch sein Bildungsanliegen sein sollte.

1.5.2 Spezielle Nachbetrachtung:

Auf den ersten Blick stellt sich die didaktisch-methodische Konzeption, wie sie im
Kursstrukturplan für das Aufgabenfeld Evangelische Religion vorgestellt wird, als
ausgewogene Aufgabenbeschreibung zwischen der Offenheit für die Lebenswirklichkeit der Schüler und der Verbindlichkeit seiner didaktischen Intentionen.

---

[20]   Vgl. Kursstrukturpläne, Gymnasiale Oberstufe, Aufgabenfeld II: Evangelische Religionslehre,
1993, a.a.O., S. 4–18.
[21]   *Horst Rumpf,* Schule für morgen – Abschied vom Bescheidwissen: Über Bildung und Sterblichkeit; in: Katechetische Blätter, 119. Jg., München 1994, S. 238.
[22]   Ebd.

Auf die angesprochene Offenheit fällt allerdings ein Schatten, wenn man die Verbindlichkeiten und das Selbstverständnis der sie tragenden fachdidaktischen Konzeption sowie der Intentionen und Ziele für den Religionsunterricht auf der gymnasialen Oberstufe einer genaueren Betrachtung unterzieht, sie quasi mit fremdem oder schrägem Blick in Augenschein nimmt: Offensichtlich ist die Einbindung des Kursstrukturplans in die verbindlichen fachspezifischen Prüfungsanforderungen der Abiturprüfung. Hierin liegt – systemimmanent betrachtet – zunächst nichts Ungewöhnliches, da es um ein Konzept zur Unterrichtsgestaltung geht, das auf den gymnasialen Abschluss vorbereitet. Entscheidend ist jedoch, welche didaktischen Konsequenzen letztlich für das Bildungsverständnis des Religionsunterrichts aus dieser Einordnung hervorgehen.

Da ist die Rede von *Planungsvorgaben* und *Strukturelementen*, die an der Alltagswirklichkeit der Schüler orientiert sind. Zugleich aber sollen die Schüler anhand eines *Instrumentariums* wie z.B. biblischen Texten und Texten der allgemeinen Literatur, Erfahrungsberichten, Biographien, Lebensentwürfen, Gegenständen aus Kunst und Musik an die Erschließung der Wirklichkeit herangeführt werden. Gelernt werden sollen so Verfahren, Fragestellungen und Vorgehensweisen, die Lernprozesse assoziativ-emotional, kognitiv-argumentativ, analytisch und synthetisch unter Einbeziehung eigener Erfahrungen in Gang setzen. Dabei »soll der Schüler nachweisen...«, er »soll Einsicht haben in...«, er »soll zeigen, dass...«. Hier lässt sich ein *Lernverständnis* erkennen, das lernzielorientiert auf überprüfbares, abfragbares und verwertbares Wissen ausgerichtet ist. Wurden für den Lernweg instrumentelle Erschließungsverfahren eingefordert, so wird das Erkenntnisziel überwiegend in kognitiven Formeln erfasst. Der Zugang zur Wirklichkeit erfolgt zwar über die Erfahrungen des Subjekts, bindet es aber in eine Wissenschaftspropädeutik ein, deren objektivierbare Anteile jedoch schließlich und endlich in Form instrumentell-methodischer Kenntnisse den Ausschlag geben. Die Sache, um die es geht, nämlich Zugänge zur Wirklichkeit zu finden, wird zum *Gegenstand*, der analytischen und synthetischen Arbeitsverfahren unterliegt. Mit den Kenntnissen, welche die Schüler auf diese größtenteils technizistische Art und Weise kennen gelernt haben, werden sie »auf den künftigen Lebens- und Berufsweg in christlicher Orientierung«[23] vorbereitet. Hier scheint einer Anthropologie das Wort geredet zu werden, mit dem die Schüler zu Reproduktionsagenten eines Kulturverständnisses werden, das »trotz der Sehnsucht nach dem ganz Anderen«[24] Leiblichkeit und Sinnlichkeit den kognitiven Zielen der Hochschulreife und Studierfähigkeit opfert und somit den Glauben an eine instrumentell beherrschbare Welt aufrecht erhält.

---

[23]   Kursstrukturpläne Evangelische Religionslehre, Gymnasiale Oberstufe 1993, a.a.O., S.47.
[24]   Vgl. *Max Horkheimer*, Die Sehnsucht nach dem ganz Anderen. Ein Interview mit Helmut Gumnior; in: Der Spiegel, Hamburg, Nr. 1/2,1970, ders., Bemerkungen zur Liberalisierung der Religion; in: *Oskar Schatz* (Hg.), Hat die Religion Zukunft?, Graz 1971, S.113–119; 119.

Im stoffzentrierten Unterricht werden die *Schüler* von ihren Bedürfnissen und Interessen entfremdet, denn das anzueignende Wissen erhält den Charakter der Verwertbarkeit für gesellschaftliche Anerkennung und Noten, weniger jedoch die Qualität eines Beitrags für die Bewältigung ihrer Lebenssituationen. Müsste also die Vorstellung von der Planbarkeit des Unterrichts, in dessen Rahmen alles beherrschbar, einforderbar, erklärbar und verfügbar erscheint, nicht durch schüler- und handlungsorientierte Verfahren abgelöst werden, so dass die Schüler sich als Subjekte dieses Unterrichts verstehen können? Wäre es nicht denkbar, dass sich erst aus diesen Verfahren Methodenkompetenz, personale Kompetenz und soziale Kompetenz als »Schlüsselqualifikationen« gymnasialer Bildung entfalten?[25]

Unter die genannte Zielperspektive, nämlich auf größtmögliche Objektivierbarkeit und Überprüfbarkeit vorzubereiten, ordnet sich dann konsequenterweise die *Gestaltung* des zu vermittelnden Themas ein. Da die affektiven Anteile des Unterrichtsgeschehens für den Nachweis wissenschaftlichen Arbeitens ohne größere Bedeutung sind, dienen sie nicht der einzufordernden Qualifikation des Schulabschlusses. Was im Unterricht, so wie ich ihn oben skizziert habe, zu tun bleibt, ist die Ausrichtung an reproduzierbaren Erkenntnisinhalten. So wird die Frage nach dem Zugang zur Wirklichkeit, die sich um die Verbindung eines wissenschaftlichen und metaphysischen Ansatzes bemüht, zu einem Gegenstand, der in wohlproportionierten Teilen die Erkenntniszugänge auf der Grundlage von Informationen und Analysen in rationale Wissensbestände überführt und sich dabei an Planungs- und Lernzielperspektiven orientiert, durch die das Unterrichtsgeschehen operationalisierbar wird und instrumentell-technischen Charakter bekommt.

Aus planbaren Unterrichtsabläufen werden Erfahrungen des Kontingenten und Unüberprüfbaren ausgeblendet. Resonanzerfahrungen, mit denen sich Religion auf das Wunderbare und die Spuren des Anderen ausrichtet, bleiben unbeachtet in Unterrichtsprozessen, die nach vorausberechneten Gesetzen ablaufen. Der Raum für das Außergewöhnliche, Brüchige und Rissige ist zu klein, um existenzielle Bedeutung zu erlangen. Was »nicht aufgeht«, findet in normierten Verfahren keinen Platz. So ist das Widerständige, Kantige und Randständige in operationalisierten Vorgängen von untergeordneter Bedeutung. Ist es also pädagogisch legitim, das Vorwissenschaftliche, wie es sich in den genannten Stichworten skizzieren lässt, außen vor zu lassen?

Als *Lehrer*, der die Sozialisation seiner Ausbildung verinnerlicht hat, stehe ich in dem Konflikt, auf den Erwerb von Wissen und Kenntnissen kognitiver Art hinführen zu müssen, aber auch in gleichem Maße die Bedeutung und Notwendigkeit affektiver Erlebnis- und Erfahrungsgehalte zu kennen, ohne sie jedoch angemessen umsetzen zu können. Unterricht, der dem Übergewicht rationalen Wis-

---

[25]   Vgl. *Johann-Walter Wicke*, Schlüsselqualifikationen: Defizite am Gymnasium; in: Hessische Lehrer Zeitung, 50.Jg, Heft 6, Juni 1997, S. 30–31.

senserwerbs folgt, bringt mich als Lehrer in die Rolle desjenigen, der über alles Bescheid weiß, der die notwendigen Informationen vermittelt und sachanalytischen sowie synthetischen Verfahrensweisen zur Wirklichkeitserschließung folgt. Planungsvorgaben, deren Ziel die Überprüfbarkeit von Wissen, die Entfaltung von Argumentationsfähigkeit und Problemerkenntnis sowie der Erwerb von Kenntnissen über sachanalytische Verfahrensweisen ist, macht mich zum Kontrolleur dieser Faktenplanung, die ohne Reibungsverluste auf die Perfektion des Lehrerverhaltens, der Sachvermittlung und der Schülerreaktionen ausgerichtet ist. Als Wissensvermittler richte ich meine Aufmerksamkeit auf die Gesetze und Regeln, mit denen Allgemeingültigkeit für das behandelte Thema beansprucht wird, so dass sich die Durchführung der Aufgaben und die Kontrolle über die abrufbaren Ergebnisse in meiner Hand konzentrieren.

Die Gefahr, auf diese Weise zum Informationsbürokraten zu werden, ist groß. Damit erscheint die Möglichkeit, in der Schule etwas zu vermitteln, was als Welterleben zu bezeichnen wäre, gering. Wäre es also nicht an der Zeit, die Eindimensionalität von Wissenserwerb aufzuheben unter der einfachen Erkenntnis, dass wir in einer mehrdeutigen Welt leben, in der sich die Aufmerksamkeit nicht allein auf das Funktionieren, sondern auch auf das Symbolische und Poetische mit seinen Referenzen ausdehnt? Erscheint es nicht praktikabel, die Welt- und Wirklichkeitsvergegenwärtigung, die auch die Schüler in sich tragen, in den Unterrichtsprozess zu integrieren?

Die *Sache,* um die es geht – im oben dargestellten Unterrichtsverlauf also die Erarbeitung von Zugängen zur Wirklichkeit aus religiöser, erkenntnistheoretischer und naturwissenschaftlicher Sicht – wird in dem Moment zu einem von der Sinnlichkeit losgelösten Gegenstand, wenn das Thema dem bloßen Intellektualismus anheim fällt. Durch das Leitverfahren wissenschaftspropädeutischer Rationalität unterliegen die besprochenen Ansätze dem Anspruch formaler Beherrschbarkeit, der auf möglichst lückenlosen Kenntniserwerb ausgerichtet ist. Mit stringentem Blick auf die Produktion und Reproduktion von Wissen, das sowohl für Klausuren und besonders für die Abschlussprüfung nachweisbar sein muss, verfällt die Thematik in vordergründig einsichtige Teilmengen, die als gesichertes Wissen vom Lehrer vermittelt und von den Schülern aufgenommen werden. Denken erweist sich hier als ein formales Instrument, das die kognitiven Prozesse des Zerlegens, Analysierens, Klassifizierens und Erklärens übt, andere Arten der Erfahrung jedoch ausschließt. Von welchem Gehalt erweiterte Möglichkeiten des Erfahrungszugangs zum Unterrichtsthema sein können, wird also zu zeigen sein.

Obwohl die Lebenserfahrung der *Schüler* die Ausrichtung des Themas bestimmen soll, besteht die Gefahr, dass ihre eigenen Erfahrungen, Wahrnehmungen und Beobachtungen aus der ihnen vertrauten Lebenswelt nur rudimentär als »Aufhänger«, nicht jedoch als kontinuierlich den Unterricht begleitendes oder bestimmendes Lernelement vorkommen. Sie sind abhängig von der Sachautorität des Lehrers und der Unterrichtsgegenstände, wodurch fast jegliche Empathie eines individuellen Erfahrungszugangs zu der infragestehenden Sache wegfällt. Es geht für sie vielmehr darum, das Dargebotene auf möglichst effektive Weise schnell einzuordnen und zu verarbeiten. Inwieweit das auf diese Weise Gelernte zum persönlichen Besitz geworden ist und für zukünftige Lebenssituationen handlungsorientierend wirkt, ist fragwürdig.

Die *Anthropologie des Unterrichtens* spiegelt so einen Zwiespalt wider: Ohne Schülerorientierung, d.h. ohne Ausrichtung an den Interessen, Erfahrungen und Lebensbezügen der Schüler, lässt sich Religionsunterricht nicht gestalten. Zu konstatieren ist jedoch, dass dieses didaktische Element in den Dienst einer Intellektualisierung gestellt wird, in deren Rahmen sich die affektiven Resonanzmöglichkeiten der Lernenden reduzieren. Wahrnehmung wird auf die Rezeption von Tatsachen gerichtet, deren Eindeutigkeit den Maßstab für Erkenntnisse über das Thema abgibt. Dass es bei näherer Betrachtung solche klaren und geradlinigen Perspektiven weder im Thema noch im Schüler selbst gibt, kommt kaum in Betracht. Der Weltzugang ist jedoch unter Absehung von Leiberfahrungen, also ohne Sinnlichkeit, ohne Befremdliches und nichtnormierte Ahnungen oder Erkenntnisse nicht zu erschließen.

Auch im Sinne einer *Anthropologie der Bildung*, mit der die Welt nicht in Datenmengen zerfallen soll, wäre nach den Möglichkeiten und Notwendigkeiten zu fragen, die den Unterricht aus der Klammer der Selbstbeherrschung und dem Zwang des Zugriffs auf gesichertes Wissen befreit. Mundgerecht zubereiteten Fertigwahrheiten, mit denen der Nimbus des Verfügbaren, Mach- und Konstruierbaren Verbreitung findet, gälte es dann die Anteile des Fragwürdigen, Unerklärbaren und Unglaublichen entgegenzusetzen. Hier liegt das »Schlüsselerlebnis«, das sich im Kurs sowohl auf der Subjektebene als auch auf der Sachebene bemerkbar machte: Wie können sowohl die Kontingenzen der Schüler, also ihre »Unberechenbarkeiten«, als auch die vermeintlichen »Unzumutbarkeiten« des Themas, mithin die Frage nach der Vernunft im Religiösen und dem Metaphysischen in der Wissenschaft im Unterrichtsverlauf Platz bekommen? – Vor dieser Folie wäre der Überlegung nachzugehen, wie Unterricht zu gestalten ist, der sich auf ein Bildungsverständnis einlässt, mit dem Welterleben und Subjektsein eher auf die Erfahrungen des Fragmentarischen und Unabschließbaren, auf »Kursabweichungen«, denn auf das Vollkommene und Fertige gerichtet sind. Ist ein curricular orientierter und planbarer, auf Wissensbemächtigung hin angelegter Unterricht hier noch angemessen? Zu hinterfragen ist in diesem Zusammenhang auch ein Verständnis von Subjekthaftigkeit, das den Schüler in seinem Weltverhalten auf die Vollkommenheit des Wissens- und Erkenntniserwerbs festlegt und dabei den Fragilitäten seiner Lebens- und Alltagswelterfahrungen kaum Beachtung schenkt. Müssten nicht vielmehr solche Grenzziehungen und Absicherungen überschritten werden, um Verdinglichungstendenzen des Subjekts als auch der Inhalte

entgegenzuwirken? Wie müssten also die Horizonte des Herkömmlichen in Bezug
auf die Unterrichtsgestaltung, das Lehrerselbstverständnis, das Schülerverhalten
und die Unterrichtsinhalte verschoben werden, wenn sie weiterführenden Wirk-
lichkeitszugängen Raum bieten sollen?

An diesen Rückblick, mit dem die Konturen meiner religionspädagogischen
Studien- und Ausbildungszeit sowie persönliche Erfahrungen und Einschätzungen
über die gegenwärtige Unterrichtspraxis in Evangelischer Religion zu Wort kamen, schließt sich nun ein historischer Teil zur Entwicklung fachspezifischer
Konzeptionen an. Deren Darstellung soll verdeutlichen, welche didaktisch-methodischen Gehalte und Möglichkeiten sie jeweils umfassen. Es soll aber auch
deutlich werden, welche ihrer immanenten Mängel weiterführende Innovationen
notwendig machten.

2. KAPITEL: KRISE UND NEUBEGINN: EIN HISTORISCHER EXKURS IN DIE RELIGIONSPÄDAGOGIK

Unter dem Hinweis auf ihre Erträge und Defizite soll es im folgenden Kapitel somit darum gehen, zunächst den Weg nachzuzeichnen, den die religionspädagogische Theoriebildung seit ca. 40 Jahren genommen hat. Es wird dabei allerdings keine globale Abhandlung zur Entwicklung der Religionspädagogik vorgenommen, die den Anspruch auf Vollständigkeit erheben könnte, sondern das Interesse richtet sich an Leitlinien aus, mit denen der historische und auf die Zukunft gerichtete Blick die Einordnung religionspädagogischer Konzeptionen in der Moderne verdeutlichen soll. Die Darstellung von Unterrichtsverfahren, wie sie beispielsweise mit dem religionspädagogischen Ansatz der »Evangelischen Unterweisung« und ihrer Verkündigungskonzeption, der hermeneutischen Phase des Religionsunterrichts, der empirischen Wende zur Problemorientierung und einem curricular verfassten lernzielorientierten Unterricht vorliegen, soll auf die Standorte der jeweiligen Konzepte, deren Erträge und Mängel, sowie auf die Notwendigkeit für Neuerungen verweisen.

2.1 Rückblick: Die Evangelische Unterweisung

Für das Selbstverständnis des Religionsunterrichts, der sich als »*Evangelische Unterweisung*« von der Verkündigung des Gottesglaubens her verstand und von dieser Position aus den Schülern gegenübertrat, wurde die Distanzierung der Religionspädagogik von der Psychologie zum eigentlichen Anliegen. Hier machte sich die Kritik der Dialektischen Theologie bemerkbar, von der her die Beschäftigung mit der Seele des Menschen als »Selbstvergottung«[26] angesehen wurde. Nur die Verkündigung des Wortes Gottes und das daran gebundene Glaubensverständnis, sollten Gegenstand religiöser Erziehung sein. Die »Unterweisung« im Evangelium[27] mit der entsprechenden durch den Lehrer zu vermittelnden Ehrfurcht vor dem biblischen Text, wurde jetzt zum antipsychologischen Konzept des Religionsunterrichts. Dabei gerieten die Konsequenzen dieser Unterrichtsform, nämlich Lehrerzentriertheit und Schülergehorsam sowie das zumeist auf Lehrervortrag und Repetition methodisch reduzierte Instrumentarium der Inhalts- und Lernzielsicherung auf einen Lernweg, auf dem sich Religiosität zum Handlungs- und Gesin-

---

[26]   *Hans-Günter Heimbrock*, Lern-Wege religiöser Erziehung, Göttingen 1984, S.51.
[27]   Ebd., S. 52.

nungszwang entfaltete. Dieser autoritäre Charakter bestimmte – entgegen der aus-
gewiesenen Absicht! – geradezu die psychische Konstellation zwischen Lehrer und
Schüler, zumal der Erfahrungs- und Erlebnisgehalt, den die Schüler gegenüber
den dargebotenen Inhalten selbst mitbrachten, keine Rolle spielte.

2.2 Eine Unterrichtssequenz nach dem Verfahren der »Evangelischen Unterweisung«

Das Lernkonzept eines Religionsunterrichts, der in die Prinzipien der »Evangelischen Unterweisung« eingebunden ist, soll hier exemplarisch skizziert werden. Es
geht thematisch um *Mt. 21, 23–27: Die Frage nach der Vollmacht Jesu*. Die unter-
richtliche Behandlung findet sich in der »Methodik christlicher Unterweisung«
von *Hans Jakob Rinderknecht/Konrad Zeller*, das in Zürich in der ersten Auflage
1936 erschien. Im folgenden Teil des vorliegenden Kapitels werden die stoffliche
und methodische Besinnung des Bibeltextes durch den Lehrer sowie seine Darstellung der Perikope und die beabsichtigte Zielerkenntnis zusammenfassend wie-
dergegeben,[28] um daran anschließend das Problem der Wirklichkeitsorientierung
besonders im Verhältnis zwischen Lehrer und Schülern deutlich zu machen.

In der hinführenden Besinnung über den zu vermittelnden Bibeltext Mt. 21,
23–27 lässt der Lehrer erkennen, wie er mit einem ›schweren Auftrag‹ gewohnt ist
umzugehen. Er stellt seine persönlichen, zumeist ablehnenden Reaktionsmuster
gegenüber Erwartungen und Anforderungen, die an ihn herangetragen werden, in
den Zusammenhang mit der Vollmachtsgeschichte Jesu, um festzustellen, dass Jesus keine äußeren Zeichen braucht, um die Ansprüche seiner Lehrtätigkeit zu legitimieren. Als Stellvertreter Gottes besitzt er Vollmacht ohne Abzeichen. Nach
seiner Vollmacht zu fragen, wie es die Hohenpriester und Ältesten taten, ist von
daher ungerechtfertigt. Den Menschen muss die Stellvertreterschaft genügen, um
Jesus zu gehorchen. In seiner methodischen Besinnung greift der Lehrer dieses
Gehorsamsverständnis auf, indem er den Schülern an einem Erlebnis aus dem mi-
litärischen Umfeld von der Bereitschaft einer Hundertschaft Rekruten erzählt,
nicht nur dem Korporal, sondern auch dem Korporal-Stellvertreter Gehorsam zu
leisten, obwohl dieser nicht die direkte Vollmacht dazu hatte. Die Botschaft des
Textes wird damit auf die freiwillige Unterordnung, die Erfüllung eines Auftrags
und die Bereitschaft zur Befehlserfüllung eingeengt.
Der Umgang des Lehrers mit dem Text lässt einige charakteristische Merkmale
deutlich werden, durch die sich die Prinzipien der »Evangelischen Unterweisung«
auszeichnen. So ist die Reflexion des Stoffes primär auf dessen Inhalt, kaum je-

---

[28] *Hans Jakob Rinderknecht/Konrad Zeller*, Methodik christlicher Unterweisung, Zürich 1936
(¹1968), S. 213–218.

doch auf seine methodische Vermittlung gerichtet. Die gesamte Vorbereitung ist lehrerzentriert. Allein die theologische Einstellung des Lehrers legt das Religionsverständnis für die bevorstehende Stunde fest. Den Schülern bleibt kein Spielraum für eigene Standpunkte. Unter dieser autoritären Religiosität haben ihre Lebenserfahrungen keinen Stellenwert im Unterrichtsprozess. Da somit der Lehrer der Alleinverwalter des Textes ist, wird die Spontaneität von Schülerbeiträgen auf ein Minimum reduziert. Lernen wird auf passives Zuhören eingeschränkt, da sowieso alle Denkprozesse in denjenigen Bahnen verlaufen, die der Lehrer vorgibt: Seine Auslegung ist die einzig richtige. Von Lernzuwachs lässt sich daher kaum sprechen. Das Wissen, das sich die Schüler aneignen, bleibt außerhalb praktischer, lebensbezogener Anwendungsmöglichkeiten.[29] Der Lernprozess zwingt die Schüler größtenteils zum passiven Zuhören, da der Lehrer die Interpretationsweisen des Textes bestimmt. Auch die Fragen zum Text, die meistens nur auf Repetition durch die Schüler ausgerichtet sind, gehen vom Lehrer aus. Er kennt das Ziel der Stunde und dirigiert ihren Verlauf. Mit seinem Absolutheitsanspruch auf Text und Unterrichtsverlauf, in den er noch seine persönlichen Ressentiments gegen akademisch Gebildete einbaut,[30] begibt er sich in einen eminenten Kontrast zwischen Inhaltsebene und Schüler-Lehrer-Beziehung: Jesus konterkariert eine an ihn gerichtete Frage durch eine Gegenfrage; die Schüler dürfen das jedoch nicht: Ihnen bleibt kein Spielraum für solche Freiheiten. Die Kluft zwischen der Situation der Lerngruppe und der inhaltlichen Botschaft des biblischen Textes wird immer größer, wenn die Schüler mit der weiteren Auslegung des Gleichnisses darüber belehrt werden, dass Fragen an Jesus von einer schlechten Gesinnung zeugten: Solch eine Haltung sei Ausdruck des Ungehorsams. »An die Wand aber schreiben wir uns den Satz, der uns manchmal helfen wird, wenn wir nicht recht gehorchen mögen, nicht recht arbeiten mögen und scheinbar nicht wissen, was tun. Habt ihr euch den Satz schon gemerkt?«: Wer will, der weiß.[31] Der Ertrag der Stunde besteht nun in diesem Satz. Als Quintessenz wird er durch Chorsprechen gefestigt. Es handelt sich um eine auf Gehorsam gerichtete Erkenntnis, die bei allem Zweifel an ihrer Lebensbedeutsamkeit, nicht durch eigenständiges Erarbeiten der Schüler, sondern unter dem inhaltlichen und methodischen Dirigismus des Lehrers zustande gekommen ist. Könnten das Nachsprechen, Auswendiglernen, Nachschreiben und Nachlesen eventuell noch als schöpferische Leistungen der Schüler angesehen werden, dann bleibt nach wie vor der Zweifel an der sinnverleihenden Interpretation des Textes. Es ging um nichts anderes als die Vermittlung einer rechten Gesinnung, um Gehorsam und Unterordnung, um die Erfüllung eines Auftrags. Die Psychologisierung des Evangeliums, die eigentlich vermieden werden sollte, schob sich als Gesinnungshaltung in den Vordergrund der

---

[29] Vgl. die Kommentare zum Lernkonzept der skizzierten Unterrichtsstunde bei *Hans-Günter Heimbrock*, a.a.O., S. 54–70.

[30] Vgl. *Hans Jakob Rinderknecht/Konrad Zeller*, a.a.O., S.216–217.

[31] Ebd., S. 218.

Lernarbeit, wobei die Schülerwirklichkeit völlig ausgeblendet blieb. Allein der autoritäre Gehorsam als individueller und gesellschaftlicher Zweck machte die Zielerkenntnis aus.

Dieses Faktum ist um so verwunderlicher, als *Rinderknecht/Zeller* einen recht umfangreichen Teil ihres Buches für »Hinweise auf die Kinderpsychologie«[32] verwenden, in dem sie den Zusammenhang zwischen den Entwicklungsperioden der Kinder, so wie sie während der Schulzeit, gemeint ist hier die Grund- und Volksschulzeit, und ihren Reaktionen auf das Unterrichtsgeschehen, aufzeigen. Die Autoren charakterisieren hier vornehmlich die geistig-seelische Haltung der Heranwachsenden auf der Kindheitsstufe (6.–8./9. Lebensjahr), der Realitäts- oder Latenzperiode (9.–12. Lebensjahr) und der Vorpubertätszeit (12.–14. Lebensjahr). Dabei sagen sie einerseits, dass »sich eben der ganze Stil unseres Umgangs mit den Kindern, aber auch die anzuwendenden Unterrichtsmethoden und die Lernforderungen«[33] nach den Erkenntnissen über die seelischen Entwicklungsphasen zu richten habe, dass es aber andererseits zu erkennen gelte, »welchen – allerdings nicht allzu großen – Dienst in diesen Fragen die wissenschaftliche Forschung leisten kann.«[34] Dieser offensichtliche Widerspruch löst sich insofern auf, als im Schlusswort über die »Hinweise zur Kinderpsychologie« die eigentliche Intention der Autoren deutlich wird: »Es bleibt unser Ziel, unsere Jungen bereiten zu helfen zu einer neuen und bewussten Annahme der Gotteskindschaft. Wir wollen stets dessen eingedenk bleiben, dass der Auftrag nicht nur lautet: ›Unterrichtet! Lehret!‹, sondern auch ›Macht zu Jüngern!‹[35] Damit bleibt der Missionsauftrag, nicht aber der Schüler mit seiner geistig-seelischen Individualität, das zentrale Anliegen der »Evangelischen Unterweisung«.

So, wie sich – entgegen der von *Rinderknecht/Zeller* angesprochenen Notwendigkeit – in dem oben skizzierten Unterrichtsbeispiel nichts von einer »Bibelkritik im Unterricht«[36] finden lässt, die den Schülern einen eigenständigen Raum zur Beteiligung am Unterrichtsgeschehen gemäß ihrer Entwicklungsphase geben würde, so reduzieren sich in der Sequenz auch die von den Autoren gegebenen Hinweise auf die Möglichkeiten zur Verwendung komplexer Methoden der Unterrichtsgestaltung durch Beobachtungsunterricht, erklärenden, darstellenden, vergegenwärtigenden, erzählenden und entwickelnden Unterricht[37] auf das Schema »Einführung – Darstellung – Anwendung mit eingebauten Repetitionen«.[38] Wiederum ist es der Lehrer, der den Unterricht von seinen Vorstellungen her um seine Absichten zentriert. Für die Schüler bleibt arbeitstechnisch nur die Repetition, aber kein eigenständiger Gestaltungsraum.

---

[32] Ebd., S. 26–63.
[33] Ebd., S. 27.
[34] Ebd., S. 26.
[35] Ebd., S. 61.
[36] Ebd., S. 49.
[37] Vgl. ebd., S. 86–127.
[38] Vgl. ebd., S. 213.

Mit der ›Evangelischen Unterweisung‹ löste sich so eine Verkündigungskonzeption ein, die den Religionsunterricht als Kirche in der Schule und den Religionslehrer als Amtsträger der Kirche verstand. Der Religionsunterricht stand unter dem gesamtpädagogischen Auftrag der Kirche und wollte missionierend zur Kirchengemeinde hin erziehen, war also mit dem Leben der Kirche eng verbunden. Im Gesamtrahmen dieses Verkündigungsverständnisses war es schwer zu entscheiden, ob der Ort des Religionsunterrichts nun bei der Kirche oder der Schule bzw. dazwischen lag: Der staatliche Lehrer, der gleichzeitig kirchlicher Amtsträger war, geriet in eine Rollendiffusion. Zudem stellte sich für ihn methodisch das Problem der Aktualisierung und Vermittlung der zumeist biblischen Inhalte. Eine Orientierung an der Lebenswirklichkeit der Schüler war offensichtlich nicht beabsichtigt und konnte – wie am oben wiedergegebenen Unterrichtsbeispiel zu erkennen ist – aufgrund der theologischen Dominanz nicht eingelöst werden. Die Verkündigungskonzeption der ›Evangelischen Unterweisung‹ hatte ihr Zentrum in einer gegenwärtig problematisch gewordenen Position, nämlich in der Vorbild-Repräsentanz des Lehrers, der die Sache des Evangeliums vertrat; im kritischen Wirken des Evangeliums in der Schule und einer Haltung gegenüber der Kirche, mit der sie das Subjekt des Unterrichts war.[39] Veränderungen dieses Standortes zeigte der hermeneutisch konzipierte Religionsunterricht.

2.3 Der hermeneutisch angelegte Religionsunterricht

Mit der sich anschließenden *hermeneutischen Phase* des Religionsunterrichts begann die Abwendung von einer an den kirchlichen Auftrag gebundenen Verkündigungskonzeption und die Hinwendung zu seiner schultheoretischen Begründung. Zu den Aufgaben des auf die Schule ausgerichteten Unterrichts zählte nun die Einführung in die Tradition und damit in das Christentum und die christliche Überlieferung. Methodisch stand nicht mehr die Verkündigung der Texte, sondern ihre Auslegung im Vordergrund. Im Sinne eines interpretierenden Unterrichts ging es um die Erschließung der Bibel als Bildungsgut. Die Bindung des Religionsunterrichts und der Religionslehrer an die Form kirchlicher Verkündigung wurde als unnötig betrachtet.

Das Problem der hermeneutischen Konzeption lag in ihrer ausschließlichen Orientierung an den Texten der Vergangenheit, so dass der exegetische und historische Bezug überbetont, Gegenwart und Zukunft jedoch einen zu geringen Anteil hatten. Aufgrund der Traditionsorientierung blieben die Lebenswirklichkeit der

---

[39] Vgl. *Wilhelm Sturm*, Religionspädagogische Konzeptionen: Die Phase der Evangelischen Unterweisung; in: *Gottfried Adam/Rainer Lachmann*, Religionspädagogisches Kompendium, Göttingen 1997⁵, S. 46–50.

Schüler und damit die Aktualisierungs- und Motivationsbezüge nach wie vor ausgegrenzt. Weiterführende Leitlinien, die der hermeneutischen Konzeption für die religionspädagogische Diskussion entnommen werden können, bestehen in der Notwendigkeit der schulischen Begründung des Religionsunterrichts und der Abwendung von seiner alleinigen Legitimation durch die Kirche. Der Religionsunterricht muss moderne theologische und didaktische Ansätze aufnehmen, um wissenschaftsorientiert exegetisch-theologisch am Text und der Sache zu arbeiten. Im Rahmen der Schulziele, die zu Dialog- und Kritikfähigkeit hinführen wollen, hat der Religionsunterricht – so kann es dem hermeneutischen Ansatz entnommen werden – den »denkenden Glauben« [40] zu fördern. Die Schüler folgten diesem Ansatz jedoch kaum noch, so dass es in Verbindung mit gesellschaftlichen Umbrüchen der Zeit zu einer tiefgreifenden Krise des Religionsunterrichts kam.

2.4 Die Krise des Religionsunterrichts

Diese Krise, in die der Religionsunterricht Mitte der sechziger Jahre geriet, hatte ihre Ursachen unter anderem in der Wandlung gesellschaftlicher Zustände, mit der sich der Stellenwert von Kirchlichkeit, Religiosität und Erziehung allgemein veränderte. Unter dem Zeichen der Emanzipation wurde der Abschied von der Traditionsorientierung, die als immanenter Gehalt dieser Bereiche in der gesellschafts- und bildungspolitischen Kritik stand, eingeleitet. Aus der Zentrierung des Unterrichts auf die Verkündigung von historisch fernen und fremdartigen Denk- und Vorstellungsweisen biblischer Inhalte, ihrer Exegese durch den Lehrer, die der schülerpraktischen Erarbeitung stets vorrangig war, sowie durch den Mangel einer anwendungsbezogenen Erschließung religiös-theologischer Aussagen für die Gegenwart, entwickelten sich die innerschulischen Probleme für den Religionsunterricht. Zudem kam die Wirklichkeit der Schüler als Voraussetzung, Begleitung und Ziel des Unterrichts nicht in den Blick, weil ihre Lebenserfahrungen verleugnet wurden. Dabei führte auch die mangelnde Reflexion über die Bedeutsamkeit dessen, was im Religionsunterricht für die Gegenwart und Zukunft zu lernen sei, kaum den notwendigen Klärungsbedarf herbei. Seine idealen Ziele, die ausgerichtet waren an der Unterweisung durch das Evangelium und der Gestaltung von Gemeinde, verbunden mit dem Verweis auf die Notwendigkeit, heutiges Verstehen der Bibel herbeizuführen, gerieten in eine Krise. Appelle an das Selbstverständnis der Schüler, sich in die Entscheidung vor Gott zu stellen und damit aus dem Glauben heraus in der Welt zu stehen, scheiterten: Die Schüler reagierten auf dieses Ansinnen mit Disziplinschwierigkeiten.

---

[40]   Ebd., S. 52.

Zur Überwindung dieser Probleme mussten in der pädagogischen Forschung infolgedessen Wege erschlossen werden, die es ermöglichten, die Bedingungsfaktoren des Unterrichts sowohl von der Sache her auf Erfahrungsgrundlagen zu stellen als auch besonders von den Schülern her auf deren Wirklichkeitserfahrungen zu beziehen. Propagierte *Heinrich Roth* damit die realistische Wendung[41] für die Erziehungswissenschaft, so griff *Klaus Wegenast* diesen Ansatz als empirische Wendung[42] auf, um ihn für die Religionspädagogik fruchtbar zu machen.

2.5 Die empirische Wendung und ihre Konsequenzen für die Religionspädagogik

Klaus Wegenast nahm 1968 entschlossen die Notwendigkeit einer empirischen Wendung in der Religionspädagogik in Angriff, weil er den Mangel konstatierte, dass die idealen Forderungen an den Religionsunterricht, wie sie von der Evangelischen Unterweisung her aufgestellt wurden, sich nicht an den Beobachtungen in der Praxis ausrichteten. Lehrer und Schüler gerieten dadurch in den Konflikt zwischen diesen Ansprüchen und der Wirklichkeit des Unterrichts, was sich als Hilflosigkeit und Resignation auf Seiten der Lehrer bzw. als Disziplinlosigkeit und Desinteresse auf Seiten der Schüler gegenüber den Inhalten des Religionsunterrichts auswirkte. Zur Überwindung der Krise gehörte demnach zunächst die Grundeinsicht, die Relevanz des Unterrichtsstoffs durch seine Orientierung am gegenwärtigen Verstehen und der Lebenswirklichkeit der Schüler auszurichten. Mit empirischen Forschungsmethoden sollte ein Instrumentarium zur Verfügung gestellt werden, das die Tatsachen der Praxis des Unterrichts untersuchte. Die Forschungsfelder richteten sich auf die Untersuchung der Unterrichtsmethoden, die Mitarbeit der Schüler, die Theologie des Unterrichts, die Fragen der Schüler, die Bedeutung des Religionsunterrichts für ihr Denken und Handeln sowie die Faktoren, die den Unterricht beeinträchtigten. Durch die Herausarbeitung dieser Bedingungsstrukturen sollte die Praxis des Religionsunterrichts sichtbar werden, um Veränderungen zu bewirken, die in verstärktem Maße die Schüler mit ihren Interessen und Fragen, ihren »altersspezifischen Verstehensmöglichkeiten«[43] für seine Inhalte motivieren helfen konnte, denn »der Schüler, der in neuer Weise aktiv werden soll, muss sich vor eine Barriere [geistiger Art] gestellt fühlen, ein Hindernis wahrnehmen, ein Problem erleben, und dann kann er ›innerlich‹ han-

---

[41]   *Heinrich Roth*, Die realistische Wendung in der Pädagogischen Forschung; in: *Hellmut Becker* u.a. (Hg.), Die Neue Sammlung, 2. Jg. 1962, S. 481ff.

[42]   *Klaus Wegenast*, Die empirische Wendung in der Religionspädagogik; in: Der Evangelische Erzieher, 20. Jg., Frankfurt 1968, S. 111–125.

[43]   Ebd., S.114.

deln.«[44] »Im Blick auf den Religionsunterricht könnte hier noch hinzugefügt werden: Der Schüler muss im Unterrichtsgegenstand des Religionsunterrichts konkret
›vorkommen‹. Seine Fragen, die mit dem Stadium seiner Entwicklung, mit seiner
sozialen Umwelt und mit dem, was er in anderen Fächern gelernt hat, zusammenhängen, müssen vom Lehrer erkannt, im Unterricht frei erörtert und sachlich, d.h.
sach- und kindgerecht, beantwortet werden.«[45] Empirische Forschung im
Religionsunterricht musste sich demnach verstehen lernen als eine erfahrungsbe-
zogene Erhebung der Unterrichtspraxis in Bezug auf lern- und verhaltenspsycho-
logische Beobachtungen zum Inhalt des Unterrichts, zum Verhalten, den Tätigkeiten und der »Theologie« des Schülers sowie zur Rolle des Lehrers, um die »Bedingungsstrukturen des Unterrichts und die Wirklichkeit seiner Praxis«[46] zu erhel-
len und für die Überwindung der Krise fruchtbar zu machen.

Für die Religionspädagogik ergab sich unter anderem aus den dargestellten
Positionen die Konsequenz, von der reinen Glaubensunterweisung wegzukommen
und die Perspektiven des religionspädagogischen Selbstverständnisses auf die Erfahrungswelt der Schüler zu erweitern. Im Zuge dieser empirischen Wende wurde
postuliert, dass der Glaube dem Schüler nicht übergestülpt werden darf, da er sich
nur in der persönlichen Auseinandersetzung einstellen kann. In der religiösen Erziehung kann es nicht um Anpassung an fixierte Strukturen und Verhaltensweisen
gehen, denn die religiösen Möglichkeiten des Menschen lassen sich nur in Freiheit
einüben. Dafür ist die Orientierung an der Wirklichkeit der jungen Menschen
grundlegend, da bloße objektivierende Zugriffe auf den Menschen Transzendenz
nicht zur Entfaltung kommen lassen. Religiöse Erziehung sollte sich demgemäß
eher auf praktischen, handlungsorientierten Wegen bewegen als auf der Grundlage instrumenteller und auf ein bestimmtes Endverhalten abzielender Lerntech-
niken, denn mündige Sinnfindung geschieht in Bildern von einer Welt, die sich
prospektiv auf die vielfältigen Möglichkeiten des Lebens und des Mensch-Seins
einlassen. Empirisch angelegtes religionspädagogisches Vorgehen stand aber zunächst noch im Zusammenhang mit der allgemeinpädagogischen Lerntheorie, mit
der sich die Formulierung von Lernzielen für den Religionsunterricht als notwendig erwies.

---

[44] *Werner Corell*, Pädagogische Verhaltenspsychologie, München und Basel 1974, S. 61.
[45] *Klaus Wegenast*, a.a.O., S. 120–121.
[46] Ebd., S. 125.

2.6 Lernzielorientierter Religionsunterricht und curriculare Lernplanung

2.6.1 Lernziele und Allgemeine Pädagogik

Um Lehrpläne, die primär an der Darstellung des Unterrichtsstoffs ausgerichtet sind, in Bezug auf seine Ziele und Wege, als auch für die Erfolgskontrolle durch den Lehrenden, zugänglich zu machen, wurde die Beschreibung von Lernzielen für ein Neuverständnis curricularer Orientierung unabdingbar. Auch die didaktische Analyse, wie sie z.B. nach dem Verständnis *Wolfgang Klafkis* zum Kern jeder Unterrichtsvorbereitung[47] gehört, machte die Formulierung von Unterrichtszielen zu einem zentralen Schritt, damit eine Antwort auf die Frage möglich wurde: »Was sollen *diese* Kinder in *dieser* Situation im Hinblick auf ihre Zukunft als Wissens- und Könnensbesitz erarbeiten und behalten?«[48] Da jedes Thema, jeder Stoff, der im Unterricht zur Behandlung kommt, mit einer Intention verbunden ist, erweist sich die Darstellung der Beziehung zwischen Thema und Intention durch Lernziele etwa nach der Lerntheorie von *Wolfgang Schulz*[49] als erreicht, wenn »intentional gewendete Themenstellungen im Unterricht nach angemessenen Verfahren und unter Verwendung der erforderlichen Medien behandelt werden. Lernziele sind ›sich-thematisierende Intentionen‹.«[50] Lernziele sagen den Lernenden, was sie zum Abschluss einer Unterrichtssequenz oder eines Kurses können sollen und welches »Endverhalten«[51] sie mit welcher Leistung erreichen sollen. Für den Lehrenden heißt das, dass er die Lernziele für seine Unterrichtsplanung »operational«, »handlungsanweisend«[52] formulieren muss, um dem Lernenden zu vermitteln, »was er tun muss, um zu zeigen, dass er es erreicht hat.«[53] Menschliches Lernen, das in Lernzielen formuliert wird, orientiert sich an einer in rationalen Kategorien arbeitenden positivistisch-behavioristischen Lerntheorie. Für den Religionsunterricht hieß dies beispielsweise, am Gesamtziel der schulischen Fächer, nämlich der Emanzipation, so teilzunehmen, »dass ein falsch verstandener, das Denken ausschaltender oder unterdrückender Glaube zu seiner wahren Gestalt zurückgeführt wird«[54] und dass sowohl Religion selbst als auch die Institution Kirche

---

[47] *Wolfgang Klafki*, Didaktische Analyse als Kern der Unterrichtsvorbereitung; in: *Heinrich Roth/Alfred Blumenthal* (Hg.), Didaktische Analyse – Auswahl, Grundlegende Aufsätze aus der Zeitschrift »Die Deutsche Schule«, Hannover 1969, S. 5–34.
[48] *Günter Stachel*, Lernziele und Religionsunterricht; in: *Horst Heinemann/Günter Stachel/Siegfried Vierzig*, Lernziele und Religionsunterricht, Zürich 1970, S. 25.
[49] *Wolfgang Schulz*, Unterricht – Analyse und Planung; in: *Paul Heimann/Günter Otto/Wolfgang Schulz*: Unterricht – Analyse und Planung, Hannover 1979, S. 13–47.
[50] *Günter Stachel*, a.a.O., S. 25.
[51] Ebd., S. 26.
[52] Ebd., S. 26; Vgl. auch *Robert M. Gagné*, Die Bedingungen des menschlichen Lernens, Hannover 1973, S. 81–101 und S. 188–195.
[53] *Günter Stachel*, a.a.O., S. 27.
[54] Ebd., S. 34.

ideologiekritischer Betrachtungen unterzogen werden. Die Lernzielformulierungen für den Religionsunterricht sind von daher unter anderem als Impulse für eine Qualitätssteigerung zu verstehen; von ihnen her leistet der Unterricht seinen Beitrag zum Gesamtziel der Schule und zur größeren Durchsichtigkeit dessen, was mit Religion und Kirche gemeint ist. Sein Globalziel kann er somit als die Fähigkeit formulieren, »die religiöse Frage in den jeweiligen Entscheidungs- und Konfliktsituationen zu stellen und in Auseinandersetzung mit vorgegebenen Antworten religiöser und weltanschaulicher Traditionen, vornehmlich der biblischen Botschaft, zu einer eigenen Antwort zu kommen.«[55] Diese Ziele müssen dann inhaltlich in einem Curriculum umfassend entworfen werden.

2.6.2 Lernziele – Religionsunterricht und curriculare Planung

Angestoßen durch die allgemeine Curriculumdebatte, die in die Frage nach dem Ertrag religiösen Lernens mündete, wie sie Ende der sechziger Jahre aus dem bildungs- und gesellschaftspolitischen Umbruch heraus immer stärker gestellt wurde, kam es zunächst zur curricularen Reform des Religionsunterrichts. Zwischen der Abwendung von der Traditionsorientierung und der Forderung nach emanzipatorischen Formen des gesellschaftlichen Zusammenlebens und Unterrichtens sollten sich die Bildungsstoffe für eine auf die Zukunft gerichtete Gesellschaft an einem empirischen Lernverständnis orientieren, mit dem man hoffte, den Schülern die »Ausstattung zur Bewältigung von Lebenssituationen«[56] gewährleisten zu können. An die Stelle traditioneller Bildungsgüter trat nun »ein Curriculum, das

a)   der Lernzielbeschreibung,
b)   der Begründung der Ziele angesichts der gesellschaftlichen, wissenschaftliche und anthropogenen Voraussetzungen und
c)   der Entwicklung von typischen didaktisch-methodischen Alternativmodellen für den Unterrichtsverlauf genau soviel Raum widmet wie der Angabe von Unterrichtsinhalten, das ferner
d)   den folgerichtigen Zusammenhang zwischen Zielen, Inhalten und Verfahren und damit die Struktur des Lehrgefüges wenigstens bei den wichtigsten Lehrplanentscheidungen durchsichtig macht, und das
e)   nicht zuletzt als neuen vierten Grundbestandteil neben den Lernzielen, den Lehrinhalten und der Lernorganisation ein Instrumentarium zur Kontrolle und Beurteilung aufführt.«[57]

---

[55]   *Siegfried Vierzig/Ernst Kreis*, Lernziele des Religionsunterrichts; in: *Horst Heinemann/Günter Stachel/Siegfried Vierzig*, Lernziele und Religionsunterricht, Zürich 1970, S. 61.
[56]   *Saul B. Robinson*, Bildungsreform als Revision des Curriculum, Neuwied 1967, S. 45.
[57]   *Karl Ernst Nipkow*, Curriculumforschung und Religionsunterricht; in: Ders., Schule und Religionsunterricht im Wandel, Heidelberg, Düsseldorf 1971, S. 187ff.

Mit dieser rationalen und auf Effektivität ausgerichteten Lernorganisation sollte der Platz des Religionsunterrichts im allgemeinen Fächerkanon der Schule gesichert werden. Die Öffnung zur Lerntheorie und zur empirischen Erziehungswissenschaft machte den – somit nicht ganz uneigennützigen – Anspruch aus, sich stärker der Erziehungswirklichkeit und der Wirklichkeitserschließung zu öffnen. Unter Bezug auf die verhaltenstheoretische Lernpsychologie erarbeitete man sich damit ein Instrumentarium, das »für die Planung einer in ihrem Erfolg kontrollierbaren religiösen Erziehung«[58] die Theorie und Praxis des Religionsunterrichts bestimmen sollte.

Für die Religionspädagogik machte man jetzt den Lernbegriff der Verhaltenspsychologie geltend, mit dem Lernen als Verhaltensänderung aufgefasst wurde. Aus verhaltenspsychologischem Selbstverständnis lässt sich sagen, dass der Zugang zum Lernen über ein komplexes Regelwissen stattfindet, mit dem sich die Faktoren für ein anzustrebendes Endverhalten vorherbestimmen und verändern lassen. Daraus ergibt sich die Möglichkeit, Lernen in einer Stufenfolge, den sogenannten Lernzieltaxonomien, beschreibbar zu machen. Neben den Modellen, die Lernen in die verhaltenspsychologischen Mechanismen von Reiz und Reaktion, Versuch und Irrtum bzw. Lernen durch Einsicht einordneten, stand nun folgendes Phasenmodell zur Verfügung, das zugleich als Abfolge des Unterrichtsverlaufs zur Anwendung kommen konnte:

1. »Konflikte zwischen der bisherigen psychischen Einstellung und einer neuen Situation: Motivation durch das Erfahren einer Schwierigkeit.
2. Begrenzung und Lokalisierung dieser Schwierigkeit: Zielsetzung für die Arbeit durch Definition des Problems.
3. Entwicklung des Ansatzes verschiedener Lösungsmöglichkeiten: Erste Verarbeitungsstufe.
4. Logische Entwicklung der absehbaren Folgen dieses Ansatzes möglicher Lösungswege: Zweite Verarbeitungsstufe.
5. Anwendung der konzipierten Lösungsmöglichkeit in der Realsituation: Beurteilung oder Verifikation der Richtigkeit des Ansatzes durch die praktischen Konsequenzen.«[59]

Auf diesem Lernweg, ausgehend von der eminenten Bedeutung der Motivation bis hin zur Einlösung des gewünschten Verhaltens, durften keine Irritationen oder Störungen vorkommen. Der Lernweg wurde zum mechanistischen Lernprogramm mit dem Zweck der wissenschaftlichen Objektivierbarkeit zur steuerbaren Lernleistung und Bewertung des Schülers.

---

[58]   *Rudolf Schmitt*, Religiöse Erziehung – ohne Erfolg?, Weinheim 1971, S.66.
[59]   *Werner Corell*, Lernpsychologie – Grundfragen und pädagogische Konsequenzen der neueren Lernpsychologie, Donauwörth ⁱ⁸1993, S. 51.

Im Zuge der Curriculum-Revision fand das oben skizzierte Lernverständnis Eingang in den Religionsunterricht. Mit der Operationalisierung von Lernzielen, also der Brechung des Lernvorgangs auf abgrenzbare und inhaltlich festlegbare Einheiten mit dem Ziel der planbaren Erweiterung des Erfahrungshorizontes, meinte man, die Durchschaubarkeit und Kontrollierbarkeit religiöser Erziehung gewährleisten zu können. Auch wenn sich hier die Probleme zwischen der Beobachtbarkeit technischer und geisteswissenschaftlicher Lernschritte, dem Sinn von kontrollierbaren religiösen Lernleistungen und der Frage, welche Verhaltensweisen denn als Lernresultat wünschenswert wären, schnell zeigten, so blieb doch die Kategorie des Verhaltens für die Religionspädagogik so bedeutsam, dass die Organisation religiösen Lernens z.B. in einem Lernprogramm unter dem Titel: »Wie lesen wir das Neue Testament?«[60] konstruiert wurde. Dieses Lernprogramm von *Horst Heinemann* weist in Form eines Quiz zunächst in die Methodik des programmierten Lernens ein und zeigt dann die notwendigen Lernschritte auf, die als Lückentexte und Aufgabenstellungen überprüfbares religiöses Wissen einfordern. Bei richtigen Antworten werden die Schüler durch optische Verweise wie Pfeile etc. zu weiterführenden Aufgaben geschickt; bei falschen Antworten muss der vorhergegangene Lernschritt wiederholt werden, bevor der Schüler weiterarbeiten kann.

Ebenfalls auf Kontrollierbarkeit und Quantifizierbarkeit ausgerichtetes religiöses Lernen stellte *Rudolf Schmitt*, wenn auch etwas affektiver und sozialer ausgerichtet, vor. Er ordnete einer bestimmten Altersgruppe spezifische Verhaltensweisen zu, mit denen er das Verhältnis Jugendlicher zur Heiligen Schrift, zum Gottesdienst und zur Mitarbeit in der Pfarrgemeinde in einem lernzielorientiert- operationalisierenden Schema religiösen Lernens beschrieb.

Sowohl dem kognitiv-verhaltenspsychologisch-lernzielorientierten Unterricht als auch dem mehr affektiv ausgerichteten Lernverfahren von *R. Schmitt*, ist die Absicht immanent, religiöse Erziehung auf Überprüfbarkeit hin zu formulieren. Die Grundlage dafür bietet die Lernpsychologie, deren Modell der Wirklichkeitserschließung auf religiöse Erziehung übertragen wurde, um religiöses Lernen und daraus resultierendes Verhalten überprüfbar zu machen.[61]

2.6.3 Lernzielorientierter Religionsunterricht: Ertrag und Kritik

Betrachtet man die genannten Beispiele auf das ihnen implizite Lernverständnis hin, so kann zunächst Kritik an seiner mangelnden Repräsentativität für lernzielorientierte Unterrichtsverfahren aufkommen. So berechtigt dieser Einwand hinsichtlich der Konkretisierung in Konzepten ist, so wenig Zweifel besteht daran,

---

[60]   *Horst Heinemann*, Wie lesen wir das Neue Testament?, Hannover 1971.
[61]   Vgl., *Rudolf Schmitt*, Religiöse Erziehung – ohne Erfolg? – a.a.O., S.69.

dass die lernpsychologische Orientierung des Religionsunterrichts Lernprinzipien ermöglicht, die einen Lernertrag sicherstellen und eine Auskunft darüber ermöglichen wollen, dass auch hier etwas gelernt wird. Der Unterricht kann sich jetzt insofern an Realitäten orientieren, als die Feststellung tatsächlich eintretbarer Wirkungen – und nicht das bloße Wunschdenken des Lehrenden - möglich geworden ist. Durch die Operationalisierung der Lernziele sind sowohl die Organisation der Lernprozesse als auch die Handlungsanweisungen deutlicher und präziser herstellbar.

Das hier vorgestellte, aus der Lernpsychologie entliehene, Lernverständnis erweckt den Charakter eines inhaltsneutralen Vorgehens, mit dem sich Religion ebenso wie Mathematik lernbar machen lassen. Jedoch steht die Betonung der formalen Seite des Lernens bei näherer Betrachtung in engem Zusammenhang mit der inhaltlichen. War es doch der ursprüngliche Impuls, lernzielorientierten Unterricht als traditionskritischen, auf Zukunft gerichteten Unterricht zu entwerfen, so zeigt das entstandene Lernkonzept allerdings einen sehr unkritischen Umgang mit <Religion>, zumal gerade die biblischen Themen zur Anlaufstelle des programmierten Unterrichtens über die Vergangenheit generierten: Der Problemhorizont der Schüler blieb nach wie vor unerheblich.

Dieses Unterrichtsverfahren, das auf messbare Effekte angelegt ist, gerät gerade durch die Fixierung auf lerntechnische Methoden an der Stelle in Schwierigkeiten, wo religiöses Lernen aufgrund seiner Operationalisierung nicht mehr zu der so dringend nötigen inhaltlichen Auseinandersetzung führen kann. Die inhaltliche Bedeutsamkeit eines auf rein technologische Entscheidungen hin angelegten Unterrichts wurde übersehen. Lernen wird hier ganz entscheidend von dem Verhalten bestimmt, das der Schüler am Ende des Unterrichtsprozesses erreicht. Somit wird die Kontrolle über eine von außen gesetzte Sollensforderung zum festgesetzten Ziel des Schülerverhaltens: Über die Zukunft wurde damit bereits im Vorgriff verfügt.

Eine weitere Gefahr, die den unterrichtstechnologischen Methoden immanent ist, liegt in der Verobjektivierung der Schüler und der Lerninhalte. Denn um ein Ergebnis messbar zu machen, muss es in der Antizipation dieses gewünschten Resultats vorher geplant werden. Emanzipatorische Erziehungsabsichten lassen sich auf diesem Wege nicht erreichen, zumal die Konzentrierung auf kognitive Ziele – wie sie dem curricular geplanten Unterricht immanent ist – unterschiedliche Formen der Spontaneität und Subjektivität, des Spiels und der Kreativität erheblich minimieren: Der Lebenszusammenhang des Individuums wird da ausgespart, wo Lernen in atomisierte Schritte verfällt; innere, symbolische Prozesse übergeht und dabei meint, Realität kontrollieren zu können. Was also ist der Ertrag lernzielorientierter religionspädagogischer Unterrichtsverfahren, worin besteht ihr Problem?

2.6.3.1 Fazit 1: Die Essentials des lernzielorientierten Religionsunterrichts

Die Ausrichtung des Religionsunterrichts an Lernzielen war eine Reaktion auf den Verkündigungsunterricht der »Evangelischen Unterweisung« und veränderte gesellschaftliche und schulische Bedingungen, mit denen die Orientierung an den Werten der Tradition fragwürdig geworden war. Empirische Erhebungen machten die Defizite dieser traditionsgeleiteten Unterrichtsprozesse deutlich. Das Lernverständnis der Verhaltenspsychologie, das Lernen als Verhaltensänderung auffasst, sollte von daher auch die Lernweisen im Religionsunterricht leiten und zu selbstbestimmten Erkenntnissen und Lernerträgen führen. Festzuhalten ist vor diesem Hintergrund an der schulischen Verankerung des Religionsunterrichts durch lernpsychologische Verfahren. Jedoch ist eine einseitige Konzentrierung auf programmierte Methoden dabei zu vermeiden. Unumstößlich ist weiterhin die Einbindung des Religionsunterrichts in das allgemeine Ziel der Emanzipation, das die Befreiung aus Abhängigkeiten meint. In der Reaktion auf gesamtgesellschaftliche und innerschulische Bedingungen muss der Religionsunterricht didaktisch-methodisch offen bleiben für Veränderungen. Einer Verfügungsdidaktik kann von daher nicht das Wort gegeben werden, da die Lebenswirklichkeit der Schüler mit ihren Brüchen und Unwägbarkeiten sich jeglicher Fixierung auf Plan- und Berechenbarkeit entzieht. Gerade an diesen krisenhaften Formen der Alltagsrealität muss der Religionsunterricht begleitend interessiert sein, um Lernerträge besonders auch in ihren vorläufigen Zusammenhängen erfahrbar zu machen.

2.6.3.2 Fazit 2: Die Problematik des lernzielorientierten Religionsunterrichts

Ein auf Lernziele hin angelegter Unterricht wendet sich da gegen seine eigenen Absichten, wo die Planbarkeit und Kontrollierbarkeit von Unterrichtsprozessen zum technologischen Programm wird. Wenn die Formulierung von Lernzielen einzig im Dienste der Überprüfung von Lernleistungen mit einem gewünschten beobachtbaren Zielverhalten steht, gerät Lernen in ein Zweckkalkül, mit dem sowohl die Schüler als auch die Inhalte zum Objekt von Konditionierungen generieren. Die Gestaltung der Unterrichtsprozesse verläuft damit unter den Prinzipien einer Verfügungsdidaktik und -methodik, die weder für die Erfahrungen aus der Lebenswirklichkeit der Schüler noch für affektive Spiel-Räume genügend kreative Gestaltungsmöglichkeiten freigibt. Gerade diese Momente sind allerdings für einen auf freiheitlich-emanzipatorische Gehalte hin angelegten Religionsunterricht entscheidend.

Mit der Konzeption von Religionsunterricht nach den Prinzipien der »Evangelischen Unterweisung« standen Bibel- und Katechismustexte oder das didaktisch-methodische Arrangement des Lehrers, nicht aber die Schüler, im Zentrum des Unterrichts. Das Kind ist ›Adressat‹ und ›Objekt‹; es muss sich der unterrichtlichen ›Behandlung‹ unterwerfen. Aus der Perspektive des Unterrichtenden wird das Kind zu einer ›seelischen Stoffmasse‹, in die der Lehrer die Wahrheit ›hineinarbeitet‹.[62]

Das Anliegen des auf die »Evangelische Unterweisung« folgenden »*hermeneutischen Religionsunterrichts*« war es, Religion als schulischen Bildungsauftrag mit einer weitestgehenden Unabhängigkeit von kirchlicher Verkündigung zu entwerfen. Damit begab sich der Religionsunterricht zwar auf den Weg in die Schule, noch nicht aber zum Schüler. Zu erkennen ist dies zum Beispiel an der Behandlung biblischer Texte, deren Relevanz mit ihrer inhaltlichen Ausrichtung an allgemeinmenschlichen Grundfragen und Existenzialien[63] begründet wurde, um sie nach Klärung der weltbildbedingten Abhängigkeiten den Schülern zu präsentieren. Nicht beachtet wurde jedoch, »dass solche Daseinshermeneutik mit groben Verallgemeinerungen der Wirklichkeit von Schülern arbeitet, die vom Interesse an theologischer Definitionsmacht geleitet sind und so bei aller postulierten Vermittlung von Tradition und Situation die Situation gar nicht ins Spiel kommen lassen.«[64] Mit der Konzeption des *»thematisch-problemorientierten Religionsunterrichts«*, die seit den siebziger Jahren die Leitlinien der didaktisch-methodischen Modelle bestimmt, reagierte die religionspädagogische Diskussion auf diesen Mangel und brachte in verstärktem Maße die Schülerorientierung als Ziel des Unterrichts in den Blick.

2.6.4 Der thematisch-problemorientierte Religionsunterricht

Die Hinwendung zum problemorientierten Religionsunterricht geschah aus der Notwendigkeit, die Traditions- und Stofforientierung zu überwinden, biblische Texte infolgedessen auf die Gegenwartsfragen der Rezipienten anzuwenden; sie ergab sich als Reaktion auf die Kritik der Schüler am bisherigen Religionsunterricht, den Erkenntnissen der empirischen Forschung und der Rezeption der Curriculumtheorie in der Religionspädagogik mit ihrer Ausrichtung auf das Prinzip der Schülerorientierung. ›Thema‹ und ›Problem‹ wurden nun als didaktische Strukturgrößen zur Erschließung der Interessenslage der Schüler herangezogen. *Hans-Bernhard Kaufmann*[65] gab den entscheidenden Anstoß für den Weg zur Pro-

---

[62] *Karl Ernst Nipkow*, Bildung als Lebensbegleitung und Erneuerung; zit. nach *Thomas A. Lotz*, Viertel nach zwölf bis eins: Gott usw. – Religion und Lebenswelt in der Schule; in: *Hans-Günter Heimbrock* (Hrsg.), Religionspädagogik und Phänomenologie – Von der empirischen Wendung zur Lebenswelt, Weinheim 1998, S.183.

[63] Vgl. *Thomas A. Lotz*, Viertel nach zwölf bis eins: Gott usw., a.a.O., S. 183.

[64] Ebd., S. 183.

[65] *Hans-Bernhard Kaufmann*, Muss die Bibel im Mittelpunkt des Religionsunterrichts stehen? Thesen zur Diskussion um eine zeitgemäße Didaktik des Religionsunterrichts (1968); in: *Horst Gloy* (Hg.), Evangelischer Religionsunterricht in einer säkularisierten Gesellschaft, Paedagogica: Daten – Meinungen – Analysen, hg. von *Hermann Giesecke /Hans-Georg Herrlitz*, Band 4, Göttingen 1969, S. 131.

blemorientierung, indem er die traditionelle Mittelpunktstellung der Bibel als »Selbstmissverständnis«[66] bezeichnete und forderte, die biblischen Texte »im Kontext der geschichtlichen Welt und der menschlichen Lebenswirklichkeit sowie im Dialog mit dem Welt- und Selbstverständnis der heute lebenden Menschen zur Sprache zu bringen«.[67] Der »denkende Glaube« und die »Lebensthematik der gegenwärtigen Erwachsenen« waren in der Konzeption des Religionsunterrichts bei *Karl-Ernst Nipkow*[68] die grundlegenden Prinzipien; »Themen statt Texte« war das Motto bei *Horst Gloy*[69]. Die Thematisierung von ›Mensch und Welt heute‹, so dass der Unterricht die ›Sinn- und Wertfragen‹ aufnimmt, um den ›Menschen in seiner Welt lebensfähig zu machen‹, waren die pädagogischen Leitlinien bei *Gert Otto*[70] für die Phase des auf Problem- und Humanorientierung ausgerichteten Religionsunterrichts. Mit dem Religionsbegriff, wie er im Anschluss an *Karl Rahner* als »Erschlossenheit für die Dimension der Tiefe im Menschen« und bei *Paul Tillich* als Ergriffensein von dem, »was uns unbedingt angeht« definiert wird, erweist sich Religiosität als der Bezug des Menschen zur Transzendenz.[71] Vor diesem Hintergrund wurde religiöse Erziehung verstanden als »Erschließung des Menschen für sein tiefstes Vermögen; Überwindung der Selbstentfremdung; Hilfe zur Selbstfindung.«[72] Schülerorientierung bedeutete in diesem Zusammenhang, die Schüler zur kritisch-emanzipativen Kommunikation über die Normen der Gesellschaft und zur Bewältigung zukünftiger Lebenssituationen zu befähigen. Es erwies sich jedoch, dass Planung und Durchführung problemorientierter Unterrichtsmodelle eher die thematischen Interessen und Probleme der Verfasser und Lehrer als diejenigen der Schüler präsentierten. Was dabei an ›gesellschaftlicher Relevanz‹ deren Motivation stimulieren sollte, stellte sich oftmals deutlicher als interessengeleitete Projektion der Planer denn als authentisches Interesse der Kinder und Jugendlichen heraus. Das Problem lag darin, »dass Alltagswirklichkeit der Schüler und Schülerinnen entweder nur zum motivierenden Einstieg für einen davon sachlich dann abgelösten Unterrichtsinhalt depravierte oder aber dass Aussagen des christlichen Glaubens auf gegenwärtige Wirklichkeiten hin rein funktional und dezionistisch ausgewählt und ausgelegt wurden.«[73]

---

[66]   Ebd., S. 131.
[67]   Ebd., S. 132.
[68]   *Karl Ernst Nipkow*, Schule und Religionsunterricht im Wandel, a.a.O., S. 236ff.
[69]   *Horst Gloy*, Themen statt Texte; in: *N. Schneider* (Hg.), Religionsunterricht – Konflikte und Konzepte, Hamburg 1971, S. 67ff.
[70]   *Gert Otto*, Schule–Religionsunterricht–Kirche, Göttingen 1961, S. 173–178.
[71]   Vgl., *Wilhelm Sturm*, Religionspädagogische Konzeptionen; in: *Gottfried Adam, Rainer Lachmann* (Hg.), a.a.O., S. 56–57.
[72]   *Hubertus Halbfas*, Revision der religiösen Erziehung; in: Religion heute 1/1972, a.a.O., S. 9.
[73]   *Hans-Günter Heimbrock*, Gelebte Religion im Klassenzimmer? – In: *Wolf-Eckart Failing/Hans-Günter Heimbrock*, Gelebte Religion wahrnehmen: Lebenswelt–Alltagskultur Religionspraxis. Stuttgart u.a. 1998, S. 236.

2.7 Fazit und Perspektive

In der Abfolge der vorangegangenen Darstellung religionspädagogischer Konzeptionen wird die weitgehende Öffnung des Faches in Bezug auf seine Schülerorientierung deutlich. Die Subjekthaltigkeit religionspädagogischer Didaktik ist an den Prinzipien der Erfahrungs- und Handlungsorientierung sowie am Gesellschaftsbezug der Themen markierbar. Mit der Bearbeitung lebensrelevanter Problemfelder konnte die Krise des Religionsunterrichts überwunden werden. Aber genau mit dieser pädagogischen Neuverortung stand er vor der nächsten Schwierigkeit, nämlich der Gefahr einer Reduzierung seiner Glaubensgehalte, die z.B. im thematisch-problemorientierten Religionsunterricht selektiv auf ihre emanzipativen Elemente hin ausgewählt wurden. Dogmatik und biblische Hermeneutik wichen einer Ausrichtung an der Ethik, um die Lebensbedeutsamkeit des Unterrichtsanliegens als schülerorientierte Zielperspektive herauszustellen. Das Selbstverständnis des Religionsunterrichts aber auf seine ethischen Anteile zu reduzieren, um damit die Schülerorientierung zu legitimieren, konnte jedoch nicht das Ziel sein, denn dieser pädagogische Vorgang wäre mit der Auflösung seiner Gehalte gleichzusetzen gewesen.

Somit wurde es jetzt bedeutsam die didaktisch-methodischen Reflexionen zur Subjekthaltigkeit zu erweitern, denn offensichtlich kam die Situation der Schüler, deren konkrete und individuelle Wirklichkeit, noch nicht genügend ins Spiel. Deren religiösen Bedürfnissen muss aber in denjenigen Lebenszusammenhängen Raum gegeben werden, in denen sie ihre Erfahrungen machen: Religion steht und fällt mit dem persönlichen Betroffensein der Schüler. Für die religionspädagogische Arbeit ist von daher immer neu der Gedanke leitend, »dass der Erfolg und die Fruchtbarkeit von Lernprozessen entscheidend mit deren Bedeutsamkeit für das Subjekt und dessen Sinngebungen zusammenhängen.«[74] Sollten also ›Thema‹ und ›Problem‹ ihre Relevanz erweisen, war zu klären, an welchem Subjekt- bzw. Schülerverständnis sich das jeweilige Thema orientierte. Jetzt zeigte sich die Notwendigkeit, ein Verständnis für den Subjekt-Gehalt von Kindheit und Jugend zu entwickeln, das die pädagogische Gestaltung des Unterrichts tragen würde. Darüber möchte das folgende Kapitel Auskunft geben.

---

[74] *Friedemann Maurer*, Störungen des Schulunterrichts; in: Ders., Lebenssinn und Lernen, Bad Heilbrunn 21992, S. 67–86; 85.

TEIL II

SUBJEKTHALTIGKEIT ALS GRUNDLEGUNG EINER WIRKLICHKEITSSICHT IN DER LEBENSWELT

3. KAPITEL: VOM BLINDEN FLECK ZUM NEUEN SEHEN: STATIONEN AUF DEM WEG ZUR WIEDERENTDECKUNG DES KINDES IN DER PHÄNOMENOLOGISCH AUSGERICHTETEN PÄDAGOGIK

Mit der historischen Rückblende zeichnete sich die grundsätzliche Notwendigkeit ab, den Religionsunterricht damit aus seiner Krise zu einem neuen Selbstverständnis zu führen, dass der pädagogische Bezug verstärkt auf die Entfaltung der Subjekthaltigkeit der Kinder und Jugendlichen gerichtet sein musste. Von daher kommen mit *W. Loch* und *M.J. Langeveld* nun in der weiteren Darstellung zwei Pädagogen zu Wort, die in ihren anthropologischen Studien die Entwicklung des Kindes als die Entfaltung seines Subjekt-Seins verstehen. Für die Religionspädagogik erschlossen sich damit von außen entscheidende Impulse zur Überwindung ihrer Krise, weil die Subjekt- und Wirklichkeitsorientierung eine verstärkte Hinwendung zum Kind und Jugendlichen ermöglichte. Durch die Darstellung von Untersuchungen zur religiösen Urteilsfindung sollen dann im Verlauf des folgenden Kapitels weitere Verstehensmöglichkeiten für die Entwicklung von Religiosität bei Heranwachsenden aufgezeigt werden, deren Kenntnis für die Gestaltung erlebnisorientiert-interaktiven Unterrichts förderlich ist.

3.1 Das subjektorientierte Wirklichkeitsverständnis in der Anthropologie Werner Lochs

Mitte der sechziger Jahre gibt *Werner Loch*[75] aus allgemeinpädagogischer Sicht mit der Darlegung einer empirischen Anthropologie der Diskussion um die Entwicklung der Religiosität in der Kinder- und Jugendzeit die entscheidenden Impulse, die zur Bewältigung der Krisensituation des Religionsunterrichts beitrugen. Über die Konstatierung des Faktums, dass in der Evangelischen Pädagogik bis zu diesem Zeitpunkt die Lebens- und Glaubensweisen des Kindes in jeder Hinsicht vernachlässigt wurden und mit der Nennung der dafür ersichtlichen Gründe, die in einer dogmatischen und ideologischen Theologisierung der Pädagogik zu finden seien, kommt *Werner Loch* zur Darstellung eines Neuansatzes, mit dem er zeigt, dass die empirische Forschung den bisherigen Mangel hinsichtlich der Kenntnisnahme des zu erziehenden Subjekts zu beheben imstande ist. Damit lei-

---

[75] Vgl. *Werner Loch*, Die Verleugnung des Kindes in der Evangelischen Pädagogik: Zur Aufgabe einer empirischen Anthropologie des kindlichen und jugendlichen Glaubens, Essen 1964.

tete er die Auseinandersetzung um ein subjektorientiertes Wirklichkeitsverständnis und dessen praktische Umsetzung für den Unterricht ein.

Zu der entscheidenden empirischen Kategorie, so *Werner Loch*, gehört an vorderster Stelle der Bezug zur gegenwärtigen Realität der Heranwachsenden. Deren Erziehungsbedürftigkeit, besonders auch mit dem Blick auf die Glaubensentwicklung, konkretisiert sich im Verhältnis zu ihren Lebensäußerungen und ihrer Lebensgeschichte, wie sie sich in der empirisch erfassbaren Welt zeigen. Von daher müssen die Kategorien über die Entwicklung des Menschen aus den Prägungen durch seine lebensgeschichtlich-biographischen Einbindungen entfaltet werden. Diese lebensgeschichtliche Betrachtung der menschlichen Entwicklung zielt auf ein Erziehungsverständnis, das an der konkreten Situation des Subjekts interessiert ist. Für den Glauben des Kindes und Jugendlichen bedeutet dies zum Beispiel, nicht auf die isolierte, singuläre Entwicklung einer seelischen Anlage zu setzen, sondern alle Bedingungen der Lebenswirklichkeit, also die Verfasstheit der Personen und Institutionen und deren Einfluss auf die Heranwachsenden, zu untersuchen. Erst durch das Gespräch, zwischenmenschliche Kontakte zwischen Lehrern und Schülern sowie gemeinsame Unternehmungen, bilden sich »personale Begegnungserlebnisse«[76] als Lebensformen, die sich aus autoritativen Umklammerungen lösen und Freiheit erfahrbar machen. Glaube stellt sich nicht durch Appelle und Auslegung ein, sondern nur durch deren Bezug zur Lebensgeschichte des Subjekts und seinen praktischen Lebensformen in Schule oder Gemeinde. Dabei ist der Bedeutsamkeit mythologisch-anthropomorpher Vorstellungen der Kinder, der Bild- und Symbolhaftigkeit ihrer Vorstellungswelt, der Einbildungskraft, die den biblischen Geschichten zugrunde liegt und vor allem der Fragehaltung der Lernenden als dialogischem Verfahren zwischen Lehrer, Schüler und Text ausreichend Raum zu geben. So kann sich in der Erziehungspraxis durch den Bezug zum konkreten geschichtlich-empirischen Menschen Bildung als ein Wirklichkeitsverständnis entwerfen, das die anthropologischen Kenntnisse über Kindheit und Jugend zur Grundlage des Lehrens und Lernens macht.

Werner Loch verwies auf die ›Kindvergessenheit‹ in der Evangelischen Pädagogik, weil er in der Missachtung einer Anthropologie des Kindes die Ursachen für die Schwierigkeiten der erziehungspraktischen Aufgaben auf dem Feld der Glaubensvermittlung sah. Die Hinwendung zum Kind ist von daher auf der Grundlage einer empirischen Forschung dringend nötig, um die anthropologische Leerstelle zu füllen und um das Dilemma der pädagogischen Praxis zu überwinden. Es muss also darum gehen, die »gegenwärtige Realität«[77] des Kindes wahrzunehmen. Unter empirischen Gesichtspunkten, die für die pädagogische Praxis fruchtbar gemacht werden sollen, heißt das, Glaubensformen nicht nur als Ausdruck von Lebensäußerungen allgemeinmenschlicher Natur zu verstehen, sondern

---

[76] Ebd., S. 43.
[77] Ebd., S. 30.

vielmehr ihre spezifischen Erscheinungsformen im Kontext des jeweiligen Lebens-
alters zu erfassen. Damit wird die Lebensgeschichte des Menschen als pädagogisches Kriterium insofern relevant, als sie mit der Erkenntnishaltung verbunden ist,
dass sich der Glaube mit den jeweiligen Situationen der Lebensgeschichte wandelt.
Hier wird ein Entwicklungsbegriff geltend gemacht, der sich an biographischen
Erfahrungen der Kinder und Jugendlichen orientiert und Menschwerdung unter
Berücksichtigung von prägenden Einflüssen aus der gesellschaftlichen Umwelt betrachtet. Von daher steht er psychologischen Konzepten kritisch gegenüber, mit
denen Entwicklung als gesetzmäßige Abfolge von Stufen oder Phasen verstanden
wird. In der Konsequenz einer biographisch verstandenen religiösen Erziehung
wird hingegen deutlich, dass der Glaube der Heranwachsenden durch die personalen, institutionellen und sozialen Bedingungen der Lebensumwelt beeinflusst
wird. Entscheidend sind demzufolge Personen und Organisationen, die den Glauben repräsentieren und auf die Lebenswirklichkeit der Jugendlichen Einfluss nehmen. In Absetzung von den Unterrichtsformen der »Evangelischen Unterweisung«
wird also eine Unterrichtsführung, die den anthropologischen Bedingungen der
Lernenden gerecht werden will, darauf eingehen, die Jugendlichen durch Formen
zwischenmenschlicher Begegnungen, sei es im interaktiven Gespräch oder durch
den gemeinschaftlichen Umgang, zu Erlebnisweisen zu führen, mit denen sich
»Lebensformen«[78] realisieren lassen, durch die demnach nicht allein die Verkündigung oder die Lehre maßgebend ist. Für den Religionsunterricht ist damit gesagt,
dass die Fragen der Schüler vor der Lehre der Lehrer stehen müssen, da »die
Fragehaltung des Lernenden die Bedingung der Möglichkeit wirklichen Lehrens
ist.«[79] Denn zum Dialog mit dem Kind kann es erst kommen, wenn die
Glaubensfragen der Jugendlichen den Ausgangspunkt des Unterrichts darstellen
und sich die Unterrichtsgestaltung nicht am geplanten Erkenntnisziel der Lehrenden, sondern an der Wirklichkeit der Fragenden orientiert, also deren psychisch-
biographische Entwicklung ernst nimmt.

3.2 Die psychische Entwicklung des Kindes in der Anthropologie Martinus J. Langevelds

Nach dem Zweiten Weltkrieg konstatierte der holländische Pädagoge *M.J. Langeveld* – als Konsequenz aus der Verleugnung des psychologischen Bezugs zum
Schüler im Unterrichtsverfahren der »Evangelischen Unterweisung« – erneutes
Interesse am psychologischen Denken in der Religionspädagogik, so dass er in seinem 1955 in Holland und 1964 in Deutschland erschienenem Buch »Das Kind

---

[78] Ebd., S. 44.
[79] Ebd., S. 49.

und der Glaube«[80] die Blickrichtung gezielt auf die psychische Entwicklung des Kindes und dessen konkrete Lebensbedingungen lenkte, um von diesem empirischen Ansatz her Religiosität zu verstehen und religionspädagogische Konsequenzen zu ziehen.

Langeveld weist hin auf die Welt des Kindes, die es sich selber schafft; auf die Welt, die durch Erziehung die »Formsysteme«[81] der Kultur: Gemeinschaft, Gebräuche, Sprache, Religion an das Kind heranträgt – damit Wege zur Welterklärung bereitstellt – und so die Seelenzustände innerhalb der kindlichen Lebensform prägt. Der schulischen Erziehung fällt jetzt die Aufgabe zu, die Welt des Kindes zu vergrößern, und zwar durchaus nicht nur auf rationale Weise, sondern auch in der Begegnung mit logisch nicht exakt erklärbaren Einsichten. Schule in ihrer »anthropologischen Funktion«[82] – so wie *Langeveld* sie versteht –, gestaltet den Lebensweg des Kindes auf weltanschaulicher, philosophisch-theologischer und politischer Grundlage. In dieser Erziehungsgemeinschaft sollen sowohl Lehrer als auch Schüler nicht allein in definitiv festgelegten Rollen wahrzunehmen sein, sondern in ihren jeweiligen Eigenheiten und Weltsichten. Gerade für die Religionspädagogik ist es von daher bedeutsam, von der Vielfalt der Weltdeutungen zu handeln; die Welt des Faktischen in die Welt der phantasievollen Sinndeutungen zu verwandeln und sich so dem »Ganz-Anderen«[83] zu öffnen. Religionspädagogisch geht es um Wege zu einer Wirklichkeit, die über das Gegebene und Bekannte hinausführen wollen, um die Mehrdimensionalität der Wirklichkeitsordnungen erfahrbar zu machen. Dabei müssen dem Kind die eigenen Erfahrungsmöglichkeiten offen gehalten werden, um zu einer Persönlichkeitsentfaltung zu gelangen, die sich durch das entwickelt, was der autonomen Entdeckung zufällt. Die Anthropologie des Religiösen wird so auf einem Weg entfaltet, auf dem das Unvollendete und Unvollkommene zur Dynamik für eine Lebenshaltung wird, die ein Bewusstsein über »das noch nicht Gestalt Gewordene«[84] des Daseins entwickelt und so für die Zukunft, das Unabgeschlossene, offen bleibt.

Langevelds Blick auf das Kind-Sein wird primär dadurch gelenkt, dass er die Kindheit nicht aus der biologischen Perspektive betrachtet, nach der sich das Kind aus den Naturgegebenheiten heraus entwickelt. Im Hinblick auf die psychische Entwicklung des Kindes ist es »nämlich nicht so, dass es eine psychische Entwicklung gibt, so wie es eine ontogenetisch körperliche Entwicklung gibt oder eine phylogenetische Entwicklung des zentralen Nervensystems. ›Psychische Entwicklung‹ ist keine biomechanische Erscheinung, die sich innerhalb bestimmter Zeitgrenzen unaufhaltsam mit Naturgewalt vollzieht, [sondern sie] ist im wesent-

---

[80] *Martinus Jan Langeveld*, Das Kind und der Glaube, Braunschweig 1964.

[81] Ebd., S. 12.

[82] *Martinus Jan Langeveld*, Die Schule als Weg des Kindes: Versuch einer Anthropologie der Schule, 1968, S. 13.

[83] *Martinus Jan Langeveld*, Das Kind und der Glaube, a.a.O., S. 30.

[84] Ebd., S. 137.

lichen eine Geschichte von den Entdeckungen des Menschenkindes, gerichtet auf das normale Menschenbild seines Milieus.«[85] Für *Langeveld* liegt das Wesensmerkmal des Kindes vielmehr in dessen Erziehungsbedürftigkeit als »animal educandum«[86]. Mit dieser Position folgt er einer philosophisch beeinflussten Anthropologie, aus deren Selbstverständnis heraus das Wesen des Menschen in seiner Individualität und Sozialität, in seiner Moralität und Personalität im Rahmen der Kultur zur Entfaltung kommt. Das Sein des Kindes ist nicht naturhaft gegeben, sondern es ist als Folge eines Bildungsprozesses zu verstehen, der es in »eine selbstbestimmte, mündige Wahrnehmung der persönlichen Verantwortung im Gewissen«[87] führt. So steht der Mensch zum einen im unbedingten auf Verantwortung ausgerichteten freien Handeln und zum anderen in der Erfahrung seiner Begrenzungen durch die Wahrnehmung von Leid und Schuld. Die Erfahrung des Scheiterns steht dem Handeln in Freiheit polar gegenüber. An dieser Schnittstelle sieht *Langeveld* den Menschen auf Gott bezogen.

Nicht allein das biologisch-natürliche Sein, aber auch nicht das an psychologisch-quantitativen Verfahren orientierte Vorgehen der Verhaltenstheorie, mit dem Lern- und Entwicklungsbedingungen messbar gemacht werden sollen, ist für die Erfassung kindgerechter Erziehungsweisen entscheidend, sondern die Rückbindung an Erscheinungsformen der Erziehung, die als »pädagogische Grundsituation«[88] für jeden erkennbar sind. Was die Psychologie für die Erziehungswissenschaft und die anwendungsorientierte Erziehungspraxis hier leisten kann, »muss also aus echt menschlicher Begegnung geboren werden, und hierfür sind immer zwei Menschen nötig.«[89] Das Kind unabhängig von den Zwecken zu betrachten, die von außen gesetzt werden, muss das Ziel dieser Begegnung sein. Die persönlichkeitsgestaltenden Möglichkeiten erweitern sich dann insofern, als zu der biologischen Entfaltung und dem auf Wechselwirkung gerichteten Verhältnis von Individuum und Milieu besonders die innere Kreativität und Entdeckungsfähigkeit hinzukommen. Da der Mensch nicht in einer Welt lebt, die auf bestimmte Bedeutungen festgelegt ist, etwa im Sinne von Instinkt oder Umwelt, Bild und Spiegelbild, findet er in der Begegnung mit dem Anderen zur Selbsterkenntnis und zur Selbstbestimmung, nämlich der Verwirklichung seiner Möglichkeiten in realen Lebensentscheidungen, was durch die Diagnose und »Situationslosigkeit«[90] einer experimentell verfahrenden Psychologie nicht geleistet werden kann: »*Was* der Mensch – empirisch–analytisch – ist, das ist er konditioniert, ist er vorläufig. Erst derjenige, der verstanden hat, *wie* der Mensch seine Bahn zurücklegt, oder hingeworfen die Bahn beschreibt von dem Gegebenen aus zum Erstrebten, kann

---

[85] *Martinus Jan Langeveld*, Studien zur Anthropologie des Kindes, Tübingen 1968, S. 48.

[86] Ebd., S. 49.

[87] *Hans-Günter Heimbrock*, Martinus Jan Langeveld; in: *Henning Schröer /Dietrich Zilleßen* (Hg.), Klassiker der Religionspädagogik, Frankfurt 1989, S. 280.

[88] Ebd., S. 281.

[89] *Martinus Jan Langeveld*, Studien zur Anthropologie des Kindes, a.a.O., S. 43.

[90] Ebd., S. 67.

ihn zu untersuchen anfangen, ohne Gefahr zu laufen, ihn in einer Scheingestalt, in einer ›Nebenfunktion‹, in einer abgeleiteten Kommunikationsform anzutreffen.«[91] Zwischen philosophischer Reflexion und praxisbezogener Handlungsorientierung versteht *Langeveld* die Entwicklung des Kindes somit als erziehungsabhängigen Vorgang, der die Möglichkeiten des Menschseins gerade nicht in einem auf Überprüfbarkeit und Zielfixierung angelegten Verhalten bestimmt sieht, sondern auch in den Zusammenhängen von Verfehlung und Entfremdung, denn »nicht wo der Mensch in Intelligenzquotienten gemessen wird, nicht wo er durch das Loch in der Wand beobachtet wird, sondern wo wir ihm und er uns begegnet, ist er tatsächlich da. Und nur, wo dies der Fall ist, kann man ihn verstehen oder versuchen zu verstehen.«[92] Die menschliche Entwicklung ist demnach als »kreative Aufgabe des Menschen«[93] aufzufassen, deren Entdeckung auf dem Boden konkreter Lebenssituationen geschieht und so die Möglichkeiten offen legt für »die freiheitsschaffenden Grundkategorien des Spielraumes der menschlichen Entwicklung und der menschlichen Verhaltensweisen«[94] in seiner Existenz. Das Wesen des Kindes ist vor diesem Hintergrund in dessen Fragehaltung, in seiner Orientierungs- und Sinnbedürftigkeit, also in der Ausrichtung seines Wesens auf Transzendenz zu verstehen. Bildungstheoretisch wird die Beschäftigung mit Fragen der Letztbegründung von Existenz insofern bedeutsam, als sie abhängig ist von den Angeboten, die dem heranwachsenden Menschen im jeweiligen Lebensalter dafür zur Verfügung stehen. Im Sinne einer Anthropologie des Kindes müssen sich diese Angebote aus der kindlichen Lebenssituation heraus vollziehen, nicht aber aus experimentell-psychologischen Untersuchungen ableiten, »denn ›lernen‹ als menschliche Handlungsform kommt beim Kinde nur innerhalb der funktionellen Totalität der kindlichen Lebenssituation vor.«[95]

Vor einem Missverständnis muss an dieser Stelle gewarnt werden: *Langeveld* spricht in Bezug auf die religiöse Entfaltung des Kindes von den Möglichkeiten einer religiösen Sicht der Welt, die es explorativ zu entdecken gilt, nicht jedoch von Glaubensinstruktion, Indoktrination oder kirchlichen Lehrsätzen. »Religiöse Erziehung wie alle Erziehung hat in dieser Hinsicht nicht die Aufgabe, einen jungen Menschen mit Lehrsätzen voll zu stopfen, ›ihn zum Magazin fremder Ideen zu machen‹, sondern sie soll zu seiner Bildung beitragen, ihm Möglichkeiten an die Hand reichen, in freier Selbstverantwortung eine eigene Entscheidung über sein persönliches Wertsystem und Weltbild treffen zu können.«[96] Von daher ist es offensichtlich, dass es mit der religiösen Erziehung um die Öffnung des Menschen für die Sinnsuche und um Angebote für letzte Orientierungen besonders auch

---

[91] Ebd., S. 68.
[92] Ebd., S. 43.
[93] Ebd., S. 71.
[94] Ebd.
[95] Ebd., S. 47.
[96] *Hans-Günter Heimbrock*, Martinus Jan Langeveld, a.a.O., S. 283.

deswegen geht, weil der Mensch nicht auf ein vorläufiges Bild festgelegt werden kann. Vielmehr entwirft sich Kind-Sein an den »geheimen Stellen«[97] in seinem Leben: der Dachboden, die Treppe, das Fenster und seine Gardinen, Hochsitze im Turm oder Baum lassen eine eigene Welt entstehen; sie schaffen einen »Weltentwurf«[98], der vom Geheimnis der eigenen Welt- und Selbstgestaltung durchdrungen ist. Der geheime Ort spricht das Kind im Geheimnis des Eigenen als auch in der räumlichen Wirklichkeit, die auf seine leibsinnliche Erfahrung bezogen ist, an, denn »Religion ist ein Erleben des Ichs in der Welt auf dem Hintergrund eines unergründlichen Geheimnisses. In der Religion beschäftigt der Mensch sich mit diesem Geheimnis.«[99] *Langevelds* anthropologisch-biographischer Ansatz ist demnach für die Religionspädagogik insofern ertragreich, als er unter der Subjekthaltigkeit der Persönlichkeit von Kindern deren individuellen Weltbezug versteht, der in pädagogischen Prozessen angemessene Beachtung finden muss.

Um den Nachweis des Zusammenhangs von psychischer Entwicklung und der Entwicklung von Glaubenshaltungen ging es auch dem Religionspädagogen *Walter Neidhart*. Er erweiterte sein Konzept gegenüber *Langeveld* jedoch um die sozialen Einflüsse, in denen das Kind aufwächst, und machte ihre Beachtung für religionspädagogisches Handeln geltend.

3.3 Der Schüler: Lebenserfahrung und Entwicklung im religionspsychologischen Konzept Walter Neidharts

Wie für den Holländer *Martinus J. Langeveld*, war es auch für den Schweizer Religionspädagogen *Walter Neidhart*[100] grundlegend, im Religionsunterricht die konkreten Lebenserfahrungen und Entwicklungsbedingungen der Schüler in die pädagogischen Entscheidungen einzubinden. Unter Bezug auf die zeitgenössische Sozialpsychologie und ihre Sozialisationsforschung wurde die Erkenntnis wichtig, den Unterricht situationsbedingt und entwicklungsbezogen zu gestalten. Das heißt zum Beispiel, handelnd wahrzunehmen, dass Pubertierende mit ihren Urteilen und Verhaltensweisen, ihrem Selbstbewusstsein, dabei sind, in aller Freiheit einen Welt-Raum zu erobern. Der pädagogische Leitsatz wäre hier, die Affinität zwischen der Freiheit des Evangeliums und der kindlichen Entwicklungsphase herzustellen. Die Wiederentdeckung des Kindes meint bei *Neidhart* somit die Bemühung, mit Hilfe der »Altersstufenpsychologie«[101] den »Verlauf der seelischen

---

[97] *Martinus Jan Langeveld*, Die Schule als Weg des Kindes, a.a.O., S. 74.
[98] Ebd., S. 76.
[99] *Martinus Jan Langeveld*, Das Kind und der Glaube, a.a.O., S. 35.
[100] *Walter Neidhart*, Psychologie des Religionsunterrichts, Zürich ²1967. Der Titel stellt die Neufassung von: Ders. Psychologie des kirchlichen Unterrichts, Zürich 1960, dar.
[101] Ebd., S. 27.

Entwicklung des Kindes«[102] empirisch zu erfassen und für die Gestaltung der Inhalte und Methoden des Religionsunterrichts fruchtbar zu machen. Aus der Einsicht in die Notwendigkeit, theologisch die Phänomene des Seelischen aufzugreifen, um zu einem angemessenen Verständnis der Persönlichkeit von Kindern und Jugendlichen zu gelangen, mit deren Einfluss wir es im Religionsunterricht zu tun haben, weist *Neidhart* die enge Verzahnung der psychischen Entwicklung einer jeweiligen Altersstufe und deren Auswirkung auf die Bedingungsfaktoren des Unterrichts nach. So ist die Pubertät eine Entwicklungsphase, in der es den Jugendlichen darum geht, selbständig zu werden. Sie lösen sich von den Autoritäten, die sie bisher noch anerkannten; sie schaffen sich ein eigenes Wertsystem und Lebensräume, die sie in individueller Verantwortung gestalten wollen; die Entdeckung des Ich führt zu persönlichen Wertungen und Urteilen, also zum Verlangen nach größeren Freiräumen für die Entfaltung eigener Überzeugungen, und damit auch zur Ablösung von den geistigen Anleitungen des Vaters. Im Wissen um diese psychischen Entwicklungsschritte der Jugendlichen muss der Religionsunterricht deren positiven Verlauf unterstützen, »damit die Relation der Freiheit, die der Fünfzehnjährige zunächst meint, zu der Freiheit des Christenmenschen sichtbar werde.«[103]

Neidhart macht deutlich, dass es für die Vermittlungsprozesse im Religionsunterricht ausschlaggebend ist, sowohl die Einflüsse des gesellschaftlichen Umfelds, in dem die Schüler aufwachsen, als auch die Entwicklungsbedingungen der Jugendlichen in psychischer Hinsicht wie im Verhältnis zwischen Kind und Erwachsenen, in die pädagogische Gestaltung einzubeziehen. Wenn sich das, was die Schüler lernen, als zukunftsträchtig erweisen soll, muss es ihnen ermöglicht werden, sich mit ihren eigenen Fragen und Interessen, ihren Denk- und Glaubenshaltungen der biblischen Botschaft, wie sie *Neidhart* als grundlegenden Auftrag für den Religionsunterricht versteht, zu nähern. Um Verstehensprozesse zu ermöglichen und Sinngehalte zu erschließen, kann der Religionsunterricht nicht an den Entwicklungsphasen der Jugendlichen und der Wirklichkeit ihrer gegenwärtigen Lebenssituation, die unter anderem vor dem Hintergrund der Auflösung verbindlicher religiöser und weltanschaulicher Werte sowie vor dem Konflikt zwischen Glauben und Denken verläuft, vorbeigehen. Damit setzt sich *Neidhart* vom Missionsauftrag, wie er aus dem Anspruch der »Evangelischen Unterweisung« hervorging, ab, und er entwirft das Konzept eines schülerbezogenen Religionsunterrichts, in dem die Heranwachsenden mit ihren persönlichen Gefühlen und ihrem eigenen Denken wiederentdeckt werden. Um die Ausrichtung des Unterrichts auf die psychischen Bedingungen des Schülers zu ermöglichen, verweist er auf die Bedeutung, die mit der Erforschung der seelischen Entwicklung des Kindes und der Kenntnis über das soziale Milieu, in dem es aufwächst, ver-

---

[102] Ebd.
[103] Ebd., S. 31.

bunden ist. In didaktisch-methodischer Hinsicht müssen diese psychologisch-soziologischen Bedingungsfaktoren durch Formen des affektiven und kreativen Lernens sowie die Berücksichtigung der sozialen Beziehungen innerhalb der Lerngruppe unterstützt werden. Mit diesen Einsichten greift *Neidhart* bereits Erkenntnissen vor, wie sie erst Jahre später durch die Sozialisationsforschung möglich wurden. Im Rahmen von Überlegungen, wie die Erweiterung und Neugestaltung von Religionsunterricht hinsichtlich seines Wirklichkeitsgehalts in schüleradäquater Weise vorgenommen werden kann, deuten sich mit *Neidharts* Position insofern grundlegende Perspektiven für religiöses Lernen an, als er Umorientierungen anspricht, die vom Missionsauftrag wegführen und stattdessen die persönliche Existenzsituation des Schülers und dessen Lebensumfeld zu Grundlagen des Unterrichts machen. Denn aus der Entwicklung der Kinder und Jugendlichen, also den Erfahrungen einer Lebensgeschichte, die von den Heranwachsenden selbst ausgeht, ergeben sich Konsequenzen für ihre religiös-moralische Urteilsfähigkeit und deren Einfluss auf die Gestaltung der Unterrichtsprozesse.

3.4 Stufen der religiösen Urteilsfähigkeit bei Kindern und Jugendlichen

3.4.1 Die moralisch-religiöse Urteilsbildung beim Kinde

Die Darlegungen von *J. Piaget* zur kognitiven und von *L. Kohlberg* zur moralischen Urteilsbildung geben den Hintergrund ab für die Beschreibung der religiösen Entwicklung bei Kindern und Jugendlichen. *Jan Piagets* Modell zur Entwicklung des Verstehens und Erkennens stellt einen kognitiv-strukturellen Ansatz zur Verfügung, mit dem sich der »Aufbau der Wirklichkeit beim Kinde«[104] nachzeichnen lässt. Damit wurden die Arbeiten *Piagets* für die Religionspädagogik in dem Sinne relevant, als sie die Rezeption einer Anthropologie des Kindes fundieren halfen und damit die pädagogische Dynamisierung des Verständnisses über das kindliche Weltbild bewirkten. Für *Piagets* Wirklichkeitsauffassung gilt, so *Friedrich Schweitzer*, dass das erkennende Subjekt selbst als Teil der erkannten Wirklichkeit gesehen werden muss. Es ist also aktiv an ihrer Erkenntnis beteiligt; es konstruiert sie handelnd mit und wirkt verändernd auf sie ein. Erkennen ist demzufolge ein operativer Prozess innerer Handlungsabläufe, wobei die Entwicklung des Erkennens an verschiedenen Stufen unterschiedlicher Operationsfähigkeiten erkennbar ist.[105] Die von *Piaget* beschriebenen kognitiven Entwicklungsstu-

---

[104] So lautet gleichzeitig auch der Titel eines Buches von Jean Piaget (1975).
[105] Vgl. *Friedrich Schweitzer*, Lebensgeschichte und Religion – Religiöse Entwicklung und Erziehung im Kindes- und Jugendalter, Gütersloh 1994, S. 110.

fen des Erkennens und Verstehens beinhalten auch religiöse Aspekte, wie sie von ihm in seiner Studie über »Das moralische Urteil beim Kinde« besonders aber von *Lawrence Kohlberg* und dessen Dilemma-Geschichten[106] bekannt gemacht wurden. Aufgrund der Begründungen, die von den Probanden für ihre Urteile über moralische Konfliktfälle zur Nennung kamen, weist *Kohlberg* sechs Stufen moralischer Entwicklung nach, wobei die Struktur jeder Stufe durch die soziale Perspektive und die Regel, nach der die moralischen Urteile gefällt werden, bestimmt ist.[107]

Bieten somit die Stufensequenzen einen empirischen Einblick in die religiösmoralische Entwicklung des Kindes im Rahmen eines kognitiven Konzeptes, so müssen im Sinne von *Ronald Goldman* die Glaubensentwicklung und das verständige Denken beispielsweise für das Verständnis biblischer Geschichten miteinander in Beziehung gebracht werden. Von daher ist es für das religionspädagogische Denken und Handeln entscheidend, dass der christliche Glaube und kritische Rationalität in Korrespondenz zueinander stehen. Die Voraussetzung religionspädagogischen Lernens ist es dabei, die lebenspraktischen Erfahrungen der Schüler in den Unterricht so einzubeziehen, dass der Zusammenhang zwischen religiöser Weltdeutung, also das Bedürfnis nach Vertrauen und Sinnorientierung, und gegenwärtiger Erfahrung von Wirklichkeit ins Bewusstsein rücken.

3.4.2 Die Entwicklung religiösen Denkens von der Kindheit bis zur Adoleszenz: Psychologische Reifungskonzepte in der Erziehungstheorie von Ronald Goldman

Die Prämisse, mit der *Ronald Goldman* sein diagnostisch-beschreibendes Verfahren zur Erörterung religiösen Verstehens beim Kind und Jugendlichen vorstellte, gründet auf seinem Anliegen, religiöse Erziehung mit einem hohen Grad an Erkenntnis darüber auszustatten, welche entwicklungsbedingten Möglichkeiten Heranwachsende haben, den Gehalten religiöser Erziehung zu begegnen, wobei die Aussage: »To know what a child is able to grasp intellectually is a surer foundation for education than to know only what adults feel the child ought to grasp«[108] zeigt, dass er sein Interesse auf eine kind- bzw. schülerorientierte Erziehung richtet, mit der er die altersspezifischen Wirklichkeitsorientierungen von Kindern und Jugendlichen gegenüber religiöser Erziehung in Schule, Kirche und Familie zu verstehen suchte.

Das Verstehen religiöser Wahrheiten entfaltet sich nach *Goldman* sowohl mit der emotionalen Ansprechbarkeit des Kindes als auch auf der Ebene verständig-

---

[106] Vgl. *H.-G. Heimbrock*, Lern-Wege religiöser Erziehung, Göttingen 1984, S. 161–162; vgl., *Paul Gmünder*, Entwicklung als Ziel der religiösen Erziehung; in: Katechetische Blätter 1979, S. 631.
[107] Vgl. *Friedrich Schweitzer*, a.a.O., S. 114.
[108] *Ronald Goldman*, Religious Thinking from Childhood to Adolescence, London 1964, S. XI.

kritischen Denkens, so dass er sagen kann: »This dual aspect of knowing must be stressed by the teacher when he considers the methods and aims of religious education.«[109]

In Anlehnung an *William James* formuliert er sein Verständnis von Religion als »the feelings, the acts and experiences of individual men so far as they apprehend themselves to stand in relation to whatever they may consider the divine.«[110] Für unseren christlichen Kulturkreis leitet sich daraus ein Konzept religiösen Denkens ab, »[that is] directed towards the nature of God, his relationships with men in history, his dealings with men today, his revelation of himself through the inspired literature of the Bible and through the person of Jesus Christ.«[111] Diese Zusammenhänge religiösen Selbstverständnisses sind jedoch stärker an der religiösen Welt der Erwachsenen denn an einem Bezugsrahmen zur religiösen Welt von Kindern und Jugendlichen ausgerichtet. In der religiösen Erziehung ist aber zu beachten, dass das Kind seine eigenen religiösen Konzepte entwirft und sowohl eine persönliche Theologie, als auch ein individuelles Orientierungsfeld entwickelt. Diese Konzepte, nämlich sein Denken über Gott und dessen Handlungen, unterliegen einem Wandel, den es in der religiösen Erziehung zu erkennen gilt. Hier müssen konsequenterweise psychologische Erkenntnisgehalte vor den biblischen zum Tragen kommen, um das religiöse Bedürfnis und die Aufnahmefähigkeit der Kinder zu eruieren: »To know what factors affect the religious development of children and adolescents is of great importance to the educator, and may help him more effectively to present religious truths in such a way that the young may both understand and accept them.«[112]

Worin dabei die psychischen Merkmale und Prozesse des Denkens und deren Übertragbarkeit auf religiöses Denken zu sehen sind, stellt *Goldman* zunächst in Anlehnung an *E.A. Peel*[113] und *D.H. Russell*[114] folgendermaßen dar: »Thinking is part of what goes on inside the mind, in between sense-perception and effective action.«[115] Und er fasst zusammen: » thought is internalised consistent action.«[116] Mit Bezug auf *D.H. Russell* deutet *Goldmann* das Material des Denkens als Ereignisse der Außenwelt »which are selected by perception and stored in memories or images, gradually formed into concepts, as categories of thought about groups of objects.«[117] Er nennt die Motive des Denkens, die sich bilden durch »feelings, needs, attitudes and habits of thought acquired earlier, often at an emotional level, which help initiate and determine the direction of thinking. Later formed

---

[109] Ebd., S. 3.
[110] *William James*, The Varieties of Religious Experience, London 1902; zit. nach: *Ronald Goldman*, a.a.O., S. 4.
[111] *Ronald Goldman*, a.a.O., S. 4.
[112] Ebd., S. 9.
[113] *E. A. Peel*, The Pupil's Thinking, London 1960.
[114] *D. H. Russell*, Children's Thinking, London 1956.
[115] *E. A. Peel*, The Pupil's Thinking; zit. nach: *Ronald Goldman*, a.a.O., S. 10.
[116] *E. A. Peel*, a.a.O.; zit. nach *Ronald Goldman*, a.a.O., S. 10.
[117] *D.H. Russell*, Children's Thinking; zit. nach: *Ronald Goldman*, a.a.O., S. 10.

sophisticated sentiments could be included here«[118] und zeigt, dass Denkprozesse als Verhaltensmuster zu verstehen sind, »seen in selecting, eliminating, searching, manipulating and organising, beginning with crude undirected thinking through to inductive thinking, problem-solving and critical and creative thinking.«[119] Die Denkfähigkeit schließlich meint »the habits, techniques and guides to thinking which can be acquired and developed at least to some extent, by children and by others who desire to improve their thinking«,[120] so dass als das Rohmaterial des Denkens die Sinnesreizungen auftreten, die wir über unsere Wahrnehmungen und Vorstellungen in Konzepte übertragen. Die vielfältigen einzelnen Sinneserfahrungen von Objekten werden in diesem Zusammenhang auf Gruppen und Klassifizierungen zurückgeführt, mit denen wir uns die Welt verständlich machen: Religiöse Wahrnehmungen und Konzepte gründen dabei nicht allein auf der Erfahrung von Sinnesdaten, sondern auf Wahrnehmungen und Erfahrungen anderer Art: »Religious thinking is the process of generalising from various experiences, previous perceptions and already held concepts to an interpretative concept of the activity and nature of the divine. Because of this it is not possible to supply specific first steps in the religious experience of the young child, other than by enriching his general experience.«[121] So ist zum Beispiel religiöses Denken in Bezug auf ein Gotteskonzept abhängig vom Verständnis für die Ursprungserfahrung, die sich in Analogien und Metaphern – z.B. »Gott ist wie ein Vater« – in biblischen Texten findet. Dabei ist die Erfahrung, die mit dem Begriff »Gott« verbunden ist, wichtiger als das Wort selbst:

»Concepts of God are not direct sensory data but something resulting from the elaboration, combination and interpretation of sensory data such as ›my father‹, ›my home‹, ›the natural world‹. Concepts of God depend upon the previous experience of the child, not merely in naming the data of this experience but in understanding its component and significant features such as an experience of a father's role in relation to the child. Concepts of God are responses which tie together or link, or combine discrete sensory experiences such as »father is strong, big, all-powerful, cares for me, punishes me, earns money for me. God is like that and judges and cares for all children«. Or »God is a big Daddy up in the sky.«[122]

Religiöses Denken, so lässt sich zusammenfassend sagen, verläuft mit einem allmählichen Qualitätsanstieg in Hinsicht auf religiöse Vorstellungen und Konzepte. Ein Wechsel in diesen Konzepten des religiösen Denkens stellt sich im Alter zwischen zehn und dreizehn Jahren ein, wobei dem vorbegrifflichen Denken die Stufen des formalen und konkreten Denkens folgen. Dabei verläuft die Entwicklung der geistigen Fähigkeiten in engem Bezug zum religiösen Denken. Gefühls-

---

[118] Ebd.
[119] Ebd.
[120] Ebd.
[121] *Ronald Goldman*, a.a.O., S. 14.
[122] Ebd., S. 15–16.

bezogenes Verhalten beeinflusst das Denken und die Herausbildung von Konzepten in erheblichem Maße, weil die Gefühle zu den tiefsten Bedürfnissen des Menschen in Beziehung stehen. Gefühle, Wahrnehmungen und Erkenntnisse tragen dazu bei, Haltungen herauszubilden, mit denen das Individuum seine Welt betrachtet. Auch der Glaube kann als eine Organisationsform der genannten Aspekte betrachtet werden, mit der wir uns in einem Bezugsrahmen und einem Bedeutungsfeld bewegen, das unser Leben und die anliegenden Probleme deuten hilft. Weil sich Religion eher als Glaubensvollzug denn als intellektuelle Gesetzmäßigkeit zu verstehen gibt, ist der emotionale Aspekt im religiösen Denken von großer Wichtigkeit. Er beeinflusst unsere Motivation gegenüber der religiösen Erziehung in Schule und Kirche ebenso wie die Haltung der Eltern und wie der Einfluss der jeweiligen Altersgruppe hinsichtlich der individuellen Einstellungen und Bestrebungen. Hinsichtlich der Wahrnehmung biblischer Geschichten z.B. vom »Brennenden Dornbusch« oder den »Exodusereignissen« im AT, den Wundergeschichten und Gleichnissen im NT, gilt es die Entwicklung des kindlichen Denkens im Rahmen der intuitiv-präoperationalen, der konkretistischen und abstrakt-formalen Denkphasen zu beachten, weil sie Einfluss haben auf das Verständnis für den religiösen Gehalt der Texte. Die Beachtung dieser Bedingungsfaktoren eines operational-religiösen Denkens »will avoid instruction in ideas far too difficult for the child to grasp; it will seek not to reinforce crude immaturities but to wean the child away from them; and, while allowing a child's religion to be childish, will prepare him for a more critical and rational approach to religion with which to face the years of adolescence.«[123] Somit muss es das Ziel einer entwicklungsorientierten Erziehung sein, auf die Bedürfnisse des Kindes nach Sicherheit, der Achtung seiner Bedeutsamkeit und den Bedingungen seines Wachstums einzugehen. Kind- bzw. schülerorientierte religiöse Erziehung bedeutet von daher, das Kind als heranwachsende Persönlichkeit wahrzunehmen und die Orientierung an biblischen Texten an den Stufen seiner Entwicklung auszurichten und dann einzusetzen, wenn das Kind eher zur poetischen, gegenstandsübergreifenden, Rezeption fähig ist. *Goldman* führt dazu aus: »Child centred religious education must attempt to satisfy the basic needs of developing children at any given time but at the same time throw intellectual bridges forward into the future so that developing religious concepts can cross over into adolescence. Religion can then be seen to be all of a piece with former learning and not in contradiction to what has been previously accepted.«[124]

Was macht nun den Gehalt des religiösen Erziehungsentwurfs von *Goldman* aus?

---

[123] Ebd., S. 67.
[124] Ebd., S. 230.

3.4.2.1 Ansatz und Ertrag der religiösen Erziehungstheorie Ronald Goldman's

Es geht Goldman darum, den Zusammenhang zwischen der intellektuellen Entwicklung des Kindes und seinen religiös-moralischen Verstehensmöglichkeiten aufzuzeigen. Dabei steht die Entwicklung von Glaubensvorstellungen mit der Ausbildung des Denkens korrespondierend zueinander, so dass ein Denken, das auf Religion ausgerichtet ist, keine separate, sondern eine integrierende Form der Rationalität darstellt. Daraus leitet er sein Verständnis einer schülerorientierten Erziehung ab, die sich an der altersspezifischen Wirklichkeit der Heranwachsenden orientieren muss. Die Theologie des Kindes, gemeint ist hier sein Verstehen der religiösen Gehalte von biblischen Texten und vom Göttlichen, ist eingebunden in einen Qualitätsanstieg hinsichtlich der Fähigkeit, religiöse Vorstellungen zu entwickeln. Dabei spielen sowohl die Gefühle als auch das Denken eine entscheidende Rolle, um Wahrnehmungen und Erkenntnisse als Glaubenshaltungen gegenüber der Welt herauszubilden. Wenn Glaube als Bedeutungs- und Deutungsfeld in diesem Rahmen wirksam werden soll, muss ein kindgerechter Unterricht religiöse Gehalte an den Stufen der kindlichen Entwicklung und der Herausbildung seines kritisch-rationalen Denkens ausrichten. Dabei steht die Ausbildung religiösen Denkens sowohl in enger Verbindung mit grundlegenden emotionalen Bedürfnissen nach Vertrauen und Orientierung als auch mit der Forderung nach der Beachtung der Vorstellungs- und Denkfähigkeit der Schüler auf ihrer jeweiligen Entwicklungsstufe. Das Erziehungs- und Lernkonzept *Goldman*'s gründet somit zum einen auf der phasenspezifischen und entwicklungsangemessenen Orientierung der Lernmethoden und Lerninhalte, zum anderen legt er besonderen Wert darauf, den Schülern Raum zur Selbsttätigkeit und Eigeninitiative zu geben, damit persönliche Fragen die Suchbewegungen religiöser Sinnfindungen bestimmen können. Sein Konzept setzt sich klar ab von Lernmodellen, die auf Unterweisung und lehrergelenkte Unterrichtsverfahren ausgerichtet sind. Lernen, so *Goldman*, hat prozessualen Charakter; es muss die persönliche Beteiligung des Schülers an diesem Lernvorgang und den Lerninhalten ermöglichen und sich primär an dessen Erfahrungen orientieren. Nicht die »theologischen Sacherörterungen [machen] den Zuschnitt der Lerninhalte«[125] aus, sondern die Erfahrungen, mit denen der Schüler im Unterricht handelnd vorkommt, weil es ihm dadurch möglich wird, die Lebenspraxis verstehend zu durchdringen und sich aus Verfügungen zu befreien. Lernprozesse, die in diesem ganzheitlichen Sinn entworfen werden, ermöglichen persönliche Anteilnahme, weil sie sich aus verobjektivierenden Ansprüchen, die auf kognitive Operationalisierbarkeit angelegt sind, lösen und den Akzent auf die Genese religiöser Urteilsfähigkeit legen.

Mit *Ronald Goldman* kam also eine entwicklungspsychologische Position zu Wort, mit der es möglich wurde, eine subjekt- und kindorientierte Anthropologie

---

[125] *Hans-Günter Heimbrock*, Lern-Wege religiöser Erziehung, a.a.O., S. 154.

hinsichtlich der Entwicklung von Glaubenshaltungen zu fundieren. Dennoch reichen Untersuchungen allein zur Urteilskompetenz nicht aus, um moralische Entwicklungen ausgiebig beschreiben zu können. Moralisches Handeln sowie Erfahrungen von Sinn oder Sinnlosigkeit müssen in solche Beschreibungen ebenso einbezogen werden. Von daher macht es sich die »Theorie der Entwicklung des religiösen Urteils«, wie sie von *Fritz Oser* und *Paul Gmünder*[126] im Anschluss an *Kohlberg*s Theorie der moralischen Entwicklung entworfen wurde, zur Aufgabe, eine Stufenfolge religiöser Vorstellungen nachzuweisen, die für die Wahrnehmung der Ich-Entwicklung von Schülern in religiösen Erziehungsprozessen leitend werden kann.

3.4.3 Die Theorie der Entwicklung des religiösen Urteils nach Fritz Oser und Paul Gmünder

Das religiöse Urteil, so *Friedrich Schweitzer*, ist bei *Oser/Gmünder* zu verstehen als eine »Tiefenstruktur«[127], die dem Denken und Urteilen in religiösen Fragen zugrunde liegt, wobei sich die Entwicklung der Urteilskompetenz in Stufen vollzieht, mit denen eine Veränderung der Urteilsstrukturen einhergeht. Das religiöse Urteil weist auf das Verhältnis des Menschen zum »*Ultimaten*«[128], zu Gott, zum Letztgültigen, hin. Es ist auf die Sinnfrage ausgerichtet, die sich dem Menschen in der Reflexion über sein »Woher und Wohin«, als Kontingenzbewältigung und »Frage nach dem Ganzen«, der Einheit, und dem »Grund, der diese Einheit ermöglicht«[129], stellt. Fragen, die auf das »unbedingt Gültige«, auf »Formen des Weltverstehens«[130] ausgerichtet sind, erfordern eine Denkstruktur, die eine rational durchdrungene Religiosität auf einer jeweils höheren Stufe der Urteilsfähigkeit ermöglicht: Es gibt eine Form von Rationalität, »die eine Höherentwicklung, nicht aber eine Ablösung von Religion durch Rationalität bedeutet, [wobei] die religiöse Entwicklung zu einer immer angemesseneren Integration von Religion in eine kommunikative Wirklichkeit, d.h. eine Wirklichkeit, die von der Kommunikation mit anderen bestimmt ist«,[131] führt. Dabei bewegt sich die Stufenfolge der religiösen Entwicklung nach *Oser/Gmünder* in den Bezugspunkten einer theologischen Klammer, die den Weg des Menschen und dessen Haltung zur göttlichen Macht und Autorität als eine Entwicklung zwischen Fremdbestimmung und Freiheit ansetzt.

---

[126] Vgl. *Fritz Oser/Paul Gmünder*, Der Mensch – Stufen seiner religiösen Entwicklung, Zürich/Köln 1984.
[127] *Friedrich Schweitzer*, Lebensgeschichte und Religion, a.a.O., S. 122.
[128] Ebd., S. 123.
[129] Ebd.
[130] Ebd., S. 123f.
[131] Ebd., S. 124.

3.4.3.1 Religiöse Urteilsfindung in der Entwicklungstheorie Fritz Osers: Kritische
       Würdigung und religionspädagogischer Ertrag

Das religionspädagogische Interesse an den Erkenntnissen der kognitiven Psychologie speist sich aus der Möglichkeit, einen »verstehenden Lernzugang«[132] zur
religiösen Erziehung aufzuweisen, der dem jeweiligen Entwicklungsniveau der
Schüler im Verhältnis zu ihrer Vorstellungs- und Denkfähigkeit entspricht. Dabei
verweist das Lernkonzept der kognitiven Psychologie darauf, dass religiöse Erziehung auf einem Lernweg erfolgt, der in enger Beziehung zur Entwicklung der
menschlichen Denkfähigkeit steht. Vor dem Hintergrund der Theoriebildung
*Piaget*s ist die menschliche Denkentwicklung ein Lernprozess, den das Individuum in aktiver, selbstgesteuerter Form leistet. Die Stadien des Denkens stellen
ein Entwicklungsmodell dar, das aus einem ›sensomotorischen Anfangsstadium‹
zu Denkweisen auf ›präoperationalem‹ Niveau und vom ›konkretoperationalen‹
Denken zum ›formal-operatorischen‹ Stadium fortschreitet.

Unter Bezug auf diese Konzepte zur sequenziellen menschlichen Denkentwicklung wurde besonders durch *Oser* und seine Forschungsgruppe ein Modell
über die »Stufen des religiösen Urteils« entworfen, mit dem als »religiös« solche
Operationen zu verstehen sind, »bei welchen das Individuum Grenzsituationen
und Krisenerfahrungen unter Zuhilfenahme transzendenzbezogener Vorstellungen
in einen kognitiv befriedigenden Zustand bringen kann.«[133]

Religiöse Urteile sind somit als aktiv-denkerische Prozesse zu werten, die sich
auf Gottesvorstellungen ausrichten und zur Sinnerschließung führen, wenn das
kognitive Gleichgewicht gestört ist, zielen aber im Ergebnis auf die Wiederherstellung der Harmonie. Mit dem von *Oser* vorgelegten Schema zur religiösen Entwicklung, das bereits weiter oben als Stufenmodell vorgestellt wurde, ergibt sich
für die religionspädagogische Lernpraxis »ein methodisch gesichertes Verfahren,
Lernfortschritte im Sinne einer Änderung der Urteils- bzw. Handlungsstruktur zu
erreichen.«[134] Um diesen Lernfortschritt auf die religiöse Urteilsfähigkeit auszurichten und im Unterricht zu realisieren, müssen die Schüler durch Denkanstöße
mit der kognitiven Struktur der jeweils folgenden Stufe konfrontiert werden. Das
Konzept der kognitiv orientierten Psychologie wird für die Religionspädagogik
von daher auch insofern fruchtbringend, als mit ihm die kognitive Lernpraxis das
Moment des Verstehens, das verstehende Lernen, und damit die denkerische Bewältigung von Problemen, hervorhebt. Dabei werden in Anlehnung an *Piaget*
menschliche Verstehensakte als »Anpassung innerer Strukturen und Repräsentan-

---

[132] *Hans-Günter Heimbrock*, Intellektuelle Problembewältigung oder verstehendes Erschließen? – In:
Hans-Jürgen Fraas/Hans-Günter Heimbrock (Hg.), Religiöse Erziehung und Glaubensentwicklung,
Göttingen 1986, S. 137.
[133] Ebd., S. 141.
[134] *Paul Gmünder*, Entwicklung als Ziel der religiösen Erziehung; In: Katechetische Blätter 1979,
S. 630.

zen an die als objektiv betrachtete äußere Realität«[135] verstanden. Wenn, wie es bei *Oser* der Fall ist, daraus ein Lernkonzept abgeleitet wird, mit dem die Schüler über theologische Strukturen verfügen lernen, dann liegt hier jedoch eine Eindimensionalität von ›Verstehen‹ und ›Verfügen‹ mit einem problematischen Zugang zur Wirklichkeit vor. Religiöse Denkakte geraten in eine Ambivalenz: Sie stehen einerseits im Dienst eines Ausgleichs zwischen Sinnwidrigkeit und Sinnlosigkeit, übernehmen somit die Funktion, das kognitive Gleichgewicht wiederherzustellen, also »Kontingenzbewältigung« zu betreiben; geraten aber andererseits in die Gefahr einer Wirklichkeitssicht, die einem verfügenden Zugriff unterliegt. Auf die Lebenswelt und deren Vielfalt bezogen, ist die Absicht der objektivierenden Verfügbarkeit über die Wirklichkeit einseitig und folglich mit dem Odium der Manipulation behaftet, das in Form einer bildungstechnologischen Engführung *Osers* Ansatz angelastet werden muss. Auch wenn der Prozess religiöser Urteilsbildung, wie er von ihm vorgestellt wird, sich von dem Grundanliegen leiten lässt, Sicherheit in einer Welt zu schaffen, die sich für das Subjekt oftmals als gefährdete Wirklichkeit erweist, so muss nach christlichem Glaubensverständnis dem Subjekt doch »die Erfahrung des Werdens und Andersgewordenseins als ein Instrument des Erkennens«[136] bleiben, aus dem heraus sich der Überschuss zur empirischen Vernunft entfaltet. Theologisch und religionspädagogisch ist also einer Vorstellung von Entwicklung zu widersprechen, mit der ein linearer und folgerichtiger Prozess gemeint ist. Religiöse Erziehung muss mehr sein »als ein curricularer ›Lift-Kurs‹ zur nächsten Stufe.«[137] Das religionspädagogische Interesse sollte vielmehr darauf gerichtet sein »einerseits die Religion des Kindes als die ihm angemessene Form anzuerkennen und zuzulassen, andererseits aber das Kind auf seinem Weg zu religiöser Mündigkeit zu begleiten und voranzubringen.«[138]

Sind die kognitiven Modelle zur religiösen Entwicklung, wie sie von *Goldman* und *Oser/Gmünder* vorgestellt wurden, auf die Art und Weise bezogen, mit der die religiösen Ideen innerhalb der verschiedenen Altersstufen angeeignet werden, so ist das folgende, von *James W. Fowler* entworfene Entwicklungsmodell, auf einer breiteren Grundlage zu verstehen. Es geht ihm um die Erkenntnis der Entwicklung von Glauben als einem Sinngebungsakt, der das menschliche Leben in ein Ordnungsverständnis seiner Welt und ein Vertrauensverhältnis zu seinen Mitmenschen führt. Glaube wird damit als Verhaltensweise im zwischenmenschlichen Bereich, im Verhältnis zur Gesellschaft und zum Universum verstanden. Wie es zur Herausbildung dieser Sinngebungsweisen kommt, will *Fowler* in seinem Stufenmodell zeigen.

---

[135] *Hans-Günter Heimbrock*, Intellektuelle Problembewältigung oder verstehendes Erschließen?, a.a.O., S. 146.
[136] Ebd., S. 148.
[137] Ebd., S. 149.
[138] *Friedrich Schweitzer*, Religion und Entwicklung; in: Wege zum Menschen, 37.Jg., Göttingen 1985, S. 324.

3.4.4 Die Glaubensstufen in der Entwicklung des Kindes nach James W. Fowler

Mit *James W. Fowlers* Konzept zur religiösen Entwicklung des Kindes gelingt eine weitere Ausdifferenzierung der entwicklungspsychologischen Stufentheorie, da er die Stufenfolge als Bindeglieder zwischen einer Subjekt- und Wirklichkeitsorientierung betrachtet, der theologisch-religiöse Relevanz zukommt. Seine Stufentheorie zur Entwicklung des Glaubens zentriert sich um ein Glaubensverständnis, das die Angewiesenheit des Menschen auf Sinn und die Erfahrung von Vertrauen deklariert. Wenn Vertrauen und Loyalität zu einem Sinnfundament zwischen Menschen werden, sind sie eingebunden in »übergeordnete Wertzentren«.[139] Diese Wertvorstellungen ermöglichen die Orientierung und die Gestaltung des Lebens als eine »Umwelt«[140], aus der heraus sich das »Streben nach Sinn«[141] glaubend entfaltet. Glauben, so *Fowler*, im Sinne von *belief* auf das *Für-Wahr-Halten* von Auffassungen aus den Religionen bezogen, »schließt eine Ausrichtung des Willens ein und eine Wahl des Herzens, und zwar in Übereinstimmung mit einer Auffassung transzendenten Wertes und transzendenter Macht, d.h. mit dem, was einen unbedingt angeht.« Und: »Glaube ist eine Orientierung der ganzen Person. Sie gibt Zweck und Ziel für Hoffen und Streben, Denken und Handeln.«[142] In dieser ganzheitlichen Ausrichtung zeichnet sich der Erkenntnisgehalt der *Fowler*schen Stufentheorie für die Religionspädagogik ab.

3.4.4.1 Die Glaubensstufen nach James W. Fowler: Kritische Würdigung und religionspädagogischer Ertrag

Die empirisch-kognitiven Methoden zur Erfassung der psychischen Entwicklung des Individuums durch *J. Piaget* und *L. Kohlberg* schenken dem epochalen Faktor zu wenig Beachtung: sie verstehen den Menschen ungeschichtlich. Das Anliegen von *James W. Fowler* ist es dagegen, die ganze Person und den Kern ihres Menschseins zu erfassen. Mit seiner Darstellung der Glaubensstufen wollte er den Zusammenhang der psycho-sexuellen und psycho-sozialen Werte, die Entwicklung des Denkens und der moralischen Urteile, zeigen. Das Interesse der von ihm entwickelten Stufentheorie ist dabei auf die Entwicklung des Subjekts und die Wirklichkeit der Zeitumstände gerichtet.

Die Orientierung, mit der sich das Wesen des Menschseins leben lässt, ist »faith«, »eine in verschiedenen Stadien der Reife je wieder andere Struktur der Lebensweise, der Sinnfindung, der Setzung von Werten und Normen, der Beziehung zu Mitmenschen und Gruppen, ferner eine bestimmte Art und Weise, sich an Geschichten zu orientieren und mit Hoffnungen und Phantasien die Zukunft

---

[139] *Friedrich Schweitzer*, Lebensgeschichte und Religion, a.a.O., S. 139.
[140] Ebd., S. 140.
[141] Ebd.
[142] Ebd., S. 141.

vorwegzunehmen«,[143]»faith« als ein Weg, die ›conditio humana‹ zu erkennen. Das Fortschreiten auf *Fowlers* Glaubensstufen bedeutet einen Wertgewinn, der die höchste Form des Glaubens zum Ziel hat. Fortschritt meint also ein Wachstum, das phylogenetisch auf die höchste Wahrheit eines kulturübergreifenden Glaubens ausgerichtet ist.

Fowlers Theorie beschreibt mithin einen Reifungsvorgang, der in unterscheidbaren Phasen verläuft. Sie gibt Kriterien an, mit denen sich klären lässt, auf welcher Entwicklungsstufe sich das Individuum gerade befindet. Für den Religionspädagogen sind solche Kriterien insofern hilfreich, als Kenntnisse über die seelische Entwicklung der Heranwachsenden die Didaktik und Methodik des Unterrichts leiten sollen. Was die Aussagen über die kognitive Entwicklung der Kinder und Jugendlichen betrifft, so nimmt *Fowler* hier eine theologische Deutung vor: »Jede Entwicklungsstufe wird sinnvoll, indem sie die reife und ideale Glaubensform der beiden letzten Stufen vorbereitet und zu ihr hinführt. Das ermöglicht es, den primitiveren Gestalten des Glaubens beim Kleinkind, beim Schulkind und beim Jugendlichen einen relativen Wert zuzubilligen, ohne dadurch das Ziel eines vergeistigten, universalen Glaubens in Frage zu stellen.«[144]

Theologisch problematisch ist an *Fowlers* Theorie, dass er aus einer empirischen Untersuchung Normsetzungen ableitet. Da auch empirische Methoden immer von Wertsetzungen, erkenntnisleitenden Interessen, gelenkt sind, erscheint die Verquickung von Empirie und normativen Ableitungen zuweilen zweifelhaft. Schwierigkeiten ergeben sich für *Fowlers* Glaubensverständnis, wenn er theologisch über die wahre Gestalt des christlichen Glaubens urteilt und die Ausformungen des Glaubens in eine hierarchische Werteskala einordnet; wenn das Verständnis des Begriffs »faith« den Unglauben und den ungläubigen Menschen als empirisch nicht existent betrachtet. Bei aller Faszination, die eine wachstums- und reifungsorientierte Theorie der religiösen Entwicklung ausübt, da sie »Motive und Ziele für die Selbsterziehung vermittelt, in Lebenskrisen Hoffnung gibt und Wandlungen der Religiosität (z.B. den schmerzhaften Abschied vom Kinderglauben) sinnvoll macht, dem Leidenden das Leiden als Herausforderung zum Wachstum zu verstehen hilft und das Selbstwertgefühl des alten gegenüber dem jungen Menschen erhöht,«[145] ist ein Verständnis von Wachstum anzuzweifeln, mit dem das Erreichen einer jeweils höheren Stufe wertvoller erscheint als die Entwicklung auf der vorausgehenden. Denn eine pädagogische Einstellung wird den jeweiligen Eigenwert der Kindheit und Jugend anerkennen sowie auch die Würde der Lebensphasen von Erwachsenen. Wird eine Grenze zwischen zwei Lebensphasen

---

[143] *Walter Neidhart*, Die Glaubensstufen von James W. Fowler und die Bedürfnislage der Religionspädagogen; in: *Hans-Jürgen Fraas/Hans-Günter Heimbrock* (Hg.): Religiöse Erziehung und Glaubensentwicklung – Zur Auseinandersetzung mit der kognitiven Psychologie, Göttingen 1986, S. 121.
[144] Ebd., S. 124–125.
[145] Vgl. ebd., S. 131.

überschritten, so geht damit immer auch ein Verlust einher: epochal bedingte und lebensgeschichtliche Veränderungen bringen es mit sich, Werte zurücklassen zu müssen, wobei die Bilanz zwischen Wertzuwachs und Wertverlust nicht in den Händen der Menschen liegt: »Der Glaube an die rechtfertigende Gnade scheint mir darin bedeutsam zu sein, dass ich mich annehmen kann, wie ich bin, so unreif, wie ich bin, und auf der Stufe, auf der ich jetzt stehe. Heiligung bedeutet für mich die Verpflichtung, meine Verantwortung als Christ täglich wahrzunehmen, aber nicht die Pflicht, täglich ein wenig reifer zu werden und feststellbar vorwärts zu kommen.«[146] Worin besteht also der Ertrag kognitiver Entwicklungstheorien für die Religionspädagogik?

3.4.5 Der Ertrag kognitiv-struktureller Theorien der religiösen Entwicklung für Theologie und Religionspädagogik

Die religiöse Entwicklung des Kindes und Jugendlichen weist sowohl in den Stufentheorien *Piagets und Kohlbergs* als auch bei *Oser* und *Fowler* auf eine »Tiefenstruktur«[147] hin, die den Glauben als ›kognitives Unbewusstes‹, als eine Form des Erkennens und Wissens, versteht. Zwar ist der christlichen Glaubenstradition jede stufenorientierte Entwicklungsvorstellung fremd, da Gott den Menschen voraussetzungslos, unabhängig von jeglicher Vollkommenheit rechtfertigt und annimmt. Für das Verstehen des Glaubens und der mit ihm verbundenen ethischen Konsequenzen ist jedoch auch pädagogisch gesehen der Einblick in die Glaubensentwicklung hilfreich.

Wenn es gemäß der Stufentheorien möglich ist, die Erkenntnisgehalte des christlichen Glaubens offen zu legen, dann weisen die Positionen *Piagets* und *Kohlbergs* auf eine »Logik der rationalen Gewissheit«[148], die ihre Ergänzung durch die Modelle *Osers* und *Fowlers* als »Logiken der Überzeugung«[149] finden. Religionspädagogisch bieten die skizzierten Theorien die Möglichkeit, religiöse Erziehung auf den Entwicklungs- und Lebensbezug der Kinder und Jugendlichen auszurichten, das jeweilige Gottesbild auf den verschiedenen Altersstufen zu erschließen, die Verständnismöglichkeiten biblischer Geschichten zu erheben und generell die Bildungsarbeit mit Heranwachsenden zu strukturieren. Die Ausrichtung der Erziehungsarbeit an den Erkenntnissen der kognitiv-strukturellen Theorien ermöglicht somit ein klareres Verständnis der Fragen Jugendlicher. Allerdings wäre die Wahrnehmung ihrer Probleme allein an stufenorientierten Entwicklungsvorstellungen zu einseitig, da die sozialen Erfahrungen und die vielschichtigen Prozesse, von denen die religiöse Entwicklung ebenfalls beeinflusst ist, ausge-

---

[146] Ebd., S. 132.
[147] *Friedrich Schweitzer*, Lebensgeschichte und Religion, a.a.O., S. 155.
[148] Ebd., S. 158.
[149] Ebd.

blendet blieben. Erziehungshaltungen, deren Interesse allein am raschen Fortschritt zur höchsten Stufe hin ausgerichtet ist, sind als Perfektionsstreben theologisch abzulehnen. Kognitiv-strukturelle Entwicklungstheorien wollen vielmehr nachweisen, dass es in einer Glaubenshaltung, die sich als Sinnorientierung versteht, erkennbare Strukturen gibt. Das religiöse Verstehen Kinder und Jugendlicher besitzt – im Vergleich zu Erwachsenen – seine jeweilige Eigenart und Andersartigkeit: »Demnach wissen und verstehen Kinder und Jugendliche nicht einfach *weniger* als Erwachsene, sondern sie denken und verstehen *anders*.«[150] Religiöse Erziehung darf also nicht an den Möglichkeiten kindlichen Verstehens vorbeigehen. Zu beachten ist im Sinne kognitiv-struktureller Theorien auch die Umweltabhängigkeit von Entwicklungsprozessen, weil nicht allein das Lebensalter den Entwicklungsstand bestimmt, so dass die unterschiedlichen Lebensbedingungen, die auf vergleichbaren Altersstufen zu unterschiedlichen Entwicklungsmerkmalen führen können, ebenfalls beachtet werden müssen. Ein Vollkommenheitsstreben vor dem Hintergrund stufentheoretischer Erkenntnisse ist also auch aus diesen Zusammenhängen heraus zurückzuweisen. Religiöse Perfektion bringt den Menschen weder zu Gott noch zu sich selbst. Aus theologischer Sicht ist hier vor Selbstüberforderungen sowie vor Fortschritts- und Wachstumsideologien zu warnen. Kindsein muss als eine Form des Menschseins bewahrt bleiben, das sein Eigenrecht auf mündige Verwirklichung besitzt. Soweit es die kognitiv-strukturellen Theorien jedoch ermöglichen, zu einer eigenständigeren Erkenntnis des christlichen Glaubens zu kommen und eine Liebesethik in den Vordergrund zu stellen, lösen sie das Anliegen christlicher Theologie ein. So kann »das strukturelle Religionsverständnis dazu beitragen, die fortdauernde Bedeutung von Religion auch in einer säkularen Gesellschaft zu belegen«.[151] Kognitiv-strukturelle Theorien zeigen, »dass Religion entwicklungsfähig ist und dass deshalb Rationalität und Mündigkeit auch als Ziel der religiösen Entwicklung gelten können, [so dass] sie als theologischer Antwortversuch auf die Situation der Religion in der modernen Gesellschaft anzusehen und als solcher ernst zu nehmen sind.«[152]

Es ist nicht im Sinne der kognitiv-strukturellen Theorie, religiöse Entwicklung als Reifung einer Anlage *oder* als Anpassung an eine aus der Umwelt an das Kind herangetragene Religion zu verstehen, denn die Erfahrungen, die das Kind mit anderen Menschen macht und die Selbständigkeit, mit der Heranwachsende auf vermittelte Traditionen reagieren, sprechen gegen diese Deutungen als isolierte Faktoren. Vielmehr wirken reifungsbezogene und umweltabhängige Prozesse zusammen: »Weder gibt es eine Reifung unabhängig von der Umwelt noch eine Umwelt unabhängig von der Reifung. Der Mensch wird immer schon von seiner Umwelt beeinflusst, aber welche Umwelt in welcher Weise auf ihn wirken kann,

---

[150] Ebd., S. 162.
[151] Ebd., S. 165.
[152] Ebd.

das hängt wiederum von Reifungsprozessen ab.«[153] In diesem Zusammenhang kann man von der Interaktion des Individuums mit seiner Umwelt sprechen, denn die Entwicklung des Subjekts ist nicht ohne den Bezug zu verstehen, in dem es auf die umgebende Welt steht.

Nun zeigt sowohl die psychoanalytische Sicht der Entwicklung, wie sie etwa von *Erikson* als »Lebenszyklus«[154] mit einer auf Geschlossenheit und Ganzheit gerichteten Gestalt des Lebens vertreten wird, als auch das kognitiv-strukturelle Entwicklungsverständnis mit seiner Auffassung vom Erwerb stufenbezogener geistiger Fähigkeiten eine auf Fortschritt bezogene Lebenshaltung. Zwar kennen beide, das *zyklische* wie das *kognitiv-strukturelle* Modell, krisenhafte Situationen, mit denen bisherige Orientierungen und Gewissheiten ihre Gültigkeit verlieren, aber diese Krisen stehen immer im Dienste der auf das Fortschreiten gezielten Entwicklung. Überträgt man das Lebensbild vom Fortschritt auf die moralische Entwicklung des Kindes und Jugendlichen, so wird auch hier von der Weitung des moralischen Horizonts und der wachsenden Einsicht in moralische Fragestellungen und Begründungsformen gesprochen. Aus dem Blickwinkel einer theologischen Anthropologie kann an diesem Fortschrittsgedanken jedoch nicht festgehalten werden, denn Entwicklungen sind mit Rückschlägen und Bruchstückhaftem verbunden: »Das Lebensganze aber geht weder im Fortschritt noch in der Abrundung auf, sondern bleibt offen und unvollendet. Dass es auch so offen und unvollendet bleiben darf, wenn der Mensch seinem Streben nach Vollkommenheit und eigener Göttlichkeit nicht erliegt, das zu zeigen ist ein Grundanliegen der theologischen Anthropologie.« Religiöse Entwicklung ist von daher weder als Zyklus noch als Fortschreiten zu verstehen, sondern vielmehr im Sinne einer »lebensgeschichtlichen Veränderung, die *bleibende Krisenhaftigkeit* und [die] *aufsteigende[n] Linien*«[155] einschließt. Religiöse Entwicklung ist nicht auf das religiöse Urteil oder auf den Glauben als Sinnorientierung zu beschränken. Denn sie geschieht in der Offenheit von unterschiedlichen Orientierungen, die für den Menschen unbedingte Bedeutung erlangen, und sie bewährt sich als »lebensgeschichtliche Veränderung von Erfahrungen, Vorstellungen, Gefühlen und personalen Beziehungen, soweit sie damit verbunden sind, was jeweils als religiös verstanden wird.«[156]

Die kognitiv-strukturellen Theorien schenken den geschichtlichen Wandlungen und den gesellschaftlichen Bedingungen, in deren Kontext sich die religiöse Entwicklung abspielt, somit zu wenig Beachtung. Erst mit der sozialwissenschaftlichen Sozialisationsforschung kam der Zusammenhang von Individuum und Gesellschaft auch mit religionspädagogischer Relevanz in den Blick. Will man der Frage nachgehen, »wie Kinder und Jugendliche in die Gesellschaft hineinwachsen

---

[153] Ebd., S. 170.
[154] Vgl. *Erik H. Erikson*, Identität und Lebenszyklus, Frankfurt 1998.
[155] Ebd., S. 173.
[156] Ebd., S. 174.

und wie sie die Werte, Normen und Sinnorientierungen der Gesellschaft übernehmen und verinnerlichen,«[157] kann es nicht nur um die Anpassung des Individuums an die Gesellschaft oder den Einfluss der Gesellschaft auf das Individuum gehen, sondern auch – in den Worten *K. Hurrelman*s – um das »produktiv realitätverarbeitende Subjekt«.[158] In dieser erweiterten Auffassung vom Subjekt, das nun in einer aktiven Rolle gesehen wird, spiegelt sich ein Sozialisationsverständnis, mit dem die »Wechselwirkung zwischen Individuum und Gesellschaft«[159] stärker als zuvor zum Ausdruck kommt. Wurde mit diesem Sozialisationsansatz die Bedeutsamkeit gesellschaftlicher Kräfte für die individuelle Entwicklung heraus gearbeitet, so heißt das für die Beziehung zwischen religiöser Entwicklung und Sozialisation, »Religion nicht nur als ›christliche Lehre‹ in den Blick zu nehmen, sondern auch »in ihrer tatsächlichen, geschichtlichen und gesellschaftlich bedingten gegenwärtigen Verfassung«.[160] Entscheidend für das Verständnis von Religion und religiöser Entwicklung ist demnach immer auch deren Gebundenheit an die Sozialisationswirkungen von gesellschaftlichen Instanzen wie Familie, Schule oder Kirche. Der Entwicklungsgang, auf dem in individueller Aneignung religiöse Entwicklung stattfindet, führt somit »von der *Familie* über den *Kindergarten* zur *Schule*, über den *Kindergottesdienst* zu *Firm- und Konfirmandenunterricht* sowie zur *kirchlichen Jugendarbeit*, schließlich zu *Berufsausbildung* und *Beruf*«.[161] Sozialisation erweist sich vor dem Hintergrund der skizzierten Theorien zur religiösen Entwicklung als ein Prozess, der auf eine religiöse Dimension verweist, denn »eine Erziehung, die dem ganzen Menschen gerecht werden will, wird deshalb immer auch *religiöse* Erziehung sein müssen.«[162] Dabei werden die Möglichkeiten kognitiver Theorien sowie deren Grenzen aufzuzeigen sein, die in den sozialisationsorientierten Ansätzen religionspädagogischer Theoriebildung ihre Erweiterung finden.

3.4.5.1 Möglichkeiten und Grenzen des kognitiv-psychologischen Entwicklungsmodells

Vor dem Verständnis der *kognitiven Psychologie*, die ihre Untersuchungen der Entwicklung der kindlichen Denkfähigkeit widmet, weist sich die Denkentwicklung als ein Lernprozess aus, der vom Individuum interaktiv gesteuert wird. Das Subjekt entfaltet seine kognitive Kompetenz auf dem Weg der Integration von Wahrnehmungen in bereits existierende Denkschemata, mithin als Veränderung dieser Schemata zur Verarbeitung der widersprüchlichen Erfahrungen im Wahrnehmungsprozess. Das Individuum muss sich im Wechselverhältnis dieser kogni-

---

[157] Ebd.
[158] Ebd., S. 175.
[159] Ebd.
[160] Ebd.
[161] Ebd., S. 176.
[162] Ebd., S. 183.

tiven Anforderungen kontinuierlich um den Ausgleich zwischen seinen widersprüchlichen Wahrnehmungen und ihrer psychischen Verarbeitung, bemühen. Auch die Entwicklung menschlicher Religiosität wird aus dem Selbstverständnis des vorliegenden Modells heraus als kognitives Bedürfnis bzw. als die Fähigkeit verstanden, denkerisch auf Religion Bezug zu nehmen. Menschliche Religiosität wird aus Sicht der kognitiven Psychologie als Teil eines genetischen Prozesses beschreibbar, in dessen Verlauf sich Vorstellungen herausbilden, die der Kontaktaufnahme mit transzendenten Größen dienen. Diese Kontaktaufnahme trägt somit dann zur Bewältigung von Grenzsituationen und Krisenerfahrungen bei, wenn sie das Individuum dazu befähigen, sich zu seinen Fragen, Erschließungen und Interpretationen von Ereignissen in ein kontingenzbewältigendes Verhältnis zu setzen.

An der Perspektive des kognitiven Entwicklungsmodells ist insofern festzuhalten, als es die Entwicklung der Denkfähigkeit für die Entfaltung der Religiosität und der Entwicklungsfähigkeit religiöser Vorstellungen als relevant erachtet. Hierin liegt auch die religionspädagogische Bedeutung des angesprochenen Modells, in dem es aufzeigt, dass es eine Genese menschlicher Religiosität gibt, in deren Verlauf religiöse Vorstellungen ausgebildet werden, mit denen die Menschen innerlich umgehen. In der kognitiven Psychologie wird die Entwicklung der individuellen Religiosität als eine genetische, innerpsychische Vorstellungsbildung betrachtet. Die zur Ausbildung dieser religiösen Vorstellungen notwendige Symbolfunktion, also der bildhaft-anschaulichen Deutung der Wirklichkeit, darauf kann man den kognitiven Ansatz zentrieren, geschieht bereits vor der Sprachentwicklung; sie entfaltet sich im spielerischen Umgang mit inneren Vorstellungen, die sich als der genetische Kern des rationalen Verstehens auffassen lassen.[163] Der Symbolbildung kommt als vorsprachliche Phase, die im sinnlichen und sprachlich-symbolischen Interaktionsverhältnis zwischen Mutter und Kind gründet, eine besondere Bedeutung zu, da die bildhaft-anschaulichen Elemente der Symbolik als schöpferisches Handeln des Individuums verstanden werden, mit dem es die Realität für vielfältige neue Deutungen öffnet. Die Übergänge zwischen Möglichkeit und Wirklichkeit, wie sie sich in diesen Deutungsfeldern abspielen, legen auch den genetischen Ursprung für die Gottesvorstellungen, die als psychische Übergangsphänomene aus der Mutter-Kind Beziehung heraus von affektiven Bezügen bis zur Ausbildung klarer Begrifflichkeiten die »subjektiven Transzendierungsmöglichkeiten«[164] des Menschen entfalten.

Der religionspädagogische Ertrag aus der Diskussion des Verhältnisses von Entwicklung und Erziehung ist darin zu sehen, dass mit der genetischen Religionspsychologie eine »religionspädagogische Theorie des Verstehens«[165] möglich

---

[163] Vgl. *Hans-Günter Heimbrock*, Entwicklung und Erziehung; in: Jahrbuch der Religionspädagogik Bd.1, 1984, Neukirchen-Vluyn 1985, S. 80ff.
[164] Ebd., S. 84.
[165] Ebd., S. 85.

wird, mit der religiöse Entscheidungen der intellektuellen Reflexion, mithin der Inanspruchnahme des Intellekts unterzogen werden können, um die religiösen Entscheidungsakte als »Tat des Ich«[166], als Leistung des Intellekts, zu erweisen. Eine Genese des Verstehens, die auch genetische und soziale Defizite des Subjekts berücksichtigt, hat in dieser Konzeption allerdings wenig Raum. Um dieses Subjektverständnis, das über das kognitive Interesse am Schüler hinausgeht und dessen interaktive Erfahrungen aufgreift, muss der Religionsunterricht erweitert werden.

3.5 Die Praxis der Interaktion im Religionsunterricht

Die Schüler sollen von daher im religionspädagogischen Konzept von *Dieter Stoodt* mit den Erfahrungen, die sie in Situationen ihrer Alltagswirklichkeit machen, zum Gegenstand des Unterrichts werden. Damit ändert sich das Selbstverständnis seiner Verfahren. Die Praxis des schülerorientierten Religionsunterrichts ist nicht mehr stofforientiert, ohne deshalb jegliche Vermittlung von textbezogenen Informationen aufzugeben. »Aber die Interaktionspraxis beendet die Schulstube als bloßen Verschiebebahnhof von Wissenseinheiten, beendet den Schlummer, der in der Meinung besteht, Schüler seien rein kognitive Wesen, die andere als kognitive Bedürfnisse nicht haben oder doch nicht zum Vorschein kommen lassen dürften. Im Rahmen der Wendung vom traditionell-stofforientierten zum lernzielbestimmten Unterricht weist das Interaktionsmodell dem Stoff nicht nur den dritten Rang an, sondern macht, pointiert gesagt, den Schüler selbst zum Gegenstand des Unterrichtes.«[167] Der Schüler wird demnach gesehen in seiner Beziehung zu anderen Menschen, zu Institutionen, Werten und Sinnzusammenhängen, durch die er in seiner Genese Grundorientierungen erwirbt. Ausgehend von diesem Interaktionsverständnis zentriert sich der Religionsunterricht nicht allein auf seine kognitiven Ansprüche, sondern er begleitet die Schüler in ihren Sozialisationsprozessen, nimmt also Anteil an deren emotionalen Bedürfnissen und erhält seelsorgerlich-therapeutischen Charakter. Mit therapeutisch ist hier nicht der psychotherapeutische Vorgang gemeint, aber »der Religionsunterricht als Interaktions-Praxis ist therapeutisch, indem er Fixierungen und Konflikte bewusst macht, gesellschaftliche Hierarchien und ihre Folgen, schichtbedingte Sperren, die das kommunikative Handeln der Schüler beeinflussen,«[168] aufzeigt. Wenn es sich also der Religionsunterricht zur Aufgabe macht, die Sozialisationsprozesse der

---

[166] *Reiner Preul*, Religion – Bildung – Sozialisation, Studien zur Grundlegung einer religionspädagogischen Bildungstheorie, Gütersloh 1980, S. 160.
[167] *Dieter Stoodt*, Die Praxis der Interaktion im Religionsunterricht; in: Der Evangelische Erzieher, 23. Jg., Frankfurt 1971, S. 2.
[168] Ebd., S. 3.

Schüler zu begleiten, ihre Probleme und Konflikte aufzugreifen, begibt er sich auf deren emotionale und soziale Erfahrungsebenen, die er interaktiv zur Verarbeitung bringt. Getragen wird dieser Ansatz von einem Religionsverständnis, mit dem Gefühle der Unterlegenheit, der Angst vor Versagen und z.B. den Erfahrungen durch Leistungsschwäche zur Sprache kommen. Es geht hierbei um ein Handeln im Sinne Jesu, »der offenbar einzelne geschädigte oder beschädigte Menschen nicht übersehen, sondern angesprochen, geheilt, geliebt, restituiert, resozialisiert, rehabilitiert [hat]. Und gleichzeitig hat er einige der Schäden einzelner auf die Schäden des Kollektivs zurückgeführt und ist daher in Streit mit dem Kollektiv geraten, dessen Schaden Numero eins die Gesetzlichkeit war.«[169] Religionsunterricht lässt sich von daher im exemplarischen Handeln und in heilender Intention auf die Probleme einzelner ein und bindet sie an die Bedingungen in der Gesellschaft zurück. In den Grundorientierungen, Werten und kulturellen Sinngebungen, die auf diese Weise zutage treten, drückt sich ein Religionsverständnis aus, das nicht privatistisch agiert, sondern Wert-, Bedeutungs- und Sinnzusammenhänge bewusst macht, die seit den Kindertagen unsere persönlichen Regungen und sozialen Erfahrungen als lebensfördernd aber auch lebenseinschränkend bestimmen. Findet die Arbeit mit der Gruppe auf diese Art und Weise statt, dann wird die Palette von Spannungen und Ängsten, von Grund- und Fehlorientierungen zum Anlass der Interaktion, aus der heraus diagnostizierende und nach Möglichkeit heilende Reaktionen erfolgen sollen. Dies sind keineswegs luxuriöse Spielchen, die gering zu schätzen wären, denn »die Einbeziehung der Affektbildung, der eingelebten emotionalen Besetzungen von Wert- und Sinnfragen, das Abzielen auf Lernziele, die im objektiven Interesse der Schüler liegen, der Anschluss der biblisch-hermeneutischen Perspektive an die anthropogenetischen Probleme im Sozialisationsprozess, die Überschreitung des philologisch-historischen Ansatzes hin zu einem die politischen und ökonomischen Mechanismen bewusst reflektierenden Unterrichts – das sind die pädagogischen wie theologischen Intentionen eines RU, der sich, ohne Stoffe auszuschließen, schwerpunktmäßig als Interaktion versteht.«[170] Zu klären bleibt jedoch, von welchem Sozialisations- und Subjektverständnis sich diese Form des Unterrichts leiten lässt.

3.5.1 Religiöse Sozialisation und emanzipiertes Ich

War bisher von der Notwendigkeit gesprochen worden, religiöse Themen an die Lebenserfahrungen und die Wirklichkeitssicht der Heranwachsenden anzubinden, um dadurch deren Relevanz für die persönliche Daseinsdeutung sichtbar zu ma-

---

[169] Ebd., S. 5.
[170] Ebd., S. 7.

chen, kam *Dieter Stoodt*[171] zu einer Konkretisierung dieser Anknüpfung im Rahmen eines Sozialisationsverständnisses, für das er sowohl das Verhältnis zwischen der Entwicklung religiöser Vorstellungen und dem Aufbau von Ichstärke darstellte als auch dessen Bedeutung für die Religionspädagogik aufzeigte. Mit diesem auf die Praxis gerichteten Blick machte der Sozialisationsprozess deutlich, wie Religion geschichtlich und gesellschaftlich bedingt ist und wie sie gegenwärtig in Erscheinung tritt.

Für die Religionspädagogik war es bedeutsam, die religiösen Anteile bzw. Defizite im Sozialisationsprozess aufzuweisen, um die Einflüsse von Religiosität- oder deren Mangel – aus den familiären, biographischen und institutionellen Umfeldern für den Unterricht fruchtbar zu machen, da die Wertgefüge, welche die Entwicklung der Jugendlichen von diesen Orten her bestimmen, für die Gestaltung und den Verlauf der Unterrichtsprozesse bedeutsam sind. Hier wurde die Wirkung von Religion, wie sie in der Sozialisation vorkommt, oftmals in ihrer neutralisierten, d.h. reduzierten christlichen Form beobachtbar: in Schulklassen z.B. als mangelnder Beitrag zur Konfliktbewältigung aufgrund einer Ich-Schwäche; als Schüleratheismus, der den pubertären Ablöseprozess von den Eltern dokumentiert, oder in Form einer anders gearteten Reifung, die sich durch überstarke Bindung an einen Gruppenleiter / Lehrer zeigt. Diese Formen neutralisierter Religion, die zwar Elemente von Religionssystemen in Form von Begriffen und Symbolen zur Verfügung haben, diese jedoch nicht mit persönlichen Erfahrungen in Verbindung bringen, stehen in Beziehung zu einer individuellen Lebensgeschichte, zur gesellschaftlichen Grundordnung und dem sozialen und schichtenspezifischen Wissen. Von daher war es – nach *Stoodt* – in schulischen, kirchlichen und universitären Einrichtungen notwendig, die individuellen und öffentlichen Merkmale neutralisierter Religion zu thematisieren, um zu einem emanzipatorischen Handeln zu finden und damit Religionsunterricht als sozialisationsbegleitenden, sozialtherapeutischen Unterricht zu verstehen, der Lebenshilfe zur Überwindung individueller und gesellschaftlicher Entfremdungen anbietet.

Um eine angemessene Verständigung über Sozialisation in religiösen Lern- und Erziehungsprozessen herzustellen, ist es notwendig, an dieser Stelle transparent zu machen, was im Sinne *Stoodts* unter religiöser Sozialisation zu verstehen ist; mit welchen Modellen die Sozialisationsforschung arbeitet und den Ertrag zu erörtern, den sie in die Religionspädagogik einbringen kann. So lässt sich zunächst sagen, dass religiöse Erziehung einen Ausschnitt aus demjenigen gesellschaftlichen Prozess darstellt, »durch den potenziell handlungsfähige Subjekte in Interaktionsbeziehungen eingegliedert werden, Wertorientierungen verinnerlichen, Motive des Handelns herausbilden und schließlich so etwas wie eine Identität als handlungs-

---

[171] *Dieter Stoodt*, Religiöse Sozialisation und emanzipiertes Ich; in: *Karl-Wilhelm Dahm/Niklas Luhmann/Dieter Stoodt*, Religion-System und Sozialisation, Darmstadt 1972, S. 189–237.

fähige Personen entwickeln. Religiöse Sozialisation bezeichnet dann einen Lernprozess, innerhalb dessen eine vom gesamten Sozialisationsprozess unablösbare
spezifische Deutungskompetenz gegenüber dem Selbst und der Wirklichkeit in
den Subjekten hervorgebracht wird.«[172] Die Entfaltung der Kompetenz des Subjekts zur religiösen Deutung seines Selbst und seiner Wirklichkeit, die sowohl die
Konstitutionsbedingungen als auch das Ziel religiöser Sozialisation ausmacht,
wurde im Verhältnis zu den sozialen Bezügen gesehen, in denen sich das Individuum bewegt, wobei es besonders die Alltagswelt als Ort der Sinnkonstruktion ist,
in der das Subjekt wahrnimmt, deutet und handelt, wo es Veränderungen und
Krisen erfährt. Es geht somit um alltagsweltliche Prozesse, in denen sich das Subjekt entwirft. Inwieweit diese Entwicklung unter Bezug auf religiöse Deutungen,
Chiffren und Symbole stattfindet, war Gegenstand der Sozialisationsforschung
und der Rezeption ihrer Ergebnisse in der Religionspädagogik.

Im Rahmen dieser Forschung wurden Sozialisationsvorgänge verstanden als
ein erzieherisches Geschehen, in dem die verbindlichen Regeln einer Gesellschaft
konstitutiven Charakter annehmen, wobei die Bedeutung der primären Bezugs-
personen wie Eltern und Familie als Instanzen des Sozialisationsprozesses in den
Blick rückten und Sozialisierung als empirische Untersuchung von Erziehungs-
vorgängen sich auf einen Handlungsbezug entwirft »durch den die Individuen
jene Qualitäten entwickeln, die für ein wirksames Bestehen in der Gesellschaft, in
der sie leben, wesentlich sind.«[173]

Wenn alles, was sich in der religiösen Sozialisation abspielt, wahrgenommen
werden soll, dann kann es nicht um die Fixierung auf ein bestimmtes pädagogisches Modell gehen, sondern vielmehr um den Entwurf eines Programms, das unter bestimmten Leitfragen darauf gerichtet ist herauszuarbeiten »wer religiös
sozialisiert, wie dies geschieht, welche Gesichtspunkte und Interessen dabei leiten,
welche Ziele anvisiert werden, welche Unterschiede zwischen welchen Populatio-
nen (Stadt / Land, Konfessionen, Schicht) bestehen, was eigentlich sozialisiert
wird und wie dies theologisch, pädagogisch, politisch, psychologisch usw. zu be-
urteilen ist.«[174] Dass sich lange Zeit kein Interesse an Fragen religiöser Sozialisation
einstellte, liegt in der Kontroverse um ein Religionsverständnis begründet, das
einerseits, so *Stoodt*, den Funktionsverlust und die Verfallsgeschichte von Religion
als »*defizitären Lebensmodus*«[175] im Rahmen einer Systemtheorie aufweist, andererseits jedoch Kritik an der Religion im Bereich einer kritischen Theorie auch als
Zeichen ihrer Lebenskraft versteht. Zwischen diesen Polen wird sich auch die
Einschätzung darüber bewegen, was Untersuchungen zur religiösen Sozialisation
leisten können. Hier stand die Erwartung im Vordergrund, dass sich die Kontro-

[172] *Manfred Arndt* (Hg.), Religiöse Sozialisation, Stuttgart 1975, S. 7.
[173] *Dieter Stoodt*, Von der religiösen Erziehung zur religiösen Sozialisation; in: *Manfred Arndt* (Hg.),
Religiöse Sozialisation, a.a.O., S. 14.
[174] Ebd., S. 19.
[175] Ebd., S. 20.

verse um die Religion eher widerspiegelt als sie zu klären. Nun muss es aber besonders auch für religionspädagogische Erwägungen darum gehen, die Doppelfunktion der Religion, nämlich »Religion als jeweils systemfunktional organisierte, kalte, stabilisierende Macht und Religion als kritisch-transformierende, konfliktorientierte, heiße und befreiende Kraft«[176] in das Verhältnis von Tradition und Emanzipation aufzunehmen. Die religiöse Dimension von Identitätsbildung kommt in dieser Relation zur Entfaltung, indem der Erziehungs- und Sozialisationsprozess seine Leitkategorien auf die Erschließung der Alltagswelt der Schüler richtet, um von dort aus die Bedeutung identitätsbildender Prozesse für den Unterricht fruchtbar zu machen: »Der Religionspädagoge kann an der Sozialisationsforschung lernen, dass er immer ein Beobachtender sein muss, der in Erfahrung bringen will, was die Schüler erfahren haben, wodurch sie in welcher Weise geprägt worden sind, was ihnen vorenthalten blieb, aber auch: wie er selber, das didaktische Arrangement, die Struktur der Klasse permanent ›sozialisieren‹, wie all das sich zu dem, was er der Sache nach im Unterricht vertritt, verhält.«[177] Beteiligen sich Theologie und Religionspädagogik an der Sozialisationsforschung, so werden sie zu Handlungswissenschaften, die folgende Perspektiven in sich vereinen: »Die Weiterarbeit an den Texten der biblisch-christlichen Tradition, die realgeschichtliche Analyse des religiösen Bewusstseins im Rahmen seiner Bedingungen und die Teilhabe an Praxisfeldern religiöser und kirchlicher Bildung.«[178] Eine so verstandene lebenspraktische Religionspädagogik richtet ihr Interesse darauf, »Chancen individuellen und sozialen Lernens zu organisieren, bei denen gleichzeitig Probleme der biblisch-christlichen Überlieferung bearbeitet und Konflikte der Kinder und Jugendlichen thematisiert werden können.«[179] Religiöse Tradition und gegenwärtige Situation der Schüler sollten also in Beziehung zueinander gebracht werden.

3.5.2 Schülerorientierung als Situationserschließung und Situationsbearbeitung

Für die Integration des situationsbedingten Verhältnisses von Lebensgeschichte und Wahrnehmung von Wirklichkeit erarbeiteten *G. Brockmann* und *D. Stoodt* eine schülerorientierte Konzeption von Unterricht[180], mit der die Erlebnis- und Erfahrungssituationen der Schüler in sein Zentrum rückten. Schülerorientierter Unterricht, so die Prämisse, soll die Sache des Unterrichts nicht als ›Stoff‹ vorge-

[176] Ebd., S. 21.
[177] Ebd., S. 22–23.
[178] Ebd., S. 24.
[179] Ebd.
[180] *Gerhard Brockmann/Dieter Stoodt*, Schülerorientierung als Situationserschließung und Situationsbearbeitung; in: Wissenschaftliche Praxis in Kirche und Gesellschaft, 65.Jg., Göttingen 1976, S. 256–269.

ben, sondern aus der Interessen- und Bedürfnislage der Schüler ableiten.[181] Im »gemeinsamen Diskurs« zwischen Lehrer und Schülern sowie in der »stellvertretenden Reflexion«, durch die der Lehrer den »Zielrahmen« des Unterrichts anhand der Frage »Was muss ich, was darf ich für den Schüler wollen,«[182] auf die Schüler und deren Interessen und Bedürfnisse hin konzipiert, wird dieses Unterrichtsverständnis zu entfalten sein, so dass er sich den Bedingungen annähert, welche die Schüler aus der Erfahrung mit Situationen aus ihrer Wirklichkeit »wollen und brauchen«[183]. Wirklichkeit, von der hier die Rede ist, meint die »Alltagswirklichkeit der Schüler«[184]. Sie ist die erfahrbare Realität, aus der sich ihre Lebenszusammenhänge und Handlungsformen entwerfen. Es geht also darum *»den Schüler in Situationen zu thematisieren, in denen der Schüler ist, die er durchgemacht hat, in die er hineinkommt.«*[185] Wenn im situationserschließenden Religionsunterricht Kinder und Jugendliche die Möglichkeit wahrnehmen können, Erfahrungen zu artikulieren, die ihren Lebensvollzügen zugrunde liegen, so sind damit Spiel- und Freiräume zur Selbstfindung, zur Solidarisierung und stellvertretendem Handeln, aber auch der Austausch über Selektion und Reduktion von Erfahrungen, also weite Spektren an Wirklichkeitserschließung, garantiert. Derart angelegter Unterricht kann sich aus Selbstverständlichkeiten lösen, wenn Schülererfahrungen zugänglich gemacht werden und Kommunikation über diese Erfahrungen stattfindet. Hier liegt die öffnende Qualität schülerorientierten Unterrichts, in dem Erfahrungen über geglückte oder enttäuschende Handlungsweisen zur Artikulation finden. Die Grenzen liegen jedoch – sowohl für die Schüler als auch für den Lehrer – in einem therapeutischen Verlangen, das der Religionsunterricht nicht leisten kann. Demgemäß folgt der situationserschließende Unterricht dem Prinzip der größtmöglichen Gemeinsamkeit an Erfahrungen für alle Schüler, nicht jedoch dem Einzelfallbegehren. Schülerorientierung als Situationserschließung meint die konkrete Erfahrung und den ihr zugrundeliegenden Lebensvollzug, bewahrt sich aber vor der Gleichsetzung dieser Realität mit der Wirklichkeit selbst. Es geht um bearbeitbare Erfahrungen der Schüler, um ihre Interessen, die in Situationen erschlossen werden, nicht aber um Problemfelder, die als Stoff vorgegeben werden. Dennoch dürfen diese Situationen nicht als bloßer Aufhänger oder Anlass für das ›eigentliche‹ Thema dienen; sie sind vielmehr der ständige Begleiter des Problems, das zur Verhandlung ansteht. Dabei können Medien helfen, die Distanz zu sich selbst zu überwinden und zur Artikulation der

---

[181] *Karl Ernst Nipkow* vermerkt zum Ziel des schülerorientierten Unterrichts; in: Ders., Bildung als Lebensbegleitung und Erneuerung, Gütersloh ²1992, S. 471. »Die Plädoyers für einen ›schülerorientierten‹, ›sozialisationsbegleitenden‹ und tendenziell ›therapeutischen‹ Religionsunterricht wollen das Missverständnis verhindern, ›Probleme‹, die wir Erwachsenen identifizieren, von vornherein bereits als Probleme anzunehmen, die auch für die Schüler bedeutsam sind.«
[182] *Gerhard Brockmann/Dieter Stoodt*, Schülerorientierung als Situationserschließung; in: a.a.O., S. 258.
[183] Ebd., S. 257–258.
[184] Ebd., S. 260.
[185] Ebd., S. 263.

jeweiligen personalen Erfahrungen zu führen. So machen auch Texte der religiösen Tradition nicht vorweg das Eigentliche des Unterrichts aus, sondern sie sind als Medien zu betrachten, in denen sich die Erfahrungen anderer Menschen entdecken lassen. Diese fremden Erfahrungen mit den eigenen in Beziehung zu setzen, kann zu einer fruchtbaren Begegnung führen, indem Fixierungen und Selbstverständlichkeiten der eigenen Lebensformen in Frage gestellt werden. So weisen Lebensausschnitte, wenn sie situationsorientiert zur Sprache kommen, auf Grunderfahrungen und »menschliche Ursituationen«[186], die sich in religiösen Symbolen z.B. der Schöpfung oder Erlösung artikulieren. Mit der Erschließung und Bearbeitung solcher Symbole kann die Überwindung der »Elemente neutralisierter Religion«[187] aus defizitären Lebensformen und Ideologien gelingen und zu lebenserneuernden Erfahrungen führen. Situationsorientierter Religionsunterricht zeichnet eine Didaktik, deren Charakter frei ist von wissenschafts- und stofforientierten Vorannahmen. Mit der Zentrierung auf personale Grunderfahrungen lösen *G. Brockmann* und *D. Stoodt* ein Verständnis von Schülerorientierung ein, durch das Handlungsfähigkeiten vor dem Hintergrund eigener Erfahrungen und Erlebnisse symbolhaft zur Erschließung und Bearbeitung gelangen. Entscheidend ist dabei, dass diese Situationen nicht von vornherein mit einer religiösen Qualität belegt werden und die Texte der Tradition nicht in einer Vorabbestimmung das Eigentliche des Unterrichts ausmachen, um rein funktional zur Lösung der angesprochenen Probleme beizutragen. Vielmehr tritt mit der Situationserschließung und -bearbeitung das Fremde der religiösen Tradition dem Eigenen gegenüber. So kann es sich aus der Selbstverständlichkeit des Eigenen lösen und das Persönliche zu neuen Erfahrungsweisen mit der Wirklichkeit führen. Schülerorientierter Unterricht, so lässt sich zusammenfassend sagen, meint eine Wirklichkeit, die aus den Interessen und Bedürfnissen der Schüler hervorgeht, auf Situationen Bezug nimmt, in denen die Schüler ihre persönlichen, subjektbezogenen Erfahrungen machen, und die diesen personalen Situationen den Vorrang gibt vor der Wissenschafts- und Stofforientierung.[188]

Im Konzept für den Religionsunterricht, wie er von *Helmut Reiser* entworfen wurde, finden die bei *Brockmann/Stoodt* angesprochenen Sozialisationsschicksale der Schüler ihren Platz als die Verarbeitung von persönlichen Konflikten, um durch deren Bewusstwerdung zur Identitätsbildung beizutragen.

---

[186] Ebd., S. 266.
[187] Ebd.
[188] Vgl. *Thomas A. Lotz*, Viertel nach zwölf bis eins: Gott usw. – , a.a.O., S. 186–189.

3.6 Religionsunterricht als Ort religiöser Entwicklung und Identitätsfindung

Religionsunterricht muss sich nach *Helmut Reiser* deshalb als ein Ort verstehen, an dem ein Subjektverständnis vorherrscht, das identitätsentfaltende, konfliktverarbeitende Inhalte und Verfahren möglich macht, um die »Ich-Stärke«[189] und die »psychische Gesundheit der Schüler«[190] entfalten zu helfen. Das kann bedeuten, einerseits die Sehnsucht der Heranwachsenden nach Geborgenheit zu thematisieren, sie andererseits aber auch mit der Dialektik menschlicher Existenz zu konfrontieren. Wenn sich der Religionsunterricht auf diese konfliktverarbeitenden Prozesse einlässt, trifft er auf die Sozialisationsschicksale seiner Schüler, deren Reifeprozesse sich nach dem Verständnis *Erik H. Eriksons* im Rahmen von Lebenskrisen vollzogen haben. Diese Probleme und Konfliktsituationen stehen zur Bearbeitung im Rahmen des Selbstverständnisses eines identitätsstiftenden Religionsunterrichts an, denn »religiöse Deutungsmuster können verstanden werden sowohl als Erwerbungen der individuellen Lebensgeschichte wie auch als geschichtliche Produkte und Mächte und Symbole archetypischen Ursprungs.«[191] Die Religion der Schüler als Bestandteil ihrer Identitätsfindung ist somit das Thema des konfliktverarbeitenden Unterrichts.

Das Konzept, mit dem der Religionsunterricht diesem Anspruch gerecht werden kann, fußt auf einem Theologieverständnis, das sich sowohl als Erkenntnis- und Handlungsorientierung zu personalen als auch politisch-gesellschaftlichen Ereignissen versteht. Religionsunterricht, der sich der Identitätsfindung seiner Schüler widmet, hat von daher die Aufgabe, die historische Exegese religiöser Texte in rationaler Erschließung zu betreiben; die identitätsstiftende Funktion der Religion aufzuzeigen; die Funktion der Religion innerhalb des sozialen Wandels zu klären und Religion nicht allein in institutionalisierten Zusammenhängen zu begreifen, sondern ihre Grundbedeutung für die Sozialisation in einem nicht-konfessionell gebundenen Unterricht nachzuvollziehen.

Die Konzeption eines *identitätsstiftenden, konfliktverarbeitenden Unterrichts* steht somit im Verhältnis zu einer sozialerzieherischen Didaktik, mit der das Sozialisationsschicksal der Schüler und die mit ihm verbundenen Emotionen, Konflikte und Affekte dynamische Verarbeitungsstrategien erfordern. Dabei ist der Ausgangspunkt »stets eine bestimmte Problematik, die einen Teil der Klasse bewegt, die in ihr agiert oder geleugnet wird. Ziel ist es, mit Hilfe der Stoffe einen Gruppenprozess in Gang zu setzen, der unbewusste Vorstellungen erinnert, analysiert und durcharbeitet.«[192]

---

[189] *Helmut Reiser*, Identität und religiöse Einstellung – Grundlagen zu einem schülerorientierten Religionsunterricht, Hamburg 1972, S. 87.
[190] Ebd., S. 88.
[191] Ebd., S. 89.
[192] Ebd., S. 105.

*Reiser*s didaktische Analyse zentrierte sich dabei auf die Erfassung des in der Klasse vorliegenden Problems, den Beitrag von Symbolen und Mythen zur Deutung dieser existenziellen Dimension des Konflikts, den damit verbundenen Möglichkeiten zur Sinndeutung und ihrer psychisch-politisch befreienden Wirkung.

Bei diesem Konzept steht die Emanzipation des Schülers als Identitätsstiftung und Konfliktverarbeitung im Blick. In der Auseinandersetzung mit der Curriculumforschung kommt es hier jedoch zu Schwierigkeiten hinsichtlich der Frage, ob Emanzipation lehrbar ist und ob sie sich auf einem positivistischen Standpunkt der curricularen Lernzielorientierung einlösen lässt, wenn es ihr um ein Emanzipationsverständnis geht, in dessen Rahmen die Schüler gerade zu normativen Vorgaben auf Distanz gehen und sich von Zwängen freimachen sollen. Die Erziehung zur Ich-Stärke ist nicht allein als die Einlösung bestimmter Verhaltensweisen zu beschreiben, da sie in der Distanz zu Normen, nicht jedoch in deren Erfüllung das Entscheidungshandeln des Individuums sieht. Lernzieltaxonomien beschreiben Verhalten zudem nach dem behavioristischen Modell des Reiz-Reaktions Schemas, das der emanzipatorischen Autonomie des Schülers vor der mathematischen Logik der Lernzieldeduktion entgegensteht. Die »analytische Didaktik«,[193] wie sie oben unter Bezug auf die Tiefenpsychologie beschrieben wurde, versteht ihre Methode vielmehr als Ergänzung zu wissens- und fertigkeitsorientierten Lernvorgängen, um die Bedeutung des Gelernten, mit dem sich der Schüler selbst begreifen lernt, transparent zu machen. Die *pädagogische Intention* ist die Mündigkeit des Schülers, die als ich-starkes Verhalten, kritisch-logisches und altruistisches Entscheiden zu verstehen ist. Mit Hilfe psychoanalytischer Verfahren werden die bewusstseinsverfälschenden Zwänge der Sozialisationserfahrungen durchgearbeitet, um so die gesellschaftlichen Einflüsse auf die Sozialisation z.B. durch Herrschaftsstrukturen, zu thematisieren, denn »emanzipatorischer Unterricht [kann] nicht unter den Doktrinen der Verhaltenspsychologie entstehen und nicht unter dem Diktat stoffbezogener Lehrpläne, sondern nur aus der Behandlung des Sozialisationsschicksals als Gegenstand des Unterrichts.«[194]

Es ist festzuhalten, dass mit den entwicklungsorientierten Stufenmodellen die psychologisch-psychoanalytischen Bedingungen zum Verstehen des Glaubens im Rahmen einer subjektbezogenen religionspädagogischen Anthropologie und der daraus abzuleitenden kindzentrierten Unterrichtsgestaltung deutlich gemacht wurden. Zu klären blieb jedoch, in welchen gesellschaftlich-lebensgeschichtlichen Kontext die psychoanalytischen Einsichten gehören. Damit wurde für die religionspädagogische Theoriebildung die Frage nach den Sozialisationsbedingungen der Schüler und ihren situationsorientierten Erlebnissen und Erfahrungen signifikant.

---

[193] Vgl. ebd., S. 102ff.
[194] Ebd., S. 118.

3.7 Fazit und Perspektive

Verfolgt man die Entwicklung des Religionsunterrichts aus dem Blickwinkel seiner Ausrichtung am Schüler und des ihn tragenden Verständnisses vom religiösen Lernen als Kriterien der Religionspädagogik etwa vom Zeitpunkt der »Evangelischen Unterweisung« über den hermeneutischen Religionsunterricht zu dessen Krise, der anthropologischen, realistischen und empirischen Wende bis zu den Konzepten lernziel- und problemorientierten sowie sozialisationstherapeutischen Unterrichts, also über einen Zeitraum von etwa 40 Jahren, so zeigt sich deutlich eine schrittweise Hinwendung zu seiner schülerorientierten Gestaltung und Praxis. Theologisierend-missionierende Verfahren, die ihr Selbstverständnis im Schlepptau kirchlicher Verkündigung und übergestülpter Glaubenskonzepte entwarfen, werden abgelöst von erfahrungs- und handlungsbezogenen Gehalten einer religionspädagogischen Didaktik und Methodik, mit der sich der Unterricht verstärkt an den Lebensbezügen der Schüler orientiert. Mit den angesprochenen Lehrverfahren gelang es zunächst, die Krise des Religionsunterrichts insofern zu überwinden, als die Schüler sich im Zusammenhang ihrer Welt- und Wirklichkeitsorientierung ansprechen ließen. Ein genauerer Blick zeigt, dass lernzielorientierter Unterricht strukturierte, transparente Verfahren in der Unterrichtsgestaltung ermöglicht, die im Sinne einer Verhaltenspsychologie überprüfbares Endverhalten einlösen, sich andererseits jedoch in die Gefahr begeben, ein Lernmodell an die Schüler anzulegen, das unter dem Diktat der Überprüfbarkeit und Messbarkeit von Lernerfolgen das Subjektsein der Schüler außer Acht lässt. Erst mit der Sozialisationsorientierung und dem konfliktbewältigenden Unterricht kam der Schüler als Subjekt stärker in den Blick.

Auf dem Weg zu einem Neuverständnis der angesprochenen Subjektorientierung werden in etwa die folgenden Linien sichtbar: Durch die Wiederentdeckung des Kindes in einer sich anthropologisch verstehenden Pädagogik wurde die Bedeutsamkeit lebensgeschichtlich-biographischer und sozialer Bedingungen für die Entwicklung des Glaubens von Kindern und Jugendlichen empirisch nachgewiesen. Mit dem wiedererwachten Interesse am psychologischen Denken in der Religionspädagogik konnte der Nachweis über den Zusammenhang zwischen psychischer Entwicklung und der Entfaltung von Glaubenshaltungen erbracht werden, mit denen die Welt- und Wirklichkeitsdeutungen der Heranwachsenden als Reifeprozesse einsichtig wurden. Die Lebenserfahrungen und die Lebensgeschichte der Schüler generierten zum konstitutiven Moment für Verstehensprozesse zur Sinnerschließung religiöser Gehalte. Mit den Kenntnissen über die kognitiven Stufentheorien der psychischen Entwicklung von Kindern und Jugendlichen zur moralisch-religiösen Urteilsfähigkeit, den psychischen Reifungskonzepten und der Kenntnis über die Herausbildung von Glaubensstufen, wurde es möglich, die entwicklungspsychologischen Erkenntnisse als Grundlage für didaktische Erwägun-

gen aufzugreifen. Sie erbrachten die unterrichtsrelevante Einsicht, dass die Aneignung und Auslegung von Überlieferungen durch die Kinder einen genetischen
Prozess darstellt, in dessen Konsequenz die Heranwachsenden die dargelegte
Tradition entsprechend ihres entwicklungsbedingten Weltbildes transformieren.
Die entwicklungspsychologische Wirklichkeit der Heranwachsenden wurde deutlich, womit sich für religionspädagogisches Handeln sagen ließ, dass die Hermeneutik von Überlieferungen im Kontext von Aneignungsprozessen zu sehen ist,
der nicht dogmatisch vorgesetzt werden kann, sondern der es vielmehr mit vari-
antenreichen Rezeptionsformen zu tun hat, so dass der Vermittlungsprozess in die
Lebenszusammenhänge und »Sinn-Welten«[195] der Schüler hineingetragen werden
muss. Die Wirklichkeit dieser Welten zu erschließen, wurde zum Anliegen des
interaktiven und sozialisationsorientierten Unterrichts, der die Erfahrungen aus
der Wirklichkeit der Schüler aufgreift, um ihnen Gelegenheit zu geben, ihre
personalen Erlebnissituationen autonom zu artikulieren und diese mit der Tradition ins Gespräch zu bringen. Das konfliktverarbeitende Unterrichtskonzept
führte diesen Ansatz unter der Prämisse weiter, einen Gruppenprozess in Gang zu
setzen, mit dem persönliche und soziale Konflikte zur Verarbeitung kommen sollten, um so zu einer emanzipatorischen Identität zu finden.

Die bisher skizzierten religionspädagogischen Unterrichtsverfahren orientieren
sich trotz zunehmender Zentrierung auf die Subjekthaltigkeit der Schüler an von
außen vorgezeichneten Rahmenmodellen. An dieser Stelle melden sich nun phänomenologisch orientierte Pädagogen zu Wort. Sie betrachten Anthropologien zur
Entwicklung von Kindern und Jugendlichen nicht anhand eines empirisch vermittelten Modells, sondern aus dem – um in den Worten *Husserls* zu sprechen –
»was sich zeigt«. Denn nach phänomenologischer Lesart lassen sich der Verlauf,
die Wege und das Ziel kindlicher Entwicklung nicht voraussagen. Der Heranwachsende soll vielmehr ohne wertende Vor-Urteile in seinen echten, existenziellen Situationen betrachtet werden, die nicht aus einer Begegnung zwischen wissenschaftlichem Modell und Mensch, sondern aus der authentischen Begegnung
zwischen Mensch und Mensch besteht. Eine Phänomenologie der Erziehung gerät
somit in die Auseinandersetzung mit Entwicklungsmodellen kognitiv-struktureller
Natur, deren Anliegen es ist, an phasen- oder stufenorientierten Entwicklungsgän-
gen objektive und rational greifbare Verhaltensmuster von Heranwachsenden
nachzuweisen und sie auf moralisch-ethisch-religiöse Urteilskompetenzen zu
übertragen. Dass im Rahmen solcher Entwürfe sowohl genetische als auch symbolische – und somit vorwissenschaftliche Weisen des Verstehens – wenig oder
keine Beachtung finden, ist offensichtlich. Die Reichweite der kognitiven Psychologie lässt sich somit dahingehend beschreiben, dass sie auf die lebensgeschichtlich sich wandelnden Formen der Verarbeitung von Erfahrung in der Subjektbildung verweist. Sie hat ihre Grenzen jedoch in der mangelnden Wahrneh-

---

[195] *Hans-Georg Ziebertz/Werner Simon* (Hg.), Bilanz der Religionspädagogik, Düsseldorf 1995, S. 162.

mung der eigenständigen Bedeutung sozialer Beziehungen und affektiver Prozesse innerhalb lebensgeschichtlicher Ereignisse. An dieser Stelle erweist eine Weiterführung und Neuorientierung religionspädagogischen Wirklichkeitsverständnisses insofern ihre Notwendigkeit, als es darauf ankommen wird, die Lebenswelt- und Alltagserfahrungen der Schüler, ihre Erlebnis- und Handlungsweisen in personalen Lebenskontexten, in den Unterricht zu integrieren. Es wird also im folgenden Kapitel nachzuweisen sein, welchen weiträumigeren Beitrag eine Erziehungs- und Bildungstheorie zur Identitätsförderung und Subjektbildung der Schüler erbringen kann, die eine lebensweltbezogene Erschließung didaktischer Unterrichtsprozesse nach phänomenologischer Lesart als Überwindung der Außensicht auf das Subjekt einfordert.

4. KAPITEL: ASPEKTE EINER PHÄNOMENO-LOGISCHEN ERZIEHUNGS- UND BILDUNGS-THEORIE

Dementsprechend sollen jetzt die Grundlagen für ein Erziehungshandeln beschrieben werden, das die bis hierher erarbeiteten Erkenntnisse aufnimmt, zugleich aber diese Einsichten auf erfahrungs- und erlebnisorientierte Gehalte erweitert. Das folgende Kapitel ist von daher an dem Nachweis interessiert, in einigen Leitlinien aufzuzeigen, welchen Prinzipien eine phänomenologisch orientierte Pädagogik folgt; welches Bildungs- und Erziehungsverständnis sie vertritt; was Lehren und Lernen in diesem Rahmen bedeuten und wie sich Schule als Ort phänomenologischer Erziehung konkretisiert.

Das Kapitel setzt zunächst mit Überlegungen zum Lebenswelt- und Alltagsverständnis der Phänomenologie ein und macht diese Grundlagenreflexionen an der Lebenswelt von Kindern in heutigen Lebenssituationen anschaulich. Die Beschreibung konkret-intersubjektiver, unmittelbar-lebensweltlicher Erfahrungen im Nahbereich Heranwachsender steht hier im Mittelpunkt der Darstellungen. Elemente verfügungsfreier Lebensgestaltung, wie sie in diesen Zusammenhängen wahrgenommen werden, spielen auch für das phänomenologische Bildungsverständnis in der Weiterführung des Kapitels eine tragende Rolle.

Es wird nach der Art von Wissensformen einer Bildung zu fragen sein, die ihren Gehalt auf Selbständigkeit ausrichtet. Die Bedeutsamkeit der erfahrbaren Wirklichkeit innerhalb der Lerngeschichte von Heranwachsenden bindet sich damit in Überlegungen ein, die leibliche Kommunikationsweisen und originäre Erfahrungen in das Zentrum pädagogischer Reflexionen stellen. Denn wenn der didaktische Weg des Unterrichtens auf einen erfahrungshaltigen Unterricht zulaufen soll, muss deutlich werden, was unter dieser Erfahrungs- und Wirklichkeitsorientierung zu verstehen ist. An dieser Stelle kommt es also aus phänomenologischer Sicht darauf an, den Nahbereich, in dem die Schüler leben, auf seinen Beitrag für die religionspädagogische Unterrichtsgestaltung zu befragen. So rücken die umfassenden Lebensbezüge der Heranwachsenden, wie sie sich in ihren Alltags- und Lebenswelten herausformen, in den Blick. Von daher ermöglicht der folgende Teil der Darstellung in einem Exkurs die Kenntnisnahme der Bedeutung von ›Lebenswelt‹ und weist in der Konsequenz auf das daraus ableitbare pädagogische Handeln hin.

4.1 Lebenswelt und Alltag als Bodenfunktion für ein phänomenologisch orientiertes Erziehungs- und Bildungsverständnis

In Anbetracht der vielfältigen Gegenstandsbestimmungen, die mit den Begriffen »Lebenswelt« und »Alltag« in Soziologie[196] und Philosophie[197] verbunden sind, ist unter »Lebenswelt« in der hier vorzustellenden ›Debatte‹ zwischen *Bergmann*[198] und *Husserl* zunächst einmal Lebensnähe und Konkretheit zu verstehen, die für das Subjekt Kontingenzerfahrungen als ein kritisches Potenzial humaner Existenzvollzüge anerkennt gegenüber wissenschaftlich rationalen Abstraktionen, mit denen die soziale Lebenswelt kolonialisiert wird und deren Lebensbedeutsamkeit in Vergessenheit geraten lässt. Der Rationalitäts- und Wahrheitsanspruch der Wissenschaft wird durch den Bezug auf die lebensweltlichen Erfahrungen relativiert, so dass auch für andere Wirklichkeitskonstruktionen, wie sie z.B. in der Religion, Philosophie oder Kunst zum Ausdruck kommen, Platz bleibt. Setzen aber die Naturwissenschaften die Herausarbeitung ihrer Gegenstände absolut und übergehen deren lebensweltliche Erfahrungsgrundlage, dann wechseln sie »ihren Status von vorläufigen wissenschaftlichen Annahmen hin auf lebensweltlich verbindlich geltende Anschauungen. Die verkürzte, abstrakte Erfahrung der Wissenschaft schiebt sich über die konkrete Lebenserfahrung.«[199] Wird aber den Teilsystemen in der Gesellschaft im Rahmen lebensweltlicher Differenzierungen wieder Raum gegeben, so sollte im Sinne *Husserls* die Lebensweltorientierung gleichzeitig auch der Boden für die Konsensfähigkeit zwischen diesen komplexen Systemen sein. Sie bekommt den Status »einer letztgültigen Ausgangsbasis, eines konkreten Apriori verliehen: Lebenswelt als Boden und als Letzthorizont soll gegenüber den ausdifferenzierten Teilsystemen eine Fundierungs- und Einigungsfunktion besitzen und so einen allgemeinen Konsens sichern.«[200] Hier deutet sich ein Verständnis von »Lebenswelt« an, mit dem es um das Verhältnis von Wissenschaft und sozialer Welt geht, und zwar in dem Sinne, dass die Erfahrungen und Erlebnisse dieses Lebens der Wissenschaft vorausgehen und im wissenschaftlichen Methodenkanon der Objektivierungen, Quantifizierungen und Formalisierungen die Vorbegriffe und Voraussetzungen, wie sie aus der »Lebenswelt« ableitbar sind, nicht übergangen werden dürfen. Setzt man – vereinfachend dargestellt –, die

---

[196] Vgl. *Alfred Schütz/Thomas Luckmann*, Strukturen der Lebenswelt, Frankfurt 1979; vgl. *Peter L. Berger/Thomas Luckmann*, Die gesellschaftliche Konstruktion der Wirklichkeit, Frankfurt 1980.
[197] Zur Herkunft des Lebensweltbegriffs vgl. u.a.: *Edmund Husserl*, Die Krisis der europäischen Wissenschaften und die transzendentale Phänomenologie, Hamburg 1977; *Jürgen Habermas*, Zweite Zwischenbetrachtung: System und Lebenswelt; in: Ders., Theorie des kommunikativen Handelns (Bd. 2), Frankfurt 1995, S. 171–293; *Bernhard Waldenfels*, In den Netzen der Lebenswelt, Frankfurt 1994, insbes. S. 94–119 u. 153–178.
[198] *Werner Bergmann*, Lebenswelt des Alltags oder Alltagswelt; in: Kölner Zeitschrift für Soziologie und Sozialpsychologie, 33. Jg., 1981. S. 51–72.
[199] Ebd., S. 53.
[200] Ebd.

Materie als das Erkenntnisinteresse der Naturwissenschaft und das innere geistige
Leben als den Gegenstand der Philosophie an, so öffnet sich an diesem Punkt
konsequenterweise der Unterschied zwischen den Natur- und Geisteswissenschaf-
ten in der Art, dass das erlebte Leben nicht in der Weise eines Gegenstandes, sondern vielmehr in seiner bewusstseinsbezogenen Verflochtenheit existiert und der
Reflexion zugänglich ist. Von daher macht *Husserl* »das innere Bewusstseinsleben
und Erleben in seinem Strömen, seiner Zeitlichkeit und Geschichtlichkeit zum
Zentralthema seiner Philosophie; er übernimmt mit dem Lebensbegriff auch eine
besondere Betonung des Anschaulichen gegenüber dem begrifflichen Denken; er
trennt, wenn auch transzendentalphilosophisch modifiziert, ganz grundsätzlich
zwischen positiver Wissenschaft und Philosophie sowie zwischen der Wissenschaft
und der Welt des Lebens, und er benutzt den Lebensbegriff ebenfalls in einem
emphatischen Sinn.«[201] Das Leben ist dabei immer auf eine Welt bezogen, deren
Bestimmung aus den grundlegenden Leistungen des Subjekts erfolgt. Im Korrelat
zwischen Welt und Subjekt, also der Sachenwelt und dem Subjekt oder dem Sein
und dem Bewusstsein, nimmt die Subjektivität dann insofern eine führende Rolle
ein, als »die Subjektivität der Objektivität an Seinsdignität vorher geht.«[202] Die
Lebenswelt ist in diesem Gefüge als das Korrelat zur »natürlichen Einstellung«[203]
des erfahrenden Subjekts aufzufassen, mit der sie sowohl die Konstitutionsleistun-
gen dieser Subjektivität als auch aller Weltformen ermöglicht. Mit seiner natürlichen Einstellung lebt das Subjekt in einem Teilsystem der »Lebenswelt«, nämlich
in seinem Alltag.

Dieser Alltag wird verstanden als ein Vollzug von Offenheit und Unorgani-
siertheit in dem Sinne, dass Privates öffentlich wird aus Freiheit, einen Kontrast
zu organisierten sozialen Systemen zu zeigen; als ein tagtäglich wiederkehrendes
Handeln der sogenannten »kleinen Leute«; als Alltagswissen, über das jeder verfügen kann und als Lebenswelt, mit der die Grundlage für alle zweckgerichteten
alltäglichen und wissenschaftlichen Aktivitäten gegeben ist:

1. »Alltag meint eine eigenständige Handlungs- und Erlebnissphäre *neben* anderen.

2. Alltag oder besser Lebenswelt sind Korrelate einer spezifischen Form
der Welterfahrung, der sogenannten ›natürlichen Einstellung‹, und
besitzen einen Seins*vorrang* vor allen anderen Einstellungskorrela-
ten«.[204]

---

[201] Ebd., S. 57.
[202] Ebd., S. 58.
[203] Ebd.
[204] Ebd., S. 55.

Ausgehend von der Grundlage der natürlichen Einstellung, dem »Universum des Selbstverständlichen«[205], d.h. des Traditionalen und Unbefragten, richtet sich das Leben auf den Welt- oder Letzthorizont, der im Sinne einer umfassenden Einheit und Einzigkeit zu verstehen ist, reflexiv aus. Die Welt in dieser transzendentalen Form ist korrelativ auf ein Subjekt bezogen, für dessen Einstellung, Erleben und Handeln die Welt als Horizont, als Einheit, erscheint. Davon zu unterscheiden ist jedoch ein Weltzugang, mit dem das Verhältnis der Einheit (Welt) zur Vielheit (Weltobjekte) nicht als das Korrelat eines erfahrenden Subjekts, sondern als das »All der Dinge«[206], das »Universum der lebensweltlichen *Objekte*«[207], und damit des Anschaubaren, zu verstehen ist. Die Lebenswelt hat in diesem ontologischen Sinn ihre Fundierung in den Teilen oder Schichten der gesamten Welt. Sie folgt den Teilen nach als »Inbegriff«[208] der aus ihnen bildbaren Regionen und Formen.

Betrachtet man *Husserls* Lebensweltverständnis aus dem Bedeutungsgehalt heraus, den er mit »Leben« verbindet, so bestimmt es sich für ihn in den *Cartesianischen Meditationen* als erlebtes, inneres Leben im Sinne von »Bewusstseinsleben«, »Denkleben« oder »Erfahrungsleben«, das mit seinem Ich-Pol (Ego) auf einen Gegenstandspol (cogitatum), dem »Weltleben« bzw. »welterfahrenden Leben«[209], bezogen ist. Lebenswelt als Korrelation von Leben und Welt meint somit die soziale und historische Welt, wie sie sich auf den einzelnen Menschen oder die Gruppe als »das geradehin erfahrende Leben des Alltags; das zweckgerichtete (theoretische oder praktische) Leben; das absolute Leben, d.h. das Leben in transzendentaler Reflexion oder die transzendentale Selbstreflexion des ego«[210] ausrichtet. Auf den ersten beiden Stufen spielen sich die Erfahrungen des Subjekts in der »natürlichen Einstellung« eines personifizierbaren Ich in der Welt ab, während auf der dritten Stufe das transzendentale Ich mit seinen Erfahrungen nicht als Teil der Welt, sondern als weltkonstituierend im Vollzug der transzendentalen Reduktion, wirkt.

Bis zu diesem Punkt erweist sich »Lebenswelt« einerseits subjekt- und gruppenbezogen pluralistisch variierend, andererseits jedoch objektbezogen als das Gut einer gemeinsamen Welt, als der einigende Horizont von gesellschaftlich erfahrenen Teilsystemen, als das »All der Dinge«[211]. Im Verhältnis von Lebenswelt und Wissenschaft ist einerseits festzustellen, dass es die Aufgabe der Wissenschaft ist, das Unfertige, Vorläufige und Selbstverständliche der Lebenswelt zur Verständlichkeit zu führen, dass andererseits in kritischer Haltung der Wissenschaft angetragen wird, sich auf die Lebenswelterfahrungen einzulassen, um dort

---

[205]   Ebd., S. 59.
[206]   Ebd., S. 58.
[207]   Ebd., S. 59.
[208]   Ebd.
[209]   Vgl. ebd., S. 60.
[210]   Ebd., S. 60.
[211]   Ebd., S. 61.

ihre »Urevidenzen«[212] zurückzugewinnen, also aus der Abstraktion in die Anschaubarkeit zu gehen. Das gemeinsame Paradigma für die Lebenswelt besteht in ihrer Grundlagen- und Bodenfunktion, die sie sowohl für das Subjekt, die in ihr vorkommenden Objekte, als auch für die Wissenschaft bedeutsam macht.

»Lebenswelt« ist, wie schon weiter oben angemerkt, das Wirkfeld von Praxis, das in der »konkreten Universalität«[213] einer übergreifenden sozio-kulturellen und alltäglichen Welt horizonthaft-korrelativ auf den Menschen bezogen in Erscheinung tritt. Jedoch ist ihre Bestimmung auch zu verstehen als »Universum prinzipieller Anschaubarkeit«[214], als eine Grundschicht der Welt. Ihr Weltkern macht die Bodenfunktion aus, auf der die wissenschaftliche und alltägliche Praxis mit den sie konstituierenden Leistungen aufruht. Von hier aus nimmt die Lebenswelt ihre kritische Basisaufgabe wahr, wenn sie dafür sorgt, dass das Fundament, mit dem die Wissenschaft in die Lebenswelt hineinreicht, nicht in Vergessenheit gerät. Als dieses »Universum der Anschaubarkeit«[215] ist die Lebenswelt weder der vorwissenschaftlichen noch der wissenschaftlichen Erfahrung zugänglich. Sie ist nur in der transzendentalen Reflexion erreichbar, mit der sich das Absolute im Relativen als weltkonstituierende Anschauung vollzieht. Diese Form der Reflexion ist nicht empirisch; sie richtet sich nicht auf Tatbestände, die in der Welt zu beobachten sind. Vielmehr geht es um die Selbstreflexion der eigenen Anschauungsakte als Reflexion über die Art und Weise der Vorgegebenheit der Welt. Es ist eine Reflexion über die universale Bodenfunktion der Lebenswelt und die von ihr ausgehende Objektivität in der Welt. Von daher trägt sie den Charakter einer der »Welt vorgebenden Subjektivität«.[216]

Im Verhältnis von Wissenschaft und Lebenswelt tritt in der Darstellung *Husserls* eine Ambivalenz zutage, die »Lebenswelt« als einen Bereich des Traditionalen, Selbstverständlichen und Relativen charakterisiert, der durch die Wissenschaft aufgeklärt, zur Vernunft gebracht werden muss. Aus diesem Blickwinkel betrachtet hat es die Wissenschaft versäumt, die traditionalen Gehalte der Lebenswelt zum Gegenstand ihrer Forschung zu machen und ist deshalb hinter einem bestimmten Rationalitätsniveau zurückgeblieben. Auf der anderen Seite sieht *Husserl* das Verhältnis zwischen beiden Bereichen geradezu bestimmt durch einen Mangel an Anschaulichkeit und Lebensbedeutsamkeit, der durch die Enthebung der Wissenschaft vom Boden der Lebenswelt bedingt ist. Alle Idealisierungen und Abstraktionen, zu denen sich die Wissenschaft im Rahmen ihres Methodenkanons hinbewegt, sind auf ihre technische Ausrichtung zurückzuführen, in der das Anschauliche nicht mehr existiert. Somit müssen an die Stelle der Technisierung und Quantifizierung qualitative Erhebungsmethoden treten, mit denen ein Einle-

---

212 Ebd.
213 Ebd., S. 64.
214 Ebd.
215 Ebd., S. 65.
216 Ebd.

ben und Teilnehmen am Subjekt und am sozialen Leben sowie die Rückgewinnung der Sinnhaftigkeit der Lebensvollzüge und die lebensweltlichen Voraussetzungen, also die Bodenfunktion der Lebenswelt für Alltag und Wissenschaft, erneut möglich wird.

Das Verhältnis der »Lebenswelt« zu anderen Wirklichkeitsbereichen ist durch das Kriterium der »Einstellung« bestimmbar, aus der heraus sich das Subjekt zur Weltwirklichkeit in Beziehung setzt. Dabei nimmt die natürliche Einstellung in ihrer Naturwüchsigkeit die Grundstufe ein, denn »das natürliche Leben charakterisiert sich nun als naiv geradehin in die Welt hineinleben, in die Welt, die als universaler Horizont immerfort in gewisser Weise bewusst da ist, aber dabei nicht thematisch ist. Thematisch ist, worauf man gerichtet ist.«[217] Richtet sich das Subjekt auf einer folgenden Stufe thematisch aus, verfolgt es also bestimmte Zwecke, dann begibt es sich in Einstellungsänderungen oder »Umstellungen«[218], die praktische Ziele z.B. des Berufslebens oder praktische Vollzüge im Alltagsleben konstituiert. Eine Umstellung erfolgt jedoch auch dann, wenn die Leistungen des Subjekts auf die theoretische Einstellung bezogen sind. Denn mit der Entscheidung für eine »willentliche Epoché«[219] sowohl von der natürlichen Einstellung als auch der ihr dienenden Praxis, widmet sich das Subjekt im Rahmen dieser Einstellung der positiven Wissenschaft.

Auf einer dritten Ebene wird der *Husserl*sche Umstellungsgedanke aufgenommen als das Motiv für den Übergang aus der Alltagswelt in andere Sinnprovinzen, der nur durch eine Umstellung oder veränderte Haltung zur Welt zu ermöglichen ist. Damit erhält die Alltagswelt einen Sonderstatus, der aus dem Lebensweltverständnis abgeleitet wird. Ist die Lebenswelt die grundlegende Welt, die in jeder Sonderwelt – wie z.B. der Alltagswelt – auch unthematisch vorhanden ist, und lebt man in der Lebenswelt sowohl in der natürlichen, unthematischen Gewissheit zur Welt als auch in der transzendentalen Einstellung, so ist diese Parallelität der Strukturen nur einsichtig, »wenn man Lebenswelt gerade nicht als Menschenwelt, als Welt der Normaleinstellung denkt, sondern erst als durch Reflexion zu gewinnendes ›Universum der Anschaubarkeit‹, das in Form passiver Synthesen als Grundschicht jeglicher höherstufigen Welterfahrungen konstituiert wird.«[220] *Husserl* hat die Beziehung zwischen Lebenswelt und Sonderwelt von der Naturwissenschaft aus gedacht. Sein Rückgang auf die natürliche Erfahrungswelt war wissenschaftstheoretisch motiviert, wenn er »Lebenswelt« als vortheoretische Erfahrung

---

[217] *Edmund Husserl*, Die Krisis des europäischen Menschentums und die Philosophie; in: Ders.: Die Krisis der europäischen Wissenschaften und die transzendentale Phänomenologie, Husserliana Bd. VI, Den Haag ²1976, S. 327. Vgl. *Werner Bergmann*, Lebenswelt, Lebenswelt des Alltags oder Alltagswelt, a.a.O., S. 67.

[218] Werner Bergmann, ebd. S. 67.

[219] Ebd.

[220] *Bernhard Waldenfels*, Die Abgründigkeit des Sinns. Kritik an Husserls Idee der Grundlegung; in: *Bernhard Waldenfels*, In den Netzen der Lebenswelt, Frankfurt 1994, S. 15–32. Vgl. *Werner Bergmann*, a.a.O., S. 68.

verstand, die das Korrelat zur ›vortheoretischen Anschauung‹, der vorsprachlichen und vorprädikativen Erfahrung, bildet. Diese vorprädikativen Begründungsverhältnisse machen die Lebenswelt jedoch zu einem ungeschichtlichen Gebilde. Denn soziale und kulturelle Welten sind hingegen auf historische und intersubjektive Bedingungen bezogen, so dass erst »die stetige Umwandlung des Lebensweltproblems hin zu einem weiten Lebensweltbegriff, der das Ganze meint, in dem wir historisch und intersubjektiv leben, in das auch alle Sonderwelten einschließlich der Wissenschaft mitgehören,«[221] einen umfassenden Lebensweltbegriff notwendig macht. Nimmt dieses Lebensweltverständnis die »sozio-kulturelle Umwelt«[222] und die »historischen Gesellschaftsformationen«[223] in sich auf, dann erhält die »Lebenswelt« nicht mehr nur »Bodenfunktion«, sondern »Einigungsfunktion«.[224]

In Anlehnung an *Bergmann* lassen sich folgende Deutungsmuster für das Lebenswelt- und Alltagsverständnis gegenüberstellen:

LEBENSWELT	ALLTAG
– »kann die Welt meinen, wie sie individuell oder gruppenspezifisch als je eigene gegeben ist; – kann ontologisch begriffen und nach ihren Strukturen, ihrer Typik analysiert werden; – kann den Bereich des selbstverständlichen, traditionalen Handelns bezeichnen, den es wissenschaftlich zur ›Vernunft‹ zu bringen gilt; – kann aber auch in ihrer Bodenfunktion für die Wissenschaft betrachtet werden: sie gewinnt dann a) entweder den Sinn einer vorprädikativen Wahrnehmungswelt oder b) einer soziokulturell überformten Wahrnehmungs- und Erfahrungswelt; – kann im Sinn historisch variabler Totalität aufgefasst werden; sie ist dann umfassende soziokulturelle	– »meint den Gegenbegriff zum Festtag; – ist Routine; – bezieht sich auf das Leben der Masse, der Völker; – meint den Arbeitstag; – ist der Ereignisbereich des täglichen Lebens; – ist die Sphäre des Privatlebens; – bezieht sich auf die Sphäre des natürlichen, spontanen, unreflektierten, wahren Erlebens und Denkens; – versteht sich auch als der Inbegriff des ideologischen, naiven, falschen Erlebens und Denkens; – ist die Sphäre des Handelns und Erlebens, die allen anderen Sphären zugrunde liegt; – ist die Welt des ›Jedermann‹, in der alle Gesellschaftsmitglieder Handlungskompetenz besitzen; – meint die Sphäre, die jeweils subjektiv

---

[221] *Werner Bergmann*, a.a.O., S. 69.
[222] Vgl. *Werner Bergmann*, a.a.O., S. 69.
[223] Ebd.
[224] *Bernhard Waldenfels*, Die Abgründigkeit des Sinns, a.a.O., S. 16f.

Umwelt; – Sie kann aber auch gerade als singuläre apriorische Struktur das allen historischen Lebenswelten Gemeinsame bezeichnen; – kann als alltägliche Lebenswelt, als ›Praxis‹ die grundlegende soziale Welt meinen, auf der alle Sonderwelten basieren; – kann jedoch auch als Alltagswelt eine ›Sinnprovinz‹ neben anderen bezeichnen«.[225]	bzw. gruppenspezifisch ausgeprägt ist; – meint die Alltäglichkeit im Sinne einer in allen Sonderwelten anzutreffenden Handlungs- und Wissensform.[226]

Mit der Entfaltung dieses vorangegangenen Teils kamen im Rahmen der Zielsetzung, phänomenologisch orientierte Erziehungs- und Bildungsvorstellungen herauszuarbeiten, bis hierher Überlegungen zur Lebenswelt und zum Alltag des Subjekts zur Sprache. Zur Konkretisierung dieser Reflexionen soll nun unter Bezug auf die Ausführungen von *Christa Berg*[227] die Lebenswelt von Kindern und Jugendlichen aus deren Perspektive zur Darstellung gelangen. Dabei werden Probleme ihres Aufwachsens hinsichtlich der Bedrohung durch mögliche Deformationen kindlicher Wirklichkeit in unserer Gesellschaft wahrzunehmen sein, um dann zu zeigen, unter welchen pädagogischen Perspektiven die Welt der Schule zum Ort der Identitätsstiftung werden kann. Lebenswelt und Alltag begegnen sich somit als Nahfelder kindlicher Erfahrungen unter der Frage, wie sich die Phänomene Erziehung und Bildung hier zur Selbstdarstellung bringen und wie sie Subjektwerdung als Genese von Sozialität und Rationalität, die vom Kind ausgeht, fördern helfen.

4.2. Die Lebenswelt von Kindern heute: Aufwachsen in schwieriger Zeit

Christa Berg macht in diesem Zusammenhang auf die »fürsorgliche Belagerung«[228] aufmerksam, der Kinder im Zusammenhang der Lebensbedingungen unserer gegenwärtigen Gesellschaft unterliegen. Gemeint ist damit besonders eine

---

225 *Werner Bergmann*, a.a.O., S. 69–70.
226 Ebd., S. 54–55.
227 *Christa Berg*, Aufwachsen in schwieriger Zeit; in: Aufwachsen in schwieriger Zeit – Kinder in Gemeinde und Gesellschaft/Synode der Evangelischen Kirche in Deutschland. Im Auftrag des Rates der Evangelischen Kirche in Deutschland hrsg. vom Kirchenrat der EKD, Gütersloh 1995, S. 128ff.
228 Ebd., S. 128.

Überversorgung der Kinder mit institutionalisierten pädagogischen Maßnahmen und die Okkupation kindlicher Lebenswelten, die Kinder zum Objekt der Perspektiven von Erwachsenen machen und zum Verlust von originären Erfahrungen sowie zur Ausblendung kindlicher Selbstkonzepte führen. Die Autorin versucht, die lebensweltlichen Erfahrungen der Kinder in der modernen Gesellschaft zu beschreiben und sie zu kritisieren, indem sie den Blickwinkel der Heranwachsenden übernimmt.

Die Lebenswelt der Kinder, so *Christa Berg*, ist unter anderem dadurch beeinflusst, dass sich die Erlebnisqualität ihres Wohnumfeldes zusehends reduziert, denn städtebauliche Maßnahmen führen trotz Verkehrsberuhigung und der Einrichtung von Spielstraßen zur Verdrängung der Heranwachsenden von Straßen und Plätzen. Mit der wachsenden Unmenschlichkeit unserer Städte besonders durch steigende Verkehrsdichte und der damit einhergehenden Reglementierung der Nutzung städtischer Räume, finden Kinder kaum noch Möglichkeiten für intensive soziale Kontakte. Auch ihre Zeit- und Raumwahrnehmungen verändern sich dahingehend, dass der Zeittakt von Terminen, die Programmfolge des Fernsehens und festgelegte Verabredungen für Freizeitaktivitäten, den Tagesablauf bestimmen. Große Entfernungen werden in Autos, Bussen, Zügen und Flugzeugen überwunden, so dass das Erlebnis des Wirklichkeitsgehalts der bewältigten Räume verloren geht und die extensive Mobilität Ruhe und Stille verdrängen. Originäre Handlungsräume für Kinder verringern und verkleinern sich, weil diese Räume durch Bebauung in Besitz genommen werden. Dadurch entfallen mehr und mehr natürliche Gestaltungs- und Erlebnisbereiche, so dass sich die Kinder in den familiären Wohnraum zurückziehen, oder sie versuchen, zwischen den verbliebenen Terrains und »Raum-Inseln«[229] zur Aufrechterhaltung sozialer Kontakte – z.B. mit Gleichaltrigen – Vernetzungen herzustellen. Wenn man bedenkt, dass gerade für Entdeckungsfreudigkeit, Neugier, Eigeninitiativen und den Spaß an Bewegungen, Raumerfahrungen unabdingbar sind, so birgt die Einschränkung dieser Bedürfnisse die eminente Gefahr der Anregungsarmut und einen damit einhergehenden Mangel an sozialen und kognitiven Entwicklungsmöglichkeiten in sich. Wenn die Kompensation dieser Benachteiligungen durch Beschäftigungsangebote von Erwachsenen ohne Beteiligung der Kinder und ohne Eruierung ihrer Bedürfnisse verwirklicht werden, führt dies meistens zur Errichtung langweiliger und kreativitätsarmer Reservate, die von den Kindern nicht angenommen werden. »Die gute Absicht kann zudem nicht darüber hinwegsehen lassen, dass dies alles künstlich inszenierte Versammlungsorte sind. Die Kompensation von Ausgrenzungen führt zu Einhegungen, in denen Sicherheit vor Freiheit geht.«[230] So ist auch die »Kinderkultur«[231] keine Kultur von Kindern, sondern ein

---

[229]   Ebd., S. 135.
[230]   Ebd., S. 137.
[231]   Ebd.

Überangebot von Konsumgütern, die man für Kinder produziert, um sie in diejenigen Verhaltensweisen einzuführen, mit denen sich ihre Kauflust am besten motivieren lässt. Diese Einübung in den Konsum fördert zudem ein marktgerechtes Verhalten, mit dem Kinder z.B. ihren Aufenthalt in der Stadt nicht mehr von einem Punkt des kulturellen Interesses aus orientieren, sondern aus ihrer gelenkten Aufmerksamkeit für Supermärkte und den McDonalds - Schnellimbiss. Wird die Ich-Stärke der Kinder dadurch im Bereich ihrer außerhäuslichen Handlungsmuster beschnitten, so geraten sie auch zunehmend im familiären Beziehungsgeflecht unter Belastungen, die aufgrund verstärkter Auflösungserscheinungen der Partnerbeziehungen Instabilitäten und Unstetigkeitserfahrungen auslösen. Der Wandel der familiären Lebensweisen, der sich über die konventionelle Form der Familie als Hort des gemeinsamen Glücks von Frau, Mann und Kind hinaus ergibt, zeigt sowohl Individualisierungs- und Singularisierungstendenzen als auch wechselnde nicht-eheliche Lebensgemeinschaften oder Kleinfamilien mit einer gewissen Anfälligkeit für »psycho-soziale Konfliktlagen«,[232] deren Problempotenzial sich oftmals auf das Kind ausrichtet, weil es die einzige noch verbliebene Gemeinsamkeit darstellt. Damit wird das Kind zur Projektionsfläche unerfüllt gebliebener Partnerschaftswünsche. Es gerät in die Gefahr der Instrumentalisierung und einer nicht kindgemäßen Rollenzuteilung, die zur eminenten Überforderung führt. Kinder erleben in den von ihnen wahrgenommenen sozialen Beziehungen, sei es innerfamiliär, sei es außerhalb der Familie, einen Wertewandel, gar eine »Werteverwirrung«[233], mit der die Tendenz zur Aggressivität und Gewaltbereitschaft einhergehen kann. All dies führt unter Umständen zu einer Enttabuisierung kindlicher Verhaltensweisen, denn »die Maßstäbe für Recht und Unrecht, Gut und Böse, die Unterscheidungskriterien für Wirklichkeit und Fiktion, Wahrheit und Manipulation seien verlorengegangen,«[234] so *Christa Berg*. Für den Verlust dieser Tugenden werden auch die Medien verantwortlich gemacht, die im Leben der Kinder eine große Rolle spielen. Sie übernehmen die Funktion der Vermittlung von Wirklichkeit aus zweiter Hand. Interpretierte und fiktionalisierte Wirklichkeit treten an die Stelle unmittelbarer Wirklichkeitsaneignung. Kinder nehmen das als Realität, was sie sehen und machen es zu ihrer Wirklichkeit. »Selbst noch nicht festgelegt, zum Beispiel im Umgang mit der eigenen Sinnlich- und Körperlichkeit, sind Kinder darum orientierungslos der gewaltförmigen Prägung durch das ausgesetzt, was sie gleichsam beiläufig als klischierte oder in zunehmendem Maße liberalisierte Rollen- und

---

[232] Ebd., S. 142. *Christa Berg* bricht ihren Versuch, die »Perspektive der Kinder« zu übernehmen, an dieser Stelle ab. Die psychosoziale Konfliktlage, die sie unter anderem durch Brüche, Instabilitäten und Unstetigkeiten in der Beziehung zwischen Kindern und Eltern gekennzeichnet sieht, entzieht sich einer griffigen Beschreibung.

[233] Ebd., S. 144.

[234] Ebd; *Christa Berg* bezieht sich hier auf einen Bericht aus dem »Spiegel«, Heft Nr.9, vom 1.3.1993, S. 234.

Handlungsmuster an Aggression und Gewalt sehen und hören.«[235] Zeigt sich in den genannten Beispielen die Okkupation der Kinder durch unterschiedlichste Bedingungsfaktoren aus der Umwelt, so liegt jedoch auch in institutionalisierten pädagogischen und therapeutischen Gegenmaßnahmen die Gefahr, Kinder protektionistisch zu vereinnahmen, wenn die Erwachsenenperspektive weiterhin zu »Verstößen gegen die Möglichkeit kindlicher Selbstkonzepte«[236] führt. Es besteht kein Zweifel daran, dass familiäre Erziehung durch Selbsthilfeorganisationen, Kindertreffs und mögliche weitere Formen von institutionalisierter Kinderbetreuung Unterstützung finden kann. Diese Begleitung der Kinder darf jedoch nicht dazu führen, sie an die Vorstellungen und Erwartungen der Erwachsenen anzupassen und damit ursprüngliche, originäre Erfahrungen zu erschweren. Alle pädagogischen Erwägungen müssen vielmehr darauf gerichtet sein, dem Prinzip der Kindgemäßheit zu folgen. »Gegen die ›fürsorgliche Belagerung‹ mit pädagogischen Maßnahmen muss darum das Recht des Kindes gesetzt werden, erst einmal Kind sein zu dürfen, aktiv und produktiv auf dem Wege zu seinem eigenen Lebensplan, gegebenenfalls kontraproduktiv, wo die vorhandenen Ordnungsstrukturen ihm nicht mehr Orientierung, sondern nur noch einerseits Ausgrenzungen, andererseits Einhegungen bieten und es zu zweckentfremdender Rückeroberung ihm nicht mehr überlassener Terrains zwingen.«[237] Um Zweckentfremdungen zu vermeiden, sollte die Kindheit eine Welt bleiben, »die von Erwachsenen nicht vordefiniert werden kann,«[238] in der Kinder vielmehr ihre Erlebnisweisen so ausleben können, dass sie »ihre ganz eigenen Beobachtungen in ihrer wie der Erwachsenen-Welt machen und daraus ihre eigenen Handlungslogiken entwerfen.«[239] Kinder bedürfen der Hilfe der Erwachsenen, aber sie brauchen keinen »Erziehungspaternalismus«[240], um zum Aufbau eines eigenen Lebenskonzepts und der Ausformung ihrer Identität zu finden.

Wie *Christa Berg* beschäftigt sich auch der Pädagoge *Karlheinz Biller*[241] mit den Bedingungen, unter denen Kinder heranwachsen. Er zentriert dabei seine Analysen auf die folgenden Kriterien: Die *Individualisierung* des kindlichen Lebensbereichs, die mit der »Lockerung von sozialen und kulturellen Bindungen«[242] einhergeht, gewährt einerseits ein hohes Maß an Freiheit, um individuelle Lebensweisen zu gestalten; sie bedeutet andererseits aber auch eine Belastung bei der Bewältigung von Lebensaufgaben, wenn diese keinen Rückhalt in einer Gemeinschaft finden. Die *Mediatisierung der Gesellschaft*, also die Dominanz der Medien

---

[235] Ebd., S. 145.
[236] Ebd., S. 147.
[237] Ebd., S. 148.
[238] Ebd., S. 149.
[239] Ebd., S. 150.
[240] Ebd.
[241] *Karlheinz Biller*, Die Sinnproblematik in der modernen Gesellschaft: Zur aktuellen Situation der Kinder und Jugendlichen; in: *Wolfram Kurz/Franz Sedlak* (Hg.), Kompendium der Logotherapie und Existenzanalyse: Bewährte Grundlagen – Neue Perspektiven, Tübingen 1995.
[242] *Karlheinz Biller*, a.a.O., S. 477–478.

vom Radio bis zu den Computertechnologien führt zu einer »Überstimulierung insbesondere der Hör- und Seheindrücke«,[243] womit der Verlust einhergeht, diese Eindrücke gedanklich zu verarbeiten und sie für eigene Erfahrungen fruchtbar zu machen. Das *konsumorientierte Verhalten* von Kindern und Jugendlichen, stimuliert durch das immense Angebot an Verbrauchsartikeln, richtet das menschliche Handeln in den Augen der Heranwachsenden vordergründig an Lust und Genuss aus, so dass Beschränkung und Mäßigung zu untergeordneten Verhaltensmustern degradieren. Damit geht ein *Wertewandel* einher, der die narzisstische Selbstverwirklichung als Orientierung für die Gegenwart an vorderste Stelle setzt. Im Rahmen gegenwärtiger Wirtschaftsstrukturen und Kommunikationsbedingungen gerät das tägliche Leben in den Sog einer *Unüberschaubarkeit*, die Kinder und Jugendliche als komplexe Verhaltenserwartungen erleben. Die Folgen zeigen sich als psychische Zerrissenheit und Identitätskrise, wenn es nicht gelingt, die verschiedenen Erwartungen zu koordinieren. In letzter Konsequenz kann es zur Auflösung von Sinnzusammenhängen kommen, die in Form von *Desintegrationen* verbindliche Lebensmuster, wie sie aus Traditionen, sinnlichen Lebenserfahrungen, räumlich und zwischen-menschlich intakten Erfahrungsbereichen kommen, vermissen lassen. Kindern und Jugendlichen gehen auf diese Weise Sinninhalte verloren, so dass man mit *Karlheinz Biller* sagen kann: »Das hohe Maß an fremdbestimmter Verzweckung von Kindheit und Jugend widerspricht der ethischen Forderung nach dem Selbstzweck von etwas oder jemand, die seit der Aufklärung erhoben und vielfach übersehen oder bewusst missachtet wird. Dies dürfte einer der entscheidenden Gründe für die gesellschaftlich bedingte Sinnentleerung des kindlichen und jugendlichen Lebens sein.«[244]

*Christa Berg*s und *Karlheinz Biller*s Ausführungen lassen ein Unbehagen erkennen an den Maßstäben einer Rationalität von Erwachsenen, mit der Kinder sowohl in der Entfaltung ihrer inneren als auch äußeren Erfahrungs- und Erlebniswelt vorstrukturierten Logiken folgen müssen, mit denen die spezifischen Weisen des kindlichen Bezugs zur Welt in der Gefahr stehen, verstellt zu werden. Von daher ist an dieser Stelle der Versuch angebracht, sich der Lebensgeschichte des Kindes aus einem anderen Blickwinkel zu nähern. Von diesem Standort aus, wie er im nächsten Schritt zur Explikation kommt, soll deutlich werden, wie sich der Aufbau kindlicher Beziehungen zur Welt darstellt, wenn er aus den Gesetzen wissenschaftlich-kognitionstheoretischer Betrachtungen und Operationalisierungen herausgelöst wird und auf der Grundlage konkret gelebter intersubjektiver Erfahrungen zu pädagogischen Konsequenzen führt, die sich in einer phänomenologisch orientierten Erziehungs- und Bildungstheorie unterrichtsrelevant darstellen lassen.

---

[243] Ebd., S. 478.
[244] Ebd., S. 485.

4.3 Phänomenologische Beiträge zu einer Erziehungs- und Bildungstheorie

4.3.1 Leiblichkeit und Sozialität als Grundlagen einer Pädagogik der Inter-Subjektivität

Ein Erziehungshandeln, das auf die Stärkung der intersubjektiven Wahrnehmung aller Beteiligten gerichtet ist, greift die »situativen Voraussetzungen«[245] der Schüler auf und relativiert damit didaktisch-methodische Planungsverläufe zur Durchsetzung bestimmter antizipierter Ziele, denn erst im konkreten Handeln erschließt sich der pädagogische Boden für die zu entwickelnden Erkenntnisleistungen. Orientiert sich der Unterricht an intersubjektiven Verstehensprozessen, dann lässt er sich auf die Unwägbarkeiten und Kontingenzen einer Interaktion ein, die mit der Vorstellung linear zu erreichender Vollkommenheit bricht. Im intersubjektiven Unterrichtsgeschehen lernen die Beteiligten zunächst, »die Andersheit des Anderen«[246] zu akzeptieren, sich so neue Erfahrungsfelder zu erschließen und zu Umstrukturierungen eigener Vorstellungen zu kommen, die durch die Diskontinuität des Erfahrungsaustauschs zu Brüchen des eigenen Anschauungsfeldes führen und Lernen in Gang setzen. Von daher versteht sich die »Pädagogik der Kommunikation« als eine Theorie, »die den produktiven Impuls individuellen wie gesellschaftlichen Aufbruchs weder im Individuum noch in der Sozietät sucht, sondern im Prozess zwischenmenschlicher Interaktion, in der es zur Konstitution von Individuum und Sozietät kommt und in der sich diese als solche definieren.«[247] Im kommunikativ-pädagogischen Vollzug soll das Individuum als konkret handelnde Person in Erscheinung treten, die gerade mit ihren Krisen, Konflikten und Umbrüchen die Weisen der zwischenmenschlichen Kommunikation bestimmt. Hier tritt eine Humanität zutage, mit der sich intersubjektive Beziehungen als Formen einer Existenz erweisen, die das Fragmentarische und Ungeregelte in die Kommunikation hineinnehmen und die damit verbundenen Veränderungen im gegenseitigen Wahrnehmen und Handeln als konstitutiv-ontologische Struktur des Erkenntnisprozesses betrachten. An dieser Stelle deutet sich an, dass die Bedeutung von Kommunikation und Sozialität im Rahmen einer kommunikativen Pädagogik nicht allein durch Ziele gesetzt wird, die in operationalisierter Weise auf einen Endzustand ausgerichtet sind und an dessen Gehalt gemessen werden. Sondern es geht vielmehr um ein Verständnis von Inter-Subjektivität, das als

---

[245]   *Käte Meyer-Drawe*, Leiblichkeit und Sozialität – Phänomenologische Beiträge zu einer pädagogischen Theorie der Inter-Subjektivität, München 1987, S. 218.

[246]   Ebd., S. 220.

[247]   *Klaus Schaller*, Wissen und Handeln – Aussichten ihrer Vermittlung in einer kommunikativen Pädagogik; in: *Hermann Röhrs*, (Hg.), Die Erziehungswissenschaft und die Pluralität ihrer Konzepte, Wiesbaden 1979, S. 39–51; 47.

»Zwischen-Leiblichkeit«[248] die sozialen Sinngefüge genetisch entwickelt, so dass sich Interaktionen aus dem Verhalten der am sozialen Zusammenhang des Alltags beteiligten Subjekte entwerfen, nicht jedoch aus Kategorien wie Gesellschaft, System oder Rolle, mit denen konkrete Erfahrungsvollzüge überdeckt werden. Pädagogisch gewendet ist damit gesagt, dass unterrichtsbezogene Verstehens- und Lernleistungen kontingente und ambiguöse Handlungsweisen als integrativen Bestandteil von Erkenntniswegen anerkennen müssen, wenn sie den direkten Bezug zur Wirklichkeit der Schüler nicht aufgeben wollen. Denn »die Reflexionsweise, die wir für pädagogische Theoriebildung zu erschließen versuchen, absorbiert nicht die konkrete Praxis in verschiedenen Schemata, Axiomen oder gar Rezepten, sondern sie bleibt geschärftes Bewusstsein von ihrer Verwurzelung in faktischen Bezügen. Phänomenologische Kritik begreift sich dabei als ständig aufgegebenes Unterscheiden zwischen konstruktiven Überfremdungen und Selbstartikulation gelebter Praxis.«[249] Von diesem Selbstverständnis phänomenologisch- kommunikativ orientierter Pädagogik ausgehend wird es möglich zu zeigen, woraufhin eine leibliche Verortung intersubjektiver Handlungsfelder im schulischen Rahmen das Verständnis von Rationalität und Sozialität verändert.

Wenn Rationalität als Erkenntnismittel aus dem Anspruch gelöst wird, mit strenger mathematischer Logik, in Ordnungs- und Regelvollzügen, übersituative Wahrheiten zu erschließen, um ihre Einbindung in die konkreten, geschichtlichen Lebensvollzüge mit ihren mehrdeutigen, spontanen und diskontinuierlichen Weltbezügen zum pädagogischen Anliegen zu machen, trägt sie zur Entfaltung einer Humanität bei, mit der das Ungeregelte und Krisenhafte als Bestandteile des Erziehungs- und Bildungsprozesses Aufnahme finden. Denn »Theorien, die nur das Regelhafte der menschlichen Existenz in den Blick nehmen, sind in strengem Sinne inhuman, wenn sie beanspruchen, den ganzen Menschen zu erfassen; denn sie klammern die Bedrohungen, die Brüche, die Kontingenzen, also die Lebendigkeit des menschlichen In-Welt-seins aus.«[250] Rationalität, die sich als leibliche Erkenntnisweise in der faktischen Existenz unserer lebensweltlichen Wirklichkeit entfaltet, hat teil an der Endlichkeit und Beschränkung dieses Daseins. Sie lässt sich ein auf die Möglichkeiten und Begrenzungen menschlicher Wirklichkeit und wird erst so zu einer Rationalität mit menschlichem Antlitz. Sie nimmt die Endlichkeit menschlicher Existenz als konstitutives Element der Wahrnehmungsweise unserer Weltwirklichkeit auf und überwindet so die Rationalität eines wissenschaftlichen Wissens, mit dem mehrdeutige, nicht messbare und nicht reproduzierbare Systeme an den Rand von Erkenntnis- und Handlungszusammenhängen gedrängt werden. Auf diese Weise finden gerade »Begrenzungen unserer Erkenntnis- und Handlungsmöglichkeiten zu Bedingungen humaner

---

[248] *Käte Meyer-Drawe*, Leiblichkeit und Sozialität, a.a.O., S. 229.
[249] Ebd., S. 232.
[250] Ebd., S. 237.

Wirklichkeit. Unbegrenztes Wissen, total unverzerrte Rationalität ist menschenunmögliche und damit auch unmenschliche Rationalität.«[251] Im Bewusstsein der Mehrwertigkeit von Rationalität kann sich eine Humanisierung der Vernunft vollziehen, die sich in der Kontingenz alltäglicher Existenzvollzüge und der Brüchigkeit technologischer Wissenschaftsgläubigkeit offenbart. Erziehungshandeln muss diese gebrochene Rationalität in sich aufnehmen, wenn es der Gefahr entgehen will, genormtes, von außen vorgegebenes Wissen an vermeintlich Unwissende heranzutragen. Als Lehrende sind wir vielmehr darauf angewiesen, diesen vielfältigen Rationalitäten Raum zu geben, wenn die pädagogische Praxis Intersubjektivität als die Grundlage humanen Existierens in der uns umgebenden Welt ansieht. Die Rationalität einer intersubjektiven pädagogischen Praxis ist demgemäß nicht auf übersituative Zusammenhänge gerichtet, sondern auf eine Rationalität, die den Erfahrungen der Subjekte immanent ist und aus der Geschichte dieser Erfahrungen verbindliche Handlungsformen entwirft. Hier zeichnet sich eine Erziehungswirklichkeit ab, die ihre Kommunikationsbasis aus dem Bewusstsein der Begrenztheit und Fragwürdigkeit persönlicher Überzeugungen, Haltungen, Einsichten und Erfahrungen ableitet. Diese pädagogische Wirklichkeit trägt somit den Charakter der ontologischen Genese, die sich kritisch gegen Erkenntnismöglichkeiten mit dem Anspruch auf »universale Evidenz«[252] und »allgemeine Handlungsverbindlichkeiten«[253] stellt, und sich vielmehr an intersubjektiven Vollzügen orientiert, mit denen sie »auf prädikative und voobjektive Dimensionen des Zur-Welt-seins [stößt], welche die Genese bestimmter Habitualisierungen fundieren. Der genetische Aspekt stellt die notwendige Ergänzung einer conditio sine qua non dar.«[254] Aus diesem Wirklichkeitsverständnis erwachsen für eine Pädagogik der Inter-Subjektivität Konsequenzen, die unter dem Anspruch einer human zu gestaltenden Rationalität auf eine Konzeption des Lernens gerichtet sind, mit der die »Beschreibung des Lernvollzugs als inter-subjektivem Prozess der Umstrukturierung und Modifizierung von Verhalten innerhalb konkreter, sozial-historischer Aktionsfelder«[255] im Vordergrund des erzieherischen Interesses steht. Aus dem Blickwinkel zwischenleiblicher Wahrnehmung wird der Zugang zum Subjekt der wissenschaftlichen Verfügung entzogen und aus seiner Einbindung in die sozialen Umfelder betrachtet, in denen Diskontinuitäten und Krisen die Interaktionsformen und Kommunikationsweisen als leiblichen Bezug zur Welt bestimmen. Sozialität meint folglich einen generativen Prozess, in dessen Verlauf sich primär fragmentarische, spontane, ungeregelte und präobjektive Erfahrungs- und Handlungsmuster artikulieren. Lernvorgänge, die innerhalb dieses Erfahrungsfeldes stattfinden, werden unabschließbar bleiben, denn sie stel-

---

[251] Ebd., S. 240.
[252] Ebd., S. 248.
[253] Ebd.
[254] Ebd., S. 251.
[255] Ebd., S. 255.

len keinen homogenen Prozess dar, laufen nicht geradewegs auf ein Höchstmaß
an Erkenntnisgenauigkeit zu, sondern unterliegen Umstrukturierungen und kontingenten Erfahrungen, so dass sich neue Verhaltens- und Einstellungsweisen
entfalten. Damit anerkennt ein leiblich-intersubjektiver Bezug zur Welt die Endlichkeit des Anderen als Person und die Endlichkeit seiner Verstehensleistungen,
die vor der Überschätzung schützen, dass vollkommene Verständigung zwischen
Lehrenden und Lernenden möglich sei, denn »wie der Augenblick meines Todes
für mich eine unzugängliche Zukunft bleibt, bin ich gewiss, nie die Präsenz des
Anderen bei sich selbst erleben zu können. Und doch existiert für mich jeder Andere als ein unwiderleglicher Stil, ein Milieu der Koexistenz, und mein Leben hat
seine soziale Atmosphäre, wie es seinen Todesgeschmack hat.«[256] Was sich jedoch
auf Seiten des Unterrichtenden verwirklichen lässt, ist die Vermittlung des Bewusstseins, dass Lernen einen Prozess des »allmählichen Anwesendwerdens«[257] darstellt, sich also nicht auf das »Fertigwissen«[258], das «flinke Bescheidwissen«[259] und
den »Schnelldurchmarsch«[260] zu Begriffen und Erkenntnissen einschränken lässt.
Lebensweltlich-subjektorientiertes Lehren wird auf die Anwendung der »Belehrungsmaschinerie«[261], wie sie durch die Vermittlung von Begriffsgebäuden und
Spezialistenwissen leicht in Gang zu setzen ist, verzichten, und Lehren als einen
Impuls verstehen, der die Lernenden dazu führen möchte, sich auf die anstehende
Sache so einzulassen, dass die Aufmerksamkeit für die Sache zur Verlangsamung
des Lehr- und Lernvorgangs führt. Um eine Sache zu verstehen, muss man sich
auf sie einlassen, sich annähern. »Sich einlassen auf die Sache - das heißt hier,
wirklich hinschauen und die Merkwürdigkeiten, den Stachel des irritierenden
Phänomens stark machen. Und ihn nicht durch angelerntes und vorwitziges Bescheidwissen abzutöten.«[262] Lehren erweist sich damit als ein Vorgang, mit dem
der Prozesscharakter der Erkenntnisgewinnung, weniger jedoch die Ausrichtung
des Interesses auf die Ergebnissicherung gemeint ist. Im Unterrichtsverfahren gewinnt somit die Erziehung zur intensiven und authentischen Wahrnehmung zunehmend an Bedeutung, und zwar als »Prozess der Selbstbildung«[263] durch die
Rückgewinnung der Fähigkeit, sich auf eine Sache sinnlich und leiblich einzulassen. So wird ein subjektives Erleben ermöglicht, das dem Wesen der Dinge nahe
kommt, weil es der Rationalisierung des Körpers entgegensteht, indem es die Zuwendung zur Welt aus einer dialogischen, risikofreudigen, mit Neugier am Fremden und der Phantasie des Spielerischen ausgestatteten Leiblichkeit heraus wahr-

---

[256] *Maurice Merleau-Ponty*, Phänomenologie der Wahrnehmung, Berlin 1966, S. 417.
[257] *Horst Rumpf*, Lernen, sich auf etwas einzulassen; in: Ursula Fritsch/Heide-Karin Maraun (Hg.):
Über ein anderes Bild von Lehre, Weinheim 1998, S. 17.
[258] Ebd., S. 17.
[259] Ebd.
[260] Ebd., S. 19.
[261] Ebd., S. 20.
[262] Ebd., S. 24.
[263] *Adelheid Sievert-Staudte*, 24 Stunden sind ein Tag – Ästhetisches Lernen am eigenen Leib, in:
Ursula Fritsch/Heide-Karin Maraun (Hg.), Über ein anderes Bild von Lehre, a.a.O., S. 193.

nimmt und von daher zu einer subjektnahen Erziehungs- und Bildungswirklichkeit findet, die Rationalität leiblich integriert.

4.3.1.1 Phänomenologische Bildung und Rationalität

Bildung als das Ziel phänomenologischer Erziehung soll das Subjekt sensibilisieren für die Wahrnehmung von Ambivalenzen und Kontingenzen, die zu existenziell bedeutsamen Verhaltens- und Erlebnisweisen im Sinne einer ethisch-religiösen Aufmerksamkeit führen. Als »Subjekt der Vermögen«[264] besteht zwischen dem Subjekt und der Lebenswirklichkeit ein interdependentes Verhältnis. Aus seiner Nähe zur gelebten Realität entwickeln sich pluralistische Blickrichtungen auf Lebenssituationen, die der Zeitlichkeit unterliegen und von daher Züge des Fragmentarischen und Unzulänglichen tragen. Etwas auf diese Weise neu zu sehen, heißt auch, in ständiger Reflexion über das Vorgegebene zu stehen, das in Form technisch-wissenschaftlicher Vergegenständlichung und Funktionalisierung die Lebenswelt beeinflusst. Subjektorientierte phänomenologische Bildung steht in kritischer Auseinandersetzung mit einem Rationalismus, der zum Herrschafts- und Verfügungswissen geworden ist, indem er den Objektivismus zum Deutungsmuster der Gesamtwirklichkeit macht und in der Subjekt-Objekt Spaltung verhaftet bleibt. In der Überwindung dieser Trennung und dem Rekurs auf die Subjekt-Subjekt Beziehung ist eines der wichtigsten Anliegen phänomenologisch orientierter Bildung zu sehen: Subjekthaftes Dasein spielt sich in der Welt ab; es ist Sorge für diese Welt und die in ihr lebenden Menschen. Der Vernunft fällt dabei die Rolle zu, die vielfältigen Wirklichkeitsbereiche der Lebenswelt zu koordinieren und zu analysieren. Mit diesem erweiterten, das heißt immanenten Vernunftbegriff, der vom Erfassen einer universalen, absoluten Wahrheit, absieht, erschließt sich das plurale Subjekt mit seinem komplexen, lebensweltlich vorgeprägten Wissen. Auf schulischen Unterricht übertragen bedeutet dies, die Vorprägungen der Schüler zu Wort kommen zu lassen, bevor das Gebäude der Wissenschaftstheorie die didaktisch-methodischen Ziele bestimmt, denn »es geht nicht an, das Ziel einer Wissenschaftstheorie zum Ziel einer Unterrichtstheorie zu machen. Soll der *Mensch* gebildet werden, dann darf er nicht in seiner epistemischen Kompetenz allein gefördert werden«.[265]

---

[264] *Werner Loch*, Phänomenologische Pädagogik; in: *Dieter Lenzen/Klaus Mollenhauer* (Hg.), Enzyklopädie der Erziehungswissenschaft, Bd. 1, Theorien und Grundbegriffe der Erziehung und Bildung, Stuttgart 1983, S. 167.

[265] *Walter Herzog*, Piaget im Lichte der Phänomenologie: Eine pädagogische Erkundung; in: *Max Herzog/Carl F. Graumann* (Hg.): Sinn und Erfahrung, Heidelberg 1991, S. 309.

4.3.1.2 Schlussfolgerungen zum Rationalitätskonzept der Phänomenologie

Phänomenologisch verstandene Rationalität ist das Ergebnis eines Selbstverständnisses, mit dem sich Distanz zu Theorien, Modellen und Methoden ausdrückt, die ihren wissenschaftlichen Anspruch auf der Grundlage rein formal-quantitativer Verfahren erschließen. Das bedeutet, dass sich das Interesse der phänomenologisch orientierten Vernunft nicht primär auf den technizistischen, faktischen Zugang zur Wirklichkeit, sondern auf deren sinnlich-leibliche Erfahrbarkeit richtet. Diese »Rationalität des Leibes«[266] bewegt sich jenseits von zweckorientierter, experimentell überprüfbarer Objektivität. Sie ist vielmehr eine lebensweltliche Rationalität, aus der sich nicht das Messbare, sondern die Erlebnissituation, in der das Nichtnormierbare, Fragmentarische und Regellose zu finden sind, ableiten lässt. Rationalität, wie sie die Phänomenologie versteht, vermittelt keine Eignungsvoraussetzungen für etwas; ihr Ziel ist nicht die allgemeine Kenntnis bestimmter Bereiche. Ihr Anliegen ist jedoch das Schöpfungswissen, das den poetischen Lebensraum erschließt, in dem die Subjekthaftigkeit kreativ zur Entfaltung kommt. Anthropologisch verstanden entwirft das phänomenologische Denken damit ein Rationalitätskonzept, in dessen Vollzug das Objekt reflexiv in seinem Verweis- und Erscheinungscharakter entdeckt wird. In der Genese, die auf die »Intersubjektivität des Subjekts«[267] gerichtet ist, kommen die Anlagen zur Entfaltung, die sein Grundvermögen, nämlich nach sich selbst und dem Wesen seiner Lebenswelt zu fragen, ausmachen. Phänomenologische Rationalität meint somit das Vermögen, vom Tatsachenwissen des Objektivismus zur Wesenserschließung der Sachen durch die genetisch-kontingente, von der instrumentellen Verfügbarkeit befreite, Rationalität zu kommen. Phänomenologische Pädagogik steht somit einem zweckrationalen Unterrichtsverfahren kritisch gegenüber, das auf die Produktion von Endverhaltensweisen ausgerichtet ist und damit Schüleraktivitäten unberücksichtigt lässt oder gar als Störfaktoren versteht, die diesem vorgezeichneten Weg nicht folgen. Wenn sich die Aufmerksamkeit der Schüler eines Kurses in eine andere Richtung als die vorgesehene entwickelt, weil ein angestoßenes Problem, ein Thema oder eine Information zu Rückfragen, Widersprüchen, Zweifeln oder eigenständigen Nachforschungen anregt, verlassen sie den operationalisierten Weg, auf dem die Lernziele erreicht werden sollten. Bringen die Kursteilnehmer also die Erfahrungen ihrer Lebensgeschichte ein und konfrontieren sie diese mit den vorgeplanten Erwartungen, kommt es zum Konflikt, der die gewünschte Garantie eines reibungslos-zweckrational ablaufenden Unterrichts durchbricht. Gerade diese erfahrungs- und situationsbezogenen Faktoren als lernrelevant auf-

---

[266]   Vgl. *Horst Rumpf*, Unterricht und Identität, München 1976, S. 9ff.; vgl. ders., Die Fruchtbarkeit der phänomenologischen Aufmerksamkeit; in: *Max Herzog/Carl F. Graumann* (Hg.), a.a.O., S. 313ff.
[267]   Vgl. *Käte Meyer-Drawe*, Leiblichkeit und Sozialität, München 1987, S. 215ff.

recht zu erhalten, muss jedoch ein subjektorientierter Unterricht, der auf Identitätsbildung ausgerichtet ist, gewährleisten.[268]

4.4 Schule: Unterricht und Identität

Die Welt der Erwachsenen, die mit der Schule in Form der Rollenverteilung von Lehrenden und Lernenden verstärkt in das Leben der Heranwachsenden eingreift, bestimmt darüber, inwieweit es dem Schüler möglich ist, sein Ich einzubringen, oder in welchem Maß er seine eigenen Erfahrungen mit der Welt im Rahmen schulischen Lernens ausblenden muss. Ein phänomenologisch orientierter Unterricht wendet jedoch seine Aufmerksamkeit der Bedeutung derjenigen Erfahrungen und Lebensdeutungen zu, die von den Schülern in den Unterricht eingebracht werden. Es kann somit in der Schule nicht darum gehen, Lerninhalte von den Lebenshintergründen der Schüler und auf Verwendung ausgerichteten Zusammenhängen zu isolieren. Der Unterricht muss vielmehr darauf ausgerichtet sein, sich um die Einlagerung der Lebenserfahrungen seiner Schüler in die Lerninhalte zu bemühen. Denn erst mit der Integration ihrer lebensgeschichtlichen Vorerfahrungen in den Lernprozess wird die Isolation des Schüler-Ich von seiner außerschulischen Lebenspraxis überwunden. Seine Erfahrungen und Weltanschauungen werden ernst genommen, wenn die Möglichkeit besteht, Anteile seines eigenen Ich vorwissenschaftlich im Unterricht zu artikulieren. Es dient der Ausformung seiner Identität, wenn das Subjekt in der Schule jeden Tag aufs Neue die Chance erhält, »sich selbst, das Sediment seines Lebens wahrzunehmen – es nicht namens vorgeschriebener Normen und eingespielter Rituale unablässig durchstreichen und für nichts halten zu müssen.«[269] Die subjektiven Anteile bei der Erarbeitung des Unterrichtsgegenstandes dürfen nicht als unwissenschaftlich verworfen werden, denn »der Stoff entsteht im Austausch der Kinder – sie tauschen *sich* aus, im genauen Sinn des Wortes: ihre Theorien tragen Erfahrungen, Stücke ihrer selbst, in sich. Absurd die Vorstellung, dass in diesem Gespräch ein Kind darauf achtete, was *er*, der Lehrer, wohl hören möchte, worauf *er* wohl hinausmöchte.«[270] Die Rolle des Schülers beim Schullernen kann sich somit nicht darin erschöpfen, Auffassungen über das, was der Lehrer für bedeutsam hält, was seine Wertschätzung findet, zu übernehmen. Auch wenn schulisches Lernen eine Sozialisation zu begünstigen scheint, mit der Schüler in institutionalisierte Lerner-Rollen mit ihren Anforderungsstrukturen hineingeführt werden, und dem Lernenden damit angetragen wird, »etwas für wichtig, vernünftig, wertvoll, ehrfurchterweckend zu

---

[268] Vgl. *Horst Rumpf*, Unterricht und Identität, a.a.O., S. 29–52.
[269] Ebd., S. 16.
[270] Ebd., S. 18.

halten, was ihn insgeheim, d.h. von dem mitgebrachten Repertoire seiner
Weltbearbeitung her, eher gleichgültig, belanglos, nicht überzeugend anmutet,«[271]
muss es einem subjektorientierten und auf Identitätsfindung angelegten Unterricht daran gelegen sein, dem Schüler die Angst vor der Nichtigkeit seines Ich zu
nehmen. »Die Angst, dass das mitgebrachte Ich zu nichts werden könnte, wenn
man in die vorgezeichneten Weltbilder der Lernrolle hineinschlüpft – sowie die
Angst, in der neuen mit vielen Insignien sozialer Bedeutsamkeit ausgestatteten
Institution nicht hoffähig, nicht präsent werden zu können –, diese beiden Ängste
sind wohl zu veranschlagen, wenn man Schullernen ins Auge fasst, und es ist wohl
deutlich, dass die Analyse des Aufbaus kognitiver Strukturen allein die lebensgeschichtliche und affektive Dynamik nicht in den Blick bekommt, die den Aufbau solcher Strukturen antreibt und ihm einen Stellenwert im Aufbau der eigenen
Identität des Lernenden gibt.«[272] Sollten die Lehr- und Lernerfahrungen tatsächlich so gestaltet sein, dass dem Schüler-Ich wenig Gelegenheit zur Einlagerung seiner Lebenshintergründe gegeben wird, kann dies zu Reaktionsmustern führen, mit
denen das Ich auf den Rückbezug zu diesen Erfahrungen verzichtet und es sich
mit den Mechanismen identifiziert, denen das Odium der Bedeutsamkeit und
Wichtigkeit anhaftet. Auf diese Weise lassen sich Schwierigkeiten vermeiden,
allerdings um den Preis des Verzichts auf einen Teil des eigenen Selbstverständnisses. Auf Seiten des Schülers läuft dann ein Anpassungsmechanismus ab mit dem
Ziel, in einer sozial bedeutsamen Institution wie der Schule anerkannt zu sein und
sich im Rahmen dieser Anerkennung wahrzunehmen. Der Schüler überspringt
also einen Teil seiner eigenen, realen Situation; er identifiziert sich mit den
Mächtigen, vernachlässigt seine persönlichen Erfahrungen und Affekte zugunsten
der Identifikation mit vorgegebenen Handlungsmustern. Dass lerntheoretische
und curriculumorientierte Didaktiken, die den subjektiven Faktor im Lerngeschehen fast völlig ausblenden, und auf ein von vornherein angestrebtes, auf linearem
Weg zu erreichendes Endverhalten ausgerichtet sind, an dieser Identitätsinstabilität nicht ganz unschuldig sind, sei hier angemerkt. Um diese Zurichtung des
Schüler-Subjekts durch Schullernen zu vermeiden, muss der Unterricht so gestaltet sein, dass er sich von Lernzielfixierungen löst und den »Naherfahrungen«[273] des
Subjekts Raum gibt. Das heißt, dass die gegenwärtige Wirklichkeit der Schüler im
Unterricht vorkommen muss. Seine Erfahrungen sollen in den Lerninhalten und
deren Bedeutungen wiederzufinden sein. Schulisches Lernen kann nicht auf die
Wahrnehmung der Erfahrungen von Schülern, auf ihre eigenen Gefühle und die
anderer verzichten. Lernen im schulischen Kontext meint auch die Freude, etwas
eigenes zu erfahren, ein »Könnensbewusstsein«[274] zu entwickeln, neue Zusammen-

---

[271] Ebd., S. 20.
[272] Ebd., S. 21.
[273] Ebd., S. 24.
[274] *Wilfried Lippitz*, »Zu den Sachen selbst«; in: *Wilfried Lippitz*, Phänomenologische Studien in der
Pädagogik, Weinheim 1993, S. 32.

hänge mit anderen zu erschließen und dafür Anerkennung zu finden. Verzicht geleistet werden kann jedoch auf modellierte Lösungen und den Nimbus des Bescheid- und Besserwissens. Erst aus der Spannung zwischen persönlichen und sozialen Bezügen erwächst ein Verständnis von schulischem Lernen, das mit Lernerwartungen und Lernforderungen auf eine Weise umgeht, die Identität in der Entfaltung von Empathie und kommunikativer Kompetenz zum Tragen bringt.

Schüler fühlen sich dann in der Schule wohl, wenn sie mit ihrem Ich, ihrem eigenen Wollen, am Lernprozess beteiligt sind und wenn sie merken, dass die von ihnen geforderte und erbrachte Leistung für ihr Leben bedeutsam ist. Es darf also beim Lernen nicht nur darum gehen, den Wert des Lernens allein in der Leistung zu sehen, sondern gerade auch in der Förderung des »Selbstwertgefühls des Lernenden«[275] Wenn also in der Schule so gelernt und gehandelt wird, dass der Bezug der Lernanforderungen zu dem, was dem Schüler wichtig erscheint, in einsichtiger Korrelation steht, und wenn dazu in partnerschaftlicher Weise der Schüler das Gefühl bekommt, von seinen Lehrern verstanden zu werden, wird er sich in der Schule wohlfühlen. Die Bedingungsfaktoren schulischen Lernens sind jedoch nach wie vor von Leistungsdruck, Disziplindruck und der Angst des Schülers vor den damit einhergehenden Anforderungen beherrscht. Sie haben entscheidenden Einfluss auf die Entwicklung seiner Gesamtpersönlichkeit. Zudem wird dem Schüler durch sie indirekt mitgeteilt, dass eher die Sache des Unterrichts als seine Persönlichkeit den Lernverlauf bestimmt. Um zwischen dem von außen geforderten Lernen und dem Selbstbestimmungsbedürfnis der Schüler eine Balance zu finden, ist das Lehrerverhalten von entscheidender Bedeutung. Die Empathiefähigkeit der Lehrenden hat großen Anteil an der Zufriedenheit der Schüler und ihrer Bereitschaft, sich hohen Lernanforderungen zu stellen. Angst und Druck können gemindert werden, wenn der Lehrer das Gefühl vermittelt, dass es beim Lernen nicht nur um Zensuren, Disziplinierung und Versetzungen geht, sondern um die Entwicklung persönlicher Kompetenzen. Kann der Unterrichtende dieses Bewusstsein vermitteln, dann wird die »Beurteilungsprozedur«[276] den Machtfaktor zwischen Lehrer und Schüler und die damit verbundene Einengung des Schülerverhaltens relativieren helfen. Denn »kindliches Lernen ist weitgehend dadurch zu kennzeichnen, dass nur das gelernt wird, was das Kind gern können, für sich als ›Besitz‹ haben möchte. Es lernt mit Intensität aus eigenem Antrieb so lange, bis der Lernprozess abgeschlossen oder die Lust daran verloren gegangen ist. Dies gilt auch dann, wenn der Lernprozess von anderen, z.B. von den Eltern angestoßen worden ist. Kindliches Lernen ist also individuell, weitgehend selbstbestimmt und freiwillig, oft spontan und ohne zeitliche Begrenzung. Das Kind kann

---

[275] *Axel Harmsen/Dietrich Dumke/Herbert Hopf,* Leben in der Schule als Leistung – Kindsein in der Leistungsgesellschaft; in: *Karl Neumann* (Hg.), Kindsein – Zur Lebenssituation von Kindern in modernen Gesellschaften, Göttingen 1981, S. 161.
[276] Ebd., S. 164.

viel von sich einbringen und über Beginn wie Ende seiner Lerntätigkeit selbst entscheiden.«[277] Die Institutionalisierung des Lernens, wie sie im Zusammenhang der schulischen Rituale z.B. durch Zensuren und Zeugnisse gegeben ist, führt dazu, Anpassungsleistungen an die Bedingungen der Schule einzufordern, die im besten Fall zu Orientierungs- und Verhaltenssicherheit führen, aber um den Preis der einseitigen Ausrichtung dieses Verhaltens an den schulischen Mechanismen. Wenn die Anpassungsleistungen zum Hauptzweck der Lernprozesse werden, erfahren Schüler diese Forderung als Einengung und als Angriff auf ihre Identität. Eine Möglichkeit zur Überwindung dieses Problems liegt darin, Leistungsvorstellungen dahingehend zu ändern, dass sie die Ich-Identität der Schüler durch das »Erleben eigenen Könnens«[278] und das »Erleben der Folgen eigenen Handelns«[279] entwickeln helfen. Durch die Übernahme eigener Verantwortlichkeiten, die Möglichkeit, das Lerntempo selbst zu bestimmen sowie die Ausrichtung der Lerninhalte an den praktischen Notwendigkeiten für Gegenwart und Zukunft, bringen »Schule und Leben«[280] identitätsstiftend zusammen. Die Vorbereitung auf dieses Leben, wie sie in der Schule angestrebt wird, ist also entscheidend davon abhängig, ob Schüler kreative Lernprozesse erfahren können, ob sie Raum haben für eigene Einschätzungen, Gedanken und Gefühle, für die Überwindung konventioneller Denkweisen und festgelegter Meinungen. Diese Erlebnisse und Erfahrungen machen die Merkmale eines kreativ-innovativen Lernens aus, um Schüler für den problemlösenden Umgang mit den Lebensbedingungen in unserer Gesellschaft zu befähigen. Für schulisches Lernen ist damit weiterhin gesagt, dass die Ausrichtung der Schulfächer auf die mess- und überprüfbaren Anteile, die durch Verstandesleistungen erbracht werden, die emotionalen und sozialen Bereiche nicht übergehen darf. Sonst wird »alles, was im Unterricht geschieht, zum möglichen Gegenstand einer Lernkontrolle. Alles, was der Schüler tut, wird gemessen. Er wird ausgemessen; es bleibt nichts Bedeutsames neben diesen messbaren Leistungen.«[281] Innovatives Lernen hingegen richtet sein Interesse nicht nur auf das Verstehen, sondern auch auf den Prozess des Ausdenkens und Ausprobierens; es entwirft Perspektiven für die Zukunft und reflektiert von daher Konsequenzen aus gegenwärtigem Denken und Handeln in kooperativer und empathischer Art und Weise. Die Initiation zu diesem Lernverhalten wird durch Zensuren eher eingeengt als gefördert. Wenn auch auf die Notengebung insgesamt nicht verzichtet werden kann, so sollte der Lehrende jedoch darauf verzichten, mit Zensuren zu motivieren, da sich komplexe Lernprozesse, die Verstehens-, Anwendungs- und Übertragungsleistungen erfordern, damit nicht hervorrufen lassen. Abgesehen werden sollte auch davon, mit Zensuren zu disziplinieren, denn die

---

277 Ebd.
278 Ebd., S. 168.
279 Ebd.
280 Ebd.
281 Ebd., S. 171.

Selbständigkeit und Selbsttätigkeit der Schüler wird durch Bestrafung eher einge-schränkt als entfaltet. Für schulisches Lernen ist es insgesamt sinnvoller, den Leis-tungs- und Rationalitätsbegriff nicht einseitig an der Logik der Unterrichtenden und nicht allein am Endergebnis, sozusagen am Produkt der erbrachten Leistung, festzumachen, sondern ihn vielmehr auf die geistigen Prozesse zu orientieren, die sich in der Unterrichtskommunikation bei der Auseinandersetzung mit dem Gegenstand und seiner Aneignung vollziehen. Damit kann es gelingen, die Domi-nanz verstandesorientierter Leistungen und ihrer Vermessung zu relativieren und innovativem Lernen so viel Platz einzuräumen, dass es die Schüler befähigt, zur aktiven Gestaltung ihrer eigenen Lebensgeschichte zu finden. *Karlheinz Biller*[282] spricht in diesem Zusammenhang davon, dass es die Aufgabe der Schule sein muss, Schüler zur Gestaltung eines »sinnerfüllten Lebens«[283] auszubilden. Jedoch gerät Schule durch die Hindernisse, die sie bei der Entfaltung von Sinnhaftigkeit hat, nämlich dass sie ihre Ziele eher an Unterrichtsstoffen, der Entfaltung des Intellekts und an Qualifikations- und Selektionsmechanismen auszurichten hat, in Sinndefizite. Denn solange Lernen mit einer Dominanz rationaler Inhalte einher-geht, bleiben der emotionale Bereich und »das Denken und Handeln vom Andern her«[284] eingeschränkt. Soll es aber in der Schule um die »Heranbildung einer hu-manen Menschheit«[285] und um sinnerfülltes aktuelles Leben gehen, dann ist Sinn »die Verwirklichung dessen, was sowohl möglich als auch notwendig ist, und zwar in den kognitiven, emotionalen, sozialen, relationalen und aktionalen Bereichen, einschließlich des Bereichs der Werte,«[286] wie sie die Lebensgeschichte der Schüler identitätsfördernd bestimmen.

4.4.1 Schulische Lebensgeschichte – Identität und Lernen

In unserer Lebensgeschichte, so *Friedemann Maurer,* spiegelt sich »von je neuen Standorten immer wieder mit anderen Akzenten und damit neu erzählbar, mit der Suche nach dem Lebenssinn und nach dem Ich nicht zuletzt die Geschichte unse-rer Wandlungen, geistiger und sozialer Umorientierungen, kurzum des Lernens. Fasst man Lernen als Inbegriff der Wandelbarkeit oder Veränderbarkeit des Men-schen, dann ist Lebensgeschichte zuallererst *Lerngeschichte.*«[287] Der Blick für ein Lernverständnis, das sich aus der Innenperspektive, dem inneren Prozess des Sub-jekts, seiner Ich-Erfahrung ableitet, und den Aufbau von Lebenssinn im Verlauf

---

[282] *Karlheinz Biller*, Die Sinnproblematik im Zusammenhang der Bildungssysteme: Zur Erfahrung von Sinnlosigkeit in der Schule; in: *Wolfram Kurz/Franz Sedlak* (Hg.), a.a.O., S. 486ff.
[283] Ebd., S. 492.
[284] Ebd., S. 496.
[285] Ebd., S. 497.
[286] Ebd.
[287] *Friedemann Maurer*, Lebensgeschichte und Lernen; in: *Utz Jeggle/Werner Loch*, Lebensgeschichte und Identität, Frankfurt 1981, S. 109.

seiner Lebensgeschichte fördert, droht bei der »Entwicklung und Perfektionierung einer auf Planung, Methode und Kontrolle der Lernprozesse ausgerichteten Schulpädagogik und -didaktik«[288] verloren zu gehen. So steht das institutionalisierte Lernen in der Schule mit seinen »sekundären, künstlichen Lernwelten«[289] in der Gefahr, »dass sie das Lernen des Kindes allein von allen möglichen äußeren Bestimmungsgründen abhängig machen, nur nicht von dem, was dieses Kind *selbst sein kann und sein will.* Unterricht, der ausschließlich objektive Lernziele an den Subjekten exekutiert und deren Erfüllung zu messen trachtet, wird als ichfremdes, ja ichfeindliches System erfahren, als rein formales Kontrollgebilde, wie die Soziologen sagen würden.«[290] Wird Lernen jedoch verstanden als die Fähigkeit und Möglichkeit des Subjekts, mit Neuem, Ungewohntem, Unvertrautem und Unverständlichem fertig zu werden, dann wird es zum Antrieb für Orientierungen, die als eigene Denk- und Handlungsmuster Ich-Identität und Lebenssinn im Verlauf der individuellen Lebensgeschichte fördern helfen. So befindet sich der Mensch als leibliches und gesellschaftliches Wesen im fortwährenden Erfahrungsaustausch mit seinen Mitmenschen, in dessen Verlauf er zur Ausformung seiner Identität findet. Der »signifikante Andere«[291] ist der Spiegel, der ihm den Grad des persönlichen Selbstbewusstseins, der Selbstsicherheit und der sozialen Empathie reflektiert und dem er selbst zum Spiegel wird. »Lernen vollzieht sich in diesem Prozess der intersubjektiven Spiegelung von außen nach innen, durch die Begegnung mit konkreten Menschen, deren Präsenz Ausdruck und Selbsterfahrung des entgegenstehenden Ich modeln und einer gewissen sozialen Kontrolle unterwerfen.«[292] Lernen erweist sich in diesem skizzierten Zusammenhang als das Ergebnis eines sozialen Austauschs, der in der leiblichen Begegnung mit dem Anderen sich kontinuierlich verändernde Bewusstseinshaltungen zum Ausdruck bringt und innerhalb dieses sozialen Prozesses als Mitvollzug eines gemeinsamen Lebens, das auf Identitätsbildung ausgerichtet ist, verstanden werden kann. Da der Mitvollzug des sozialen Lebens nie reibungslos verläuft, kommt es an Stellen, wo Konflikte und Krisen, wo Versagenserlebnisse und Umbrüche auftauchen, zu der Notwendigkeit, mit neuen Wahrnehmungen und Orientierungen, mit veränderten Wertungen und Urteilen an die Lösung des aufgetretenen Problems heranzugehen. Der Lernvorgang wird somit motiviert durch die Erfahrung, dass die bisherige Sichtweise der Dinge nicht mehr ausreicht und erst erweiterte Reflexionen Bewältigungsmöglichkeiten eröffnen werden. »Ursprüngliche Selbstverständlichkeiten und beschränkte Sichtweisen, mit denen sich das Subjekt bis zum Eintreten des Konfliktfalls gar nicht auseinander zu setzen hatte, werden plötzlich fragwürdig, treten nur noch als Spezialfälle eines

---

[288] Ebd., S. 110.
[289] Ebd.
[290] Ebd., S. 111.
[291] Ebd., S. 115.
[292] Ebd., S. 114.

allgemeinen Zusammenhangs auf, verlieren ihren geistigen oder sozialen Sinn und müssen in neue Handlungs- und Deutungsmuster eingeschmolzen werden.«[293] So führt das Erlebnis der Diskrepanz zwischen der persönlichen Voreinstellung zu einem Ereignis und dessen davon abweichendem Gehalt zu einem Lernverhalten, mit dem das Vermögen des Menschen motiviert wird, sich reflektierend aus gewohnten Wahrnehmungen und Handlungen zu lösen, sein Ich lernend umzugestalten und damit zu einer erweiterten Identität zu finden. Diese Befreiung aus Gewohntem und aus Selbstverständlichkeiten durch die Erfahrung von neuen Situationen und Anforderungen kann jedoch auch schmerzhaft sein, wenn sie einhergeht mit dem Verlust einer vertrauten Wirklichkeit und der Ablösung aus einem Zustand der Geborgenheit. Lernen als ›coping with novelty‹[294] bedeutet dann, im Verlauf der persönlichen Lebensgeschichte die Haltung gegenüber der Wirklichkeit immer wieder neu zu disponieren und für Wandlungen offen zu sein. »Lernen ist hier gleichzusetzen mit dem Aufbau einer neuen inneren Wirklichkeit, die weiß, dass Menschsein mühevoll ist, eine – bei allem äußeren Reichtum – nie zu überwindende Situation des Mangels, der Sehnsucht, ein Vermissen und Ringen um Sinn.«[295] Mit der Ausrichtung des menschlichen Lebens auf Sinn wird eine Lernhaltung motiviert, die es mit dem Entwurf des zukünftigen Lebens zu tun hat. In der Spannung zwischen dem gegenwärtigen Zustand des Ich und seinen zukünftigen Möglichkeiten entwirft Lernen als die Haltung des Könnens ein Widerstandspotenzial, mit dem das Subjekt seine Befreiung und Verwandlung einleitet. Lernend löst sich das Ich aus seiner persönlichen Geschichte. Es entwirft Bilder einer ichhaften Auflehnung gegen die Wirklichkeit, um sich für eine neue Zukunft offen zu halten. Lebensgeschichtlich verstandenes Lernen ist von daher auf ein Ziel ausgerichtet, das als Sinnperspektive zu bezeichnen ist. Auch wenn dieser Sinngehalt gegen den Widerstand der Umwelt erkämpft werden muss, liegt gerade darin die Dynamik eines menschlichen Lernprozesses. Lernen als Sinnfindung meint dann die Erfahrung, gebraucht zu werden, zwischenmenschlich bedeutsam und verantwortlich zu sein. »So verweist eine lebensgeschichtliche Theorie des Lernens auf die Einbindung aller Lernaufgaben in reale und als sinnvoll gedachte soziale Situationen; auf andere Menschen, für die es lohnt, sich zu mühen, sich zu schinden: Für sie zu *lernen*.«[296] Aus der biographischen Anthropologie, wie sie hier als Lerngeschichte des Kindes und Jugendlichen angesprochen wurde, muss nun die Frage abgeleitet werden, welche Art des pädagogischen Verstehens den am besten geeigneten Wirklichkeitsbezug für die Kinder und Jugendlichen herstellt, um im Rahmen schulischen Lernens identitätsfördernd zu wirken. Das entscheidende Richtmaß dieser Überlegung wird es sein, dem Lernenden immer wieder zu vermitteln, dass sein Lernen produktiv ist, weil es ihm eine Kompetenz

---

[293] Ebd., S. 117.
[294] Ebd., S. 119.
[295] Ebd., S. 120.
[296] Ebd., S. 129.

vermittelt, die aus der Gegenwart in die Zukunft reicht. »In dieser Weise gewinnt der Lebenslauf als umgreifender Horizont des pädagogischen Verstehens im aktuellen pädagogischen Bezug eine praktische, d.h. das Handeln der erziehenden wie der zu erziehenden Individuen orientierende Bedeutung.«[297] Lernen als produktiver Welt- und Wirklichkeitszugang erfordert dabei eine bestimmte Form der Aufmerksamkeit für das, was die Welt bereitstellt.

4.4.2 Lernen und seine Horizonte: Phänomenologische Konzepte menschlichen Lernens

Das Lernverständnis, wie es *W. Loch* vorstellte, ereignet sich als lebensgeschichtliche Subjektivität des Lernens im ›Modus des Könnens‹ und des ›Vermögens‹. Mit diesem Prozess geht ein Kompetenzaufbau im Rahmen teleologischen Verstehens einher. Dagegen zeigt *Käte Meyer-Drawe* in den folgenden Ausführungen die leibliche Ambiguosität der Lernprozesse, die sich genetisch als ein Umlernen innerhalb lebensweltlich interaktiver und intersubjektiver Erfahrungen darstellen, mit denen sich produktiv-schöpferisch umweghaftes Verstehen ebenso wie Fehlerhaftes gleichermaßen einstellen. Denn wenn Handeln auf ein sinnerschließendes und sinnverwirklichendes Ziel gerichtet sein soll, dann reicht es dazu nicht aus, Lernen als Verfügung über berechenbare, mathematisierbare Gesetze zur Hand zu haben, mit denen man meint, nun über die behandelte Sache Bescheid zu wissen. Das Wesen einer Sache oder eines Zustands zu erfassen, setzt voraus, durch ein kreatives Interesse Intuitionen und Phantasien entwickeln zu können, die zur Grundlage von Sensibilisierungen für das Unnormierbare werden. Wege zum Schöpfungswissen, zur poetischen Phantasie, wie sie in Mythos, Ästhetik oder Religion vorliegen, können hier weisend sein. Lernen heißt, Aufmerksamkeit zu erwecken für das Unbekannte im Bekannten, für das Befremdliche im Selbstverständlichen. In dieser Irritation des Genormten liegt die Möglichkeit zur Horizonterweiterung auf das Unfertige und Fehlerhafte, das aus der subjektiven Erkenntnisweise zur humanen Veränderung findet. Wahrnehmungen von Brüchen, Krisen, Befremdlichem und anscheinend Banalem, brauchen Artikulationsformen. Hier hat das Gespräch als erzählender Ausdruck des subjektiven Bewusstseins und jede Form der ästhetischen Darstellung ihren Platz.

Soll der Beitrag phänomenologischen Denkens für die Pädagogik, und dort speziell für das Phänomen des Lernens, herausgestellt werden, dann geschieht dies in Rückbindung an eine Reflexionsweise, mit der die Phänomenologie als Philosophie der Erfahrung »lebensweltliche Strukturen des Handelns, Wahrnehmens und Denkens als Fundament sowohl alltäglicher als auch wissenschaftlicher Sichtwei-

---

[297] *Werner Loch*, Lebenslauf und Erziehung, Essen 1979, S. 164.

sen menschlicher Existenz aufzuweisen bemüht ist.«[298] Dieser Erfahrungsbezug einer phänomenologisch orientierten Pädagogik leitet sich ab von dem Motto, das durch *Husserl* für die Phänomenologie prägend wurde: Durch den Rückgang auf die »Sachen selbst« soll es möglich werden, auf eine Wirklichkeit zurückzugehen, die gleichsam aller Welterkenntnis vorausliegt, sie folglich begründet. Da die Phänomene, die wir in unserer täglichen Umwelt wahrnehmen, durch Vor-Einstellungen, Theorien, Modelle und Ideologien verstellt sind, muss ein »Einstellungswechsel«[299] diese zur Routine verkommene Wahrnehmung rein vordergründiger Denk- und Handlungsmuster durchbrechen und mit neuer Aufmerksamkeit auf die originären, aller Erkenntnis zugrundeliegenden lebendigen Erfahrungen, verweisen. Nun macht es sich phänomenologisches Forschen zur Aufgabe, ihre Erfahrungsorientierung nicht im Sinne einer empirischen Vernunftverfügung über das Objekt ihres Erkenntnisinteresses zu verstehen, sondern es geht ihr vielmehr darum, Vernunft als einen Strukturierungsprozess aufzufassen, der *in* der Erfahrung wirkt und »den Sinn der Welt in statu nascendi«[300], also entfaltend-fragmentarisch, thematisiert. Dass das phänomenologische Interesse somit auf die Erfahrung in ihren konkreten Vollzügen, ihren kontingenten und intersubjektiven Situationen gerichtet ist und sich nicht an vorkonstruierten Modellen orientiert, ist offensichtlich. In der Konsequenz eines phänomenologischen Erfahrungsverständnisses kann somit gesagt werden: »Vor der Erklärung von Ursache-Wirkung –Zusammenhängen … liegt die lebensweltliche Erfahrung und der noch nicht theoretisch reduzierte Umgang mit der Welt der Menschen und der Natur. Wissenschaftliche Erkenntnis als hochspezialisierte Erkenntnis- und Umgangsweise sind *vorwissenschaftlich* ermöglicht, indem nämlich der jeweilig Forschende auf der Grundlage seiner leiblich-sinnlichen Verankerung in der Welt immer schon Erfahrung mit der Welt und mit sich selbst macht.«[301] Wenn nun diese Erfahrungen im Rahmen eines wissenschaftlichen Modells einer idealisierten Konstruktion unterzogen werden, über die sich von jedermann – im Sinne einer objektiven Brauchbarkeit – verfügen lässt, wird diese methodisch beherrschte Wirklichkeit zu einer Welt, deren wissenschaftlicher Echtheits- und Wahrheitscharakter schließlich den alleinigen Realitätsgehalt eben dieser Welt ausmacht. Dass aber im Zuge des Objektivierungsprozesses, wie ihn die wissenschaftliche Rationalität in Gang gesetzt hat, der Mensch mit allen Mängeln und Möglichkeiten seiner Subjektivität keine Rolle mehr spielt, ist auf die »Lebensweltvergessenheit«[302] dieser Vernunftabsolutierung zurückzuführen, so dass sich aus phänomenologischer Sicht

---

[298] *Wilfried Lippitz/Käte Meyer-Drawe*, Einige Bemerkungen zur Aktualität und Geschichte phänomenologischen Fragens in der Pädagogik; in: *Wilfried Lippitz/Käte Meyer-Drawe* (Hg.), Lernen und seine Horizonte: Phänomenologische Konzeptionen menschlichen Lernens – didaktische Konsequenzen, Frankfurt 1984, S. 10.
[299] Ebd., S. 10.
[300] Ebd., S. 11.
[301] Ebd., S. 11f.
[302] Ebd., S. 12.

sagen lässt: »Wissenschaft, die um ihre lebensweltliche Gebundenheit nicht mehr weiß, ist Teil des Entfremdungsprozesses, der unsere gesellschaftliche Realität kennzeichnet.«[303] Um dieser Entfremdung entgegenzuwirken, sollen die »lebensweltlichen Voraussetzungen aus ihrer selbstverständlichen Vertrautheit bzw. aus ihrer Vergessenheit herausgenommen und thematisiert werden.«[304] Damit stellt sich die pädagogische Phänomenologie die Aufgabe, bereits den Erfahrungshorizont der Lernenden als ein Vorwissen zu begreifen, der den Verlauf des Lernens bestimmt und somit einen »Verständnishorizont«[305] für diejenigen Informationen und Mitteilungen eröffnet, auf den die weiteren Lernvorgänge zurückführbar sind. Lernen ist dann vor diesem Hintergrund als Neu- oder Umstrukturierung der lebensweltlichen, durch die Sinneswahrnehmungen konstituierten, Erfahrungen zu verstehen. Lebensweltlich orientiertes Lernen setzt sich damit zugleich auch vom Intellektualismus und Rationalismus kognitivistischer Lerntheorien ab, nach deren Selbstverständnis menschliche Entwicklung ausschließlich durch den Zugewinn an intellektueller Leistungsfähigkeit zu messen ist. Lernen, das sich durch Sinneswahrnehmungen und Erlebnisvollzüge konstituiert, entzieht sich diesem Blick. Phänomenologisch thematisiertes Lernen hingegen, das auf die Lebenswelterfahrungen der Menschen gerichtet ist, »ermöglicht einen universalen Gesichtspunkt menschlichen Zur-Welt-seins …, indem sie sowohl das *Gelingen* als auch die *Gefährdungen* und *Behinderungen* menschlichen Lernens thematisiert.«[306] Das phänomenologische Erkenntnisinteresse richtet sich hier nicht auf eine Weise menschlichen Lernens, mit dem der Lernende möglichst schnell und geradlinig auf den Weg rationaler Weltsicht vom »kleinen Barbaren [zum] gesitteten Mitglied der menschlichen Kultur«[307] geführt werden soll; ihr Ziel ist es nicht, »die steuerungsfähigen Gelenkpunkte beim Lernprozess zu entdecken, sie den Lehrenden aufzuweisen und ihnen verfügbar zu machen«,[308] Lernen also nach »Produktionsgesetzen linearer Progressivität«[309] zu betrachten. Lebensweltlich-phänomenologisches Lernen ist vielmehr am »konkreten Vollzug«[310], seinem Prozess, am »Wie des Lernens«[311] interessiert. Lerntheorien hingegen, mit denen Lernen als objektiv messbarer oder homogener, auf Exaktheit und Verallgemeinerungsfähigkeit ausgerichteter Vorgang verstanden wird, sind an den Resultaten operationali-

---

[303] *Wilfried Lippitz/Käte Meyer-Drawe*, a.a.O., S. 12. Vgl., *Edmund Husserl*, Die Krisis der europäischen Wissenschaften und die transzendentale Phänomenologie, a.a.O., S. 52–58.
[304] *Wilfried Lippitz/ Käte Meyer-Drawe*, Einige Bemerkungen zur Aktualität und Geschichte phänomenologischen Fragens in der Pädagogik; in: *Wilfried Lippitz/Käte Meyer-Drawe* (Hg.) Lernen und seine Horizonte, a.a.O., S. 12.
[305] Ebd., S. 13.
[306] Ebd., S. 16.
[307] *Günter Bittner*, »Entwicklung« oder »Sozialisation«?; in: Neue Sammlung 14 (1974), S. 394.
[308] *Heinrich Roth*, Pädagogische Psychologie des Lehrens und Lernens, Hannover ¹⁰1967, S. 179.
[309] *Käte Meyer-Drawe*, Lernen als Umlernen – Zur Negativität des Lernprozesses; in: *Wilfried Lippitz/Käte Meyer-Drawe* (Hg.), Lernen und seine Horizonte, a.a.O., S. 21.
[310] Ebd., S. 21.
[311] Ebd., S. 22.

sierbarer Leistungen und einem (End-) Verhaltensmodell der Lernenden interessiert, nicht jedoch am Prozesscharakter der Lernvorgänge. Von daher ist es sinnvoll, die Fragerichtung zur Darstellung menschlichen Lernens in Anlehnung an *Merleau-Ponty* einmal folgendermaßen umzukehren: »Welche allgemeinen Strukturen menschlichen Lernens zeigen sich in konkreten Wahrnehmungs- und Handlungssituationen? Zu diesem Zweck versuchen wir, in ›phänomenologischer Manier‹ die kindliche Erfahrung ›direkt zu beschreiben‹, ohne sie allzu voreilig mit fertigen Erklärungsmustern zu überfallen.«[312] Lernen lässt sich vor diesem Ansatz als ein Umlernen auffassen, da der Blick nicht auf verwertbare Resultate, sondern auf den Verlauf des Lernens gerichtet ist. Diese Perspektive impliziert zugleich auch eine veränderte Anthropologie, da der Mensch als Lernender hier nicht an den vorgegebenen Zielen eines wissenschaftlich-psychologischen Modells gemessen wird. Es stehen ihm vielmehr Handlungsfreiräume zur Verfügung, in denen ihm sowohl das Recht auf gelingende als auch misslingende, auf geradlinige als auch »krumme« Wege seines Lernverhaltens nicht vorenthalten werden können. Wird die Beziehung des Kindes zur Welt, seine Sozialität, durch die auf Objektivität und Rationalität angelegte Perspektive einer vorgefertigten Theorie festgelegt, so erfolgt hier eine Wertung aus der Welt der Erwachsenen, mit der die »präpersonale soziale Haltung«[313] des Heranwachsenden in ihrer ungeübten, undifferenzierten, nicht privatisierten Form, nicht übereinstimmt. Sie passt nicht in den Wissenschaftsanspruch und wird unterschlagen, da sich das kindliche Verhalten als nicht definitorisch verfügbar erweist. Ein Erkenntnisanspruch, der auf diese Weise kindliche Sozialität konstruiert, anstatt sie in ihren augenscheinlichen Erfahrungsvollzügen wahrzunehmen, bleibt der Künstlichkeit von Theorien verhaftet, deren Anspruch im klaren, logischen und distinkten Erkennen der Erwachsenen liegt, dabei aber diejenigen Merkmale kindlichen Verhaltens übersieht, die nicht in diesen Kanon passen. »Wir versuchen dagegen zu zeigen, dass sich das kindliche Zur-Welt-sein nicht nur graduell, sondern prinzipiell von dem des Erwachsenen unterscheidet, dass Lernen deshalb nicht lediglich darin zu sehen ist, dass sich das Individuum von seiner unvollkommensten Form linear bis hin zu seiner möglichen Vollkommenheit entwickelt. Vollkommenheit bemisst sich dabei am Grad logischer Rationalität und dezentrierter Objektivität im Hinblick auf das Ideal exakter Erkenntnis.«[314] Geht man jedoch auf die vielfältigen Erfahrungen des Kindes ohne Vor-Urteile ein, dann kommen die »präobjektiven und situativen Strukturen des Weltverstehens, die den Horizont jedes weiteren Wissens vorzeichnen,«[315] in den Blick. Lernen erweist sich somit weder als eine operationalisierte Reaktion auf ei-

---

[312] Ebd., S. 23. Vgl. dazu auch *Maurice Merleau-Ponty*, Phänomenologie der Wahrnehmung, Berlin 1966, S. 3ff.
[313] *Käte Meyer*-Drawe, Lernen als Umlernen – Zur Negativität des Lernprozesses; in: *Wilfried Lippitz/Käte Meyer-Drawe* (Hg.), Lernen und seine Horizonte, a.a.O., S. 24.
[314] Ebd., S. 25.
[315] Ebd.

nen physikalischen Reiz noch als ein linear verlaufender Entwicklungsgang auf ein
zu erreichendes Ziel hin. Menschliches Wahrnehmen und Handeln eröffnen vielmehr Perspektiven und Horizonte, die den Lernenden Bewegungsfreiheit geben,
so dass sie sich handelnd und denkend »in Feld von Möglichkeiten«, womit das
Eigentliche des Lernens beschrieben ist, erschließen. Da der Mensch in »der ge-
genständlichen, objektiven erkennbaren Welt und der ›mit-ständigen‹, subjektiven, erlebbaren Umwelt« lebt, hat seine Existenz ambiguosen Charakter. Für das
Lernen ist damit gesagt, dass Menschen in offenen Erfahrungszusammenhängen
lernen. Wahrnehmung und Erkenntnis von Gegenständen finden statt in »Ver-
weisungsbezügen«, in Horizonten von Vertrautheit und unterschiedlichen Graden
von Bekanntheit, also auf präobjektivem und vorwissenschaftlichem Wissen, niemals jedoch in der Eindimensionalität kognitiven Erschließens allein. Ein lebensweltliches Verständnis von Lernen ist darum bemüht, »nun einen Begriff des Wissens zu finden, der beidem Rechnung trägt, sowohl, dass wir schon wissen müssen, um zu lernen, als auch dass wir gerade insofern auch nicht wissen, als wir ja
lernen.«[316] Kognitive Lernstrukturen tragen das Merkmal rational-objektiven Wissens, dessen Bedeutung sich aus dem Standpunkt dieses Wissens in dem ihm zu-
gehörigen wissenschaftlichen Fachgebiet ableitet. Lernen generiert somit zur Befähigung exakter, klarer und distinkter Erkenntnis, mit welcher der Wissende über
den Gegenstand seines Erkenntnisinteresses verfügen kann. Aus dieser Perspektive
muss das Vorwissen von Kindern gezwungenermaßen als unvollkommen und cha-
otisch erscheinen. Komplementär zu diesem naturwissenschaftlich-exakten Ideal
menschlicher Lern- und Erkenntnisfähigkeit plädiert lebensweltlich-phänomeno-
logisch orientiertes Lernen für die Fundierung von Erkenntnissen durch ein Vor-
Wissen. Denn »indem man die Erfahrungen der Kinder nach ihrem eigenen Sinn
befragt und sie nicht lediglich bewertet unter der Maßgeblichkeit eines Ideals
absolut gewissen Wissens von einer ›an-sich-seienden‹ Wirklichkeit, die sich hinter
ihrer Erscheinung verbirgt, zeigt sich, dass es ein vortheoretisches, vorobjektives
Wissen gibt, das aller wissenschaftlichen Erkenntnis vorausliegt und das durch sie
in keiner Weise überflüssig gemacht wird. Dieses Vorwissen, das nicht eingeschränkt ist durch eine eingeübte und gewohnheitsmäßig eingenommene Sicht, ist
die Fundierung jeder weiteren Erkenntnis.«[317] Die Konsequenzen aus diesem vorwissenschaftlichem Blick auf Lernen und Wissen, mit dem ein verändertes Rationalitätsverständnis einhergeht[318], ergeben, dass Lernen als ein Erfahrungsprozess in

---

[316] *Günther Buck*, Lernen und Erfahrung, Stuttgart ²1969, S. 31.

[317] *Käte Meyer-Drawe*, Lernen als Umlernen – Zur Negativität des Lernprozesses; in: *Wilfried Lip-
pitz/Käte Meyer-Drawe* (Hg.), Lernen und seine Horizonte, a.a.O., S. 33.

[318] Die Ausführungen zum phänomenologischen Lernen bei Käte Meyer-Drawe werden getragen
von einem Rationalitätsverständnis, das in die Lebenswelt eingebettet ist. Es ist also weder das
epistemische noch das philosophisch-ideelle Moment der Rationalität gemeint, sondern es handelt sich um einen Typus von Rationalität, der in den Erfahrungsfeldern der Lebenswelt zu finden ist und
dort erkenntnisbildend wirkt im Sinne von anschaulich-leibhaften Umstrukturierungen und
Umformungen bisheriger Ordnungen. Vgl.: *Bernhard Waldenfels*, In den Netzen der Lebenswelt,
Frankfurt 1994, S. 43ff.

einer geschichtlich-konkreten Haltung zur Welt aufzufassen ist, der nicht linear
verlaufen kann, sondern sich in der Korrelation von Vor-Wissen und neuer Erfah-
rungs- und Handlungsmöglichkeit bewegt: Lernen und Wissen entstehen in genetischen Vollzügen, so dass die Bedingungen des Entstehens, die sich in immer
neuen Situationen und Horizonten bewegen, seinen Gehalt ausmachen. So kann
der Leitsatz lebensweltlich orientierten Lernens lauten: »Lernen ist Umlernen.«[319]
Dass jedes Lernen eingebunden ist in ein Vorverständnis, einen Horizont »vorgängiger Vertrautheit«,[320] der sich aus unseren Wahrnehmungen und Handlungszusammenhängen konstituiert, macht deutlich, dass Lernen fundiert ist in der Art
und Weise, wie wir im Alltag mit unserer Wirklichkeit umgehen. Hier wird jeder
Lernvorgang von Erwartungen und Verweisungen auf neues Wahrnehmen, Erkennen und Handeln motiviert, mit dem das erworbene Vorverständnis Wandlungen ausgesetzt ist und damit Lernen, wie oben angesprochen, als Umlernen
ausweist. Ein Lernvorgang, durch den Umstrukturierungen und Wandlungen vorgängiger Erfahrungen erfolgen, verändert die Haltung des Lernenden zur Welt,
seinen Wahrnehmungen und Handlungen sowie zu seinem Denken: »Wer um-
lernt, wird mit sich selbst konfrontiert, er kommt zur Besinnung. Nicht nur gewisse Vorstellungen wandeln sich, sondern der Lernende selbst wandelt sich. Kraft
dieser prinzipiellen Negativität ist das Geschehen des Lernens die Geschichte des
Lernenden selbst.«[321] Diese Negativität oder Verfremdung des Lernens setzt den
Wandel des Vertrauten durch die Konfrontation mit dem Neuen in Gang und
führt so zu einem veränderten Verständnis der Sache, aber auch zu neuen Erfahrungen des Lernenden mit sich selbst. Die Meinungen und Erwartungen des vorwissenschaftlichen Bewusstseins werden enttäuscht in dem Sinne, dass sich nun
ein Feld weiterreichender Erfahrungen im Bewusstsein aufbaut. Dieses Bewusstsein »macht eine Erfahrung über seine seitherige Erfahrung. Diese hält nicht
stand. Die neue Erfahrung ist also charakterisiert als bestimmte Negation. Aber
indem wir so ›die Erfahrung von der Unwahrheit unseres ersten Begriffs‹ machen,
löst sich uns die seitherige Erfahrung nicht einfach in nichts auf. Wir gewinnen
vielmehr eine weiterreichende Erfahrung von der Art, dass wir auf die seitherige
Erfahrung zurückkommen.«[322] Es handelt sich hier also um ein Lernverständnis,
das Lernen als die Entfaltung und Veränderung eines Vorverständnisses versteht,
in dessen Erfahrungshorizont sich jedes weitere Wissen erst entfalten kann: »Lernen, das ist die Überwindung des Befangenseins in jenem Irrtum, der in der
ungebrochenen Herrschaft der dem endlichen Bewusstsein eigenen Tendenz besteht, seine eigenen Vorgriffe nicht mehr zu reflektieren und sie insofern als Vor-
urteile zu fixieren.«[323] Von daher konzentriert sich phänomenologisch verstande-

---

[319] *Käte Meyer-Drawe*, a.a.O., S. 34.
[320] Ebd., S. 35.
[321] *Günther Buck*, Lernen und Erfahrung, a.a.O., S. 44.
[322] *Käte Meyer-Drawe*, a.a.O., S. 40.
[323] Ebd., S. 41.

nes Lernen nicht auf die Absicherung der messbaren Resultate, sondern auf den Verlauf des körperlich-sinnlichen Lernvollzugs. Geht es also beim Lernen, das sich als lebensgeschichtliche Identitätsstiftung versteht, darum, mit neuer Wahrnehmung für bisher Gewohntes und Gesehenes eine veränderte Sichtweise zu entwerfen, so muss diese Art des Lernens auch mit einer Aufmerksamkeitshaltung verknüpft sein, der es gelingt, bei der anstehenden Sache für längere Zeit zu verweilen, wenn sie sinnstiftend wirken soll.

Sowohl in der Beschreibung der Lebenserfahrungen von Kindern und Jugendlichen in unserer gegenwärtigen Gesellschaft allgemein, als auch in seiner spezifischen Form des schulischen Lebens, ist durchgängig die Suche nach einem pädagogischen Handlungskonzept spürbar, mit dem die Probleme in der Nah- und Erfahrungswelt der Heranwachsenden einer zufriedenstellenden Handhabung zugeführt werden können. Unter der Frage nach der Identitätsbildung von Kindern und Jugendlichen geraten die Inanspruchnahme der kindlichen Lebenswelt durch die Perspektive der Erwachsenen, das Rationalitäts- und Linearitätsideal schulischen Lernens und die damit einhergehende Gefahr der Verfügbarkeit über den Schüler in den kritischen Blick einer Pädagogik, die ihr Wirklichkeitsverständnis aus der Mehrdeutigkeit und Nichtfixierbarkeit menschlicher Lernerfahrungen und der Inter-Subjektivität schulischer Kommunikationsweisen ableitet, wie es das Verständnis des nicht-naturalistischen Wissens widerspiegelt.

4.4.3 Der Stellenwert des nicht-naturalistischen Wissens im Unterricht

W. Lippitz[324] entfaltet sein Verständnis von nicht-naturalistischem Wissen in kontrastiver Weise zum wissenschaftlichen Wissen, indem er aufzeigt, dass im Bezugsfeld naturwissenschaftlicher Erkenntnisformen Wissen als Erklärungs- und Produktwissen fungiert, wenn es die Resultate der in Experimenten gewonnenen und somit methodisch abgesicherten Erkenntnisse über die Natur formuliert und sie der technischen Verfügbarkeit nutzbar macht. Damit jedoch wird wissenschaftliches Wissen entsinnlicht, von subjektiven Bezügen gelöst und in die idealisierte Sprache der Mathematik übertragen. Wenn wissenschaftliches Wissen dann zudem in den Rang des einzig gültigen Wissens gehoben wird, verliert jedes Erfahrungswissen, das sich nicht naturwissenschaftlich begründen lässt, an Bedeutung. Phänomenologisch ausgerichtete Bildung und Erziehung setzt sich zum Ziel, diesen Mangel durch leiblich-sinnliche Handlungs- und Erfahrungsformen zu relativieren, denn »vor jeder objektiven, begrifflich eindeutigen, prädikativen Erfahrung von Welt gibt es eine leiblich-sinnliche Kommunikation mit der Welt, die uns im praktischen Umgang mit ihr vertraut wird.«[325] Mit dieser sinnlichen

---

[324] *Wilfried Lippitz*, Die hermeneutisch – phänomenologische Pädagogik; in: *Herbert Gudjons/Rita Leske/Rainer Winkel* (Hg.), Erziehungswissenschaftliche Theorien, Hamburg 1994, S. 3 11.
[325] Ebd., S. 5.

Kommunikationsform wird ein anthropologisches Bildungsverständnis formuliert, das sich von der reinen begrifflich-gegenständlichen Erfassbarkeit der Welt distanziert und sich einem ganzheitlichen Bildungsverständnis widmet, mit dem Kopf, Herz und Hand in gleichberechtigter Weise zur Persönlichkeitsbildung beitragen. Das phänomenologische Anliegen besteht demgemäss in der Forderung, die vorwissenschaftlichen Erfahrungen in der Pädagogik zu rehabilitieren und jene aus den Allmachtsansprüchen wissenschaftlicher Erkenntnis zu lösen. Es sind infolgedessen nicht primär die kognitiven Strukturen unseres Bewusstseins, sondern es ist auch die Fähigkeit zur Wahrnehmung der »Anmutungsqualitäten«[326] von Gegenständen, dem Atmosphärischen, das von ihnen ausgeht, dem Stimmungshaften und Anschaulichen, mithin also den sinnlichen Erfahrungen, die zum Handeln führen. Somit lässt sich sagen, dass »das theoretisch-reflexive, wissenschaftliche Bewusstsein nur eine mögliche, durchaus nicht allumfassende, hochspezialisierte Form [darstellt], die primär unseren pragmatisch orientierten Umgang mit den Dingen ausgebaut hat.«[327] Die Perspektiven wissenschaftlicher Erfahrung und des aus ihnen abgeleiteten Wissens können und dürfen nicht ausgeblendet werden, aber es muss auch Raum bleiben bzw. neu geschaffen werden für ein Bildungsverständnis, das sich aus einem »sinnlich-leiblich vermittelten Könnensbewusstsein«[328] ableitet. Daraus ergeben sich Veränderungen nicht nur des Lern-, sondern auch des Lehrkonzepts.

4.4.4 Lehren aus phänomenologischer Sicht

Für einen phänomenologisch verstandenen Erziehungsvorgang, wenn er sich im Unterrichtsgeschehen dokumentiert, heißt dies zum Beispiel, dass sich der Lehrende nicht darauf beschränken kann, den Unterricht einer technischen Rationalität zu überlassen, mit der gewünschtes Schülerverhalten einer vorgefertigten Planung unterworfen wird. Denn die Orientierung an Verhaltens- und Lerntechnologien ist weit entfernt von der sinnlich-leiblichen Praxis der Schüler, die im Rahmen dieses naturwissenschaftlich beeinflussten Pädagogikverständnisses nicht mehr aus der Perspektive der Mithandelnden in den Blick kommen, sondern als Subjekte, die der pädagogischen Verfügung unterliegen. Der Schüler jedoch ist der Mitwirkende im Unterrichtsgeschehen; seine Handlungen, Einstellungen, Erfahrungsweisen und Wahrnehmungen beeinflussen den Unterricht und den Lehrenden. »Uns vom Kinde belehren lassen zu können, verlangt vom Erzieher Offenheit und eine Einstellung zum Kinde, die es als von mir unterscheidbaren Partner gelten lässt, da es mir auch etwas zu sagen hat.«[329] Diese Offenheit ist

---

[326] Ebd.
[327] Ebd.
[328] Ebd.
[329] Ebd., S. 7.

nur möglich, wenn nicht über die Art und Weise, wie die Kinder ihre Welt wahrnehmen, verfügt wird. Die Nicht-Verfügbarkeit ist die Voraussetzung zur Teilnahme an der Binnenperspektive des Kindes, also wenn wir »es begleiten, Freund werden, Vertrauen schaffen, mitspielen und erzählen lassen.«[330] In die Kategorienraster von lernzielplanenden Unterrichtsverläufen nach dem Muster von »Lehrerverhalten« und »Erwartetes Schülerverhalten«, sind diese Blickrichtungen nicht integrierbar. Die spontanen Momente von kommunikativen und interaktiven Unterrichtsanteilen entfallen, und die sinnhaft-leiblich strukturierten, vorwissenschaftlich-unthematischen Erfahrungsweisen der Schüler über die Welt finden unter dem Rationalitätsanspruch dieser Lerntheorien keinen Platz. Dies liegt darin begründet, dass Lernen als lineare Entwicklungslogik betrachtet wird, die mit zwangsläufiger Konsequenz zum wissenschaftlichen Wissen einer hohen Abstraktionsstufe führen soll, auf deren Weg keine Brüche und Abweichungen vorgesehen sind. Ein prozessuales Lernverständnis hingegen, wie es die phänomenologisch-hermeneutische Pädagogik einfordert, nimmt die Brüche in der Lerngeschichte von Schülern ernst, die immer wieder zu Umstrukturierungen im Lernprozess führen. Lernen meint hier, die Erfahrung von etwas Neuem als ein Umlernen von bereits Vertrautem, Etabliertem zu verstehen. Lernen ist die Negation von Erfahrungen mit dem Selbstverständlichen. Erfahrungen, die in diesem Sinne negativ sind, führen zu einem offenen und produktiven Bewusstsein, das sich durch Umbrüche wandelt und sich gegenüber der Begegnung mit Fremdem in praktischen Erfahrungsvollzügen und gelebten Räumen aufgeschlossen verhält. Mit Blick auf die Subjektorientierung des Unterrichts, die solche krisenhaften Phänomene von biographischen Brüchen und Umstrukturierungen berücksichtigt, sprach *Otto Friedrich Bollnow* der Erfahrung des Unfertigen oder Unstetigen in der leiblichen und seelischen Entwicklung des Heranwachsenden eine große Bedeutung zu. Denn der Lebenslauf des Individuums, der in Schüben die jeweils nächste Entwicklungsstufe erreicht, bleibt nicht frei von Krisen. Mit den eintretenden Störungen gibt es Abweichungen vom normalen Lebenslauf, die sich als Entscheidungen mit Reinigungs-, Wandlungs-, und Befreiungscharakter oder als Verzweiflung und Angst darstellen. In jedem Fall handelt es sich um »Unstetigkeitsstellen«[331] und Gefährdungen innerhalb des Lebensverlaufs, auf die der Erzieher helfend und annehmend reagieren muss. Für die Didaktik bedeutet diese Erkenntnis, sich nicht allein auf den stetigen, schrittweisen Aufbau von Erkenntnissen einzulassen, sondern auch auf die Überraschung der plötzlichen, unerwarteten Einsicht. Das krisenhafte Ereignis des Bildungsvorgangs erhält hier seinen positiven Charakter, indem es das Selbstverständnis des Linearen umstößt und so zu neuen Einsichten und Eingebungen, also »fruchtbaren Momenten«[332], theolo-

---

[330] Ebd.
[331] *Otto Friedrich Bollnow*, Existenzphilosophie und Pädagogik. Versuch über unstetige Formen der Erziehung, Stuttgart 1962, S. 33.
[332] Ebd., S. 40.

gisch-religiös gesprochen zu Erleuchtung und Offenbarung, führen kann. Um die krisenhaften Momente im Lebenslauf des Kindes aufzufangen und in kreatives Verhalten zu verwandeln, bedarf es einer »*Pädagogischen Atmosphäre*«[333], also einer gefühlsmäßigen Beziehung zwischen Erzieher und Kind, die durch Zuwendung in Form von Vertrauen, Güte, Geduld, Humor und Hoffnung auf Seiten der Erzieher gekennzeichnet ist, damit das Kind ein Gefühl der Sicherheit und Geborgenheit entfalten und so seinerseits mit Vertrauen auf die Erzieher reagieren kann. Erziehung macht hier die Notwendigkeit einer natürlichen, organologischen Entwicklung des Kindes geltend, die zuerst seine gefühlsbezogenen Vorstellungen zu einer Sache hörbar machen will, bevor die Darstellung ihrer wissenschaftlichen Seite als vertiefender Erkenntniszugang auftritt. Die »Tugenden«, also die Einstellungen von Kindern und Erziehern zueinander, machen nach *Bollnow* die Grundlagen des pädagogischen Gefühls für einen gelingenden interaktionistischen Unterricht aus, mit dem Erziehen nicht zu verstehen ist als »Machen im Sinn einer handwerklichen Tätigkeit«,[334] sondern als »Wachsenlassen dessen, was sich nach dem organischen Gesetz von innen her mit innerer Notwendigkeit entfaltet.«[335] Für das Kind ist das Gefühl des Vertrauens notwendig, um das Gefühl der Geborgenheit und des Unbeschwertseins frei leben zu können. Erzieherisches Handeln muss diese Unbefangenheit zulassen, um der wenig förderlichen Verdrossenheit und Unlust im Lernprozess entgegenzuwirken. Vertrauen und Zutrauen sind auch auf der Seite der Erzieher dem Kind gegenüber notwendig, um so dessen Leistungsbereitschaft zu fördern und zu erhalten.[336] Als Beispiel einer schulischen Konkretisierung für das oben dargestellte Lern- und Lehrverständnis soll an dieser Stelle das pädagogische Konzept *Hartmut von Hentigs* dienen.

4.5 Schule als Lebens- und Erfahrungsraum

In das Rationalitätsmodell phänomenologischer Prägung fügt sich *von Hentigs* praktiziertes Konzeption der ›Schule für heutige Menschen-Kinder‹[337] aus einer mehrdimensionalen pädagogischen Perspektive ein. Pädagogische Rationalität meint unter der Frage ›Was ist eine humane Schule?‹[338] die Kritik an jeglicher verwalt- und messbaren Verhaltensweise. Sofern die Schule aufgrund der Lehrplanvorgaben eingebunden ist in die Verwirklichung einer Sachrationalität, die auf instrumentalistisches Verhalten im Sinne operationalisierbarer Lernziele der Art:

---

[333] *Otto Friedrich Bollnow*, Die Pädagogische Atmosphäre: Untersuchungen über die gefühlsmäßigen zwischenmenschlichen Voraussetzungen der Erziehung, Heidelberg 1964.
[334] Ebd., S. 14.
[335] Ebd.
[336] Vgl. ebd., S. 18ff.
[337] *Hartmut von Hentig*, Die Schule neu denken, München 1995, S. 9.
[338] *Hartmut von Hentig*, Was ist eine humane Schule?, München 1976.

»der Schüler soll ... beherrschen«, » ... verfügen über ...«, »... kann benennen
...«, » ... kann richtig einordnen ...«, bezogen ist, muss es immer wieder darum
gehen, dieser rationalistisch verkopften Didaktik entrationalisierte Unterrichtsinhalte und -formen entgegenzusetzen, die Nachdenklichkeit, Entschlusskraft, Hilfsbereitschaft, Selbstachtung und Selbstkritik fördern. Dies kann geschehen in einer
Schule, die nach ihrem Selbstverständnis als Lebens- und Erfahrungsraum konzipiert ist; die Wirklichkeit aus erster Hand vermittelt und so gegen allen System-
zwang sich für die Freiheit von Funktionalität und Kollektivität einsetzt. Sowohl
die formalen aber besonders auch die sinnlichen Fähigkeiten sind zu fördern und
zu Erkenntnissen zu führen, die das Lernen in Zusammenhängen vorbildorientier-
rt-kooperativ entfaltet, um Belehrungen zu vermeiden und so zu verstehenden,
zwangfreien Einsichten anzuleiten. Bildung wird jetzt zu einer Angelegenheit, die
als »unsere Sache« begriffen wird und zur Findung und Festigung von Lebenszie-
len führt, die über das sich entwickelnde Wertebewusstsein in die Kultur einfließen. Im Rahmen dieses rationalismuskritischen Ansatzes formuliert *von Hentig*
seine »Minima Paedagogica«[339], aus denen die Merkmale der neuen Schule ableitbar sind.

Unter dieser Perspektive ist die Schule ein Lebensort, an dem alle lebens-
notwendigen Erfahrungen verwirklicht werden können. Hier treten Schüler und
Lehrer als Menschen und nicht als künstliche Verwalter oder Rezipienten von
Wissen auf. Das Leben, das in einer Schule, die sich als Lebensraum versteht, er-
fahrbar werden soll, braucht Kommunikationsformen der Zuwendung und der
Gemeinschaft, aber auch der Distanz und der Konzentration sowie der festlichen
Anlässe und der Räume zur Vermittlung für die üblichen Schultätigkeiten des Ler-
nens. Schule als Erfahrungsort für die wichtigsten Merkmale der Gesellschaft zu
gestalten heißt dann zu vermitteln, was es bedeutet, die Freiheit der Person, die
Vielfalt der Meinungen, der Lebensziele und Lebensformen sowie die Würde des
Menschen zu schützen. Es geht um die Bewusstmachung demokratischer Rechts-
güter, die auf der Grundlage politischer, geistiger und moralischer Selbständigkeit
zum Erziehungsziel der neuen Schule werden sollen. Dafür muss der Unterricht
Lerngelegenheiten anbieten, mit denen es möglich wird, die Lernvoraussetzungen
der Schüler aufzugreifen, bevor Lernziele Vorgaben über den Lernweg machen.

Die Didaktik des Lehrens und Lernens, die hier gefordert ist, will zur Ver-
selbständigung der Lernentscheidungen führen, denn Schule als Erfahrungsraum
ist auch als Ort des Lebens in der Gemeinschaft, als ›polis‹, zu gestalten. Zu fördern sind die Grundbedingungen eines friedlichen Zusammenlebens in gemisch-
ten Gruppen, die sich über die Bewältigung anstehender Aufgaben gemeinsam
einigen müssen. So kann Schule als Lebensraum zur Entfaltung des ganzen Menschen beitragen, wenn Belehrungen durch Erfahrungen ersetzt und zentralistisches
Planen von kooperativen Formen der Entscheidungsfindung abgelöst wird. Hier

---

[339] Vgl. *Hartmut von Hentig*, Die Schule neu denken, a.a.O., S. 215–231.

hat auch die Gestaltung ganzheitlichen Lernens seinen Platz, wenn Gemeinschaftserfahrungen die drohenden Verluste von sinnlicher Erfahrung, Verstehens- und Verantwortungsbereitschaft überwinden helfen. Schule wird so zur Brücke über Erfahrungen aus der Kleinfamilie und den gesellschaftlichen Massensystemen, indem sie zwischen der privaten und sozialen Welt des Kindes sowie dem gesellschaftlich-öffentlichen Bereich vermittelt. Grundlegend ist dabei die Einübung des verantwortlichen Umgangs mit Menschen und Sachen, so dass Erfahrungen zum Tragen kommen, die das eigene Fortschreiten in sozialen und humanen Fähigkeiten – über den Unterrichtsstoff hinaus – erkennbar werden lassen. Schule ist allerdings auch der Ort, an dem es um den Erwerb von Erkenntnissen, Fähigkeiten und Vorstellungen geht, die auf die Fähigkeit zur Einschätzung der persönlichen Leistung, der zukünftigen Rollen und Chancen vorbereitet, so dass die Schüler sich über ihre Berufs- und Ausbildungswahl klar werden. Aber auch bei der Vorbereitung auf das Leben nach der Schule bleibt das Prinzip leitend: »die Menschen stärken, die Sachen klären,«[340] wobei der sinnlichen Erfahrung, wie sie durch ästhetische Gestaltungsweisen des Unterrichts möglich wird, eine bedeutende Funktion zukommt.

4.6 Fazit und Perspektive

Die phänomenologisch orientierte Erziehung und Bildung richtet den Blick auf Kontingenzen. Damit stehen ihre Leitlinien Alltag und Lebenswelt nicht nur in den Feldern des subjektiv Bekannten und Vertrauten, das uns täglich umgibt. Diese Prinzipien erhalten vielmehr Bedeutsamkeit als kritisches Korrektiv gegenüber Normierungen. Pädagogisch gewendet sind die leiblich-subjekthaltigen Wahrnehmungen gegenüber der Schülerpersönlichkeit gemeint, die bei Lern- und Verhaltensmustern Raum lassen für Sinnbildungsprozesse, mit denen Fragmentarisches als existenzbildend und nicht als Störung des Unterrichts betrachtet werden kann. Phänomenologische Erziehungs- und Bildungswirklichkeit meint einen umweghaltigen Vorgang, der dazu auffordert die Aufmerksamkeit auf vermeintliche Unterdeterminiertheiten zu lenken. So können Erkenntnisse über pädagogische Wirklichkeitsgehalte gelingen, deren kreatives Potenzial oftmals übersehen wird.

---

[340] *Hartmut von Hentig*, ebd., S. 231

TEIL III

ÄSTHETISCH-RELIGIÖSE ERZIEHUNG UND BILDUNG ALS PHÄNOMENE DER LEBENSWELT

Mit dem folgenden Kapitel soll diese Zielsetzung, Kreativität und Einbildungskraft als tragende Momente lebensweltlich ausgerichteten Religionsunterrichts zu verstehen, in den Blick kommen. Die Vieldimensionalität ästhetischer Erfahrung tritt dabei mit der religiösen Erfahrung in eine Beziehung, die den »Mehrwert« sinnlicher Evidenzen als Schutz vor Instrumentalisierungen verdeutlicht und damit über Operationalisierungen hinausweist. In transrationalen Bezügen können so Verheißungen ästhetisch gestaltbar werden.

5. KAPITEL: DER BEITRAG EINER PHÄNO-MENOLOGISCHEN ÄSTHETIK ZUR BILDUNG DES SUBJEKTS

Nach dem pädagogischen Selbstverständnis *Hartmut von Hentig*s ist Schule der Lebens- und Erfahrungsraum für das Geistige, in dem man sich Wissen aneignet für die Erkenntnis zur Selbstveränderung besonders auch durch ästhetische Erfahrungen. Dabei sind vor allem Kreativität und Transzendenz auf ihren Beitrag für die religionspädagogische Bildung des Subjekts zu befragen.

5.1 Die Entfaltung eines ästhetischen Lern- und Bildungsverständnisses

Die Einbildungskraft weist den Menschen als exzentrisches Wesen aus, mit der er sich in das Unverfügbare des Universums hinausversetzt und die Objektivität seines Verstandes überwindet. Mit dem, was er in der Kunst wahrnimmt und empfindet, verlässt er den Bereich der reinen Gegenständlichkeit. Die bloße Darstellung des Vorfindlichen erweitert sich durch ihren ästhetischen Verweischarakter in eine Dimension, in der neue Räume entworfen werden. In der damit einhergehenden Entgrenzung der Rationalität kommt es zur Erfahrungserweiterung von rein begrifflich-gegenständlich Wahrgenommenem zu einer Sinnfindung in existenziellen Räumen, die Erkenntnisformen von Wahrheit über jegliche normative Verengungen hinaus offen halten. Ästhetische Empfindung und Kreativität transzendieren das Rationale und Begriffliche in einen Kommunikationszusammenhang, der auf eine identitäts- und sinnstiftende Intentionalität ausgerichtet ist, so dass Erziehungsprozesse, in denen ästhetische Gestaltungen die angestrebten Inhalte und Ziele formen, ein Bildungsanliegen vertreten, die dem Individuum Räume erschließen, in denen es in vollkommener Unverfügbarkeit und Freiheit seine Lebensformen entwirft. In der Imagination werden Wirklichkeitserfahrungen aus dem Herkömmlichen gelöst und in etwas Neues verwandelt. Das Gewohnte bricht auf und stellt plötzlich etwas Unbekanntes vor Augen, das zunächst irritiert, weil es unabhängig von vorgegebenen Erfahrungen und Ideen in Erscheinung tritt. Zugleich wirkt es antizipierend, indem es vorgreift auf neue Erfahrungsräume. An diesen neu erschlossenen Orten kommen existenzielle Befindlichkeiten ins Spiel, die – im Gegensatz zur behauptenden Rede der Wissenschaft – Bedürfnisse artikulieren, deren Mehrdeutigkeit kognitive und normative Verfahren innovativ verändert. Dort, wo die ästhetischen Gestaltungen diese Erfahrungen in den Erziehungsprozess einbringen, intensiviert sich ein Bewusstsein, durch das sich die Wirklichkeit verwandelt. Im Sinne ästhetisch verstandener Erkenntnis wäre Bildung hier als ein emphatisches Element der Verwandlung von Wirklichkeit zu verstehen. Verwandlungen schließen intendierte Verfügungen über das Subjekt aus, denn nur so kann es Gestalt annehmen aus einem Bild-Sein, dessen Charakter die Offenbarung einer über die Verfügbarkeit hinausweisenden Dimension ist.

Für das Bildungsverständnis der Religionspädagogik stehen damit die pneumatologischen Gestaltungsweisen des Unterrichts im Vordergrund. Darunter ist besonders die Vermeidung von instrumentalisierenden und utilitaristischen Verfahren und die Verwirklichung von offenen und sinnlich-leiblichen Methoden zu summieren. Um den Weg vom Gesetz zum Evangelium zu beschreiten, beanspruchen erzählende, metaphorisch-poetische, gleichnishafte und fiktive Elemente einen breiten Raum im Unterrichtsgeschehen. Auf diese Art und Weise entstehen Bilder der Befreiung als Widerstand gegen die Beweis- und Begriffskultur. Unter Einbeziehung der poetischen Sprache verwandeln sich instrumentelle zu medialen, immanente zu transzendenten Erfahrungen. Ästhetische Bildung, die vom Person-Sein zum Subjekt-Sein führen möchte, ermöglicht eine neue Sicht der Wirklichkeit, da sie über das Bekannte hinausweisend auf einen kommenden Zustand vorgreift, der als Verheißung die Befreiung von jeglicher Gesetzlichkeit in sich trägt und das Subjekt zu einer neuen Identität führt.

Mit dieser Identität bringt sich das Subjekt in den Alltag und die Ordnungen der Lebenswelt handelnd ein. Die Lebenskunst, die hier gefragt ist, wird von einem Bildungsanspruch geleitet, der sich in der Lebensalltagspraxis gegen Bemächtigungen und Verfügungen wehrt. Bildung ist hier die Macht, die Befremdungen durchbricht. Sie »entbirgt« die Brüche und Krisen der Gegenwart im eigenen und fremden Selbst und hilft sie zu bewältigen und zu gestalten. So verstandene Bildung maßt sich nicht die Aneignung von Begriffen, Bedeutungen und Verfügungen an. Vielmehr ist sie intersubjektive Begleitung und Hilfestellung beim Erschließen von Subjekt- und Weltverständnis als der gemeinsamen Sache zwischen mir und dem Anderen. Bildung erhält nach diesem Verständnis humanisierende Funktionen, die handelnd und gestaltend ethisch-religiös an prägnanten Orten und Räumen für diesen Anderen eintritt.[341]

Kreativität und Kreatürlichkeit, Anschauungen und Vorstellungen sind zugleich schöpferisch-störende und befruchtende Momente für das begriffliche Denken und dessen Ordnungscharakter, denn mit der Förderung der Phantasie wird dem Anspruch des Objektiven das anscheinend »produktiv Zwecklose«[342]

---

[341] Vgl. *Wolf-Eckart Failing*, Bildung: Lebenshilfe statt Lebensdeutung; in: Religion heute, Seelze-Velber, März 1996, S. 4ff.
[342] *Godwin Lämmermann*, Bildung als Entgrenzung; in: *Ludwig Duncker/Friedemann Maurer/Gerd E. Schäfer* (Hg.), Kindliche Phantasie und ästhetische Erfahrung. Wirklichkeiten zwischen Ich und Welt, Langenau – Ulm 1990, S. 7.

entgegengehalten mit dem Ziel, im Künstlerischen die Innovationsfähigkeit des Individuums zu vertiefen. Begriffliches und ästhetisches Gestalten gehören beide in einem ganzheitlich verstandenen Bildungsauftrag zusammen. Aber in einer Kultur und Gesellschaft, deren Erziehungsnormen primär an wissenschaftlich-technizistischen Zielen interessiert sind, soll der ästhetischen Wirklichkeits- und Welterfahrung besondere Aufmerksamkeit zukommen, zumal – so die These der folgenden Ausführungen – es in der ästhetischen Erfahrung darum geht, sich mit der Welt leiblich und sinnlich-handelnd vertraut zu machen.

In der selbständig handelnden Auseinandersetzung mit der Wirklichkeit vollzieht der Lernende kulturelle Tätigkeiten, die in Form der Rezeption und des schöpferischen Gestaltens ihren Ausdruck finden. Der Mensch als »Schöpfer und Geschöpf der Kultur«[343] kultiviert sowohl die Gegenstände der Kultur als auch sein eigenes Selbst in einem prozesshaften Sinngebungsakt. Vorstellungswelten, die sich innerhalb dieses Vorgangs aufbauen, gehen auf Bilder und Handlungsmuster zurück, deren Quellen aus der Biographie, den Erfahrungen und der Kultur des Individuums kommen, ohne von zielgerichteten Informationsschemata behavioristischer Natur oder sonstiger Informationsdaten geprägt zu sein. Vielmehr handelt es sich um Wahrnehmungen der Wirklichkeit, die Konstrukt- und Entwurfcharakter tragen, also der Interpretation und Wertung offen stehen. »Somit gleicht Lernen als ästhetische Praxis einem Prozess, der beschrieben werden kann als Sammeln, Archivieren, Umarbeiten und Erfinden von erfahrungshaltigen Bildern.«[344] Bilder öffnen Räume für die Phantasie und das Utopische, und sie stehen in Relation zu den Erfahrungen des Individuums, so dass man sagen kann, dass aus der Übereinstimmung von Bildern und Erfahrungen die Identität der Person erwächst. Nun sind diese Erfahrungen keineswegs immer linear, ursprünglich und authentisch, denn in ihnen spiegeln sich gesellschaftliche Prozesse wider, die zum Beispiel in Form massenkultureller Einflüsse das ästhetische Verhalten prägen. Um den Entfremdungsprozess, der mit der Erzeugung industrieller Massenware einhergeht, aufzuhalten, wird es zunehmend zur Aufgabe einer ästhetisch orientierten Pädagogik, Vorwegbestimmungen und Vordeutungen individueller Ausdrucksweisen durch die Wiederherstellung des Zusammenhangs von innerer und äußerer ästhetischer Erfahrung zu ermöglichen. In der ästhetischen Praxis kommen deshalb gestalterische Angebote ins Spiel, in denen Tagträume, Phantasien, Szenen und Gesten dem Druck und Zwang des Alltags, aber auch seinen innovatorischen Sinnbildungsprozessen Ausdruck verleihen. So können diese ästhetischen Gegenwelten zu neuen Quellen des Selbstbewusstseins und des Lebenswillens werden.

Sowohl in der Sozialisationsforschung, die den sozialen Zusammenhängen des Aufwachsens nachgeht, als auch in der entwicklungspsychologischen Forschung

---

[343] Ebd., S. 10.
[344] Ebd., S. 11.

mit ihrem Interesse an der kognitiven, moralischen und affektiven Entwicklung des Kindes und Jugendlichen, wird anthropologisch das Kind als Subjekt, d.h. als Wesen, von dem man etwas wissen muss, bevor man ihm etwas beibringt, zunehmend bedeutungsvoll. Seine Wahrnehmungs-, Verarbeitungs- und Weltdeutungsweisen müssen zur Artikulation kommen vor jeder pädagogischen Vereinnahmung, da nur so der Lernende in einen lebendigen Austausch mit der Wirklichkeit eintreten und sein Selbst formen kann, um zu einer eigenen, sinn- und bedeutungsstiftenden Geschichte zu finden. Für den Pädagogen bedeutet dies, »die Wahrnehmung auf die ganze Breite der Phänomene kindlichen Lebens und Erlebens zu richten und nicht nur auf das, was uns eingeschränkte wissenschaftliche Begründungszusammenhänge als das allein wissenschaftlicher Wahrnehmung Würdige, das Beobachtbare, Zählbare und intersubjektiv Nachprüfbare vorgeben.«[345] Dazu muss pädagogisches Denken und Handeln im Sinne der Phänomenologie von der Frage »Was nehme ich wahr?« ausgehen, und zwar in der Weise, dass der Zugang zur Wirklichkeit als Deutungsvorgang die Wahrnehmung von Atmosphären, Empfindungen und subjektiven Vorstellungen fördert. Damit dehnt sich die Wahrnehmung auf das Nichtquantifizierbare, die Vielfalt der Erscheinungen und die subjektiven Erkenntnisse aus. Wird der Zugang zur Wirklichkeit als Auseinandersetzung zwischen dem Ich und seiner Welt aus dieser Perspektive verstanden, dann bleibt neben dem empirischen Anspruch Raum für den Reichtum von Phänomenen, die Überraschendes, Beiseitegelegtes, Unaufdringliches und Verborgenes in die pädagogische Praxis einbringen und das Subjekt aus einem kontrollierten in ein offenes Wesen verwandeln.

Soll es im Unterrichtsgeschehen um den »sinnhaften Aufbau der Wirklichkeit«[346] in deren Mannigfaltigkeit, Widersprüchlichkeit und Unauslotbarkeit gehen, müssen Denkkategorien naturwissenschaftlich-technischer Prägung, die Realität als Messbarkeit, Berechenbarkeit und Objektivierung bestimmen, durch ästhetische, transrationale und gemüthafte Bezüge zur Wirklichkeit eine Ergänzung finden, um ein Denken und Erkennen zu fördern, das die analytischen und formalen Operationen, also die Rationalisierung des Lernens, durch erfahrungsorientierte Lebensweltbezüge und subjektive Kontexte aus der Berechenbarkeit und technischen Beherrschung befreit. Rationalisierte und formalisierte Denkwege, deren Systematik und Methodik auf regelgebundenes Lernen verwiesen ist, lassen wenig Raum für soziale Lebensbezüge, subjektive Motive und Gefühle. Sie schaffen normierte Verfahren und Situationen mit dem Ziel begrifflich-logischer Bildung. Aus diesen funktionalisierten Wissensstrukturen werden Dissonanzen, Zweifelhaftes und Widersprüchliches ausgeschaltet, so dass der Lernprozess allein unter der Maßgabe von Effizienz und Kontrollierbarkeit, also den Tatsachenwerten, in Betracht kommt.

---

[345] Ebd., S. 14.
[346] Ebd., S. 17.

Nun ist aber der Lernvorgang geradezu als ein in seiner Umweghaftigkeit und Gegenläufigkeit charakteristischer Wahrnehmungs- und Erkenntnisvorgang zu verstehen, wobei der Unterschied zum formal-analytischen, auf das Quantifizierbare gerichtete Denken und Lernen, in der Qualität der Wahrnehmung besteht. Der wissenschaftliche Blick auf die Wirklichkeit ist interessiert an der Rationalität seiner Modelle, mit der die Entsinnlichung der Wirklichkeit und die Entwicklung des Rechensinns einhergehen. Im ästhetischen Wahrnehmen hingegen handelt es sich um ein pathisches Interesse an der morphologischen Gestalt der jeweiligen Erscheinung. Diese Fähigkeit zur ästhetischen Wahrnehmung ist in der ästhetischen Disposition des Subjekts begründet, dessen Erlebnisfähigkeit darin besteht, Gegenstände nicht bloß in rationalen, messbaren Begriffen zu kategorisieren, sondern ihre Anschauungsqualität als die grundlegende ästhetische Beziehung zwischen Ich und Welt aufzufassen.

In der ästhetischen Wahrnehmung der Wirklichkeit wendet sich das Subjekt der sinnlichen Erscheinung genießend und selbstlos zu. Das erkennende Bewusstsein öffnet sich für die bloße Erscheinung mit sinnlicher Hingabe an den Reichtum der wahrgenommenen Gestalt. Wirklichkeit tritt hier in ihrer körperhaften Existenz, ihrer Daseinsprache, den Farben und Düften, ihrem Spiel mit der Umgebung und der sie einfassenden Räumlichkeit zutage. Dieser phänomenale Eigenwert der Dinge mit ihrer Bedeutungsvielfalt steht in der Gefahr dann verloren zu gehen, wenn der didaktische Wirklichkeitsbegriff schulischen Unterrichts sich allein an der Struktur, der Geometrie oder Anatomie der Dinge orientiert und so deren Aura übersieht. Es ist gerade die Phänomenalität der sinnlichen Welt, welche die Wirklichkeit des Lebens in ihrem Erscheinungsreichtum ausmacht und sich dem Subjekt mit dieser Vielfalt in der reinen Anschauung seiner selbstlosen Welthingabe mitteilt. Wird dieses Wirklichkeitsverständnis in den Unterricht getragen, erscheinen alle dort ablaufenden Prozesse und die Adressaten nicht als technisch zu beherrschende Regelabläufe, sondern als Teile der Schöpfung, aus der heraus Erziehung zur Liebes- und Leidensfähigkeit mit dem Geschöpflichen aufscheint.

Geschieht Unterricht mit dem Ziel bloßer Nutzenantworten unter dem verengenden Blick positivistischen Wissenschaftsverständnisses, so besteht die Gefahr, eigene Erfahrungen und Weltsichten des Schülers auszublenden. Isoliertes Erlernen von Formeln und Modellvorstellungen lassen die subjektiven Vorverständnisse außer Betracht, durch die sich erst lernrelevante Ordnungsprozesse im Bewusstsein bilden. Vorschnelle Wirklichkeitserklärungen durch Modelle und Theorien dienen einer Nützlichkeitsvorstellung, jedoch nicht einem Bildungsverständnis, mit dem subjektiven Deutungen gegenüber einer vielfältigen Wirklichkeit Raum für kreative Umwege gegeben wird.

Mit den hier vorgestellten Überlegungen soll es nicht um die Fixierung antirationalistischer Positionen und Wirklichkeitsdeutungen gehen. Wissenschaftliches Denken allein kann jedoch das Bildungswesen und das Wirklichkeitsverständnis einer Kultur und Zivilisation nie im Ganzen bestimmen. Über einzelwissenschaftliche Modelle und Raster hinaus muss Wirklichkeit in ihrer Mehrdeutigkeit erkennbar werden, zu deren metaphysischer Verfasstheit hinführen. Erst wenn die Wirklichkeit von ihrer Außen- und Innenseite, sowohl ihrer physischen Gestalt als auch ihrer metaphysischen Tiefe nach »erfahrbar« wird, kann schulische Bildung als ästhetischer Akt gelingen.

Die Bildung des Menschen ist auf die Identität des Subjekts und dessen Zukunft gerichtet. Aber angesichts einer Zukunft, die selbst ungewiss geworden ist, muss mit dem Bildungsanliegen der Erwerb von Handlungsfähigkeit verbunden sein, die Ethik und »intersubjektive Kreativität«[347] zueinander in Beziehung setzt. Bildung wird somit zu einem Modus praktischen Verhaltens für eine kommunikative zukünftige Lebenswelt, und pädagogisches Handeln richtet sich auf die »Subjektwerdung des anderen«[348], um menschliches Leben mitverantwortlich zu gestalten. Als intersubjektive Ethik realisiert Pädagogik Freiheit für die sozial Benachteiligten. Deshalb kann Bildung nicht nur Wissen um Fakten und Funktionszusammenhänge sein. Im Sinne der ästhetisch-politischen Erziehung werden vielmehr Wirklichkeiten entworfen, aus denen neue Möglichkeiten des menschlichen Selbstverständnisses handelnd erwachsen. Literarische und religiöse Texte sowie Werke der bildenden Kunst stellen solche Entwürfe vor. Pädagogisches Handeln, in dem Ästhetik und Ethik zusammengehen, versteht menschliches Sein, das auf die Aufhebung von Entfremdung durch die Veränderung der Tiefenstruktur unseres Bewusstseins gerichtet ist, als künstlerisch-produktives Handeln im Bewusstsein universaler Solidarität.

Bildung wird also zunehmend auf die »Erneuerung der Einbildungskraft«[349] gerichtet sein. In intersubjektiv-kreativen Prozessen, wie sie durch religiöse und ästhetische Erfahrung angestoßen werden, stellen sich transformatorische Kräfte ein. Poetisch-ästhetische und religiöse Rede zielen auf kommunikatives, universales Handeln, so dass die christliche Religion nicht die einzige notwendige Voraussetzung dieses Bildungsverständnisses sein kann. Erst daraus ergibt sich ein »Spielraum der Freiheit«, in dem sich kommunikativ die Freiheit des Individuums z.B. in Form erneuerter Identität wieder herstellt. Freiheit für den anderen ist theologisch gesprochen geschenkte Freiheit. Sie setzt auf mehr als das, worüber sich verfügen lässt. Bildungsprozesse orientieren sich an diesem Verständnis der gewährten Freiheit, wenn sie den Menschen vom Personsein zur Subjektwerdung führen. Dass wir nicht zu neuen Gesetzen, sondern zur Freiheit und Liebe befreit sind (Gal.5,1), die wir ästhetisch und religiös in Vorwegnahme einer freieren Gesellschaft in Anspruch nehmen können, bleibt in seiner Aufnahmebereitschaft

---

[347]   *Peter Biehl*, Religionspädagogik und Ästhetik; in: *Peter Biehl, Christoph Bizer, Hans-Günter Heimbrock, Folkert Rickers*, Jahrbuch der Religionspädagogik, Bd. 5, Neukirchen-Vluyn, 1984, S. 41.
[348]   Ebd., S. 42.
[349]   Ebd., S. 43.

durch die Lernenden pädagogisch unverfügbar, ist aber in Lernprozessen für das Verstehen des Evangeliums der Befreiung als Möglichkeit für lohnenswertes gegenwärtiges und zukünftiges Leben vorzustellen. Die Einbeziehung ästhetischer Kategorien kann diesen Verstehensvorgang vor Gesetzlichkeit und Pädagogisierung bewahren.

5.2 Kunst in religiösen Lernprozessen

In der Verhältnisbestimmung zwischen Religion und Kunst kommen sowohl Praxisdimensionen *mit strukturellen Entsprechungen zwischen religiöser und ästhetischer Erfahrung* als auch inhaltliche Beziehungsperspektiven von *Nähe und Distanz*[350] ins Spiel. Hinsichtlich des Praxisbezugs geht es vor allem um die Sensibilisierung der Sinne und die damit einhergehende Intensivierung der Wahrnehmungsfähigkeit. In praktischen Verfahren wie Photographieren, Modellieren, Videos drehen, Gedichte schreiben, Werbung analysieren oder Werke der bildenden Kunst, Musik und Literatur interpretieren, kann es gelingen, diese Ziele erfahrbar zu machen, weil die hier angesprochenen Methoden unter anderem eine Rückkoppelung an Alltagserfahrungen ermöglichen. So kann »über die ästhetische Erfahrung ein Verständnis für religiöse Erfahrung angebahnt werden«[351], wenn wir z.B. Verwandlungen der Sprache beachten, wie sie sich in ästhetischen und religiösen Erfahrungen vollziehen. Wie ein Vergleich zwischen poetischer und religiöser Sprache zeigt, haben beide offenbarenden Charakter, der die Alltagssprache durchbricht und auf Transzendentes hin verwandelt, das in der religiösen Sprache den Urbezugspunkt Gott meint, so dass das Offenbarende der dichterischen Sprache auf das hinweist, was Offenbarung im religiösen Sinne anspricht.

Weil die Offenbarung eine verborgene, religiöse Dimension poetischen Sprechens ist, lässt sich allgemein formulieren, dass »die oft verborgene religiöse Dimension der ästhetischen Erfahrung«[352] entdeckt werden kann, wenn wir inhaltliche Entsprechungen etwa in Daseinsäußerungen von Hoffnung, Dank, Vertrauen, Klage oder Erinnerung in ihr wahrnehmen. Besonders in Bezug auf die Sensibilisierung von Wahrnehmungsfähigkeiten kann es zu einer wechselseitigen Verstärkung von religiöser und ästhetischer Erfahrung kommen, um »der Vorherrschaft von Beweissprache und Begriffskultur Widerstand zu leisten. Um derartigen Widerstand zu realisieren, muss religiöse Erfahrung Strukturen der Kunst annehmen, wenn sie konkret werden will«.[353] Poetische und religiöse Sprache stehen so im Widerspruch zum Gewohnten; sie sind solidarisch mit den Opfern und

---

[350] Ebd., S. 27f.
[351] Ebd., S. 28.
[352] Ebd.
[353] Ebd.

Besiegten, denen sie ihre Sprache leihen. In der Gestaltung des Widerständigen durch Literatur, Graphik, Spiel, Tanz oder Musik finden religiöse Erfahrungen im Ästhetischen ihren adäquaten, verwandelnden Ausdruck. Das Moment der Verwandlung durch das Ästhetische, das auf »symbolische Zeichenhaftigkeit«[354] ausgerichtet ist, macht die Übertragung des Wirklichen auf seine Symbolhaftigkeit hin möglich. Vom Instrumentellen wandelt sich das Gegebene zum Medialen. Durch den kreativen Umgang mit dem Vorhandenen in künstlerischen Darstellungen des Theaters, einem Bild, einem Text- oder Musikstück, einer Plastik, oder in Gedichten, stellen Freiräume für individuell-Subjektives dar, in denen die Verwandlungsprozesse Gestalt annehmen.

Die Bedeutung von künstlerischen Darstellungen als ästhetische Erfahrungsmedien in religiösen Lernprozessen ist aus vier Betrachtungsweisen darstellbar. »Teilnehmer religiöser Lernprozesse können Darstellungen der Kunst in Anspruch nehmen, um ihre eigene Lebenssituation in Betroffenheit zum Ausdruck zu bringen.«[355] Von diesem Verständnis ästhetischer Erfahrung ausgehend, kann die Erkenntnis durch das Künstlerische dazu verhelfen, Einseitigkeiten in wissenschaftlichen und alltagssprachlichen Situationen zu überwinden. Kunst bietet kreative Sprachformen für schwer beschreibbare Emotionen wie Angst, Mut, Freude oder Hoffnung, und Lebenserfahrungen wie Schmerz und Klage, Freiheit und Zwang, Schwächen oder Stärken. Diese Ambivalenzen des Lebens kann die Kunst zwischen »Emotionalität und Rationalität«[356] kreativ-befreiend zum Ausdruck bringen helfen.

»Darstellungen der Kunst können Widerspruchs- und Kontrasterfahrungen entbinden.«[357] Erfahrungen bilden sich im sinnlichen und aktiven Umgang mit dem Neuen, Fremden und Ungewohnten. Auch wenn das Schöne zumeist der erste Zugang zu diesen Erfahrungen ist, kann besonders das Erniedrigte und Hässliche Wahrnehmungs- und Sehgewohnheiten verändern, da solche Begegnungen in den Widerspruch zum Alltagserleben führen und hier das Allvertraute und Altbekannte auf Hoffnung hin durchbrechen.

»Darstellungen der Kunst können neue Möglichkeiten des eigenen Lebens und eine neue Sicht der Wirklichkeit zu entdecken helfen.«[358] Die in der Kunst angelegten neuen Möglichkeiten bestehen in der Erweiterung der Realitätserfahrungen, der Einstellungsänderungen und der Artikulation persönlicher Identitätsverfasstheit, da ihr schöpferisches Potenzial gerade darin aufgeht, eine neue Wirklichkeitssicht durch Verwandlung des Materiellen und Instrumentellen auf Symbolhaftigkeit und Medialität, auf eine metaempirische Hintergründigkeit hin[359], zu

---

[354] Ebd., S. 29.
[355] Ebd., S. 30.
[356] Ebd.
[357] Ebd., S. 31.
[358] Ebd.
[359] Vgl. *Günter Lange*, Ästhetische Bildung im Horizont religionspädagogischer Reflexion; in: *Hans-Georg Ziebertz/Werner Simon*, Bilanz der Religionspädagogik, Düsseldorf 1995, S. 344.

entwerfen. Noch Ungesagtes und Ungehörtes kommt in metaphorischer und narrativer Sprache zu Wort und erweitert so die Ausdrucksmöglichkeiten für eine neue Sicht der Welt, die einer Metamorphose vergleichbar ist. Das Kunstwerk verweist somit im ästhetischen Protest auf etwas, was sein könnte. Sein Verheißungscharakter besteht im Hinweis und Vorgriff auf einen Zustand, der noch einzulösen ist. »Darstellungen der Kunst können helfen, der Wirklichkeit standzuhalten und das Leiden nicht zu verdrängen.«[360] In den Themen der Kunst wie der Theologie wird in einer Weise an das Leben erinnert, die dessen Abhängigkeit von Strukturen und Mächten deutlich macht, in deren Folge Spuren der Gewalt die Aufmerksamkeit auf den Zerfall und das damit verbundene Leiden und die Notwendigkeit zur Überwindung dieser Mächte lenken. Künstler wie *Paul Klee* oder *Alfred Hrdlicka* zeigen Jesus mit Stahlhelm oder Gasmaske, unter den Juden von Auschwitz und als Leidenden, der in Gestalt des Fisches am Kreuz hängt. In der Literatur bearbeiten Autoren wie *Paul Celan, Marie-Luise Kaschnitz* oder *Hilde Domin*, um nur einige wenige zu nennen, Christusgeschichten als Motiv der Hoffnung und Befreiung.

In der sinnlichen Evidenz, wie sie über die Bearbeitung unterschiedlicher Materialien als eine Erfahrung mit der Welt in die Erscheinung tritt, kommt die Stärke der künstlerischen Darstellung in den Blick. Das sichtbar-Profane wird in der ästhetischen Vermittlung gebrochen. So gewinnen »Zeichen der Befreiung und der Hoffnung Gestalt. Sie werden dadurch möglich, dass die konkrete, unmittelbare Anschauung in sich gebrochen und über sich hinaus getrieben wird.«[361] Unter den Erfahrungsperspektiven, wie sie die Kunst hier vermittelt, kommen die wirklichkeitserschließenden und kommunikativen Funktionen der Kunst in ein Verhältnis zu religiösen Erfahrungen, die, ohne theologisch vereinnahmt zu werden, Grundphänomene des Lebens und der Welt erschließen helfen. Kunst kann jedoch theologische Einsichten in kerygmatischer und meditativer Hinsicht anstoßen und überprüfen. Von daher ist der Verweis auf biblische Erfahrungen offen, die wie die Gleichnisse Jesu provozierende und befreiende Kräfte entbinden, wenn sie in sachanalytischer und lebensweltlicher Deutung zu neuem Sehen der Wirklichkeit anleiten.

Wenn von der Kunst im zweifachen Sinn als Praxisdimension und Kunstwerk gesprochen wird, dann muss auch vor dem Hintergrund des Einflusses der Kulturindustrie und Warenästhetik (Video, Fernsehen, Computer etc.) auf die Möglichkeiten und Grenzen ästhetischer Erziehung hingewiesen werden. Die produktiven Möglichkeiten der Kunst liegen trotz aller vorgenannten Beeinflussung und Vereinnahmungsgefahren geradezu in der Bewahrung einer kritischen Haltung gegenüber diesen Marktmechanismen. Ästhetische Bildung ist auch im Angesicht der Massenkultur möglich als Erkenntnisweise, die aufgrund der ihr eigenen

---

[360] *Peter Biehl*, Religionspädagogik und Ästhetik, a.a.O., S. 32.
[361] Ebd., S. 35.

Wahrnehmung und Übersteigung von Wirklichkeit gesellschaftliche Verhältnisse kritisiert, von denen entfremdete und einschränkende Verhältnisse ausgehen. In der ästhetischen Hervorbringung ist der eigentliche Ort für die Subjektwerdung des Menschen zu sehen, der in seinem Erfindungsreichtum und der Durchbrechung von Wahrnehmungsgewohnheiten der Funktionalisierung, Vermarktung und Konsumorientierung widersteht und sich authentische Lebensäußerungen bewahrt.

Vor allem in Ausdrucksweisen von Kindern und Jugendlichen finden sich ästhetische Muster, deren Kreativität in einer sinnlichen und leiblichen Kultur der Ästhetisierung zuhause ist und sich von daher durch Maskierungen, Tänze, Musikerlebnisse, Graffiti- und Wandspruchmalereien oder Emblematisierung gegen vorfabrizierte Ding- und Funktionswelten Ausdruck verschafft. In dieser Symbolisierungsfähigkeit treten durchaus ursprüngliche religiöse Erfahrungen als Zeichen des Tröstens, Ermutigens oder Faszinierens und des Gebanntseins zutage. Wenn also religiöse Lernprozesse in nächster Nähe zu ästhetischen Situationen stehen, können sie in Richtung auf eine gemeinsame Symbolbildung zur Entfaltung kommen, deren Zeit- und Raumerfahrungen in ursprünglicher religiöser und sozialer Gestalt auftreten.

5.2.1 Ästhetische Erfahrung als Kriterium religiösen Lernens

Die elementare Erfahrung, über die ästhetisches Erleben ins Bewusstsein tritt, ist ihre »Anmutsqualität«.[362] Mit dieser atmosphärisch-sinnlichen Wahrnehmung wird ein leibhaftes Spüren und Fühlen, wird Sensibilität zu einer Lebensweise, die Geschmack für Sinnenfreuden entwickelt. Damit reicht die sinnliche Erfahrung über die intentionale Ausrichtung des Bewusstseins hinaus in eine Wirklichkeit, deren Mehrwert in Erkenntnissen liegt, die ästhetisches »Weisheitswissen«[363] als Wissen über Schönheit oder Hässlichkeit, Harmonie oder Asymmetrie, vermittelt. Ästhetische Erfahrung komplementiert den logisch-begrifflichen Wirklichkeitszugang in der sinnlichen Wahrnehmung auf eine Vieldimensionalität hin, deren Erkenntnisziel in der Entgrenzung kognitiver Einsichten liegt. An dieser Stelle tritt ästhetisches Erkennen in den Diskurs über seinen Wahrheitsanspruch ein, denn sowohl die Aneignung als auch die Darstellung sinnlicher Wirklichkeit intendieren, ein kritisches Potenzial gegenüber dieser Realität zu entfalten. Ästhetische Wahrnehmungsweisen stehen somit vor der Forderung, ästhetische Urteilsfähigkeit, also das sie Typisierende, ins Spiel zu bringen. Was ihren Anspruch auf Wahrheit fundiert, sind ästhetisch-sinnliche Erfahrungen, deren Inhalte durch die

---

[362] *Erich Feifel*, Was ist ästhetische Erfahrung? – Prolegomena einer religionspädagogischen Ästhetik; in: Religionspädagogische Beiträge: Zeitschrift der Arbeitsgemeinschaft katholischer Katechetikdozenten, Band 30, Dortmund 1992, S. 3.

[363] Ebd., S. 4.

Form zu Wahrnehmungserlebnissen werden, so dass die Wahrheit des Ästhetischen im Gestaltcharakter des wahrgenommenen Kunstwerks liegt. Ästhetische Erfahrung meint demnach dessen Gestaltwerdung, sein Bedeutungs- und Sinnangebot sowie die Kommunikation mit dem Betrachter, der den Zeichencharakter des Wahrgenommenen als Spielraum seines Urteils und seiner Entscheidungen entwerfen kann. In der wahrnehmenden Beziehung, in der sinnlich erfahrbaren Erschließung, wandelt sich die Gestalt in ein geistiges Erlebnis und führt an das Transzendente, die andere Welt heran, die nur mit Augen gesehen werden kann, die für das Unsichtbare sensibel geworden sind. Die Elemente des Ästhetischen, wie sie hier skizziert wurden, können zu gewinnbringenden Impulsen für religionspädagogische Entscheidungen generieren, mit denen es vorrangig darum geht, Glauben als erfahrungshaltige Gestalt sinnlich wahrzunehmen. Nur Glaube, der leibhaft spürbar wird, kann die Wirklichkeit seiner Inhalte sinnverstehend und als sinnstiftende Heilszusage vermitteln. Erfahrungen, wie sie im Nahbereich unseres alltäglichen Lebens eine Rolle spielen, sind dabei für Konkretisierungen religionspädagogischer Unterrichtspraxis im Zusammenhang mit dem Gestaltcharakter des Glaubens primär geeignet. So wird ein Thema wie »Das Fremde und das Eigene«[364] dazu beitragen, Fragen nach Integration oder Beheimatung des Fremden im Rahmen von fremder Religiosität und Multikulturalität als Lernprozesse in einem Sinn zu stellen, ob Glauben und Christsein–Lernen dazu befähigen, »Verantwortung für das Fremde, Andere, Hässliche zu übernehmen.«[365] Wahrnehmung, die in diesem Kontext Gestalt annimmt, meint die Befähigung zur Selbstkritik gegenüber dem Fremden in uns selbst und die Bewahrung vor der Vereinnahmung des Fremden. Es meint aber auch die Erkenntnis, dass das Fremde zur Entwicklung des seelischen, religiösen und geistigen Selbst beiträgt. Glauben heißt dann, sich auf den polaren Prozess des Vertraut- und Fremdwerdens einlassen, wozu die Mehrdimensionalität der Gestaltwahrnehmung Voraussetzung ist. Wenn demnach ästhetische Erfahrung einen Beitrag dazu leisten soll, Glaubensbegegnungen zu ermöglichen, dann muss deutlich werden, auf welchen anthropologischen Grundlagen solche Begegnungen geschehen.

5.2.2 Ästhetik als Leiberfahrung

Der zentrale Organismus, mit dem wir sinnlich wahrnehmen, ist unser Körper. Als Wahrnehmungs- und Ausdrucksorgan ist er der persönliche »Selbsterfahrungsraum«[366] schlechthin. Körperlichkeit und Sinnlichkeit sind so eng miteinander verbunden, dass mit ihnen eine Pluralität von sinnlichen Wahrnehmungen einhergeht, mit der wir die uns umgebende Wirklichkeit begreifen. Innerhalb dieser

---

[364] Vgl. ebd., S. 11–12.
[365] Ebd., S. 11.
[366] Ebd., S. 13.

Vielzahl der wahrnehmenden Tätigkeiten hat der »Körper seinen Ort im Sozialsystem«[367] individueller Biographien und Sozialisationserfahrungen, durch die Wahrnehmungsweisen lebensgeschichtlich geformt werden. Wahrnehmungspotenziale, die in diesen Bedingungszusammenhängen zu ihrer Ausformung kamen, ermöglichen menschlich-sinnliche Erfahrung, mit der sich der Geist in die Wirklichkeit öffnet und uns dort zu leibhaften Begegnungen mit Gestalt führt. Die Aufgabe ästhetischer Erfahrung, durch die sie ihren religiös-ethischen Gehalt ausdrückt, besteht dabei in der Unverfügbarkeit über die Gestalt des Anderen und des Andersseins, im Respekt und der Achtung »vor der Widerständigkeit der Gestalten«.[368] In dieser Akzeptanz liegt das entscheidende Kriterium anthropologisch-ästhetischer Urteilskraft, mit der die Beziehung zur Gestalt des Anderen Zärtlichkeit zu einem Verhalten werden lässt, das Sinnlichkeit zur Lebensweise erhebt. Die Wahrnehmung der Gestalt des Anderen geschieht in Prozessen der Symbolisierung, die nach kommunikativer Deutung ihres Sinngehaltes verlangen, um das oder den Anderen zu begreifen. Im Prozess dieser Begegnung bewirkt die ästhetisch-symbolische Erfahrung Verwandlungen, mit denen die alltägliche Wirklichkeit zum Inhalt für etwas wird, das ich verinnerliche und zu Verhaltensdispositionen entwickle, mit denen neue Sichtweisen auf die Wirklichkeit auch den »Geschmack am Glauben«[369] erlebbar machen können.

Für die Integration ästhetischen Denkens in pädagogische Absichten besteht von daher die Aufgabe, Wahrnehmungsfähigkeiten zu reaktivieren, da begriffliches Denken allein die Probleme gegenwärtiger pluraler gesellschaftlicher und individueller Lebensformen nicht zu lösen imstande ist. Dabei kommt der phänomenologischen Leibvorstellung, die als Form eigener Rationalität Erkenntnisweisen vorwissenschaftlicher Erfahrungen meint, entscheidende Bedeutung zu. Denn sie stellt sich in eine kritische Distanz zur instrumentellen Vernunft wissenschaftlicher Zweckrationalität und schafft der in Vergessenheit geratenen »lebensweltlichen«, vorbegrifflichen Doxa«[370] wieder Raum für leiblich-sinnliches Verstehen gegenüber quantitativen Operationalisierungen von Erfahrung, da kognitive Prozesse leibgebunden sind. Ästhetische Erfahrung trägt insofern zur Rehabilitation sinnlich-bildender Erkenntnis bei, als Kunst ein Wahrheitsgeschehen erschließt, das die Entwicklung der Weltanschauungen reflektiert; das Erfahrungen des Individuums als Weg zur Selbsterkenntnis integriert und somit »eine Sinnerfahrung im Sinne einer Eröffnung von Sinn, die jeweils auf die existenzielle Erfahrung des Individuums bezogen wird«,[371] zum Ausdruck bringt. Das Bildende des Ästhetischen liegt mithin darin, sinnliches Begreifen zu ermöglichen. Der Prozess des

---

[367] Ebd.

[368] Ebd., S. 14.

[369] Ebd., S. 18.

[370] *Yvonne Ehrenspeck*, Der Ästhetik-Diskurs und die Pädagogik; in: Pädagogische Rundschau 50. Jg., (1996), S. 250.

[371] Ebd., S. 253.

qualitativen Verstehens wird zum Korrektiv eines wissenschaftlichen Wirklichkeitszugangs zur Welt, indem er in der bildlichen Rezeption von Realität die
»Vielfalt von Rationalitätstypen«[372] zur Entfaltung bringt, mit der die kreatürli-
chen Anlagen des Menschen reaktiviert werden können, um aus ästhetischer Sensibilität und Einbildungskraft ethisch-religiöses Verhalten zu motivieren, das die
Wahrnehmungsfähigkeit für Belange unserer Welt fördern hilft.

5.2.3 Religionspädagogik als Ästhetik

Wenn Religionspädagogik als Ästhetik verstanden werden soll, dann impliziert der
damit verbundene Praxisbezug die Notwendigkeit, einen Handlungsbegriff zu erarbeiten, der zeigt, wie Religion als gesellschaftliches und pädagogisch vermitteltes
Handeln zu bestimmen ist. Das Fundament, auf dem das hier zu entfaltende
Handlungsverständnis gründet, wird sozialwissenschaftlich im Sinne von *J. Habermas* als »kommunikatives Handeln«[373] und theologisch im Bezug zur
Rechtfertigungslehre ausgelegt. Die inhaltliche Konkretisierung des Modells vom
kommunikativen Handeln beschreibt den Handlungskontext, d.h. die Voraussetzungen, Normen, Ziele und Folgen des Handelns, die in einem Prozess der intersubjektiven Verständigung zur Klärung gelangen sollen. Im Handlungsvorgang
stehen dann die Reflexion über das Handeln und die tatsächliche Handlung mit
ihrer teleologischen Struktur im Ursache-Wirkungs-Verhältnis bzw. Zweck-Mit-
tel-Kalkül zueinander. Neben dem teleologischen Typus des Handelns mit seiner
Ausrichtung auf die objektive Welt, ist das normenregulierende Handeln auf die
soziale Welt und das dramaturgische Handeln auf die Expressivität des Subjekts
vor einem Publikum gerichtet.

Aus den vorangegangenen Überlegungen zum leitenden Handlungskonzept
des Religionsunterrichts lässt sich in einer ersten These religionspädagogisches
Handeln als kommunikatives Handeln fassen, wobei die Handlungsschemata als
»*zielgerichtetes, normengeleitetes und dramaturgisches Handeln*«[374] zu verstehen sind.
Im Theorierahmen dieser Position soll deutlich werden, dass das Verständnis der
Religionspädagogik als Ästhetik die Religionspädagogik davor bewahrt, religiöse
Lernprozesse zu instrumentalisieren und sie im Sinne einer utilitaristischen Ethik
auf reine Nützlichkeitserwägungen zu reduzieren. Im Vollzug des dramaturgischen Handelns erweist sich die Einbeziehung der Ästhetik in den Unterricht als
ein Lernprozess am »offenen Kunstwerk«[375], wenn Lehrer und Schüler zum Rol-
lenträger der Handlungen in Themenfeldern wie z.B. Armut, Hunger oder Öko-

---

[372] Ebd., S. 260.
[373] *Jürgen Habermas*, Theorie des kommunikativen Handelns, Bd. 1: Handlungsrationalität und
gesellschaftliche Rationalisierung, Frankfurt 1995, S. 114–151; 141.
[374] *Peter Biehl*, Religionspädagogik und Ästhetik; in: *Peter Biehl, Christoph Bizer, Hans-Günter
Heimbrock und Folkert Rickers* (Hg.), Jahrbuch der Religionspädagogik, Bd. 5, a.a.O., S. 21.
[375] Ebd.

logie werden. Hier kommt ein Bildungsverständnis zum Tragen, das dazu auffordert, Unterrichtsgegenstände durch dramatische Inszenierungen handlungsorientiert aufzulösen, um damit Lernprozesse zu gestalten, die den »Geist in sinnlicher Form« in Erscheinung treten lassen, so dass man von daher sagen kann »Bildung ist Selbstverwirklichung in der Selbstdarstellung«.[376]

Aus verschiedenen Arbeiten zur Praktischen Theologie, vor allem vertreten durch *Rudolf Bohren*[377] und *Albrecht Grözinger*[378], geht die Position einer theologischen Ästhetik hervor, die aus dem pneumatologischen Gottesgedanken entfaltet, Gottes Sein im praktischen Vollzug als Gestaltung und im ästhetischen Vollzug als Wahrnehmung des Schön-Werdens Gottes versteht. Praktisch-theologisches Handeln wird als ästhetische Praxis im kathartischen Handeln konkret, das im Handlungsvollzug auf das fiktiv-Poetische angewiesen ist, um transparent gestaltend, sich sinnlich-konkret und episch zu vermitteln.

Ihre Bedeutung für die Religionspädagogik erhalten die vorgenannten Erwägungen besonders durch die Gestaltfrage, die im Rahmen der Didaktik zur Vermittlung der anliegenden Sache des Unterrichts wird. Eine handlungsorientierte Religionspädagogik, nach deren Selbstverständnis sich Handeln als »Gestalt« verwirklichen soll, ist auf das Gespräch mit der Ästhetik angewiesen. In der Verschränkung des Dramatischen und Epischen, wie es auch in biblischen Texten als Redeweise zu finden ist, zeigen sich ästhetische Gestaltungs- und Handlungsmöglichkeiten. Besonders die Gleichnisse Jesu können als »Modellfall religionspädagogischen Handelns«[379] gelten, da sie eine Unterrichtspraxis implizieren, die im didaktisch-methodischen Vollzug dem Hörenden und Teilnehmenden Gottes Sein zuspielt. Das vorherrschende sprachliche Mittel der Gleichnisse, nämlich die Metapher, regt unsere Einbildungskraft und unseren kreativen Willen zum verändernden Handeln an. Damit schafft die biblische Sprache die Voraussetzungen für ein Handeln, das in der Verschränkung von Fiktion und Neubeschreibung der Wirklichkeit Bilder unserer Befreiung entwirft. So begibt sich die Ästhetik auf den Weg zur Ethik unter der Voraussetzung, einer *Poetik* zu folgen, die uns neue Dimensionen der Einbildungskraft erschließt. Jetzt lässt sich in einer zweiten These formulieren: »Wird die Religionspädagogik als Ästhetik verstanden, kann sie dazu beitragen, den Verstehensvorgang aus dem Horizont des Gesetzes in den des Evangeliums zu rücken«.[380] Da die Anredeform des Evangeliums »Annäherung durch Unterbrechung und Überbietung«[381] ist, kann diese Verstehensform einen Lernprozess in Anklang bringen, der die Erfahrungen der Teilnehmer in die Ver-

---

[376] *Hartmut von Hentig*, Ergötzen, Belehren, Befreien – Schriften zur ästhetischen Erziehung, München 1985, S. 246.
[377] *Rudolf Bohren*, Dass Gott schön werde. Praktische Theologie als theologische Ästhetik, München 1975.
[378] *Albrecht Grözinger*, Praktische Theologie als Kunst der Wahrnehmung, Gütersloh 1995.
[379] *Peter Biehl*, Religionspädagogik und Ästhetik, a.a.O., S. 24.
[380] Ebd., S. 25.
[381] Ebd.

heißung einbindet, um so ein »Verstehen aus Teilhabe«[382] zu ermöglichen, das sich für die Alltagsbedingungen als tragend erweist.

Soll also diesem subjektiven Faktor im Lernprozess Raum zukommen, wird der Unterricht im Rahmen »offener Kontexte«[383] zu gestalten sein, so dass die Teilnehmer ihre Wahrnehmung und Deutung der Sache einbringen können. Handlungsorientierter religionspädagogischer Unterricht verkündigt nicht, denn er erschließt seine Sache in kreativen Formen z.B. des Bibliodramas und der Symbolhandlungen, die vor analytischen Verfahren rangieren. Eine dritte These lautet demgemäss: »Religionspädagogik als Ästhetik erfordert vom Religionspädagogen Wahrnehmungsfähigkeit und Gestaltungskompetenz«.[384]

Die Wahrnehmung richtet sich auf die Grundlagen des Lebens, den gesellschaftlichen Kontext, die authentischen Bedürfnisse der Schüler und die Verheißung der Freiheit im Wort Gottes. Bei der Gestaltung des Lernprozesses ist diese Freiheit und deren notwendige Konkretion im lebensweltlich-gesellschaftlichen Kontext zu verorten und als Prozess intersubjektiver Verständigung auszutragen. Jedes Gespräch, das sich hier ergibt, wird engagierte Stellungnahmen einbringen können, die zwar nie die ganze Wahrheit umfassen, aber für den einzelnen Gesprächsteilnehmer die Wahrheit seiner Meinung in der Auseinandersetzung mit den anderen reflektiert, und die damit auch als schöpferisch-künstlerische Wahrnehmung in die Wirklichkeit von Unterrichtsprozessen tritt.

5.2.4 Ästhetisches Weltverhalten als Wahrnehmungsaufgabe von Schule

Ästhetisches Weltverhalten meint somit, dass schulischer Unterricht verstärkt darauf eingehen muss, das Wahrnehmungsvermögen der Schüler durch sinnliche Erfahrungen zu schärfen, um so zu Entdeckungen von Wirklichkeit in der Alltagskultur zu kommen. Damit wird Offenheit initiiert für die Überschreitung des Vorfindlichen und für eine Sensibilität, die das andere der Welt, unabhängig von Pragmatismus und Funktionalismus, für die Vielfältigkeit von Beziehungen, sieht. Konformitätsunabhängiges Hören und Sehen deckt Gebrochenheiten und Entfremdungen des Lebens auf. Deshalb müssen Wahrnehmungen geklärt und erschlossen werden, um zu Tiefenstrukturen des Lebens vorzudringen. Lernwege der Wahrnehmung laufen von daher nicht auf fertige Lösungen zu, an deren Ende ein Produkt steht, sondern sie sind Prozesse des Verstehens, in denen Schüler ihre eigenen Deutungsweisen der wahrgenommenen Wirklichkeit einbringen, die zum Anstoß für weitere Wahrnehmungen generieren.[385] Dazu gehören die Wahrneh-

---

[382] Ebd.
[383] Ebd.
[384] Ebd., S. 26.
[385] Vgl. dazu das Heft zum Thema ›Wahrnehmen‹; in: BRU – Magazin für die Arbeit mit Berufsschülern, hg. v. d. Gesellschaft für Religionspädagogik e.V., Villigst o. J.

mung von Selbstdarstellungen der Schüler und Lehrer, von Ängsten und Hoffnungen; der Umgang mit Elementen aus der Natur, wie Blumen, Zweigen und Steinen, um Prozesse von Einbildung und Stille in Gang zu setzen. Es handelt sich auch um Wahrnehmungsaufgaben, wenn die optischen und technischen Apparaturen der Freizeitkultur Jugendlicher, wie Video-Clips, Computer, Walk-Man auf ihre virtuellen Botschaften befragt werden. So lassen sich Themen finden, die stark von religiös-ethischen Anteilen durchsetzt sind. Es geht hier um Heldentum, Böses und Gutes, Gelingen und Scheitern, Erlösung und Hoffnung. Schulische Bildung darf diese Bereiche nicht außer Acht lassen, wenn sie als Wahrnehmungs- oder Sehschule Orientierung über Wirklichkeit zum Ausdruck bringen will. Dafür müssen jedoch Lernprozesse aus vorgeplanten curricularen Verfügungen befreit werden und sich von Zielvorgaben verabschieden, die auf fixierte Wahrheiten über die Zukunft von jungen Menschen ausgerichtet sind. Schulische Bildung fördert vor diesem Hintergrund einen Unterricht, der Anstöße zu Wahrnehmungen über die Veränderungen in unserer Kultur und der in ihr handelnden Menschen gibt.[386]

5.3 Fazit und Perspektive

Bis zu diesem Punkt der vorangegangenen Erörterungen wurde der Versuch unternommen, in allgemein- und religionspädagogischen Zusammenhängen ein Subjektverständnis deutlich werden zu lassen, das aus der Verfügung vorgängiger Bestimmungen befreit wird, um so in Unterrichtsprozessen zu einer selbstbestimmten Identität zu finden. In der intersubjektiven und interkulturellen Wahrnehmung soll dieses autonome Subjekt fähig werden, Begegnungen zu ermöglichen, die aus der verdinglichten körperorientierten Perspektive zu einer leiblichen Aufmerksamkeit führen und damit das Lernen vom Anderen her Wirklichkeit werden lassen, ohne diesen Anderen in seiner Eigengestalt zu vereinnahmen oder verfügend über ihn zu bestimmen. Zu dieser Haltung tragen ästhetische Erfahrungen im Rahmen der Unterrichtsgestaltung bei, da sie zweckrationale Verfahren auf ein Wirklichkeitsverständnis hin erweitern, das den sinnlichen Anteilen Raum gibt: So können Spuren von Exzentrizität im persönlichen Weltverhältnis sichtbar werden, die auf eine andere Wirklichkeit verweisen. Mit phänomenologischem Blick kann von daher die Erfahrung des Eigenen und des Fremden zu einem Anliegen von Erziehung und Bildung werden, wenn er die Unverfügbarkeit des Menschen als ein Moment von personaler Würde auffasst, mit dem die theologische

---

[386] Vgl. *Hans Günter Heimbrock*, Wahrnehmung und Einbildung – Irritationen religiöser Erziehung durch virtuelle Welten; in: Schönberger Hefte 2/96, S. 17–19.

Deutung der Gottebenbildlichkeit, wie sie im folgenden Kapitel zur Sprache kommen soll, zur Leitkategorie des Bildungsgedankens generiert.

6. KAPITEL: ERFAHRUNG, GLAUBE UND BILDUNG

Die Perspektive des folgenden Kapitels gründet in der Verhältnisbestimmung von Pädagogik und Theologie. Dieser Bezug wird entfaltet auf der Grundlage des biblischen Gedankens der Gottebenbildlichkeit, dem evangelisch – kirchlichen Bildungsverständnis in der Wissens- und Lerngesellschaft unserer Gegenwart sowie dem phänomenologisch-theologischen Bildungsgedanken in der Relation von Kontingenz und Transzendenz. Das Ziel wird es sein zu zeigen wie durch die Beziehung zwischen Erfahrung, Glaube und Bildung subjekthaltig-personales Handeln in der Wirklichkeit Gestalt annimmt.

6.1 Der Gedanke der Gottebenbildlichkeit als Leitkategorie einer Auseinandersetzung mit dem Bildungsproblem

Wird Bildung als Verweis auf das »noch ausstehende Ganze des menschlichen Lebens«[387] verstanden, so zeigt sich in dieser Definition die Verschränkung einer theologischen und pädagogischen Bildungsbegrifflichkeit, die in utopischer Antizipation zu einer vertiefenden Relation von Identität und Bildung führen will. Der vor diesem Ansatz zu realisierenden Bildungstheorie liegt ein religionspädagogischer Ansatz zugrunde, der um die *»Unverfügbarkeit* der Person«[388] vor dem Gedanken der Gottebenbildlichkeit des Menschen weiß, wie er im Folgenden als Leitkategorie subjektorientierter Bildung vorgestellt werden soll.

6.1.1 Eine Skizze zum Verständnis von Gottebenbildlichkeit

Was es für den Menschen heißt »Bild Gottes« zu sein, wird in humanistisch-theologischen Traditionssträngen unterschiedlich akzentuiert, aber in Verbindung mit dem Bildungsgedanken durchgehend als anthropologisch-emanzipatorischer Weg zur Subjektwerdung verstanden. Wurde Gottebenbildlichkeit mit der beginnenden Neuzeit, etwa bei *J.G. Herder*, zunächst noch betrachtet als eine organische Anlage zur Humanität, die durch Bildung ihren Idealcharakter entfalten

---

[387] *Peter Biehl*, Die Gottebenbildlichkeit des Menschen und das Problem der Bildung – Zur Neufassung des Bildungsbegriffs in religionspädagogischer Perspektive; in: *Peter Biehl*, Erfahrung, Glaube und Bildung, Studien zu einer erfahrungsbezogenen Religionspädagogik, Gütersloh 1991, S. 124.
[388] Ebd., S. 126.

sollte, so löste sich in der Folgephase diese Vorstellung von einer organischen Begründung der Gottebenbildlichkeit durch ihr Verständnis als Relationsbegriff ab. Es ist die Bestimmung des Menschen, so *J.A. Comenius*, als Mitarbeiter Gottes an der Vollendung der Schöpfung mitzuwirken und dadurch Gottes Herrschaft zu verwirklichen. Indem der Mensch zugleich Gott der Welt und die Welt Gott gegenüber spiegelt, erhält der Mensch als Ebenbild seinen Ort in der Mitte des Weltgeschehens. Die Aufgabe der Bildung dabei ist es, den Menschen zur Qualitätssteigerung der weltlichen Ordnungen zu befähigen.

Der Gedanke der Qualität spielt auch in *E. Brunner*s Bildungskonzept eine entscheidende Rolle, da er die Relation von Bildung und Glaube im christlichen Verständnis von Personsein zentriert sieht. Es macht die Qualität eines bildenden Glaubens aus, dass er Personsein als eine Existenzweise versteht, die sich als Gemeinschaftserfahrung verwirklicht. Hier ist es die Verantwortung zwischen dem Einzelnen und der Gruppe, mit der die sozialethische Qualität dieser Beziehung zum Tragen kommt. Sie übersteigt die natürlichen, aus Gesetzeslagen abgeleiteten Seinsverhältnisse, wenn diese Verantwortlichkeit aus der Gottebenbildlichkeit des Menschen heraus verstanden und praktiziert wird.

*Karl Barth*s Verständnis von Gottebenbildlichkeit ist christologisch geprägt, indem er Jesus Christus als den gebildeten Menschen schlechthin auffasst. Vor diesem Hintergrund ist es die Aufgabe der Bildung, die menschliche Existenz in ihren äußeren und inneren Formen zu gestalten. Es ist der Gestaltcharakter, den *Barth* in den Mittelpunkt seines Bildungsverständnisses rückt. Und zwar ist der Mensch Gestalteter und Gestalter in der Beziehung zu seiner Umwelt; in der freien Tat des Glaubens gestaltet er sein Leben in Entsprechung zu Jesus Christus; und in Freiheit antwortet er auf die Tat Gottes, mit der die Bestimmung des Menschen auf seine Selbst- und Mitbestimmung gerichtet ist. Bildung ist demnach das Handeln des Menschen, mit dem er auf Gottes befreiende Tat antwortet und die menschliche Existenz unter der Verheißung des Subjektseins zu diesem ursprünglichen und letzten Ziel hinführt.

Aus der Beziehung zwischen Bildung und Religion, so wie *W. Pannenberg* sie aufzeigt, kommt ein theologisches Bildungsverständnis in den Blick, wenn Bildung die »künftige Bestimmung des Menschen«[389] auf dem Weg zur Menschlichkeit meint. An diesem Prozess ist der Mensch beteiligt als ein Wesen, das von seiner Geschöpflichkeit her sich auf eine Identität entwirft, mit der er nach seinem Ort im Weltganzen und der Ganzheit der Welt fragt. An dieser Stelle werden unausweichlich religiöse Fragen virulent, denn die Ganzheit der Welt realisiert sich aus christlicher Perspektive im Reich Gottes, und die Entfaltung der Identität meint christlich gesprochen die Herausformung der Gottebenbildlichkeit im Menschen. Bildung, theologisch akzentuiert, meint bei *Pannenberg* demnach Gottebenbildlichkeit als universale Fundierung des Menschseins, mit der die

---

[389] Ebd., S. 153.

Menschen um ihr Personsein im Prozess der Identitätsfindung wissen. Erzieherisches Handeln wirkt an der Identitätsbildung mit, wobei der Ort ihrer Vollendung das Reich Gottes sein wird.

Wird Bildung von der Gottebenbildlichkeit her verstanden und somit der Mensch als Bild Gottes, dann handelt es sich in der Beziehung zwischen Gott und Mensch, Mensch und Gott um ein Verhältnis, das die Würde des Menschen begründet. *E. Jüngel* sieht in dieser Verhältnisbestimmung insofern die Subjektwerdung des Menschen angelegt, als sie mit der Gottebenbildlichkeit die vielfältigen Möglichkeiten seiner Menschwerdung und besonders seiner Identitätsfindung freisetzt.

Unter der Prämisse, dass sich Identität nicht darin erschöpft, Menschwerdung als einen Prozess in der von Menschen erreichten geschichtlichen Identität aufzufassen, gründet Identitätsbildung außerhalb des eigenen Personseins. So verstandene Identität ist davor geschützt, den jeweils erreichten Stand der Identitätsbildung identifikatorisch zu vereinnahmen. Personsein, als außerhalb seiner selbst gründend aufgefasst, trägt Verheißungscharakter, mit dem die vielfältigen Möglichkeiten gegenüber dem faktisch Wirklichen als dynamisches Element den Weltzugang bestimmen und Bildungsziele vom Ideal der Vollkommenheit befreien. Hier formiert sich ein »Mehr«[390] an Weltwirklichkeit, das in erhöhtem Maße für die Wahrnehmung des Subjekts sensibilisiert. Hatten wir oben vom unabschließbaren Prozess der Bildung gesprochen, so zeigt sich jetzt, dass diese Unabschließbarkeit in dem »Verheißungsüberschuss«[391] des Menschen als Geschöpf gründet. Für den Bildungsprozess wirkt sich diese Sicht des Menschseins insofern produktiv aus, als sie für die Gefährdungen des Subjekts in seinen möglichen Entfremdungen und Verformungen in der Gesellschaft sensibilisiert: In einem dergestalt geöffneten mehrdimensionalen Bildungsprozess findet fragmentarische Ich-Identität in Freiheit angemessen Platz.[392]

6.1.2 Ansätze zu einer mehrdimensionalen theologischen Interpretation des Bildungsprozesses

Ein Bildungsverständnis, in dessen Sinne die Freiheit des Subjekts zur Verwirklichung kommen soll, ist zwischen Pädagogen und Theologen zu diskutieren, da beide paradigmatisch von ihm sprechen. Bildung und Theologie wollen der Freiheit zu ihrem Recht verhelfen, wobei es im Freiheitsverständnis der Neuzeit prägend geworden ist, Freiheit als durch Aufklärung ermöglicht zu verstehen. Die Theologie jedoch sieht den Grund der Freiheit im Befreit-Werden, wofür sie ein Freiheitsverständnis anführt, das aus biblischer und reformatorischer Freiheitser-

---

[390] Ebd., S. 158.
[391] Ebd., S. 159.
[392] Vgl., ebd., S. 141ff.

fahrung abzuleiten ist. Für das Alte Testament ist das Exodusgeschehen prägend, mit dem Gott als der Befreier Israels aus der ägyptischen Knechtschaft auftritt. Im Neuen Testament spricht Jesus vom Reich Gottes, das insofern als Befreiungsgeschehen zu verstehen ist, da in ihm die Macht der Herrschenden und der Gesetzesgehorsam durch die Macht der Liebe gebrochen ist. *Paulus* bestimmt die Elemente des Glaubens als Freiheit und Mündigkeit, denn wir sind durch Christus zur Freiheit befreit (Gal.5,1) oder zur Freiheit berufen (Gal.5,13). Freiheit ist, wie diese knappe Skizze zeigt, eine Gabe, die in die Gemeinschaft mit anderen Menschen führt, sie ist Befreiung zur Liebe, über die der Mensch nicht verfügen kann. Reformatorisch bringt *Luther* dies in seiner Doppelthese zu Wort: »Ein Christenmensch ist ein freier Herr über alle Dinge und niemandem untertan. Ein Christenmensch ist ein dienstbarer Knecht aller Dinge und jedermann untertan.«[393]

Wenn also – wie *M. Luther* es zeigt – der Mensch als Herr und Knecht zu sehen ist, dann sagt er damit, dass in der Liebe sich Freiheit und Dienstbarkeit vereinen. Die zugleich freie und dienstbare Liebe, in der sich die Freiheit des Menschen konstituiert, gründet in der Rechtfertigung des Menschen, nämlich in der Freiheit gegenüber seinen Leistungen und Werken. Nach christlichem Freiheitsverständnis wird der Mensch nicht durch das definiert, was er aus sich macht, sondern er ist bereits *vor* allem Handeln in Gnade angenommen. Nicht als Habende, aber als Liebende werden wir frei für uns selbst, unsere Mitmenschen und das Handeln zum Wohl des Gemeinwesens. So gesehen ist Freiheit ein Geschenk, das aus Entfremdung und Angst vor Versklavung jeglicher Art befreit. Keine Leistung muss für sie erbracht werden, da sie der Freispruch ist für jeden Menschen, so wie er im Menschenrecht auf Freiheit formuliert ist. Unsere Aufgabe ist es, immer wieder neu handelnd für die Wahrung der Freiheit einzutreten und im Bildungsprozess zum Einsatz für die Verwirklichung von Freiheit vorzubereiten. Zur Erfüllung dieser Aufgabe ist es notwendig, im Ablauf des Bildungsprozesses als Erziehender für die Freiheit anderer und für die »Freiheit von Hunger, von wirtschaftlicher Ausbeutung, von Unterjochung der Natur, von politischer Verfolgung und militärischer Drohung«[394] einzutreten. Theologisch-christlich verstandene Freiheit, die aus dem Glauben erwächst, wendet sich gegen gesellschaftliche Entfremdung und jegliche Formen der Knechtschaft. Auch im Angesicht ihres Scheiterns und im Bewusstsein des Fragmentarischen menschlicher Existenz bleibt die Überzeugung bestehen, dass wir zur Freiheit befreit sind und von daher jeweils erneut gegen das Leiden an der Unfreiheit vorgehen müssen, um die Zukunft durch produktive und kreative Phantasie kommunikativ zu gewähren. Das gilt besonders auch für die Bildungsinstitutionen, in denen sich Freiheit verwirklichen soll, um der freien Entfaltung der ihnen Anvertrauten zu dienen. Bildungsverant-

---

[393] *Martin Luther*, Von der Freiheit eines Christenmenschen, Gütersloh 1982, S. 162; vgl. zur Auslegung *Peter Biehl*, Die Gottebenbildlichkeit ... , a.a.O., S. 161.
[394] *Peter Biehl*, Die Gottebenbildlichkeit ..., a.a.O., S. 163.

wortung vom Evangelium her verstanden setzt sich somit für die Gewährung und den Erhalt von Freiheitsspielräumen und Erfahrungsmöglichkeiten ein, von denen ausgehend die Freiheit in diesen Institutionen zur Verwirklichung kommen kann.

Im Gedanken der reformatorischen Rechtfertigungslehre, nach der das Wesen des Menschen jeglicher Fremdbestimmung entzogen ist, spiegelt sich dieses Autonomieverständnis neuzeitlicher Bildungsauffassung wider, wobei es jedoch die Möglichkeit menschlichen Scheiterns auf dem Weg zur Selbstkonstitution des Individuums einschließt. Aber auch in seinem möglichen Scheitern ist der Mensch bedingungslos angenommen. Seine Gerechtigkeit gewinnt der Mensch nicht erst in Momenten ethischer Handlungsverantwortung, sondern grund- und bedingungslos durch Gottes Zuwendung. Dies ist die Verheißung, die an den Menschen ergeht. Im Glauben kann er sie als Gewissheit annehmen.

Mit Blick auf den Bildungsprozess ist nun zu fragen, ob Bildung im Sinne der Selbstbestimmung, Mitbestimmung und Solidarität allein als Prinzip ethischer Verwirklichung anzusehen ist und welche Rolle dann der Glaube in ihm übernimmt: Ist der Glaube die Voraussetzung der Bildung – im Sinne des kritischen Rechtfertigungsprinzips – oder steht er außerhalb des Bildungsverständnisses neuzeitlicher Prägung?

Für die Religionspädagogik ist es von Bedeutung nachzuzeichnen, dass vom Glauben als Moment der Bildung und von der Bildung des Glaubens gesprochen werden kann, denn eine religionspädagogische Bildungstheorie ist erst in diesem Wechselverhältnis sinnvoll. Glaube und Bildung sind niemals nur reine formale Zuordnungen, sondern sie erweisen ihre Bedeutung als Erfahrungsprozess am konkreten Lebenszusammenhang, in dessen Vollzug sie von einer »neuen ›Erfahrung mit der Erfahrung‹ ausgehen«[395]. Glaube meint hier eine qualitativ neue Erfahrung mit allen bisherigen Lebenserfahrungen, die Gestalt annehmen in Ritualen, Symbolen und Bildern. Was hier geschieht, ist zu bezeichnen als ein Erfahrungs- und Erkenntniszuwachs, als eine Mehrung des Hoffnungswissens. So ist der rechtfertigende Glaube, von dem weiter oben die Rede war, ein Glaube, der sich auf einen Grund außerhalb seiner selbst verlässt und der mit der Lebensgeschichte und ihren Erfahrungen neu umgeht, der also diese Erfahrungen in einem neuen Licht erscheinen lässt. Dieses Moment des Neuen ist im Sinne der Rechtfertigung der Anfang des neuen Lebens, die Heiligung dieses Lebens in allen Dimensionen des Menschseins. Unter dem Verständnis der Heiligung ist somit »rechtfertigender Glaube als neue Erfahrung mit aller Erfahrung nicht nur auf das ethische Verhältnis zu beziehen, in dem der Mensch steht, sondern ebenso auf das religiöse und ästhetische Verhältnis.«[396]

Wenn Erfahrungs- und Erkenntniszuwachs, die Erweiterung des Selbst- und Weltverständnisses als Folge von Bildungsprozessen anzusehen sind, dann sind

---

[395] *Eberhard Jüngel*, Gott als Geheimnis der Welt, Tübingen ⁶1992, S. 40.
[396] *Peter Biehl*, Die Gottebenbildlichkeit …, a.a.O., S. 168.

Glaube und religiöses Leben elementar auf Bildung angewiesen. Die Bildung des Glaubens besteht zum Beispiel darin, infantile religiöse Bilder aus der Lebensgeschichte loszulassen und so die Frage nach der Wahrheit des Glaubens immer wieder neu zu stellen. Aber auch die Bildung bedarf des Glaubens, wenn gewährleistet sein soll, dass in Anlehnung an das Rechtfertigungsverständnis Bildung darin besteht, das Subjekt vom Zwang zur Selbstverwirklichung zu befreien.

Durch das Angebot religiöser Inhalte, wie sie sich in Symbolen, Metaphern und Erzählungen finden, kann die Entwicklung eines Selbst- und Weltverständnisses gefördert werden, das die Aneignung religiöser und kultureller Quellen fördert. »Der Glaube umfasst also Bildung, durch die ein Erkenntniszuwachs durch Lernen aus Erfahrung gewonnen wird.«[397] Nicht gemeint ist damit allerdings eine Bildung zum Glauben, da der Mensch im rechtfertigenden Glauben sein Sein als Person ohne eigene Einwirkung empfängt; im heiligenden Glauben kommt es darauf an, was der Mensch aus diesem Geschenk macht. Bildung ist so gesehen ein Moment dieses heiligenden Glaubens.

Wird der Bildungsgedanke auf dieser Ebene weitergeführt, so zeigt er sich als berührt von einer religiösen Dimension im Sinne »der Frage nach Ich-Identität, als Suche nach Ganzheit und Dauerhaftigkeit des Lebens.«[398] Im konkreten Lebensvollzug spricht aus der so verstandenen religiösen Dimension der Bildung die »Sehnsucht nach dem ganz Anderen«, wie sie von *Max Horkheimer* als Bestimmung des Religiösen formuliert worden ist. Glaube und Bildung vermitteln sich dialektisch, denn Glaube ist ohne Bildung nicht lebbar, da Bildung eine notwendige Vollzugsform des Glaubens ist; und Glaube ist Kriterium der Bildung, wenn im Bildungsprozess zwischen Zueignung des Personseins und Subjektwerdung zu unterscheiden ist.

Da sich Bildung nicht auf Erkenntnis- und Erfahrungszuwachs beschränkt, sondern ihr auch eine moralische, ästhetische und religiöse Dimension zugehören, wird Glaube im Vollzug der Bildung zum gelebten und tätigen Glauben. Als kritische Kraft gegenüber dem Bildungsgeschehen deckt er auf, dass es weder voraussetzungslose Bildung noch voraussetzungslose Erfahrung gibt. Bildung geschieht aus geschichtlicher Erfahrung, und sie ist offen für neue, zukunftweisende Erfahrungen, so dass »*Glaube als Kriterium der Bildung bedeutet, dass von bestimmten Vorgaben her,* die geschichtlich, sozial und transzendent vermittelt sein können und hermeneutisch zu erschließen sind, *um die Wahrheit der Bildung gestritten wird.*«[399]

Die auf Zukunft verweisenden Inhalte, wie sie in der bildungstheoretischen Didaktik gefordert werden, sind zumeist thematische Extrapolationen aus der Gegenwart für Verwendungssituationen in der Zukunft. Dass Zukunft jedoch auch

---

[397] Ebd., S. 168f.
[398] Ebd., S. 169.
[399] Ebd., S. 170.

die Antizipation einer Welt, wie sie sein *könnte*, meint, gelangt selten in den Blick. Unter der eschatologischen Perspektive, also der Vorwegnahme einer antizipierten Zukunft, weist die christliche Überzeugung auf eine Verheißung, mit der die inspirierende Kraft des Reiches Gottes, verstanden als die Befreiung zur Liebe in geschwisterlicher Verbundenheit aller Menschen, freigesetzt wird. Der in diesem Sinne befreite Mensch lebt in universaler Kommunikationsgemeinschaft, in der das Recht auf Selbstsein, Freiheit und Gleichheit aller Menschen zu verwirklichen ist. Ein Konsens über diese Werte muss als das Allgemeine der Bildung im Diskurs erarbeitet werden. Die hier anstehenden Problemfelder wie Ausbeutung der Natur, Hunger und Weltfrieden, sind aus der Zielperspektive der absoluten Utopie in die konkrete Reflexion und das konkrete Handeln aller Beteiligten zu übertragen, wenn Bildung schöpfungstheologisch, christologisch und eschatologisch verstanden werden soll. Dieses Bildungsverständnis ruht auf der Grundlage, dass der Mensch in die Gottebenbildlichkeit eingewiesen ist, die ihn als Person bestimmt; dass er befreit ist zur Freiheit in Selbstbestimmung, Mitbestimmung und Solidarität; dass er als Gerechtfertigter Glauben als kritisches Korrektiv in die Bildung einbringt; und dass aus der Verheißung des Reiches Gottes die relative Handlungsutopie zur Veränderung und Umwandlung ungerechter Strukturen erfolgt. Dabei ist der Mensch »dafür verantwortlich, dass er ein erfahrungs- und handlungsfähiges Subjekt in Individualität, Sozialität und Mitgeschöpflichkeit wird.«[400] Zum geforderten Handlungsvollzug braucht der Glaube Bildung, um als tätiger Glaube die uns anvertraute Welt wahrzunehmen und zu gestalten. Der Mensch im Bildungsprozess ist auf die Wesensstruktur hin zu verstehen, die er sein *könnte*. Da diese Erkenntniszueignung alle Menschen betrifft, ist sie zugleich von pädagogischer und gesellschaftskritischer Bedeutung, denn »gebildet ist derjenige, der sich auf Grund der gemeinsamen Bestimmung trotz unterschiedlicher Erfahrungen mit anderen über die Sachverhalte der gemeinsamen Welt verständigen kann.«[401] Die akzentuierenden Richtlinien für das hier skizzierte Bildungsverständnis werden in der neuesten Denkschrift der Evangelischen Kirche vorgestellt.

6.2 Evangelische Perspektiven zur Bildung in der Wissens- und Lerngesellschaft

Der »Rat der Evangelischen Kirche in Deutschland« verweist in dieser Denkschrift[402] dezidiert auf evangelische Grundsätze, mit denen die Maße des

---

[400] Ebd., S. 174.
[401] Ebd., S. 175.
[402] Denkschrift der EKD, Maße des Menschlichen –Evangelische Perspektiven zur Bildung in der Wissens- und Lerngesellschaft, Gütersloh 2003.

Menschseins in den Prozessen von Erziehung und Bildung aus christlicher Perspektive mit den gesamtgesellschaftlich- bildungspolitischen Herausforderungen der Gegenwart ins Gespräch gebracht werden sollen.

Um Verluste an Humanität in der Gesellschaft zu verhindern, versteht die evangelische Kirche eine zeitgemäße Bildung als »Zusammenhang von Lernen, Wissen, Können, Wertbewusstsein, Haltungen (Einstellungen) und Handlungsfähigkeit im Horizont sinnstiftender Deutungen des Lebens.«[403] Zur Hervorbringung der hier genannten Bildungskategorien muss ein »Orientierungswissen«[404] beitragen, das Kinder und Jugendliche zukunftsfähig macht. Dabei kann diese Zukunftsfähigkeit jedoch nicht aus der Gegenwart als ein bereits feststehendes Wissen über die vor uns liegende Zeit extrapoliert werden, sondern zukunftsfähige Bildung muss vielmehr Raum lassen »für das Unerwartete, für das nicht Vorhersehbare und in diesem Sinn Neue. Entscheidend ist dabei nochmals, wie offen und kreativ die Heranwachsenden als Personen sind und die Schule sie für Unerwartetes sensibilisiert hat.«[405]

Das kreativ-Produktive einer Bildung für die Zukunft ist aus protestantischer Blickrichtung somit darin zu sehen, dass sich ein Bildungskonzept dann subjekt- und biographieorientiert verwirklicht, wenn es über seine gesellschaftspolitische und ökonomische Funktion hinaus einem Kulturanspruch folgt, der »Bildung als Differenz gegenüber der Ökonomie«[406] deutlich macht. Erst so kann sich Subjekthaltigkeit als Grundsatz eines Bildungsziels erweisen, das die Selbstbestimmung des Subjekts, seine Möglichkeiten und Grenzen, nicht der Wirtschaftlichkeit von Lebensvollzügen opfert. Besonders im Zuge der Globalisierung, also der Überwindung nationalstaatlicher Gesellschaftsformen, muss es ein christliches Bildungsanliegen sein, überkonfessionelle Offenheit im Sinne ökumenischen und interreligiösen Lernens zu fördern. Mit dem Anderssein des Anderen und der wechselseitigen Fremdheit umzugehen, ist hier als interkulturelles Lernziel zu formulieren. Dass in diesem Zusammenhang Fragen nach dem Umgang mit Ökologie und Informationstechnologie, letztlich also nach der Qualität technologischer Bildung, täglich neu gestellt und einer Lösung zugeführt werden müssen, ist offensichtlich. Leitlinie für das Bildungsverständnis der Evangelischen Kirche ist hierbei, dass »Erziehen und Bilden in ihrer Grundstruktur personale Prozesse [bleiben]. [Denn] Apparate sind brauchbare Instrumente, nicht mehr.«[407]

Wenn, wie oben angesprochen, Bildungskonzepte an der Biographie des Individuums orientiert sein sollen, dann ist es das gemeinsame Merkmal einer personalen Bildungs- und Lebensgeschichte, dass hier Identität als »geistige Selbstorga-

---

[403] Ebd., S. 66.
[404] Ebd., S. 69.
[405] Ebd., S. 73–74.
[406] Ebd., S. 75.
[407] Ebd., S. 80.

nisation«[408] zur Entfaltung kommen kann, die sowohl an individuelle als auch geschichtliche Zeitmaße gebunden ist. Sich selbst Zeit lassen zu können für die persönliche Entwicklung als auch sich Zeit zu nehmen für das geschichtlich Gewachsene, für die Kultur des »Erinnerns und Gedenkens,«[409] machen hier die ›Maße des Menschlichen‹ aus. In evangelischer Sicht sind die oben angesprochenen Richtlinien notwendig, um dem Verlust des Humanum in der Gesellschaft entgegen zu wirken. Ein Bildungsdiskurs, dessen Ziel es ist, die Heranwachsenden zukunftsfähig zu machen, kann die Fragen nach Glaube und Religion nicht auslassen, denn die Frage nach Orientierung an Transzendenz gehört zur zeit- und zukunftsfähigen Bildung, »weil das Leben und Überleben aller Menschen auf Grenzen angewiesen bleibt, die nur um den Preis der Menschlichkeit vergessen oder verletzt werden dürfen. Unter diesem Blickwinkel ist die *Frage nach Gott* geradezu als Schlüssel zukunftsfähiger Bildung anzusprechen – nicht so, dass es zum Gottesglauben bildungstheoretisch keine Alternativen gäbe, wohl aber so, dass die mit der Gottesfrage verbundenen Fragen bildungstheoretisch unausweichlich sind.«[410] Transzendenz und Gottesfrage gehören folglich zu den Elementen einer zukunftsfähigen Bildung, da sie für die Gestaltung eines ganzheitlichen Lebens und die Bestimmung des Menschen konstitutiv sind.

Was ist nun aus den vorangegangenen Positionen für religionspädagogische Gehalte abzuleiten?

6.2.1 Bildung als religionspädagogische Kategorie

Die Unabschließbarkeit des Bildungsprozesses, die im Bildungsvorgang angestrebte Subjektwerdung des Menschen und die hierin zu vermittelnde Hoffnung auf ein erfülltes Leben, machen den didaktischen Kanon eines religionspädagogischen Bildungsverständnisses aus, mit dem in einem Erkenntnis- und Erschließungsprozess sich das Subjekt Wirklichkeit aneignet und es gleichzeitig für diese Wirklichkeit selbst aufgeschlossen ist. Es geht hier also um ein Bildungsanliegen, in dem das Wechselverhältnis zwischen Subjekt und Objekt oder Subjekt und Welt als ein Werden in geschichtlicher, veränderungsnotwendiger Perspektive zu verstehen ist. Besonders unter der Antizipation, die Utopie des Reiches Gottes zu verwirklichen, und ein künftiges gemeinsames, universales Leben zu ermöglichen, kann sich die Bildung der Subjekte nur in der Herausbildung gemeinsam zu erarbeitender Lebensverhältnisse realisieren. Bildung muss von daher zu selbstbestimmtem, kommunikativem und solidarischem Handeln befähigen, sofern sie das Bestehende hinterfragen und die Welt auf ihre Möglichkeiten hin verändern will. Dieses Bildungsverständnis wird von einem Bildungsbegriff getragen, der aus di-

---

[408] Ebd.
[409] Vgl., S. 82ff.
[410] Ebd., S. 88.

daktischer Perspektive schüler- und teilnehmerorientierte Lernprozesse fördert und zu einer gegenseitigen Auseinandersetzung von Subjekt und Welt beiträgt. Die Welt, in die hinein sich das Subjekt entwirft, ist dabei keineswegs von einer harmonischen Ordnung getragen, die sich im Sinne eines humanistischen Bildungsideals durch die Aneignung der bestehenden Kulturgüter reproduzieren ließe. Vielmehr gibt es in dieser Kultur auch eine Spur der Opfer, Leiden und Katastrophen, denen ein kritisches Bildungsanliegen Rechnung tragen muss. Im Sinne religiöser Bildung ist von daher ein Bildungsverständnis zu fördern, das subjektbezogen und sachbezogen auf die Subjektwerdung des Menschen zielt, der für diese Kontingenzen zu sensibilisieren ist. Zur Förderung von Individualität, Sozialität und Mitkreatürlichkeit ist im Bildungsprozess auf Inhalte zu rekurrieren, die vor den Herausforderungen und Schlüsselproblemen der Zukunft zu kommunikativem und solidarischem Handeln befähigen. Religionspädagogisches Handeln setzt dabei auf mehr als das, worüber es wirklich verfügt. Seine Inhalte orientieren sich an der vorfindlichen Wirklichkeit der Lebensgeschichte seiner Teilnehmer und deren gesellschaftlichem Umfeld. Somit ist religiöse Bildung immer in der Nähe des Subjekts mit seinen Fragen nach dem Grund und Sinn des Lebens, seinem Identitäts-, Freiheits- und Wahrheitsstreben. Allerdings werden diese Erfahrungen nicht nur affirmativ gefestigt, sondern auf eine neue Wahrheit hin überboten.

6.2.1.1 Bildung als Symbolkunde

In religionspädagogischen Lernfeldern ermöglichen Symbole und Alltagsmythen einen Zugang zur Lebenswelt der Heranwachsenden, die auf der Suche nach Subjektivierung, Sinngewissheiten und Steigerung der Lebensqualität private und gesellschaftlich vermittelte Symbole verwenden. Sind diese Symbole zunächst als Reaktion auf die fortschreitende Rationalisierung durch ein Wissenschaftsverständnis zu sehen, das die Wirklichkeit auf das Spektrum begrenzt, das ihre Methode erfasst, und von daher Nischen für Irrationales öffnet, so muss in der Symboldidaktik an erster Stelle eine ideologiekritische Bearbeitung des ambivalenten Charakters von Symbolen geleistet werden. Symbole, wie sie über die Massenmedien, Comics und Werbung in den Alltag einfließen, tendieren zu einer Idolisierung, die durch das Angebot authentischer Symbole überwunden werden muss. Unter Bezug auf die Überlieferung biblisch-christlicher Symbole kann deren Wirkungsgeschichte zwischen Ursprungs- und Zukunftsbedeutung Bilder gelingenden Lebens anbieten, indem sie im Widerspruch gegen das Leiden an den Zuständen der Welt Hoffnung ermöglichen. So gesehen weisen sie über sich hinaus; sie antizipieren ein heiles, gemeinschaftliches Leben und dessen Praxis, wie es im Symbol vom Reich Gottes zum Ausdruck kommt. An dieser Stelle kann der Streit um die Auslegung der Symbole ausgetragen werden: Sind die Symbole des Habens, der

Macht, der Herrschaft und des Konsumismus diejenigen, die Wahrheit und Vertrauen tragen, oder sind es die Symbole von Glaube, Liebe und Hoffnung? Symboldidaktik als induktive, schülerorientierte Didaktik, lässt sich auf die Dialektik von Wahrheit und Falschheit von Symbolträgern ein, weil sie einerseits erkennt, dass Symbole Ausdruck für Vertrauen und Schmerz, Sehnsucht und Hoffnung sind, dass aber andererseits diese Symbole auch Waren- und Fetischcharakter annehmen können, und so diese Hoffnungen geradezu enteignen. Ihre befreiende Wirkung entfalten die Symbole also nur, wenn ihr kritisches, zukunfterschließendes Potenzial, ihre Widerständigkeit und ihr Verheißungsüberschuss in die Wahrnehmung gelangen. Da auch christliche Symbole oftmals selbstbestimmtes und solidarisches Handeln verhindert haben, ist es für die Gestalt des Vermittlungsprozesses entscheidend, auf ihre ganzheitliche Erschließung, das heißt vor allem die sozialisations- und entwicklungsbedingten Verstehensvoraussetzungen einzugehen und die Erfahrungen der Teilnehmer ins Spiel zu bringen. So läßt sich die Fülle der Symbolbedeutungen erweitern, die neue Erfahrungen mit der Erfahrung ermöglichen, und das Subjekt zur Freiheit befreien.

6.2.1.2 Bildung als Freiheit

Auf diesen Weg zur Freiheit können wir uns unter Klärung religionspädagogischer Zielentscheidungen begeben, von denen her die Heranwachsenden in die vor ihnen liegende Zukunft geführt werden sollen. In der Curriculum Diskussion der späten sechziger Jahre ist die bildungstheoretische Vorbereitung auf die Zukunft besonders von *Saul B. Robinsohn* unter dem Primat lernzielkatalogisierter Qualifikationen eingefordert worden. Bildung als Ausstattung zum Verhalten in der Welt sollte nach taxonomisch gegliederten Lernzielen die Auszubildenden zur Bewältigung gegenwärtiger und zukünftiger Lebenssituationen befähigen. Die damit einhergehende Operationalisierung von Lernzielen und fast ausschließliche Betonung von kognitiven Ansprüchen des Lernens fasste den Menschen als funktionales Wesen im Lernprozess auf. Solche technizistischen Vorstellungen erweisen sich besonders da als problematisch, wo es das Anliegen des Bildungsverständnisses ist, Selbst- und Mitbestimmung, Kritik- und Kommunikationsfähigkeit zu fördern, die primär in inhaltliche, historische und gesellschaftliche Zusammenhänge eingebunden sind. Sollen also Zielperspektiven für eine bildungstheoretisch fundierte Religionspädagogik erarbeitet werden, kann dies nur mit Einbettung der Ziele in die Inhalte und Themen geschehen, die sich aus der Lebenswelt der Subjekte ableiten lassen. Die inhaltliche Lernzielperspektive religiöser Bildung kann dann formuliert werden als »die Gewinnung der personalen, in religiösen Symbolen sich aussprechenden Identität«[411], wobei »Aufwachsende und Erwachsene auf dem Grund des ihnen schon gewährten Personseins Subjekte werden, das heißt, dass

---

[411]   *Reiner Preul*, Religion – Bildung – Sozialisation, Gütersloh 1980, S. 123.

sie erfahrungsfähig werden und die Freiheit zum Handeln in universaler Solidarität gewinnen.«[412] In dieser Formulierung des religiösen Bildungsziels drückt sich dessen Bezug auf anthropologische und ethische Dimensionen aus, von denen her in Praxis und Theorie um das Bildungskonzept gestritten werden kann. Aber auch religiöse Bildung selbst – so zeigt es die oben genannte Bestimmung –, darf das Ziel des selbstbestimmten Handelns nicht aus den Augen verlieren, wenn sie gelingendes Leben für die Zukunft fördern will. Um diesen Ansprüchen für die Zukunft zu genügen, muss der Beitrag der Religionspädagogik zur Bildung ein Potenzial nachweisen, das auf die Erneuerung der Einbildungs- und Urteilskraft und der damit angestrebten Handlungsfähigkeit des Subjekts zielt.

6.2.1.3 Bildung als Subjektwerdung

Das Subjektverständnis religionspädagogischer Natur besteht nun darin, dass sie das Werden des Subjekts als nicht aus sich selbst heraus begründet versteht, sondern dass die Würde des Menschen ein Gut ist, das ihm gewährt ist, und das aus einer Verheißung kommt, die Mut macht zu einem Leben frei vom Zwang zur Selbstbehauptung und zur Akzeptanz fragmentarischer Identität, mit der wir in unserer Einmaligkeit mit den anderen leben. Von daher besteht »die erste religionspädagogische Grundaufgabe darin, Menschen helfend dabei zu begleiten, auf dem Grund der ihnen gewährten Person-Identität in Interaktion eine Ich-Identität zu gewinnen.«[413] Hilfen zur Identitätsfindung anzubieten heißt hier, das Subjekt zu einem sozialethischen Handeln zu befähigen, das vor dem Verständnis von universaler Solidarität auf Mitmenschlichkeit und Mitgeschöpflichkeit in einer befriedeten Gesellschaft und Natur gerichtet ist. Aus der Verbindung von pädagogischer und theologischer Ethik geht der Überstieg auf eine Gerechtigkeit hervor, unter deren Perspektive Heranwachsenden Erfahrungsräume zu öffnen sind, in denen sich gemeinsames soziales Handeln realisiert. Somit besteht »die zweite religionspädagogische Grundaufgabe darin, Aufwachsende und Erwachsene darin zu fördern, dass sie angesichts der Schlüsselprobleme unserer Zeit durch Erfahrungslernen Handlungskompetenz und elementare ethische Urteilsfähigkeit gewinnen.«[414]

Religiöse Bildung, die dazu beitragen will, Quellen der Freiheit zum Handeln zu erschließen, fragt zurück zu den geschichtlichen und sprachlich verfasst vorliegenden Ursprüngen. Dabei kommt der auf Befreiung gerichtete Sinn des Evangeliums im dreifachen Mitteilungsgeschehen der religiösen, poetischen und alltäglichen Sprache zum Ausdruck. Religiöse Bildung bedarf von daher einer *poetischen Didaktik*, aus der ein sachgemäßer Umgang mit den Erzählungen, Mythen, Meta-

---

[412] *Biehl, Peter*, a.a.O., S. 186.
[413] Ebd., S. 187.
[414] Ebd., S. 188.

phern und Symbolen dann hervorgeht, wenn sie in Beziehung gesetzt werden zum Alltagshandeln der Menschen. In der bildhaften Sprache biblischer Texte kommen Verheißungen zu Wort, mit denen die Menschen auf die in ihnen liegenden Möglichkeiten hin angesprochen werden. Im kreativen Umgang z.B. durch das Bibliodrama oder sozialgeschichtliche und tiefenpsychologische Methoden erweisen diese Sprachzeugnisse ihre Handlungsstruktur, die verändernde Erfahrungen freisetzen. Aus dieser poetisch-ästhetischen Perspektive »besteht die dritte religionspädagogische Grundaufgabe darin, Heranwachsende und Erwachsene zu befähigen, die gemeinsame Lebenswelt mit Hilfe von Symbolen, Metaphern und Erzählungen unter der Perspektive der Verheißung Gottes zu deuten.«[415]

Soll diese Lebenswelt durchschaubar und der Mensch in ihr urteils- und handlungsfähig werden, ist danach zu fragen, welchen Beitrag wissenschaftliche Erkenntnisse zu den genannten Befähigungen leisten. Wissenschaftsorientiertes Lernen zielt auf die Vermittlung eines Welt- und Selbstverständnisses und der damit einhergehenden Handlungskompetenz. Im Sinne der Schüler- und Lebensorientierung ist es komplementär an deren Lebenswelt und der in ihr auftretenden Probleme gebunden. Aus der Relation von Wissenschaft und Lebenswelt, also der Begegnung von Subjekt und Objekt, gehen Erfahrungen hervor, die als elementare Erfahrungen zu verstehen sind. Die Lebenswirklichkeit der Teilnehmer und die Sache kommen hier als gesellschaftlich vermittelte Gestalt von Religion in den Blick, wenn es z.B. um Ökologie-, Friedens- und Dritte-Welt-Fragen geht. In diesen Zusammenhängen werden Lebens- und Handlungsorientierungen auch vor dem Hintergrund biblischer Textelemente möglich, deren »Sitz im Leben« sich im Zusammenhang der genannten Schlüsselprobleme als zeitgemäß und für die Herausforderungen der Zukunft als relevant erweist. Unter didaktischen Gesichtspunkten wird deutlich, dass elementare Erfahrungen und Wahrheiten durch die Anrede des biblischen Textes neu gesehen werden können und sie damit die Alltagserfahrungen zugleich unterbrechen und überbieten, denn die biblischen Sprachformen erschließen die Wirklichkeit aufgrund ihrer »Überdeterminiertheit« (*P. Ricoeur*) neu. Symbole repräsentieren eine andere Wirklichkeit, und sie verdichten zugleich elementare Erfahrungen und Erwartungen aus der Lebenswelt in ästhetischen Formen wie Lob, Klage und Erzählung. Vom Standpunkt einer *Didaktik der Poesie* gesehen, macht sich die Religionspädagogik damit zum Anwalt der Subjektivität und begleitet so den Heranwachsenden vom Personsein zur Subjektwerdung.

---

[415] Ebd., S. 189.

6.3 Die Bestimmung des Bildungsverständnisses als Gespräch, Erfahrung und Handeln

Verstehen wir Bildung als Gespräch, oder sogar als »Leben im Gespräch«, wie es *Karl Ernst Nipkow* bestimmt,[416] dann sind damit Bezüge zu Alltagssituationen gemeint, in denen Menschen sich erzählend und argumentierend bei Gesprächen zusammenfinden, wobei sich die Wahrheit der Sache, um die es im Vermittlungsverlauf geht, als Verständigungsgeschehen erweist oder als ein Prozess, der ins Stocken gerät. Solche Vollzugsformen des Gesprächs tragen Spielcharakter. Im Spiel von Rede und Gegenrede, im Bewusstsein seines Gelingens oder Nichtgelingens, stellt sich das Gefühl der Erfüllung oder der Ansporn zur erneuten Auseinandersetzung ein, und im Anderen begegnet jetzt eine neue, den jeweiligen Menschen verwandelnde, Selbst- und Welterfahrung.

Soll demnach Bildung als Gespräch aufzufassen sein, dann handelt es sich hier um ein Bildungsverständnis, das die »Erneuerung des Lebens durch wechselseitigen Austausch und Mitteilung meint und das Gespräch als verwandelnde Kraft, als das Warten auf kommende, schöpferische Wahrheit«[417] versteht. Die verwandelnde Kraft als Folge des Gesprächs wird zur Verwandlung ins Gemeinsame, wenn es um die Wahrheit einer Sache geht, die zwischen den Gesprächsteilnehmern zur Verhandlung kommt. Bildung als Gespräch erweist sich als Bildung, die das Verstehen dieses Gemeinsamen initiiert und als hermeneutisches Gespräch in eine »Horizontverschmelzung«[418] führt, mit der ein Verstehensvorgang gemeint ist, der in der Dialektik von Überlieferung und Gegenwart das menschliche Leben ausmacht.

Mit diesem Verstehensvorgang, in dessen Vollzug auch die Entfremdungen des Lebens zu berücksichtigen und hermeneutisch zu explizieren sind, geht der Bildungsprozess zur Subjektwerdung einher mit der Vermittlung von Zeichen, Symbolen und Texten. Im hermeneutischen Gespräch zwischen Text und Subjekt ereignet sich in Annäherung und Distanz der Verstehensvorgang in der Reflexion über den Zeichensinn und der Beziehung des Subjekts, des Selbst, zum Symbol. Aus der theologischen Dimension, aus der Bildung als Gespräch mit der Überlieferung aufzufassen ist, zeichnet sich ein Bildungsverständnis ab, von dem her der Mensch als Angesprochener sein Personsein empfängt. Als angesprochenes und gesprächsfähiges Wesen wird der Mensch als ein von Gott angeredetes Beziehungswesen verstanden, an den Befreiung und Erneuerung als Verheißung ergehen. Gespräche allgemein, aber auch die Gestalt der biblischen Gespräche, verset-

---

[416] *Karl Ernst Nipkow*, Bildung als Lebensbegleitung und Erneuerung, a.a.O., S. 37; vgl. *Peter Biehl*, Die Gottebenbildlichkeit …, a.a.O., S. 198.
[417] *Peter Biehl*, Die Gottebenbildlichkeit …, a.a.O., S. 200.
[418] Ebd., S. 201.

zen die Teilnehmer nach dem Verlauf in eine andere Situation, eine anders gear-
tete Erfahrung, die sich von der Eingangssituation eminent unterscheidet.

Eine neue ›Erfahrung mit der Erfahrung‹ stellt sich ein, so dass »Bildung als
Gespräch unter theologischer Perspektive auf die Möglichkeit der Erneuerung des
Lebens und der Lebensformen durch eine neue Erfahrung mit der Erfahrung verweist.«[419] Die gemeinsame Suche nach der Wahrheit der Sache macht zugleich die
Offenheit und die Begrenzung des Gesprächs deutlich. Entscheidend ist jedoch,
dass Bildung als Gespräch theologisch wie pädagogisch zu explizieren hat, dass in
offenen Gesprächen die Freiheit zum Wort und zur gemeinsamen Verantwortung
sowohl zwischen Gesprächspartnern als auch in Bildungsinstitutionen gewahrt
bleibt.

6.3.1 Bildung und Alltag

Ausgehend von dem Bildungsverständnis, das diesen Teil der Arbeit trägt, nämlich Bildung als Subjektwerdung zu begreifen, sind Bildung und Erfahrung hinsichtlich derjenigen Erfahrungen zu betrachten, die dieses Subjekt vornehmlich in
seinem Alltag macht. Bildung in Beziehung zu setzen zu den Alltagserfahrungen
des Subjekts geschieht in einer Bildungsarbeit, die Entfremdungserfahrungen wie
Ohnmacht, Angst und Apathie aufgreift, sie aber in Modelle gelingender Lebenspraxis und Lebensmöglichkeiten überführt. So verstandene Bildungsprozesse haben die Brüche und Differenzen im Blick, die im Alltag auftauchen. Sie nehmen
die damit einhergehende Nichtidentität des Subjekts, sein nichteingelöstes Glück
ernst und suchen nach Möglichkeiten gesteigerter Erfahrungsfähigkeit, nach einem »Mehr« an Lebensqualität. Bildung als Erfahrungsprozess zu verstehen und
Erfahrung als Bildungsprozess zu denken, heißt somit, Anfechtungserfahrungen
wahrzunehmen und auch aus theologischer Perspektive Erfahrungsfähigkeit so zu
erneuern, dass das Subjekt den Zusammenhang von Bildung und Sache in der
Weise erfährt, die ihm die Öffnung für das Ich-Fremde als Erweiterung seiner
Erfahrungsmöglichkeiten annehmen lässt. Glaube und Bildung zeigen hier die
Erweiterung und Erneuerung von Erfahrungsfähigkeiten, indem sich der Glaube
einerseits auf Bildung angewiesen »weiß«, andererseits aber auch in die Gelassenheit führt, den eigenen Bildungsprozess zu akzeptieren und das Ich-Fremde zu
integrieren. Erfahrung ist vor dem oben skizzierten Hintergrund bezogen auf die
Entfremdungen des Alltags, aber auch auf die Chancen, diese Barrieren zu durchbrechen. Im Alltag zeigen sich nämlich immer wieder Elemente des Vertrauens,
der Tagträume, der Sehnsüchte, Hoffnungen und Schmerzen. Mit diesen Erfahrungen wird die Pragmatik des Alltags überwunden; in den Entfremdungen werden Autonomieerfahrungen sichtbar, mit denen sich die Erfahrungen der Nicht-

---

[419] Ebd., S. 204.

identität überbieten lassen. Dieses »Mehr« der Verheißungen eröffnet Zukunft. Hier liegen die produktiven Möglichkeiten von Religion und Bildung: sie überbieten die Entfremdungen. Mit der inspirierenden Kraft poetisch-künstlerischer und religiöser Sprache können die produktiven Momente des Alltags verstärkt werden, denn Bildung ist nicht nur Wissen und Können, sondern auch Erneuerung der Einbildungskraft, mit der transformatorische Erfahrungen von Kontingenzen zu Stabilisierungen sich wandelnd ins Leben treten. Die biblische Bildsprache stellt einen Vorentwurf dar für unser Handeln, da sie sich an die Einbildungskraft wendet, an den Willen appelliert und zum Handeln führen will. Der Bildungsweg geht so gesehen von der *Poetik zur Ethik*. Dem Menschen werden als Sprachwesen Handlungsmöglichkeiten zugespielt, die vor einer ungewissen Zukunft Bilder, Geschichten und Visionen eröffnen, an denen gelingendes Leben, gelebte Alternativen und Hoffnungen deutlich werden, die zeigen, dass trotz vielfältiger Bedrohungen unser Leben nicht aussichtslos ist. Vertrauen und Hoffnung lassen sich nicht argumentativ - appellativ »anbilden«, sondern nur kreativ-reflexiv erschließen, wenn sie im Handeln Gestalt annehmen sollen.

Bildung ist nun somit »als Fähigkeit zu verantwortlichem Handeln angesichts der Schlüsselprobleme unserer Welt-Gesellschaft«[420] zu verstehen. Dabei geschieht Subjektwerdung in Handlungszusammenhängen, die sich aus den Motiven des Subjekts für sein Handeln, aus den Konsequenzen der Handlungen, für die es Verantwortung übernimmt, und den Interaktionsformen, aus denen sie hervorgehen, konstituieren. Nicht immer aber hat das Subjekt in Handlungsprozessen die Umstände oder Situationen mitbestimmt, unter denen es handelt, so dass Handeln und Leiden so aufeinander bezogen sind, dass der Ausgang der Handlung als Wende zum Glück oder Unglück hin offen ist.

In einer so verstandenen theologischen Auseinandersetzung mit dem Handlungsbegriff wird Gottes Sein als mitteilendes Tätigsein begriffen, das ins Sein führt. Der Mensch hat es als Handelnder in seinen Lebenszusammenhängen mit der Welt zu tun, für die er Verantwortung trägt. Handelnd ist der Mensch auf seine Leiblichkeit, seine Umwelt, seine Lebensbedingungen und seine Geschichte bezogen. Von der Rechtfertigungslehre her betrachtet, tritt der Mensch in den genannten Handlungskontexten nicht technisch-instrumentell, sondern darstellend auf. Der Mensch wird schöpferisch tätig, wenn er aus dem Motiv des ›sola fide‹ handelt, und er wird verantwortlich tätig, wenn sich sein Handeln auf die Gesellschaft bezieht, in der er ein Schöpfungsverständnis vertritt, das im Sinne universaler Solidarität zu verändernden Aktionen motiviert.

Unsere Handlungsfähigkeit ist maßgeblich dadurch mitbestimmt, dass wir die Welt als eine mit Sinn erfüllte Schöpfung betrachten. Ist von daher das Motiv des Handelns aus dem Sinn des uns gewährten Lebens gegeben, dann bestimmt sich die Sinnhaftigkeit des Handelns aus seinem Ziel, dem Zeitpunkt des Handelns

---

[420] Ebd., S. 210.

und seinem Wert für die Gesellschaft und die Schöpfung. Aus diesem Verständnis des sinnorientierten Handelns ergeben sich politische und ethische Konsequenzen, wenn die Einschränkungen sinnhaften Lebens durch Angst, Gewalt, Armut, Unfreiheit und Unrecht überwunden werden sollen. Zielgerichtetes, ethisch-religiöses Handeln arbeitet also hin auf die Verringerung von Armut, Hunger und Naturausbeutung sowie den Weltfrieden vor allem im Interesse der Subjektwerdung der Menschen.

Mit diesem Bildungsverständnis ist die Aufgabe verbunden, Menschen dafür Hilfe anzubieten, dass sie ihre Freiheit in konkreten Zusammenhängen verantwortlich wahrnehmen und sie als das die Menschen gemeinsam Angehende verstehen. Die Kompetenzen zum Erwerb freier und verantwortlicher Handlungsfähigkeit erlangt das Subjekt zunächst über die Moral des Alltagslebens, die geprägt ist von den Normen der Routine, den Faustregeln, Sitten und Bräuchen, sowie den gesellschaftlich inhärenten Motiven nach Anerkennung, Aufstieg und Tüchtigkeit. Ethisches Handeln innerhalb dieser Normen bezieht sich auf Regelsysteme wie Worthalten, Aufrichtigkeit, Dankbarkeit, Treue und Hilfeleistungen. Es muss persönlich verantwortet werden, da hier Entscheidungen zu treffen sind, die mit der Übernahme von Verantwortung für das jeweilige Handeln und seine Folgen einhergehen. Inmitten dieser Alltagsmoral tritt Bildung als dasjenige Moment der Subjektwerdung auf, das die momentanen Befindlichkeiten und Situationen des Alltags *im* Alltag übersteigen will. »Eine Aufgabe der Bildung ist es dementsprechend, Hilfen dafür anzubieten, dass das Alltagshandeln mit seiner Pragmatik und seiner Tendenz des ›Immer - so- weiter‹ provisorisch suspendiert und in reflexives, verantwortliches Handeln überführt wird.«[421] Verantwortliches Handeln orientiert sich an den Zielen, die menschengerecht sind, also die Verantwortung für den Mitmenschen, die zukünftigen Generationen, die Bewahrung der Erde und der Schöpfung, meinen. Wenn sich von daher mehr Lebensqualität und soziale Gerechtigkeit verwirklichen sollen, muss es das Ziel verantwortlichen Handelns sein, in konkreten Verantwortungsräumen eine »universale Verantwortungsgemeinschaft«[422] zu realisieren. Dabei ermöglicht Bildung die Teilhabe an der Verantwortung für die Gestaltung der Zukunft und der Entfaltung der an ihr beteiligten Subjekte. Bildung als Subjektwerdung meint hier die Konstituierung des verantwortlichen Subjekts vor den Herausforderungen der Zukunft, wobei sich ein konkreter Verantwortungsraum z.B. im Engagement zur Verwirklichung der Menschenrechte bietet. Mit dem Gedanken an die Anerkennung der Unverfügbarkeit der Person lässt sich das gemeinsam Angehende der Bildung hier als das Recht auf Freiheit, Gleichheit und Teilhabe wahrnehmen und für andere einräumen. Das Menschengerechte kann somit als sozialethisches Leitprinzip erfahrungsrelevant werden, wenn das mit ihm antizipierte Humane als Mitmenschlichkeit und Mit-

---

[421] *Peter Biehl*, Die Gottebenbildlichkeit, a.a.O., S. 216–217.
[422] Ebd., S. 218.

geschöpflichkeit in den realen gesellschaftlichen Verhältnissen wirksam wird. Werden in Lernprozessen Motive und Ziele verantwortlichen Handelns anhand exemplarischer Problemfelder deutlich, dann erfolgt Bildung als ein Moment der argumentativen Reflexion auf die Voraussetzungen und Perspektiven diesen Handelns, auf die Überzeugungen und Handlungsmuster, von denen es getragen wird. Somit erweisen sich Lernprozesse als bildend, wenn sie gesprächsoffen, erfahrungs- und handlungsorientiert angelegt sind.

Bildung als die Frage nach der Möglichkeit, gelingendes Leben subjektorientiert zu verwirklichen, akzentuiert sich für *Wolfram Kurz* von daher im Zusammenhang einer »sinnorientierten Konzeption religiöser Erziehung«.[423] Dabei steht im Zentrum dieser Konzeption die »*sinnorientierte Korrespondenz von Gott und Mensch*«.[424] Dieses Verhältnis wird von einem Glaubensverständnis geleitet, für das es der »Sinn menschlicher Existenz ist, sich von derjenigen Macht her zu *verstehen* und aus derjenigen Macht heraus Leben zu *bestehen*, die letztgültigen Sinn gewährt; Sinn, durch alle strukturellen und individuellen Widersinnigkeiten der Welt hindurch. Man könnte auch sagen: es handelt sich um diejenige Sinn-Macht, die Leben letztlich gelingen lässt. Die Frage nach Sinn ist letztlich die Frage nach gelingendem Leben.«[425] Es kommt somit darauf an, in einer sinnorientierten Konzeption religiöser Erziehung Gott als denjenigen bewusst werden zu lassen, der das Leben schafft, erhält und vollendet, und mit Blick auf Jesus Christus in den »begonnenen Prozess der Heilung von Mensch und Welt mit einzuschwingen: tatkräftig, liebend und leidend. Diese Einladung, die Verantwortung für diese Welt im Geiste Jesu Christi mit zu übernehmen, ist kein hoffnungsloses Unterfangen. Denn, was der Mensch in der Nachfolge Christi beginnt, wird Gott selbst vollenden. So wird es dem Glauben durchsichtig. Niemand muss angesichts der Fragmentarität seines Wirkens resignieren.«[426]

6.3.2 Bildung als Handlungskompetenz von Schülern

Unter schultheoretischen Gesichtspunkten wird es darauf ankommen, das genannte Konzept in ein Verständnis von Schule einzubinden, in der Kenntnisse, Fähigkeiten und Fertigkeiten zur Vermittlung kommen, mit denen die Gestaltung einer menschenwürdigen Zukunft möglich wird. Die Bewahrung der Welt bzw. eines Weltsegments für Schüler zu einer Aufgabe zu machen, wird sich dann als ein sinnerfüllendes Ziel erweisen, wenn den Schülern bewusst gemacht wird, dass es wertvoll ist, »vieles im Hinblick auf *ein wesentliches* Ziel zu tun; die Erfahrung,

---

[423] *Wolfram Kurz*, Die sinnorientierte Konzeption religiöser Erziehung: Theologische, anthropologische, schultheoretische und didaktische Aspekte; in: *Wolfram Kurz/Franz Sedlak* (Hg.), a.a.O., S. 554–568.

[424] Ebd., S. 555.

[425] Ebd.

[426] Ebd., S. 556.

nicht allein für sich, sondern auch für die anderen, nicht allein für die Gegenwart, vielmehr auch für die Zukunft zu arbeiten. Diese Erfahrungen aber sind tragende Sinnerfahrungen.«[427] Sinnorientierte religiöse Erziehung wird sich dafür stark machen, im Schüler die Liebe zum Leben zu fördern, sie zu biophilen Menschen zu machen.[428] Aus anthropologischer Sicht ist die sinnorientierte Konzeption religiöser Erziehung von einem Menschenbild getragen, das den Menschen als »Wesen des Geistes«[429] versteht, der mit dem »Willen zum Sinn«[430] ausgestattet ist. Religiöse Erziehung hat von daher die Aufgabe, den Schüler gegen »existenzielle Frustrationen«[431], die sich als Sinnlosigkeit, Langeweile und Apathie ausdrücken können, stark zu machen. Das kann dadurch geschehen, dass religiöse Erziehung als sinnorientiertes Konzept dazu beiträgt, die existenzielle Bedeutsamkeit von Lerninhalten, Sozialbeziehungen und Schulabschlüssen, bei aller Einschränkung, denen diese Kriterien in den gesellschaftlichen Kraftfeldern unterliegen mögen, transparent zu machen. Religiöse Erziehung wird sich besonders unter didaktischen Aspekten den Erfahrungen von Gebrochenheit im menschlichen Leben zuwenden und auf Möglichkeiten erfüllter Lebensführung verweisen. Sinndimensionen, mit denen die Liebe zum Leben freigesetzt werden kann, sind auf der personalen Ebene ›Begegnungen‹ mit dem Menschsein Jesu Christi und Menschen der Geschichte, die in seinem Geist handeln. Als interpretative Sinndimension treten diesen vermittelten Erfahrungen Traditionen zur Seite, mit denen die menschliche Existenz vor Gott schöpfungstheologisch, soteriologisch, hamartiologisch und eschatologisch eine sinnvolle Gestaltung des Lebens in der Welt möglich macht. Und schließlich geht es in der axiologischen Sinndimension sowohl um ethische und ästhetische Wahrnehmungsfähigkeit, mit der die Welt unter den Aspekten des Schönen, Guten und Erhabenen transparent wird.[432] Unter den skizzierten Aspekten kann es gelingen, in den Schülern ein Wertgefühl zu erzeugen, mit dem das Leben als sinnvoll erscheint und aus dem heraus es lohnt, sich für die Bewahrung der uns anvertrauten Welt einzusetzen. Der Religionsunterricht setzt dazu Erschließungsverfahren ein, deren Ziel es ist, Erkenntnisse zu vermitteln, die das *»objektivierende Erkennen durch ein einendes Erkennen ausbalancieren.«*[433] Unterschiedliche methodische Verfahren zur Interpretation biblischer Texte und die Meditation wollen dabei zu einer »personalen Gesamtverfassung«[434] führen, die für Empathie und Sympathie mit allem Lebendigen befreien, nämlich »für die Befreiung zur Sorglosigkeit in einer Welt heftiger Sorglichkeit; für die Befreiung zur Gefühlsstärke und zu zärtlichem Umgang mit Menschen und Tieren; für die Be-

---

[427] Ebd., S. 561.
[428] Vgl. ebd., S. 562.
[429] Ebd., S. 563.
[430] Ebd.
[431] Ebd.
[432] Vgl. ebd., S. 566.
[433] Ebd., S. 567.
[434] Ebd.

freiung zur entwaffnenden Freundlichkeit gegenüber den Wolfsnaturen in Kirche und Gesellschaft; für die Befreiung zur Überwindung der Berührungsangst den Aussätzigen und Deklassierten gegenüber und zur Gewissheit, dass Leben, jedes Leben, letztlich gelingen wird. Trotz allem.«[435]

6.4 Erfahrung als religionspädagogische Kategorie

Macht *Wolfram Kurz* das gelingende und auf Zukunftsfähigkeit gerichtete Leben zum Bildungsziel religiöser Erziehung, so geht es auch *Jürgen Lott*[436] um die Konstituierung eines religionspädagogisch orientierten Bildungsbegriffs. Da sich sein Verständnis von Bildung jedoch unter einem bestimmtem Gesichtspunkt an dem Verhältnis von Religion und Erfahrung orientiert, muss zunächst diese Voraussetzung geklärt werden. Erfahrung, so führt *Lott* aus, ist die Art und Weise, wie wir die Realität erfahren und wie wir auf sie reagieren. In diesen Erfahrungskanon sind Erfahrungen eingebunden, die wir ursächlich selbst in unseren Lebenssituationen machen; Erfahrungen, die von anderen im Sozialisationsprozess an uns herangetragen werden, und Erfahrungen, die als »begreifendes Erkennen«[437] auf die Erkenntnis der gesellschaftlichen Lebenszusammenhänge gerichtet sind. So wird Erfahrung zur Grundlage, auf der sich Wirklichkeit als geschichtlich-gesellschaftlich soziales Phänomen bildet. Und Religion, wenn sie diese Erfahrung vermitteln und deuten will, wird erst dann als Weise einer möglichen Weltdeutung, Weltgestaltung und Lebensführung plausibel, wenn sie in Verbindung mit der konkreten Lebenswelt der Menschen deutbar und handlungsrelevant realisierbar wird. So kann sie ihr Potenzial bei der Identitätssuche der Menschen und ihre Vision von den noch nicht erfüllten Möglichkeiten des Menschseins entfalten, wofür die Religionspädagogik Raum bietet.

6.4.1 Religionspädagogik als Vermittlerin erfahrungsbezogenen Glaubens zwischen Kontingenz und Transzendenz

Religion dient der Bewältigung der Alltagswelt innerhalb der Existenzsysteme von *Kontingenz* und *Transzendenz*. Kontingenz meint die Funktion von Religion, mit der sie sich derjenigen Unbestimmtheiten und Verunsicherungen annimmt, welche im Rahmen der Anforderungen der Alltagswelt unverarbeitet bleiben. Aus diesem Blickwinkel betrachtet, besteht ihre Aufgabe darin, »die unbestimmbare Welt

---

[435]   Ebd., S. 568
[436]   *Jürgen Lott*, Erfahrung – Religion – Glaube, Weinheim 1991.
[437]   Ebd., S. 23.

... in eine bestimmbare zu transformieren«[438] und »die an sich kontingente Selektivität gesellschaftlicher Strukturen und Weltentwürfe tragbar zu machen, ihre Kontingenz zu chiffrieren und motivfähig zu interpretieren.«[439] Transzendenz meint nach *Peter Berger* »das Heilige«, »übernatürliches Sein« und »höchste Macht«.[440] Der Mensch, der vor den Unwägbarkeiten der Welt steht, sucht nach einem Sinn hinter der Alltagswelt, also einem transzendenten Bezugspunkt, der Halt und Schutz gewährt. *Thomas Luckmann* versteht Transzendenz in einem noch umfassenderen Sinn, da er in der Überschreitung unmittelbarer persönlicher Erfahrung und in der Fähigkeit, die biologische Natur zu transzendieren, die intersubjektive soziale Erfahrungsmöglichkeit von Transzendenz sieht. Wenn also der Mensch die Bereitschaft entfaltet, seine individuellen Bedingtheiten zu verlassen, begibt er sich in einen religiösen Prozess, der eminenten Transzendenzcharakter trägt. Dieser Vorstellung von Grenzerfahrungen und Grenzüberschreitungen folgt *Henning Luther*, wenn sich für ihn »Kontingenzerfahrungen im individuellen wie sozialen Leben als diejenigen Erfahrungen erweisen, ›durch die eingespielte Plausibilitäten der Alltagswelt an eine Grenze stoßen.‹ Sie bedeuten ... eine Verunsicherung des eigenen sowie des sozialen Selbstverständnisses und Common sense. Es wird m.a.W. also die Sinnproblematik akut. Die Verarbeitung dieser Kontingenzerfahrung gewinnt nun m.E. dann – und *nur* dann – religiösen Charakter, wenn sie transzendierende Kräfte freisetzt. Dies bedeutet, dass die Kontingenzerfahrung zum Anlass genommen wird, die Grenzen des bisherigen Selbst- und Weltverständnisses zu überschreiten, sich ins Gebiet des Fremden und Anderen vorzuwagen, um dann das eigene Lebensgebiet mit neuen Augen zu sehen.«[441] Dabei besteht der Transzendenzcharakter dieses Vorgehens darin, den gewohnten Lebensraum zu verlassen und auf neue Horizonte hingehend zu überschreiten. Wohin aber wendet sich das Subjekt, wenn es seine persönlich-alltagsweltlichen Grenzen hinter sich lässt? Das Ziel innerhalb des Deuterahmens von Religion besteht in dem Aufbruch aus überlebten Lebensvollzügen zu neuen Erfahrungen mit anderen Menschen, um zu einer Ganzheitlichkeit zu gelangen, aus der heraus vordergründigen Einverständnissen mit den Dingen, wie sie nun mal sind, Widerstand entgegengehalten werden kann, um zu neuen Handlungsorientierungen und weiterführenden Erfahrungen, Erkenntnissen und Lernschritten zu kommen. Hier können sich Utopien entfalten, die zu konkreten Handlungskonzepten einer gesellschaftlichen Praxis werden, mit der die »Verzweckung des Lebens«[442] und die »Allmachtsphantasien«[443] wissenschaftlich-technischer Rationalität durch eigene

---

[438] *Niklas Luhmann*, Funktion der Religion, Frankfurt 1996, S. 26.
[439] ders., Die Organisierbarkeit von Religionen und Kirchen; in: *Jakobus Wössner* (Hg.), Religion im Umbruch, Stuttgart 1972, S. 250f.
[440] *Jürgen Lott*, Erfahrung – Religion – Glaube, a.a.O., S. 30; vgl. *Peter L. Berger, Thomas Luckmann*, Die gesellschaftliche Konstruktion der Wirklichkeit, Frankfurt 1997, S. 42f.
[441] *Henning Luther*, Religion und Alltag, Stuttgart 1992, S. 57.
[442] *Jürgen Lott*, a.a.O., S. 35.
[443] ebd., S. 35–36.

Hoffnungsbilder handelnd überwunden werden und religiöse Erfahrungen gesellschaftsverändernd wirken lassen.

Peter Biehl, dessen Positionen zur religiösen Erfahrung *Jürgen Lott* in seiner Abhandlung aufgreift, bestimmt sie als

a) *unmittelbare Erfahrungen* von Trauer, Verlust, Liebe und Freude,

b) *Grenzerfahrungen des Lebens* wie Angst, Schuld, Scheitern oder Tod, die über die Wirklichkeit des Alltags hinausreichen, also Transzendenzcharakter haben,

c) *Erschließungssituationen*, die dem Leben neue und weiterführende Perspektiven abgewinnen, die zu Veränderungen führen,

d) *Erfahrungen* mit *Widerfahrnischarakter* von Vertrauen, Selbstannahme, Mut und Hoffnung,

e) *Lebenserfahrungen* zwischen Beheimatung und Auszug, durch die sich Alltagserfahrungen verändern,

f) *integrative Erfahrungen*, die dem Selbst Sinnerfahrungen vermitteln, mit denen es fähig wird, Enttäuschungen und Leiden zu widerstehen,

g) *Kompetenz, Erfahrung symbolisch zu deuten*, um so die Innenwelt des Subjekts, sein Unbewusstes zu erreichen,

h) *soziale Erfahrung* mit dialogisch-intersubjektiver Verständigung, die auf Wahrheitsfindung gerichtet ist.[444]

Zur Einlösung dieser religiösen Erfahrungen ist ein religionspädagogisches Unterrichtshandeln notwendig, das über die im Alltagsleben vorkommenden Erfahrungen mit den Schülern reflektiert. Die Bewusstmachung elementarer Lebenserfahrungen ist die Grundlage, von der jedes relevante Unterrichtsgeschehen seinen Ausgang nimmt, wenn es für Erfahrungen mit Religion und der Transzendierung wohlbekannter Lebensmuster sensibilisieren will. Glaube, der im Sinne *Gerhard Ebelings* als »Erfahrung mit der Erfahrung«[445] bestimmbar ist, wird zur erschließenden Kraft für die Wirklichkeit, wenn er *im* Leben und *in* der Welt seinen handlungsrelevanten Ort findet. Religionspädagogisch muss mit diesem erfahrungs- und wirklichkeitserschließenden Zusammenhang so umgegangen werden, dass das »Mitteilen von Erfahrung, das Teilhaben an Erfahrung, die kritische Bearbeitung von Erfahrung und der Austausch über Erfahrung«[446] die grundlegenden didaktisch-methodischen Prinzipien des Unterrichts sind. Für eine erfahrungsorientierte Religionspädagogik ist die Ausrichtung an der Lebens- und Erfahrungswelt der Schüler konstitutiv. Das heißt, dass hierin ihr empirisches Vorgehen gründet, von dem aus die Erfahrungsgehalte der christlichen und außer-

---

[444] Ebd., S. 38–40; vgl. *Peter Biehl*: Was ist Erfahrung?, Erfahrung als hermeneutische, theologische und religionspädagogische Kategorie; in: ders., Erfahrung, Glaube und Bildung, a.a.O., S. 24–28.
[445] Vgl. *Jürgen Lott*, a.a.O., S. 41.
[446] Ebd.,

christlichen Traditionen, die Erfahrungswelt und Lebensgeschichte der Schüler
mit den daraus abzuleitenden Themen sowie die Erfahrung des Selbst und des
Fremden unterrichtsrelevant werden. Religionspädagogischen Bildungsprozessen
geht es darum, »die Kompetenz aus Erfahrung mit der Kompetenz für Erfahrung
zu verbinden.«[447] Glaube kann so zu einer Identitätsentwicklung beitragen, weil er
die weltlichen Alltagserfahrungen erkennt, wertet und ihnen Sinn verleiht. Der
Verweis auf die »letzten Bedingungen unserer Existenz«[448] kann Vertrauen schaffen für die Eingebundenheit des Menschen in die »Einheit mit dem Letztgültigen«,[449] die zur Sinnfindung beiträgt und ein Identitätsgefühl herausbilden hilft,
wenn Glaube sich als verbindendes Element, das zugleich in der Begegnung vielfältiger kultureller Sinnsysteme und in der Konzentration auf das Selbst eine neue
Qualität des Seins schafft, versteht. Wird dieses Selbst über seine Grenzen hinaus-
gezogen und unabhängig von Nation, Rasse oder sozialer Schicht auf die Mitarbeit an einem Gemeinwesen hin ausgebildet, dessen Seinsgrund in der Motivation
liegt, Liebe und Gerechtigkeit im Sinne göttlicher Qualität zu verwirklichen, dann
ist Religionsunterricht als lebensbegleitender Unterricht zu verstehen, in dem sich
Lernen und Glaube in Relation zur Lebensgeschichte der Schüler entwickeln können. »Bleiben die Lernangebote in Schule und Gemeinde hinter dem lebensgeschichtlich ausgebildeten Fragehorizont zurück, können sie für das Leben der Betroffenen keine Bedeutung gewinnen.«[450] Dadurch, dass das religionspädagogische
Handeln auf die Entwicklungsstufen bezogen ist, auf denen sich die Schüler befinden, kann hier ein Förderungs - und Transzendierungspotenzial des Unterrichts zur Entfaltung kommen, dem es »um ein Transzendieren alltäglicher Erfahrungen voll Endlichkeit, Entfremdung, Scheitern, Leiden, um den Verheißungs-
aspekt christlicher Erfahrung [geht].«[451] In dieser Verheißung liegt die Kraft zur
Überschreitung des Vorfindlichen, mit der die Menschen zu einer fortschreiten-
den Erkenntnis über ihr Selbst und das anderer Menschen kommen.

6.4.1.1 Religionspädagogische Bildung und Mündigkeit

Im oben genannten Sinn lässt sich persönliche Autonomie gewinnen, weil sie auf
intersubjektivem Weg Erfahrungen zur Mündigkeit und Eigenverantwortung des
Subjekts bereithält. Hier zeigt sich bereits die politische Dimension religionspädagogischer Bildungsprozesse, da die Herausbildung von Mündigkeit und Autonomie im Rahmen politisch-sozialer Prozesse geschieht, besonders wenn diese sich
als Korrektiv von rein ökonomischen Interessen verwirklicht, die an das Individuum herangetragen werden. Um diesen möglichen Entfremdungen zu entgehen,

---

447 Ebd., S. 43.
448 Ebd., S. 44.
449 Ebd., S. 45.
450 Ebd., S. 49.
451 Ebd., S. 50.

muss Bildung sich als eine Bewegung formieren, deren Ziel in der Befähigung liegt, kognitive Kompetenz zu entwickeln. Lernt der Schüler, die eigene Situation zu durchschauen, entfaltet sich »begreifendes Denken«[452] als Voraussetzung für politisch-ethische Handlungsfähigkeit und als Aufklärungspotenzial über mögliche Lebensverläufe. Er beginnt, sich zu demokratisieren und entfaltet politische und religiöse Identität. Entscheidenden Anteil bei diesem Identitäts- und Selbstfindungsprozess hat die sprachliche Verarbeitung von Erfahrungen, die das Subjekt in den verschiedenen Gesellschafts- und Lebensbereichen macht. Sprachliche Reflexion über diese Erfahrungen ermöglicht Selbsterkenntnis und Wahrnehmungs- und Kommunikationskompetenz im Verhalten mit anderen Menschen. Diese sozial-politische Dimension der Bildung soll helfen, Entfremdungen, also vereinnahmende Zugriffe aus den Gesellschaftsbereichen, zu überwinden und auf Identitätsbildung hinzuarbeiten. Geht es um die Überwindung von Entfremdungsgefahren, dann erhält Bildung einen ideologiekritischen Charakter.

6.4.1.2 Religionspädaogische Bildung als Ideologiekritik

In dem vorliegenden Zusammenhang soll Ideologie als eine Verhaltensnormierung verstanden werden, mit der Menschen einer Bewusstseinsindustrie unterliegen, deren Ziel in der Anpassung des Denkens und Verhaltens an vorgegebene Interessensmuster liegt. Ideologiekritik ist dann die Befähigung zur Kritik gegenüber diesen Entfremdungsformen und der Widerstand gegen den damit einhergehenden Konformismus. Begreift sich der Religionsunterricht als ideologiekritischer Unterricht, dann unterstützt er die Schüler bei ihrem Ablösungsprozess aus diesen ideologischen Umhüllungen, womit allerdings auch die Befreiung aus der ideologischen Umarmung durch die Religion selbst gemeint ist. Identitätsbildender Unterricht ermutigt zu Ablösungsprozessen, weil sich so das persönliche Wachstum der Schüler entfaltet. Als Menschen, die zu einer Sache Stellung beziehen, die ihre Absichten und Zwecke definieren und sich in Kommunikation mit anderen üben, entwickelt sich die bildungsbezogene Fähigkeit, zu sich selbst zu finden und in der Auseinandersetzung mit anderen zu einem möglichen Konsens zu kommen. Hierzu ist die Herausbildung eines Bewusstseins erforderlich, das von der Notwendigkeit weiß, eine Übereinkunft immer erst in der Differenz, also in der Anerkennung des Andersseins des Anderen, herstellen zu können.

6.4.1.3 Bildung und Ökumene aus religionspädagogischer Sicht

So meint die ökumenische Dimension der Bildung und des Lernens im Unterricht ein »verknüpfendes Lernen«,[453] das über die eignen kulturellen und gesell-

---

[452] Ebd., S. 52.
[453] Ebd., S. 63.

schaftlichen Grenzen hinausschaut und im Sinne einer gelebten Solidarität von der Art und Weise des Zusammenlebens anderer Völker lernt. Den Ausgangspunkt des Lernens und Erkennens finden Unterrichtender und Lernender in der persönlichen Lebenswirklichkeit. Im Überschreiten ihrer Lebenswirklichkeit liegt dann die Befähigung zur gemeinschaftlich-sozialen Dimension ihrer Erfahrung, wozu jedoch die Entwicklung von Sprach- und Handlungsfähigkeit als bildendes Moment notwendig ist. Selbstfindung oder Selbstverwirklichung als Ziel ökumenischen Lernens formuliert *Lott* in Anlehnung an *Baldermann* als »Sensibilität für die Schöpfung, für die Kostbarkeit des Lebens, für die verletzte Menschenwürde, für die Unerträglichkeit von Hunger und Armut; aber auch Urteils- und Handlungskompetenz, um Zusammenhänge und Veränderungsmöglichkeiten zu erkennen, die Mechanismen verharmlosender Verschleierung zu durchschauen und Kritik und Engagement an den richtigen Stellen zu platzieren. Und schließlich ist Widerstandsfähigkeit zu lernen, wenn nicht alles Engagement nach den ersten Misserfolgen in Resignation umschlagen soll. Das kann aber nur gelingen, wenn wir uns den Grund christlicher Hoffnung neu erschließen. Wir werden wie *Luther* lernen müssen, uns deren biblische Quellen neu zu erschließen, oder wir werden in der um sich greifenden Depression zugrunde gehen.«[454] Es wird deutlich, dass ein Lernen, das sich für den Widerstand gegen die Aberkennung der Menschenwürde, für die Erkenntnis der Benachteiligungen durch Armut und Hunger und deren Überwindung einsetzt, als ein Lernen an Konflikten zu konzipieren ist mit dem Ziel, Erziehung zur Friedensfähigkeit handlungsorientiert zu gestalten.

6.4.1.4 Bildung und Ökologie aus religionspädagogischer Sicht

Eng verknüpft mit der ökumenischen Dimension der Bildung ist die ökologische. Die Verbindung liegt in dem Verständnis der »Verantwortung für die *eine* Welt«,[455] weil es darum geht, lernend und handelnd die Zukunft dieser Welt zu sichern. Darüber hinaus orientiert sich die ökologische Dimension der Bildung an einem Lernen, das auf die Ganzheitlichkeit menschlichen Lebens gerichtet ist. Alles, was Gesundheit und Krankheit, den Zusammenhang von Psyche und Körper angeht, wird im Rahmen des ökologischen Lernens zu thematisieren sein. Von daher heißt ökologisch denken und handeln, unsere Gesundheit zu erhalten, die Sorge um die Umwelt als Vernetzung zwischen Mensch und Natur zu begreifen, das Fremde in die eigene Lebenssituation einzubeziehen und unsere Leibhaftigkeit, also die Begrenztheit und Sterblichkeit, aber auch unsere psychische Erfahrung als den Kontakt zu unserem Körper erfassen zu lernen. Bildung vor dem Hintergrund des ökologischen Ansatzes meint die Selbstreflexion über die persönliche Lebensgeschichte. Lernen ist also auf einen reflexiven Bildungsprozess ge-

---

[454] Ebd., S. 65.
[455] Ebd., S. 67.

richtet, dessen Ziel die Entfaltung einer Subjektivität ist, die ein ganzheitliches menschliches Leben als Verwirklichungsprozess des Menschseins entwirft. Damit wird Bildung zum integralen Bestandteil des Lebens und ist nicht nur als Vorbereitung auf zukünftige Lebenssituationen zu beziehen. Subjektivität meint dann den Bezug zur Ganzheit von Leben und Gesellschaft, der sowohl Gegenwart und Zukunft als einen Prozess frei legt, in dem Menschen ihr Potenzial entfalten.

6.4.1.5 Bildung und Anthropologie

Der rote Faden, der die unterschiedlichen Aspekte von Bildung miteinander verbindet, ist das anthropologische Verständnis von Religionspädagogik. Religion als anthropologisches Phänomen zu begreifen, heißt, dass religiöses Denken und Handeln ein fragendes Verhältnis zu Welt und Mitmensch einnimmt. Ihre Antworten entnimmt die Religionspädagogik aus den Wissenschaftsbereichen der Theologie, Erziehungs- und Religionswissenschaft sowie den Sozialwissenschaften und der Psychologie. Eindeutig ist also der Ausbruch aus den Verengungen kirchlich-konfessioneller Deuteschemata. Mit dieser Offenheit kann sich die Religionspädagogik zu einer kritischen Theorie entfalten, da sie sich an der Lebenspraxis der Kinder und Jugendlichen unter Berücksichtigung gesellschaftsanalytischer Verfahren orientiert, um so die geschichtlichen und gegenwärtigen Bedingungen für religiös vermittelte Verhaltensweisen pädagogisch fruchtbar zu machen. So kann die Religionspädagogik dazu beitragen, Handlungsperspektiven für sozial relevante Aktionen in der Gesellschaft zu entwerfen.

Ihr lebenspraktischer Bezug weist sie als eine hermeneutische Wissenschaft aus, die Subjektivität immer im Zusammenhang mit den gesellschaftlichen und sozialisationsrelevanten Instanzen sieht, um sie als die Wirklichkeit des in ihnen heranwachsenden Subjekts zu begreifen. »Gegenstand religionspädagogischer Theorie und Praxis ist die religiöse Lebensform, in welcher der Glaube von Menschen in sozialer und kultureller Vermittlung konkret gelebt wird. Der anthropologische Sinn gelebter Religiosität ist herauszuarbeiten und die christliche Religion im Kontext der anderen religiösen Orientierungen verständlich zu machen.«[456] Dem Religionsunterricht kommt von daher die Aufgabe zu, Traditionen für die Gegenwart zu deuten, die Bedeutung nichtchristlicher Religionen für deren Angehörige und für uns hervorzuheben, Weltanschauungen in ihrer Relevanz für das Denken und Handeln von Menschen in Geschichte und Gegenwart erkennen zu lernen, deren handlungsleitende Motive zu durchschauen, die »Grenzsprache« für Hoffnung, Trauer und Trost verstehen zu lernen sowie Rechts- und Unrechtsverhältnisse als Frage einer erfahrungsbezogenen, gelebten ›humanitas‹ auf ihre Begründungen hin kritisch zu befragen.

---

[456] Ebd., S. 81.

6.5 Personales Handeln als Erfahrung von Humanitas

Weiter oben wurde Bildung verstanden als die Befähigung, Entfremdungserfahrungen in gelingende Lebenspraxis und Lebensmöglichkeiten überzuleiten. In seiner »Phänomenologie der Erfahrung« stellt *Ronald D. Laing* dieses Moment der Erfahrung in einen sozialphänomenologischen Kontext, von dem ausgehend er das Verhältnis von Person-sein und Erfahrung in sozialen, psychischen und transzendentalen Kontexten entwirft.

6.5.1 Intersubjektive Erfahrung als Ursache und Überwindung von Entfremdung

Es ist das phänomenologische Ziel von *Laing*s Darstellung, Gründe für das Entstehen von Entfremdung und Möglichkeiten ihrer Überwindung aufzuzeigen. Sozialphänomenologie ist dabei »die Wissenschaft von meiner eigenen Erfahrung und von der anderer Leute. Sie befasst sich mit den Relationen zwischen meiner Erfahrung von dir und deiner Erfahrung von mir, d.h. mit *Intererfahrung*. Sie befasst sich mit deinem Verhalten und meinem Verhalten, wie ich es erfahre, und mit deinem Verhalten und meinem Verhalten, wie du es erfährst.«[457] So wie es *Laing* hier zeigt, ist Erfahrung demnach die intersubjektive Grundlage für Relationen zwischen den Menschen. Sie ist das Fundament für das »Sein aller Seienden«,[458] der Ursprung, aus dem heraus sich die personale Bedeutung des Seins entwirft. Ist der Mensch in den Bereich der personalen Beziehung eingetreten, so lebt er in der »Zone des Nicht-es«.[459] Er ist aus der Entfremdung herausgegangen in den Bereich des ›ist‹, also des eigentlichen Seins von allem.

In der interpersonalen Erfahrung bestimmt das gegenseitige Verhalten die Erfahrungen, die wir miteinander machen und die zu bestimmten Absichten und Handlungen führen. Wenn also meine Erfahrungen von und mit dem anderen Menschen mein Verhalten bestimmen, was für den anderen in gleicher Weise zutrifft, dann ist Verhalten als eine Funktion gemeinsamer Erfahrungen bestimmbar und somit weist sich Erfahrung als Ergebnis einer Relation zu jemandem oder zu etwas aus. Erfahrung und Verhalten stehen also in einer anthropologischen Interdependenz zueinander: »Wir sind beides – von anderen Menschen Behandelte, im Guten oder im Bösen, und Handelnde, die andere verschieden behandeln und beeinflussen. Jeder von uns ist der andere für die anderen. Der Mensch ist ein Erleidend-Handelnder, ein Handelnd-Erleidender in Intererfahrung und Interaktion mit seinen Mitmenschen.«[460] Dabei kann das personale Handeln zur Erfahrungsbereicherung führen oder sie verschließen. Bereichernde Erfahrungen

---

[457] *Ronald D. Laing*, Phänomenologie der Erfahrung, Frankfurt 1969, S. 13.
[458] Ebd., S. 35.
[459] Ebd., S. 37.
[460] Ebd., S. 24.

bestehen in der Bekräftigung, Bestätigung, Ermutigung und Unterstützung der Menschen. Zu den verschließenden Erfahrungen sind Entkräftigung, Widerlegung, Entmutigung und Einengung zu fassen. Somit kann sich interpersonale Erfahrung als kreativ oder destruktiv erweisen. Entscheidend ist jedoch, dass der Mensch aus seinen Selbstentfremdungen der Verdrängung, Projektion, Verleugnung und Isolierung heraustritt, um sich der interpersonalen Begegnung zu stellen und deren Qualität mitzuentscheiden.

6.5.2 Entfremdete Humanitas

Unsere Beziehungen im sozial-gesellschaftlichen und personal-psychischen Feld sieht *Laing* grundlegend von einer Humanitas bestimmt, deren Möglichkeiten in sich entfremdet sind. Wir begreifen diese Entfremdungen allerdings als den Normalzustand und müssen erst auf Möglichkeiten ihrer Überwindung aufmerksam gemacht werden. Entfremdungen treten auf als Gewalt, wenn Menschen versuchen, die Freiheit anderer Menschen einzuschränken, oder sie dem Zwang zu unterwerfen, nach unseren Vorstellungen und Wünschen zu handeln. Ist man als Mitmensch rücksichtslos und gleichgültig gegenüber den Bestimmungen des anderen, begibt man sich auf destruktive Wege. Liebe hingegen lässt den anderen sein – aus unserer Zuneigung und Rücksicht ihm gegenüber. Wir müssen also lernen, unsere Gewalt zuzugeben, um sie abzuschaffen. Wir müssen lernen, unsere Furcht zu akzeptieren, die uns innewohnt vor dem Leben wie vor dem Tod. Erst dann hören wir auf, uns selbst und andere zu zerstören.

Die zweite Quelle, aus der Entfremdungen erwachsen, sieht *Laing* in einer rein positivistischen Betrachtung des Lebens und der auf ihr fußenden Naturwissenschaft. Eine Forschung, die quantitativ vorgeht und deren Interesse auf Objekte, Dinge und Modelle gerichtet ist, stellt die dinglichen Ereignisse in den Vordergrund, denen keine Erfahrung zukommt. Personale Ereignisse hingegen sind erfahrungsbezogen, jedoch nicht von naturwissenschaftlichem Interesse. »Naturwissenschaftlichkeit ist der Irrtum, Personen in Dinge zu verwandeln durch einen Prozess der Reifikation, der selbst nicht Teil der wahrhaft naturwissenschaftlichen Methode ist. So gewonnene Ergebnisse müssen de-quantifiziert und de-reifiziert werden, bevor sie re-assimiliert werden können in die Diskussion der Menschen.«[461] Entfremdungen im positivistischen Sinne entstehen demgemäss aus dem Verlust des Personalen und leidenschaftlich-Emotionalen. Das Selbst des Menschen mit seinen Erfahrungen findet hier keinen Anhaltspunkt, da es nicht um Relationen zwischen Menschen, sondern um Relationen zwischen Personen und Dingen, vielmehr jedoch um Beziehungen zwischen den Dingen geht. Jede Theorie muss demgemäß ihren Ausgangspunkt beim Menschen selbst nehmen.

---

[461] Ebd., S. 55.

6.5.3 Aufhebung der intersubjektiven Entfremdung

Zur Überwindung der von *Laing* konstatierten Entfremdung schlägt der Autor nun den Weg zur Psychotherapie vor, da er in dieser Behandlungsmethode die Möglichkeit sieht, das, was die Erfahrungsmöglichkeiten zwischen Menschen hemmt, abzutragen, also Ängste, Widerstände, Masken und Projektionen aufzuheben. Als das Moment phänomenologischer Erfahrung bestimmt er dabei die unbewusste Erfahrung, Erfahrung in Beziehung zum Verhalten und Erfahrung zwischen Personen. Der Psychotherapie kommt in diesem Zusammenhang die Rolle zu, die Ganzheit der Existenz von Personen durch die Klärung ihrer Relation zueinander wieder herzustellen. Dieser therapeutische Prozess besteht in der ständigen Suche nach den Werten, Einstellungen und Haltungen, die wir verloren haben oder nur noch deformiert in unser Dasein einbringen. Mit der therapeutischen Beziehung soll dazu verholfen werden, Erfahrungen zu reaktivieren, die den Erfolg des Suchens nach ganzheitlichen Existenzweisen dann bestätigen, wenn sie mit der Durchbrechung routinemäßig verlaufender Gesprächs- und Handlungsbeziehungen einhergehen[462].

Laing geht noch einen Schritt weiter, wenn er eine psychische Erkrankung wie die Schizophrenie einbindet in die Wirkungsweise einer gesellschaftlichen Situation, deren Charakter und Handlungsmotivation primär von Wettbewerbsformen um den Besitz kultureller Güter und den Erfolg im Wettstreit um diesen Besitz bestimmt ist. Schizophrenie begreift *Laing* deshalb an erster Stelle als Anpassungsversagen an diese sozial-gesellschaftlichen Bedingungen. Diese Erkrankung geht also auf Erfahrungen zurück, die aus mangelnder Anpassungsfähigkeit resultieren. Sie muss deshalb im Kontext ihres sozialen Entstehungsumfeldes gesehen werden und ist nicht nur als intrapsychische Regression im Patienten selbst zu diagnostizieren. Vielmehr sind die Widersprüche und Konfusionen des Patienten auch vor dem Hintergrund einer »funktionsgestörten Gesellschaft«[463] zu sehen, vor deren Destruktion sich der Betroffene durch Projektion, Introjektion, Isolierung und Verleugnung zu schützen sucht. Schizophrenie wird von *Laing* daher als Etikett einer sozialen Degradierung begriffen, in deren Rahmen der Mensch verängstigt und verlassen an der Realität zerbricht. Seine Versenkung in den inneren Raum wird als antisozialer Rückzug gewertet und damit als krankhaft abgestempelt. Dem Schizophrenen jedoch ist das Herz gebrochen. Sein Zustand ist existenzieller, nicht klinischer Natur. Also ist geistige Gesundheit oder Verrücktheit in existenziell-sozialen Begriffen zu fassen, da sie eine Positionsverschiebung im Verhältnis zur Wirklichkeit darstellt.

In der hier angesprochenen Relationsveränderung zur Realität sieht *Laing* nicht nur das Krankhafte, sondern auch die Möglichkeit zum Durchbruch in eine an-

---

[462] Vgl. *Käte Meyer-Drawe*, Leiblichkeit und Sozialität, München 1987, S. 257.
[463] *Ronald D. Laing*, a.a.O., S. 109.

dere Welt. In der vermeintlich wahnhaften Tendenz des Seelenlebens gibt es tiefe geistige Kräfte, die ein Erleben des Ewigen, Unsterblichen, also des Göttlichen, anscheinend ermöglichen. Der Psychotiker, der aufgrund seines Ego-Verlustes die größere und umfassendere Erfahrung des Transzendenten macht, sieht die äußere Welt aus seinen inneren Erfahrungen heraus. Es ist allem Anschein nach nicht die Welt der objektiven Präsenz, sondern die Welt der Träume, Phantasien und kontemplativ-meditativen Zugänge. Nicht die Welt der säkularen, entfremdeten, kategorisierbaren Fakten ist die Grundlage dieser inneren Erfahrung, sondern gerade die Realität, die in diesem Sinne nicht evident ist, wird von innen her erfasst. Hier zeigen sich Parallelen zur religiösen, göttlichen Erfahrung. Auch der Glaube ist zu verstehen als das Vertrauen in eine Realität, deren Evidenzcharakter nicht auf objektiver Wahrnehmung beruht. Um also das Göttliche, Transzendente zu erfahren, müssen wir die Anpassung an die entfremdete, soziale Realität auflösen – so wie es in den geschilderten pathologischen Fällen bereits geschehen ist –, um zur Überwindung des normalen, d. h. entfremdeten Ego zu kommen. Das neue Ego ist dann nicht mehr der Gegner, sondern der Diener des Transzendenten

6.6 Fazit und Perspektive

Es lag im Interesse der vorangegangenen Darstellungen, den Boden für ein Erziehungs- und Bildungsverständnis zu entfalten, das den Weg zu einer subjektorientierten, lebensweltlich gelebten Religiosität aufzeigt. Subjekthaltigkeit im Rahmen lebensweltbezogener Wirklichkeit phänomenologisch zu entfalten, meint die Abkehr von Verfügungen, mit denen die natürlichen Erfahrungen des Subjekts durch Fremdbestimmungen sowie instrumentelle Konstruktionen und Determinierungen eingeschränkt oder ganz verhindert werden könnten. Lebensweltliche Wirklichkeit zielt auf die kritische Hinterfragung der Herrschaft von Fakten-, Regel- und Begriffssystemen, die Subjektivität und Individualität definitorisch fixieren wollen. Somit generiert Subjekthaltigkeit in kritischer Opposition gegen diese Verfügungsmechanismen zu einem Selbst-Sein, das die Fähigkeit meint, sich selbst erleben zu können in Situationen, deren Charakter leiblich situierte Erfahrungen, also Unexaktheiten, Ambiguitäten und Ungeklärtes zulässt. Somit kommt es phänomenologisch gesprochen zur Herausbildung subjekthaltiger Persönlichkeitsformen innerhalb einer Sozialität, die prozesshaft, und damit empiriekritisch, die Herausformung identitätsbildender Merkmale bewirkt. Lernwege müssen diesem Prozesscharakter der Erkenntnisgewinnung Spielräume lassen, um reine funktionale und konstruierte Zielvorgaben überwinden zu helfen. Hier ist das ästhetische Lernen insofern gefragt, als es Möglichkeiten zur Überschreitung intendierter und planbarer Objektivität anbietet. Ästhetische Wahrnehmungen, die als

Befreiung aus linearen Funktionalisierungen verstanden werden können, tragen einen Verweischarakter in sich, der Erfahrungen von Exteriorität ermöglicht und damit transformatorische Haltungs- und Erkenntnisänderungen für das Subjekt bereitstellt.

An dieser Stelle wird es theologisch bedeutsam, den Glauben als ein Moment des Selbst- und Weltverständnisses zu begreifen, aus dem heraus Bildung religiös begründbar wird. Unter dem biblischen Leitmotiv der Gottebenbildlichkeit qualifiziert sich die Beziehungsfähigkeit des Menschen in der ihm durch Gott verliehenen Würde. Seine Geschöpflichkeit und Endlichkeit werden auf dieser Grundlage transformiert in den Auftrag zur selbstbestimmten Gestaltung seines Lebens. Die Bildungsfähigkeit des Menschen stellt diese Autonomie unter theologischer Perspektive jedoch in einen Zusammenhang, mit dem Selbstbestimmung nicht als individualisierter Selbstbezug zu verstehen ist, sondern als die Befähigung Sinnorientierung aus der Beziehung zum Transzendenten abzuleiten. So kann sich vor dem Gedanken der Gottebenbildlichkeit ein Identitätsfindungsprozess verwirklichen, dessen Konstitution ein autonomes Persönlichkeitskonzept tragfähig macht, das mit Autonomie sowohl die unverfügbare Individualität mit allen Spielarten seiner Fragmentarität einschließt, als auch die Unverfügbarkeit des anderen Menschen, dessen Antlitz mich ihm gegenüber in seiner Verletzlichkeit in die Verantwortung ruft. Auf diese Anrede kann ich aus der Freiheit meines Geschöpf-Seins handelnd antworten.

Subjekthaltige Einsichten, die hier religionspädagogisch erziehungs- und bildungsrelevant werden, meinen die Unverfügbarkeit des Menschen, mit der er sowohl frei wird, die eigene Existenz als fragmentarisch zu akzeptieren als auch die Seinsweise des anderen Menschen in seinen Mängeln und Möglichkeiten zu deuten, ohne seine Aufmerksamkeit dabei auf bestimmte Wahrnehmungsmuster der Wirklichkeit zu fixieren, sondern auf lebensweltliche Prozesse zu erweitern, die im Unterrichtshandeln phänomenologiedidaktische Relevanz erlangen sollen.

TEIL IV

DIDAKTISCH-METHODISCHES UNTERRICHTS-HANDELN ALS PRAXIS VON LEBENSWELT UND ALLTAG

Mit dem phänomenologischen Verständnis von Aufmerksamkeit, Wahrnehmung und Lebenswelt, so wollen es die folgenden Ausführungen zeigen, wird es möglich, Unterrichtshandeln gegenüber lernzieltaxonomischen Verfahren zu relativieren. Zur zentralen pädagogischen Kategorie gehört hier das Leibverständnis der Phänomenologie als Erkenntnisort für subjekthaltige Selbst- und Weltdeutungen. Leiblich orientierte Aufmerksamkeits- und Wahrnehmungshaltungen befreien vom Gedanken totaler und objektbezogener Beherrschbarkeit der Dinge um uns herum und führen auf die Spur des Anderen, d.h. dessen Wünsche, Ängste und Hoffnungen. Leibliches Wahrnehmen sensibilisiert für die Differenz des Fremden zum Eigenen und legt damit den Grundstein für ein ethisches Wirklichkeitshandeln, das unter anderem im interkulturellen Dialog konkret wird. Eine phänomenologische Didaktik und Methodik kann dieses leiborientierte Subjektverständnis fächerverbindend und fächerübergreifend als religiöse Spurensuche »vor Ort« in Realsituationen aufgreifen.

7. KAPITEL: AUFMERKSAMKEIT, WAHR-
NEHMUNG UND LEBENSWELT ALS PHÄNO-
MENOLOGISCH-DIDAKTISCHE PRINZIPIEN

Es wird von daher in den folgenden Teilen darum gehen, didaktische und methodische Prinzipien zu entwerfen, die sich im Sinne der vorgenannten phänomenologischen Erziehungs- und Bildungsweisen auf praxisorientierte Unterrichtsverfahren ausrichten lassen, wozu es notwendig ist, die Phänomene Aufmerksamkeit, Wahrnehmung und Lebenswelt, wie sie oben entfaltet wurden, phänomenologiedidaktisch auf ihre subjekthaltige Wirklichkeit hin näher zu bestimmen. Wenn nämlich phänomenologische Erkenntnisbildung maßgebend zur Erweiterung von Aufmerksamkeit und Wahrnehmung beim Menschen beitragen soll, dann müssen diese Rezeptionsweisen der Wirklichkeit aus den Begrenzungen institutioneller und funktionalistisch-bemächtigender Instrumentalisierung herausgelöst werden. Wirklichkeit z.B. unabhängig von etablierter kirchlicher Religiosität zu sehen, öffnet den Blick für andere Kontexte, insbesondere für den Alltag der Menschen, in dem nach Spuren des Religiösen gesucht werden kann. Auch Lernwege, die sich als Handlungsanweisungen verstehen, mit denen wünschbare Verhaltens- und Einstellungsmuster herbeigeführt werden sollen, bewegen sich in verengten Perspektiven. Vor allem eine Theologie bzw. Religionspädagogik, die ihre Aufmerksamkeit und Wahrnehmung auf gelebte Praxis ausrichtet, muss demgegenüber geradezu zweckunabhängiges Sehen, Denken und Verhalten als ihr anthropologischdidaktisches Selbstverständnis erschließen.

7.1 Aufmerksamkeit als phänomenologisch-didaktisches Prinzip

7.1.1 Aufmerksamkeit für die Dinge der Welt

Wahrnehmung ist eingebunden in Antizipationen, die in der Reflexion über den wahrgenommenen Gegenstand bewusst werden. Jedes Objekt hat seine Unbekanntheit, seine Fremdheit, das es der Aufmerksamkeit des wahrnehmenden Ich zunächst entzieht. Dieser »Leerhorizont« (Hua. XI,11) besitzt Appellcharakter, den das Bewusstsein in Interesse für das Nichtwahrgenommene umsetzt, denn der Erscheinungscharakter des Objekts enthält »mehr«: sein »plus ultra«, wie *Husserl* formuliert, als das Selbstverständliche, Bekannte. Jedes Ding verweist auf das

Nichtgesehene und Unbestimmte, das es zu entdecken und *neu* zu sehen gilt. »Mit anderen Worten, alles eigentlich Erscheinende ist nur dadurch Dingerscheinendes, dass es umflochten und durchsetzt ist von einem intentionalen Leerhorizont, dass es umgeben ist von einem Hof erscheinungsmäßiger Leere. Es ist eine Leere, die nicht ein Nichts ist, sondern eine auszufüllende Leere, es ist eine bestimmbare Unbestimmtheit« (Hua. XI,6). Aber nicht nur das Unbekannte trägt diese »Leervorweise« (Hua. XI,6), auch das Bekannte kann neu gesehen werden, wenn man seine räumliche Stellung zu ihm ändert, oder es durch unterschiedliche leib-sinnliche Wahrnehmungen führt. So wahrnehmen zu können – oder zu lernen! – setzt voraus, dass man sich von der Vorstellung befreit, alles Objekthafte sei in seiner Totalität bereits bekannt. Vermittelnd zwischen den Dingen und dem Bewusstsein, das sie wahrnimmt, stehen die Erscheinungen. Von ihnen greift das Bewusstsein nur Partialbereiche auf, die vom Charakter des Bleibenden umgeben werden. Das Erfassen einer Gesamtheit ist Illusion; das Angewiesensein auf den Verweischarakter des Objekts ist seine Realität.[464] Damit tritt die Phänomenologie der Gefahr einer absolut verstandenen Objektivierung, dem »objektivistischen Bann«[465], entgegen, um die Aufmerksamkeit auf die Dinge, wie sie in die Erscheinung treten, zu richten. Welche Konsequenzen lassen sich daraus für die Pädagogik ableiten?-

7.1.2 Aufmerksamkeit im phänomenologisch orientierten Unterricht

Erziehungspraktisch liegen hier noch zu erschließende Möglichkeiten für Motivation und Aufmerksamkeitsweckung im Unterrichtsgeschehen vor, denn im Gegensatz zu einem Lernverständnis, dem es auf Beherrschung und souveräne Verfügbarkeit über einen Inhalt ankommt, setzt das Lernverständnis der Phänomenologie im Sinne *Horst Rumpf*s auf die Aktivierung von Bewusstseinsakten, mit denen dem funktional Geordneten das Ungeordnete, dem Gewohnten das Ungewohnte und dem Vertrauten das Befremdliche vorgehalten wird. Existenz und Lernen sind so aufeinander bezogen, dass die Aufmerksamkeit für das Willkürliche und Zufällige des Daseins das Subjekt vor der allzu schnellen Übernahme »objektiver« Ergebnisse schützt. So verstandenes Lernen richtet die Aufmerksamkeit folglich besonders auf diejenigen Adressaten, die sich noch auf dem Weg in die Kultur befinden: Kinder, Laien, Anfänger, Fremde. Zu ihnen gehört eine Form von Lebendigkeit, die noch den Blick frei hat für das Befremdliche der Wirklichkeit. Fehler und Schwächen sind vor diesem Hintergrund nicht als intellektuell-instrumentelle Mängel zu betrachten, sondern als Resultate von Erfahrun-

---

[464] Vgl. *Horst Rumpf*, Die Fruchtbarkeit der phänomenologischen Aufmerksamkeit für Erziehungsforschung und Erziehungspraxis; in: *Max Herzog/Carl F. Graumann* (Hg.), Sinn und Erfahrung, Phänomenologische Methoden in den Humanwissenschaften, Heidelberg 1991, S. 313–316.
[465] Ebd., S. 316.

gen, die mit Brüchen und Unbekanntheiten behaftet sind. Also muss Lernentwicklungen so Rechnung getragen werden, dass über ihrer kognitiven Seite die Sinnlichkeit von Irritationen gleichermaßen Beachtung findet.

Im institutionellen Rahmen der Schule gilt die Aufmerksamkeit somit besonders den subjektiven Prozessen und Leistungen, mit denen die Individuen sich der Welt nähern und sie ordnen. Dem Expertenwissen, das von seiner rezeptiven Akzeptanz lebt, stehen solche Lernprozesse gegenüber, die in subjektiven Vermutungen, Hoffnungen und Fraglichkeiten, ambivalentes Leben beschreiben. In der phänomenologischen Reflexion richtet sich der Lernprozess auf die subjektiven Zugänge zur Lebenswelt als Gegenkraft zu einer Objektivierung, die in Gefahr steht, eine Atmosphäre der Gleichgültigkeit gegenüber dieser Welt, in der bereits alles bekannt und geordnet ist, zu stimulieren. Das Lernverständnis der Phänomenologie ist von daher gerichtet auf das Anliegen der »Entselbstverständlichung«[466]. Hinter diesem recht holprigen Begriff verbirgt sich das eigentliche pädagogische Programm der Phänomenologie. Es bezeichnet – um in den Worten von *Bernhard Waldenfels* zu sprechen – das Verfahren der »imaginativen Variation« oder des »freien Umphantasierens«.[467] Als angewandte Methode stellt es das Ungeregelte und Unordentliche den normierten Unterrichtsverfahren gegenüber. Das, was funktional eingeordnet ist, woran wir uns gewöhnt haben, soll erschüttert werden. Wissen, das sich im Rahmen dieses Vorgehens gegen Sicherheits- und Souveränitätsgewissheiten wendet, problematisiert angeblich Selbstverständliches. *Husserls Krisis*-Werk[468] beschäftigt sich mit der ›Entselbstverständlichung‹ als Reaktion auf die Denk- und Erkenntnisformen der Naturwissenschaften, deren technische Anwendung in der Lebenswelt das selbstverständlich Gegebene als Bewusstseins- und Verhaltensnorm ausmacht und so zu Wahrnehmungserstarrungen führt. Was lässt sich dagegen tun? – Selbstverständliches muss in Frage gestellt werden, die »Zertrümmerung der Sicherheit des Bescheidwissens – ... setzt ungeahnte Kräfte des Fahndens nach anderen, neuen, unbekannten Zusammenhängen frei, im Gespräch mit Einwänden, Ideen, Umwegen – bei dem jede Äußerung erlaubt ist und geprüft wird«.[469] Im Sinne einer sich aus diesem Lernverständnis ableitenden »subjektsensiblen Didaktik«[470] wird der Schüler angeleitet, das Zutageliegende zu hinterfragen und nach neuen Sicherheiten zu suchen. Bekannte Inhalte werden in neuen, verfremdenden Zusammenhängen betrachtet. Die didaktischen Schritte verlaufen dann vom Scheinbekannten über das Unbekannte ins Neubekannte. In phänomenologisch angeleiteter Wahrnehmung von Lernsi-

---

[466] Ebd., S. 318.
[467] *Bernhard Waldenfels*, In den Netzen der Lebenswelt, a.a.O., S. 53.
[468] *Edmund Husserl*, Die Krisis der europäischen Wissenschaften und die transzendentale Phänomenologie. Eine Einleitung in die phänomenologische Philosophie, hg., eingel. und mit Registern versehen von *Elisabeth Ströker*, Hamburg 1982; s. bes. § 9, S. 22–65.
[469] *Horst Rumpf*, Die Fruchtbarkeit der phänomenologischen Aufmerksamkeit für Erziehungsforschung und Erziehungspraxis, a.a.O., S. 320.
[470] Ebd., S. 321.

tuationen geht es nicht um die Beherrschung der Dinge und Inhalte, nicht um normierbare Verläufe, sondern um Abweichungen, die es auch im angeblich Offensichtlichen und Allbekannten gibt.

Auf diese vermeintlichen Selbstverständlichkeiten richtet sich die Aufmerksamkeit, um die Illusion zu durchbrechen, dass man das Alltägliche bereits kenne. Lernen findet nicht in abstrakten Zusammenhängen statt, sondern im Vollzug des genauen Hinschauens und Beschreibens derjenigen Erscheinungen, die sich den Sinnen mitteilen. Das ist es, »was passiert, wenn Menschen zu spüren bekommen, dass sie nur zu kennen *glaubten*. Sie verlieren die Souveränität, sie schauen hin, sie denken nach. Phänomenologisch ausgedrückt – sie werden auf die Erscheinung aufmerksam als auf einen Niederschlag ihrer eigenen Sinnes- und Bewusstseinsleistungen«.[471]

Auf diese Weise nimmt die Phänomenologie Anfänger-Weltbilder ernst. Nicht die Orientierung an wissenschaftlich verbürgten Richtigkeiten und von rationalen Erkenntnissen abgesicherten Wahrheiten stehen im Vordergrund, sondern die Erscheinungen, wie sie sich dem Subjekt als Sache mitteilen, füllen das Zentrum der pädagogischen Wahrnehmungen. Der Verwirklichung der sinnlichen Vollzüge und der leiblichen Welteinbindung gehört die Aufmerksamkeit vor den kognitiven Operationen. Wirklichkeit ist also primär leiblich-affektive Realität. Um diese Sinnlichkeit erfahrbar zu machen, wird das Gespräch über die affektiven Wahrnehmungen als Beschreibungsmodus sowohl des zu erklärenden Objekts als auch der subjektiven Empfindungen bedeutsam. In Abgrenzung zur physikalistischen Widergabe der Dinge ermöglicht ein affektiv-beschreibender Zugang zur Welt auch die Öffnung zum Denken und Wahrnehmen von Kulturen, denen der abstrakt-rationalistische Lebensbezug fremd ist.

Phänomenologisch verstandene Sinnbildungsprozesse gehen von der selbstkonstruierten Wirklichkeitswahrnehmung des Individuums aus, mit der das Altvertraute, Offensichtliche, irritiert und aus seinen bekannten Zuordnungen gelöst wird. An dieser Stelle kann vorerst nur summarisch auf Möglichkeiten verwiesen werden, mit denen dieses Herausnehmen aus den gewohnten Deutungsmustern methodisch gelingen kann. Aufmerksamkeit wird erweckt durch: Fragmentierung und Kontextentzug, Variierung der Perspektiven, Transformierung in ein anderes Medium, Umakzentuierungen der Bedeutungsdimensionen. Wahrnehmungsaufrauhung wird erreicht durch Widersprüche und Brüche, Neukomposition und Interlinearversionen, um unkonventionelle Gedanken im Subjekt unter Verzicht auf »technische Durchsetzung von Lernprozessen«[472] zum Tragen zu bringen. Wie kann nun das phänomenologische Verständnis von Wahrnehmung zum didaktischen Prinzip des Unterrichts werden?-

---

[471]   Ebd., S. 323.
[472]   Ebd., S. 328.

7.2 Wahrnehmung als phänomenologisch-didaktisches Prinzip

7.2.1 Wahrnehmung und Subjekt

Nur leiblich können die empathischen Bereiche des Erlebens und Erleidens, der Sehnsucht und des Schmerzes in einem Sinne zur Entfaltung kommen, mit dem sie »Erfahrungen von Brüchigkeit, gesellschaftliche Bedingungen von Lebenschancen, unabgegoltene Hoffnung in Sehnsucht und Grenzerfahrungen [sowie] im Schmerz Räume und Orte aufgegebener und bedrohter Subjektwerdung markieren.«[473] Religion kann an diesen Stellen zum Begleiter des Subjekts generieren, für das sie im praktischen Vollzug Handlungsperspektiven zu seiner Konstituierung entwirft. Ernstzunehmen ist dabei besonders das Fragmentarische in der Biographie von Subjekten, weil es auf Erfahrungen verweist, die nicht verfügend wahrzunehmen und zu kontrollieren sind. Gegen die Fixierung auf das Faktische setzt die Sprache des Glaubens die Fiktionalität und die Imagination, so dass eine empathisch ausgerichtete religiöse Wahrnehmung zu Weltabstand und Weltdistanz führt, indem sie den Alltag transzendierend unterbricht »und auf Gewinnung von Freiräumen zum Einspielen neuer Wirklichkeit«[474] in der Lebenswelt der Menschen ausgerichtet ist. Subjektorientierte Erfahrungen im Rahmen einer gelebten Religiosität und Wirklichkeit wahrzunehmen, heißt somit Erfahrungen als Begegnungsweisen zu verstehen, die mit Störungen des Selbstverständlichen und Regelhaften, des Eindeutigen und Gesicherten, rechnen. Die Wahrnehmung der Existenz aus dieser erweiterten Perspektive öffnet den Blick für die Fragilität und Labilität der Lebensvollzüge im Alltagsgeschehen. Als kritisch-produktiver Gestus gegenüber kirchlich-theologischen und pädagogisch-instrumentellen Normierungen erweist sich von daher ein Wahrnehmungsverständnis von Wirklichkeit als tragend, das sich aus der Lebenswelt der Subjekte entwirft. Wahrnehmung von existenziellen Bedürfnissen geschieht hier nicht allein aus dem Blickwinkel desjenigen, der schon alles weiß, sondern vielmehr aus der Perspektive »des Hörenden, Suchenden und Fragenden.«[475] Damit verhält sich das Subjekt nicht mehr rein rezeptiv-wahrnehmend, sondern es setzt sich einer Wirklichkeit aus, die nicht einfach die Widerspiegelung des Faktischen und Routinierten ist, so dass Wahrnehmung zur schöpferischen Auseinandersetzung mit dem Befremdlichen, Unerwarteten und Abgründigen eines Alltags gerät, in dem Objektivität brüchig geworden ist. Richtet sich Wahrnehmung auf lebensweltliche Vollzüge menschlichen Da-

---

[473] *Wolf-Eckart Failing/Hans-Günter Heimbrock*, Gelebte Religion wahrnehmen. Auf dem Wege zu einer methodologischen Neuorientierung Praktischer Theologie; in: *Bernd Beuscher/Harald Schroeter/Rolf Sistermann* (Hg.), Prozesse postmoderner Wahrnehmung: Kunst – Religion – Pädagogik, Wien 1996, S. 163f.
[474] Ebd., S. 167.
[475] Ebd., S. 171.

seins, dann zerfällt die Absolutsetzung der verfügenden Vernunft in eine »multiple Rationalität«,[476] denn »zweckrationales Verhalten und dessen vernünftige Begründung stellen keineswegs den einzig plausiblen Verhaltensmodus dar.«[477] Die andere Seite dieses Verhaltens, wie sie phänomenologisch zu bestimmen ist, versteht Wahrnehmung als schöpferische Reaktion und Antwort auf das Subjekt, denn es geht ihr darum, handelnd sich dem Anderen auszusetzen und so zu seiner Vergewisserung beizutragen und ihn verstehen zu lernen.

7.2.1.1 Wahrnehmung und Lebenswelt

Den Anderen verstehen zu lernen meint, flexibel auf seine vielfältigen Verhaltens- und Erlebensformen einzugehen, die er an ganz unterschiedlichen Orten und in diversen Räumen lebt. Die Existenz des Subjekts geschieht in gelebten Relationierungen an Orten seiner alltäglichen Lebenswelt, in der Bezüge sowohl zur Sinnbildung als auch zum Sinnlosen, sowohl zum Ordentlichen, aber auch zum Unordentlichen, wie zum Eigenen so auch zum Fremden, Kontingenzen und Krisen wahrnehmbar und erfahrbar machen. So wird der Alltag der Routinen und fixierten Rationalität überstiegen auf neue kreatürliche Möglichkeiten und Wirklichkeiten, die aus der Abweichung vom Selbstverständlichen erwachsen. Alltagskulturelle Phänomene entfalten in der Lebenswelt ihre subjektorientierten Relativierungen als Überschreitung normierter Fest-Stellungen, als einen Prozess von Transzendierung in der Immanenz. Wahrnehmung, die ihren Blick auf den lebensweltlichen Alltag richtet und damit nicht auf die eindimensionale Perspektive des Ansehens oder Zuhörens fixiert bleibt, vielmehr Wirklichkeit durch Fiktion anreichert, wird aufmerksam auf die Suchbewegungen des Subjekts. So generiert Wahrnehmung zu einem schöpferischen Prozess, in dessen Verlauf sich Wirklichkeit entschränkt, ohne deshalb rationale und diskursive Geltungsansprüche außer Kraft setzen zu wollen. Denn Wahrnehmung, die nicht rein rezeptiv verläuft, sondern »aktives Erfinden«[478] im Nahbereich praktiziert, hat responsorische Qualität, wenn sie die Wirklichkeit des Subjekts im Prozess der Imagination und Phantasie »mit anderen Augen« als Natur und Geist sieht und von daher auf den Lebensprozess des Anderen antwortet. Wahrnehmung geschieht hier vor einem Horizont, der nicht mehr von einer einheitlichen Vernunft, von formalisierter oder konstruierter Wirklichkeit ausgehen kann, sondern vielmehr von einer Wirklichkeit mit unabschließbaren, vieldeutigen und offenen Erfahrungsgehalten. Von daher ist hier für den Phänomenologen der Ort, »wo das, *woraufhin* die Wissenschaften antworten, noch nicht durch methodisch gewonnene Konstruktionen absorbiert und die Differenz zwischen dem, *was* wir erfahren, und der Art, *wie* wir

---

[476] Ebd., S. 173.
[477] Ebd., S. 175.
[478] *Wolf-Eckart Failing/Hans-Günter Heimbrock*, Gelebte Religion wahrnehmen: Lebenswelt – Alltagskultur – Religionspraxis, a.a.O., S. 285.

es verarbeiten, noch nicht durch Regelapparate aufgeschluckt ist.«[479] In dieses Regelwerk greift der Phänomenologe störend und mit verfremdend-schrägem Blick ein, um auf Formalismus und Konstruktivismus orientierte Wirklichkeit zu durchbrechen.

7.2.1.2 Wahrnehmung von Wirklichkeit als Fiktion

Es ist die Wahrnehmung von Wirklichkeit in Zusammenhängen des Alltags, die auf die kreative Pluralität und Diversität des Lebens weist, da sie sich hier von regelhaften und empirischen Verfügungen über das real Gegebene lösen kann. Eine »Perspektiverweiterung des Wirklichkeitshorizontes«[480] ereignet sich unter Bezug auf die gegenwärtige Situation von Menschen nur dann, wenn das Wahrnehmungsfeld eine Wirklichkeit erschließt, in der Störungen und Krisen nicht übersehen werden. So ist es vermeidbar, dass der Andere in die Perspektive einer funktionalen Wahrnehmung gerät, aus der heraus er zum verobjektivierten Gegenüber, zum beherrschten und unterworfenen Anderen wird. Um befreiende Wahrnehmung handelt es sich hingegen, wenn es gelingt, das Unvorhergesehene und Regellose als »produktive Unterbrechung«[481] aufzufassen, mit der die Subjekthaltigkeit des Anderen als die Möglichkeit zu seiner Veränderung gewahrt bleibt. Geht Wahrnehmung zur machbaren und funktionalen Wirklichkeit auf Distanz, dann kommt neue Aufmerksamkeit für alltagskulturelle Phänomene ins Spiel, mit der die reine Faktizität des Alltags auf Krisen, Brüche, Schwellenerfahrungen und Grenzen hin durchbrochen und überschritten wird. Kreative Wahrnehmung von Realität ist demgemäß auf eine Wirklichkeit gerichtet, die ihre befreiende, lebensstiftende Kraft in der Lebenspraxis, also jenseits von materiellen Fakten, planenden Problemlösungsstrategien und regelhaft normierten Vorgängen entfaltet. Wirklichkeit kann so ihre variablen Gestalten und Ordnungsstrukturen erweisen, weil der entstandene Freiraum die Möglichkeit zum imaginativ-fiktiven »Umfingieren der erfahrenen Wirklichkeit«[482] eröffnet. Unter der Verschränkung von Realem und Fiktiven verwandelt die Realität ihre wirklichen Ordnungen hin auf Ordnungen möglicher neuer, utopisch-transzendierender Sichtweisen der Welt und der in ihr herrschenden Zustände, denn »dem sog. Wirklichen sind fiktive Momente beigemengt – das Fiktive ist selber wirklichkeitsträchtig«[483], und damit erweist sich das Produktive der Fiktion gerade darin, an der »Umstrukturierung«[484]

---

[479] *Bernhard Waldenfels*, Phänomenologie unter eidetischen, transzendentalen und strukturalen Gesichtspunkten; in: *Max Herzog/Carl F. Graumann* (Hg.), Sinn und Erfahrung: Phänomenologische Methoden in den Humanwissenschaften, Heidelberg 1991, S. 83.
[480] *Wolf-Eckart Failing /Hans-Günter Heimbrock*, Gelebte Religion wahrnehmen, a.a.O., S. 24.
[481] Ebd., S. 25.
[482] *Bernhard Waldenfels*, In den Netzen der Lebenswelt, a.a.O., S. 229.
[483] Ebd., S. 231.
[484] Ebd., S. 233.

bestehender Ordnungen mitzuwirken, und so »diese Welt als andere«[485] zu erschließen, aus der heraus neue Sinnzusammenhänge identitätsbildend für das Subjekt erwachsen.

7.2.1.3 Existenz als Beziehung zwischen Wahrnehmung und Leib

Aus dieser transzendierenden Blickrichtung wird deutlich, dass Wirklichkeit weder konstruiert noch konstituiert werden kann, weil die Welt und deren Wirklichkeit keinem unwiderruflichen Urteil unterliegen, denn »Wahrnehmung ist nicht Wissenschaft von der Welt, ist nicht einmal ein Akt, wohlerwogene Stellungnahme, doch ist sie der Untergrund, von dem überhaupt erst Akte sich abzuheben vermögen und den sie beständig voraussetzen. Die Welt ist kein Gegenstand, dessen Konstitutionsgesetz sich zum voraus in meinem Besitz befände, jedoch das natürliche Feld und Milieu all meines Denkens und aller ausdrücklichen Wahrnehmung,«[486] wobei mein Wahrnehmungsfeld erfüllt ist von den unterschiedlichsten Weisen sinnlich-anschaulicher Erlebnisse, denn »die Welt ist nicht, was ich denke, sondern das, was ich lebe, ich bin offen zur Welt, unzweifelhaft kommuniziere ich mit ihr, doch sie ist nicht mein Besitz, sie ist unausschöpfbar.«[487] Wahrnehmung der Weltwirklichkeit geschieht »in statu nascendi«,[488] wobei unser Leib die »Ausdruckseinheit«[489] ist für die Erfahrungen mit der Welt. Insofern wir also die Welt leibhaft erschließen, treten wir in ein neues Verhältnis zu unserem Leib und zur Welt ein, »da der Leib, mit dem wir wahrnehmen, gleichsam ein natürliches Ich und selbst das Subjekt der Wahrnehmung ist.«[490]

Wahrnehmung ist von daher als »Urmodus der *sinnlichen Anschauung*«[491] zu verstehen, mithin als Grundlage aller theoretischen Handlungen, als Basis, von der aus sich der Mensch auf den wahrgenommenen Gegenstand bezieht. Es ist der Akt der Intentionalität, mit dem der Wahrnehmende in seiner Art und Weise auf das wahrgenommene Andere Bezug nimmt und das Wahrgenommene für ihn da ist. Das Wahrgenommene wird in einem bestimmtem Sinn aufgefasst, es ist »etwas als etwas«[492], etwas, worauf ich mich beziehe, mich berufe. Unser Wahrnehmen spielt sich also nicht punktuell ab, sondern vollzieht sich in zeitlichen und räumlichen Horizonten; es sind »Horizonte des Mitgegebenen und Gebbaren«,[493]

---

[485]   Ebd.
[486]   *Maurice Merleau-Ponty*, Phänomenologie der Wahrnehmung, a.a.O., S. 7.
[487]   Ebd., S. 14.
[488]   Ebd., S. 18.
[489]   Ebd., S. 242.
[490]   Ebd., S. 243.
[491]   Vgl. *Bernhard Waldenfels*, Stichwort: ›Wahrnehmung‹; in: Handbuch Philosophischer Grundbegriffe, Band III, München 1974, S. 1670.
[492]   Ebd., S. 1671.
[493]   Ebd., S. 1673.

»Abschattungen« und »Ränder«, die ein »Wahrnehmungsfeld« bilden.[494] In diesem
Feld sind Erfahrungen und Prozesse möglich, die Räume öffnen »für eine Wahrnehmung, die nicht bloß mechanisch abrollt oder Winke des Geistes ausführt,
sondern von sich aus Neuartiges anbietet.«[495] In dieser Freiheit ist die Wirklichkeit
der Welt für den Menschen leibhaftig gegeben, denn »die Vorgegebenheit der
Welt hat nämlich ihr Korrelat in der leiblichen Selbstvorgegebenheit des Ich; sie
ist nie ganz fertig, weil wir als leibliche Wesen nie ganz mit uns fertig sind.«[496]
Und das schon allein deswegen, weil das persönliche Wahrnehmungsfeld leibhaft
situiert ist und ich durch meinen Blick auch dem Blick des Anderen ausgesetzt
bin.

Objektives Denken erschließt hingegen lediglich Teilstücke der Welt, das den
Leib des Anderen zum bloßen Gegenstand des denkenden Bewusstseins macht.
Erfahrungen mit dem Anderen stellen so einzig »gedachte objektive Korrelatio-
nen«[497] dar. In diesem Erfahrungssystem bleibt Bewusstsein selbstbezogen am Subjekt verhaftet, da Begegnungen mit einem anderen Bewusstsein nicht möglich
sind. Im objektiven Denken, also dem Erfahrungssystem mathematisch-physikali-
scher Objektivationen, ist kein Platz für Andere. Dass jedoch Leib und Welt, Leib
und Andere miteinander koexistieren, wird durch ein Erfahrungssystem ermöglicht, in dem »mein Leib Bewegung auf die Welt zu ist und die Welt der Stütz-
punkt meines Leibes.«[498] Es geht demnach um menschliche Erfahrungen, die ihre
Ausdrucksmittel über das Verhalten sichtbarer Leiber finden, »und eben daher
vermag es für mich den Blick eines Anderen zu geben, kann jenes Ausdrucksmittel, das wir ein Gesicht nennen, Träger einer Existenz sein, so wie meine eigene
Existenz getragen ist von dem Erkenntniswerkzeug, das mein Leib ist.«[499] Evident
wird der Andere, wenn weder sein noch mein Leib auf Objekte des Wahrneh-
mungsfeldes reduziert erscheinen, sondern eine exzentrische Perspektive in das
Feld des Anderen einzeichnen. Denn »in Wahrheit ist der Andere nie in meinen
perspektivischen Ausblick auf die Welt eingeschlossen, weil diese meine Perspektive selbst keine bestimmten Grenzen hat, vielmehr spontan in die des Anderen
hinübergleitet und beide gemeinsam in einer einzigen Welt versammelt sind, an
der wir alle als anonyme Subjekte des Wahrnehmens teilhaben.«[500] Das fremde,
anonyme Subjekt, tritt durch die Vergegenwärtigung seines Leibes in meine Ei-
genheitssphäre. Im Prozess dieser Mitwahrnehmung gehen der fremde und mein
eigener Leib eine assoziierende Funktionsgemeinschaft ein, denn »dieser meiner
Sphäre zugehörige Naturkörper dort appräsentiert vermöge der paarenden Assozi-
ation mit meinem körperlichen Leib und dem psychophysisch darin waltenden

---

[494]   Vgl. ebd., S. 1673.
[495]   Ebd., S. 1674.
[496]   Ebd., S. 1675.
[497]   Vgl. *Maurice Merleau-Ponty*, Phänomenologie der Wahrnehmung, a.a.O., S. 400.
[498]   Ebd., S. 401.
[499]   Ebd., S. 403.
[500]   Ebd., S. 404.

Ich in meiner primordial konstituierten Natur das andere Ich.«[501] Leib-, Fremd-
und Selbsterfahrung treten mithin in Koexistenz, wenn sich die Realitäten des
fremden und eigenen Ich in einer gemeinsamen Zeit vergegenwärtigen und so
eine gemeinsame Welt formieren.

7.3 Die Spur des Anderen: Wahrnehmung, Lernen und Bildung im Religionsunterricht

Im Religionsunterricht ist es grundlegend, dass Lernprozesse nicht primär auf die
Vermittlung bestimmter Stoffmengen ausgerichtet sind, sondern dass sie ihre
Themen aus den Erfahrungen, Wünschen, Ängsten und Konflikten der Schüler
ableiten. Im Sinne gelebter Religiosität verankert sich demnach der Lernprozess in
der Wahrnehmung ihrer lebensweltlichen Herkunftsgeschichte. Somit kann der
Gefahr widerstanden werden, durch vorab geplante und organisierte Zielsetzungen, über subjekthaltige Lebensprozesse bemächtigend zu verfügen. Denn Schü-
lerinteressen und Aufmerksamkeitsbereitschaft erkenntnisbildend zu motivieren,
heißt vielmehr, die Lebenspraxis von Schülern im Kontext alltagskultureller Erfahrungen wahrzunehmen, ohne dabei pädagogisch kolonialisierend auf die Jugendlichen einzuwirken. Es ist von daher die Wahrnehmungsaufgabe des phänomenologisch orientierten Unterrichts, eine Lebenspraxis zu fördern, die nicht allein den
Gesetzen der Scheinobjektivität folgt. Vielmehr geht es um Lernprozesse, die zur
»Umstrukturierung«[502] von Erfahrungen führen und deren Neugestaltung ermöglichen. Es ist demgemäss religionspädagogisch relevant, nach Wegen zu suchen, auf
denen umstrukturierende Erfahrungen es ermöglichen, Ichfixierungen zu überschreiten und das Fremde von Dingen und das Fremde des anderen Menschen als
Bereicherung wahrzunehmen. Wirklichkeit sinnhaft zu erschließen heißt dann,
die Aufmerksamkeit für das Geheimnis dessen, was im Anderen verborgen ist, zu
schärfen. Der Weg zu ihm geschieht damit in der Weise einer Differenz, da die
Identifikation mit ihm sein Anderssein zunichte machte. Von daher gilt vielmehr:
»Der Andere muss, wenn er als Anderer angenommen werden soll, unabhängig
von seinen Eigenschaften angenommen werden.«[503] Gerade in der Differenz zum
Anderen können Nähe und Verantwortung praktisch werden, weil sie das »Andere–im–Selben«[504] nicht nivellieren, sondern sich produktiv davon beunruhigen

[501] *Edmund Husserl*, Cartesianische Meditationen (§55); herausgegeben, eingeleitet und mit Registern versehen von *Elisabeth Ströker*, Hamburg ³1995, S. 126.

[502] *Dietrich Zilleßen*, Religionspädagogische Lernwege der Wahrnehmung; in: *Dietrich Zille-
ßen/Stefan Alkier* (Hg.), Praktisch-theologische Hermeneutik: Ansätze – Anregungen – Aufgaben,
Rheinbach-Merzbach 1991, S. 59.

[503] *Emmanuel Lévinas*, Wenn Gott ins Denken einfällt. Diskurse über die Betroffenheit von
Transzendenz, Freiburg/München 1988, S. 97.

[504] Ebd., S. 98.

lassen, denn die Beunruhigung des Selben durch das Andere ist »eben das Begehren, das seinerseits Sache ist, Frage ist, Warten ist: Geduld und Länge der Zeit sowie der eigentliche Modus des Überschusses und der Überfülle.«[505]

7.3.1 Der Andere: Antlitz und Transzendenz

In der Beziehung zum Anderen, die sich aus der Differenz entwirft, erwächst somit eine ethische Wahrnehmung, die das Bisherige, das Gewohnte, transzendiert, weil sie mein Bewusstsein und Handeln vor das Angesicht des anderen Menschen stellt. »So bedeutet die Anwesenheit des Antlitzes eine nicht abzulehnende Anordnung, ein Gebot, das die Verfügungsgewalt des Bewusstseins einschränkt. Das Bewusstsein wird durch das Antlitz in Frage gestellt. Diese Infragestellung läuft nicht auf das Bewusstsein dieser Infragestellung hinaus. Das absolut Andere spiegelt sich nicht im Bewusstsein. Es widersteht dem Bewusstsein so sehr, dass nicht einmal sein Widerstand sich in Bewusstseinsinhalt verwandelt. Die Heimsuchung besteht darin, sogar die Ichbezogenheit des Ich umzustürzen, das Antlitz entwaffnet die Intentionalität, die es anzielt.«[506] Die sinnlichen, ästhetischen Anteile im Verhalten zur Welt, entschränken also die rationale Perspektive hin auf die Wahrnehmung des Anderen, dessen Gegenwart und Zukünftigkeit.

7.3.1.1 Bildung als Wahrnehmung des Anderen

Wenn demgemäß die Wahrnehmung des Anderen im Rahmen bildungstheoretischer Reflexion und erziehungspraktischer Handlungsfelder zur Realisierung kommen soll, geschieht dies vor dem Hintergrund einer gesellschaftlichen Situation, in der unübersehbare Tendenzen von Fremdenfeindlichkeit erneut Raum greifen. Von daher ergeht an schulische Erziehung und Bildung die Forderung, in einen interkulturellen Dialog einzutreten, in dem »die Wahrnehmung des anderen in seiner Andersheit und die Wahrnehmung anderer Kulturen im Dialog zur Grundstruktur des klassischen Bildungsbegriffs gehören.«[507] In diesem Prozess wird es verstärkt darum gehen müssen, die Kulturfähigkeit des Individuums als Befähigung zur Wahrnehmung von Lebensformen und der Verantwortung für die gemeinsame Welt, die dialogisch-intersubjektive Anerkennung gegenseitiger Achtung und Freiheit sowie das Bewusstsein für Sprache als Weg des Verstehens zu entwickeln. Dabei ist der andere, fremde Mensch im Verlauf dieses Erzie-

---

[505] Ebd., S. 99.
[506] *Emmanuel Lévinas*, Die Spur des Anderen: Untersuchungen zur Phänomenologie und Sozialphilosophie, Freiburg/München 1992, S. 223.
[507] *Helmut Peukert*, Bildung als Wahrnehmung des Anderen: Der Dialog im Bildungsdenken der Moderne; in: *Ingrid Lohmann/Wolfram Weiße* (Hg.), Dialog zwischen den Kulturen: Erziehungshistorische und religionspädagogische Gesichtspunkte interkultureller Bildung, Münster/New York 1994, S. 2.

hungshandelns niemals bloßes Mittel, sondern immer Zweck und Ziel der Handlungsgrundsätze, so dass kulturelle Bildung hier bedeuten kann, im Umgang mit dem Fremden die Grundlagen für eine humane Kultur zu schaffen. Auf interkulturelle Erziehungsmaximen angelegtes Handeln versteht sich dann als Prozess des Umlernens, wenn der Umgang mit der Wirklichkeit nicht mehr auf Formen von Macht und Gewalt, und der Bezug zu anderen, fremden Menschen nicht den Charakter berechnender, objekthafter Entwürfe und Zugriffe trägt. Denn die Anerkennung des Anderen erweist sich in der Anerkennung seiner Differenz, mit der er meinen alltäglichen Horizont, meinen Gesichtskreis durchbricht. Es ist das »Antlitz« des Anderen, mit dem er seinen Anspruch mir gegenüber ausdrückt und mit dem er »meine Konstruktionen der Wirklichkeit und meines Selbst [durchschlägt].«[508] Die Verantwortung, die von diesem Anspruch ausgeht, macht den Menschen erst zum Subjekt und Handlungsträger für eine gerechte, demokratische Gesellschaft. Interkulturelle Bildung ist in dieser Gesellschaft ausgerichtet auf die Befähigung zur Anerkennung des Anderen, die Entfaltung und Achtung von Verschiedenheit, die Akzeptanz von Differenz und die dialogische Auseinandersetzung als eine Konzeption von Bildung, »die Bildungsprozesse als sich radikalisierende Prozesse der Wahrnehmung und Anerkennung anderer und der produktiven Verarbeitung von kultureller Differenz versteht.«[509] Besonders im Umgang mit dem Fremden ist es pädagogisch bedeutsam, Lernschritte so zu vollziehen, dass das Fremde im Gewohnten, ja sogar im eigenen Selbst wahrgenommen und erkannt wird, als auch dem Fremden die Fremdheit zu belassen. Begegnungen und Auseinandersetzungen mit dem Fremden sind dann fruchtbar, wenn das Fremde der Stachel bleibt, der die eigene Aufmerksamkeit für das Fremde öffnet. Dies sollte im Rahmen eines interkulturellen Lernens so geschehen, dass ein »teilnehmendes Lernen«[510] auf die alltagsnahen Probleme z.B. von Muslimen eingeht. Ihre Herkunft, Lebensorientierungen, Glaubensformen und Empfindsamkeiten wahrzunehmen und nach Kooperationsformen mit ihnen zu suchen, wäre dann die zentrale Aufgabe von Lernprozessen in multikulturellen Zusammenhängen.

7.3.1.2 Bildung als Wahrnehmung des Fremden

Erziehungs- und Bildungshaltungen, die sinnlich-ästhetisch verlaufen, nehmen diese subjekthaltigen Existenzvollzüge ernst, indem sie aufmerksam machen auf das Fragmentarische und Unabgeschlossene alltäglicher Lebenspraxis, und sie begreifen Subjektwerdung auf dem Hintergrund sinnbildender Fähigkeiten, die sich im Kontext kreativ-fiktionaler Ein-Bildung entwerfen. So gestaltetes, »pathisches

---

[508] Ebd., S. 10.
[509] Ebd., S. 12.
[510] *Martin Jäggle*, Religionspädagogik im Kontext interkulturellen Lernens; in: *Ziebertz, Hans-Georg*, Bilanz der Religionspädagogik, a.a.O., S. 252.

Lernen«[511], überschreitet das faktisch Gegebene auf ein ästhetisches Bildungsverständnis hin, das Subjektwerdung als die Befähigung zur Wahrnehmung neuer Bilder von sich, dem Anderen und der Weltwirklichkeit begreift. Dazu gehört aus der Perspektive der pathischen Wahrnehmung ein Lernverständnis, das ein Betroffensein von Krisensituationen, von Leidenserfahrungen, zulässt und von daher der Operationalisierbarkeit produktorientierten Lernens kritisch gegenübersteht, zumal sich das Lernangebot »auf das Bekenntnis des Glaubens zu Gottes Leiden im Kreuz als für Menschen heilsames Leiden richtet.«[512]

Wird Subjektwerdung als das Zentrum einer ästhetischen Bildungsperspektive verstanden, so verwirklicht sich die Genese des Subjekts nach dieser Auffassung in Analogie zur Symbolhaltigkeit der ästhetischen Erfahrung, wie sie durch die Wahrnehmung des Kunstwerks zur Entfaltung kommt. Das heißt, Bildung ist als unabschließbarer Verstehensprozess, als produktive Irritation durch die Auseinandersetzung mit dem Fremden, als Unverfügbarkeit über das Personsein des Heranwachsenden, zu entwickeln. Diese Unverfügbarkeit, die unter der Wahrnehmung kultureller und religiöser Symbole geschieht, soll Freiheitsräumen und utopischen Potenzialen Ausdruck verleihen, in denen eigene und fremde menschliche Lebensformen und Kulturen Gestalt gewinnen können. Subjektwerdung unter religionspädagogischer Perspektive meint dann in der personalen Dimension, die nicht vereinnahmende Wahrnehmung und Begleitung der Heranwachsenden auf dem Weg zu ihrem Personsein und der interaktiven Entwicklung ihrer Ich-Identität; die Förderung der Sensibilität der Jugendlichen hinsichtlich der Wahrnehmung von gesellschaftlichen Widersprüchen wie Hunger, Ungerechtigkeit und Naturausbeutung auf der ethischen Ebene; die Befähigung zum kreativen Umgang mit biblischen Texten und der Entschlüsselung ihres Verheißungspotenzials auf der Ebene der theologischen Urteilsbildung sowie der Befähigung zur Wahrnehmung des Fremden und der Andersartigkeit des Anderen als Dimension des interreligiösen Lernens.[513] Wahrnehmungsfähigkeit, die vor diesem Hintergrund das didaktische Prinzip des Religionsunterrichts ausmacht, bedeutet für das *Lernverständnis*: »Es wird Abschied genommen vom ›Bescheidwissen‹ (*H. Rumpf*); Lernen verlangsamt und schärft den Blick; es umfasst Stutzen, Staunen, Entdecken, Imaginieren, Mitleiden, Deuten, Vergleichen, Urteilen; die Fähigkeit, Dinge aus verschiedenen Perspektiven zu gestalten und zu betrachten, die Wahrnehmung von Widersprüchen und Brüchen; – für die *Lehrerrolle* und für die Gestaltung von Lernprozessen: Lehrer-/innen verstehen sich selbst als Künstler, Regisseure, Mit-

---

[511] *Hans-Günter Heimbrock*, Gelebte Religion im Klassenzimmer? – In: *Wolf-Eckart Failing /Hans-Günter Heimbrock*, Gelebte Religion wahrnehmen: Lebenswelt – Alltagskultur – Religionspraxis, Stuttgart 1998, S. 253.

[512] *Hans-Günter Heimbrock*, Erfahrung des Leidens – Schule des Glaubens? – Plädoyer für ein pathisches Lernverständnis; in: *Hans-Günter Heimbrock*, Pastoraltheologie 76, 1987, S. 184.

[513] Vgl. *Peter Biehl*, Wahrnehmung und ästhetische Erfahrung: Zur Bedeutung ästhetischen Denkens für eine Religionspädagogik als Wahrnehmungslehre; in: *Albrecht Grözinger/Jürgen Lott* (Hg.), Gelebte Religion, Rheinbach-Merzbach 1997, S. 405–406.

spieler, Berater, die Lernprozesse nach dramaturgischen Gesichtspunkten inszenieren; – für die Auswahl von *Inhalten:* Die Heranwachsenden werden an der Wahrnehmung und Deutung von Alltagsreligion beteiligt, Materialien sind Songs, Graffiti, Video-Clips, Computerspiele, Comics, Werbesprüche. Sie erhalten die Möglichkeit zur kritischen Auseinandersetzung mit Alltagsmythen, -symbolen und -ritualen, aber auch die Möglichkeit, Neues zu entdecken, indem sie etwa in einem schöpferischen Umgang mit biblischen Texten Verheißungen wahrnehmen.«[514]

7.3.1.3 Wahrnehmung und Identität als Anliegen religionspädagogischer Bildung

Lernprozesse, die es mit kontinuierlichen Horizontwechseln, also variablen Perspektiven zwischen Subjekt, Gesellschaft und Kultur zu tun haben, können im Sinne von *Henning Luther*[515] ihr auf Identität gerichtetes Bildungsziel nicht als normativ-statisch-objektivistische, sondern nur als produktive Subjektivität, einlösen. »Bildung konnte daher nicht länger als Eingliederung in einen kulturellen Überlieferungszusammenhang oder eine dogmatisch vorgegebene Lebenswelt und nicht als bloße Weitergabe einer objektiv gültigen Tradition begriffen werden.«[516] Religionspädagogische Bildung ist vielmehr auf eine Identitätsentwicklung bezogen, die zwar den kontinuierlichen Prozess meint, in dessen Rahmen das Subjekt auf die Gesellschaft ausgerichtet ist, dessen Verlauf jedoch nicht der Vorstellung eines Konzepts folgt, mit dem das Individuum die Vollständigkeit und Einheitlichkeit seiner Persönlichkeit erreicht. Der Prozesscharakter der Identitätsformierung weist vielmehr das Fragmentarische jeglicher Ich-Entwicklung nach. Die Endlichkeit unseres Lebens und dessen Verlustgeschichten lassen es nicht zu, persönliche Entwicklungen allein als die Geschichte unseres Fortschritts zu betrachten. »Wir sind immer zugleich auch gleichsam Ruinen unserer Vergangenheit, Fragmente zerbrochener Hoffnungen, verronnener Lebenswünsche, verworfener Möglichkeiten, vertaner und verspielter Chancen. Wir sind Ruinen aufgrund unseres Versagens und unserer Schuld ebenso wie aufgrund zugefügter Verletzungen und erlittener und widerfahrener Verluste und Niederlagen. Dies ist der *Schmerz* des Fragments.«[517] Dieser Schmerz, der aus der Vergangenheit kommt, hält aber zugleich die Sehnsucht offen, das Trennende des Fragmentarischen, des Mangels und der Differenz zu einer gelingenden Lebensgestaltung hin zu überschreiten. Das kann allein in der Kommunikation mit anderen geschehen, ohne dadurch das Ideal einer vollständigen Ich-Identität garantieren zu können. »Da das Ich sich immer nur in der Interaktion mit anderen bestimmen kann, seine Identität also

---

[514]   Ebd., S. 408–409.
[515]   *Henning Luther*, Religion und Alltag: Bausteine zu einer praktischen Theologie des Subjekts, Stuttgart 1992.
[516]   Ebd., S. 162.
[517]   Ebd., S. 168f.

aus der Differenz zum Anderen meiner Selbst erwächst, provoziert *jede* mögliche Begegnung mit anderen die Selbsttranszendenz. Die Fülle der möglichen Begegnungen mit anderen ist aber prinzipiell unerschöpflich. Jede Begegnung mit anderen, die diesen als solchen ernst nimmt, muss zur erneuten Selbstrückfrage werden: »Wer bin ich?«[518] In der Reflexion dieser Frage wird bewusst, dass Ich-Identität auch Verlust, Unvollendetes und Differenz zum Mitmenschen bedeutet. Fragmentarische Identität ist jedoch im Vergleich zum Ideal der vollendeten Ichbildung keineswegs minderwertiger, da sie auf Trauer, Hoffnung und empathische Liebe nicht zu verzichten braucht.[519]

Der Stellenwert einer fragmentarischen Identität erweist ihre Bedeutsamkeit innerhalb der Religionspädagogik dahingehend, dass hier ein prinzipiell unabschließbares Bildungsverständnis zu entfalten ist. Die Wahrnehmung der religiösen Dimension von Bildung kann von daher innerhalb des Bildungsprozesses selbst Gestalt annehmen, wenn die Vollkommenheitsansprüche hinsichtlich der Anforderungen an Leistung und Erfolg an den Erfahrungen von Fragmentarität der Ich-Entwicklung von Schülern schulkritisch hinterfragt werden und sich durch das Potenzial lebensweltlich verorteter Religiosität biographisch deuten lassen.

7.3.1.4 *Wahrnehmung von Gestaltungskompetenz als Ziel religionspädagogischer Bildung*

Die Impulse zu diesen Veränderungen kommen aus der Lebensführung der Menschen, wie sie in der Praxis des Alltags anzutreffen ist. Die Lebenswelt der Menschen im Rahmen dieses Alltags weist bereits Ordnungen auf, die lange vor ihrer wissenschaftlichen Okkupierung bildende Funktionen ausüben. Es sind Erfahrungen, in denen das Potenzial einer Lebenskunst beheimatet ist, mit dem es möglich wird, durch »produktive Brechungen«[520] den Befremdlichkeiten und Entfremdungen dieses Alltags zu wehren, so dass seine Zugänglichkeit jeden Tag aufs Neue möglich bleibt. Bildende Erkenntnisse formieren sich demgemäß auf dem Weg vom Ungeordneten ins Geordnete, vom Unscharfen ins Geklärte, wobei es hier allerdings um Strukturen geht, für deren Linearität es keine Gewähr gibt. Denn unsere Wahrnehmungen sind polyvalent und von daher nicht auf die Aneignung von einheitlichen Beständen oder Gehalten an Erkenntnissen und Wissen ausgelegt. Die Bedeutung, die in der Aneignung von Wissen liegt, wie es aus der alltäglichen Lebenswelt der Menschen erwächst, – theologisch-pädagogisch ist hier an das Anliegen der Befreiungstheologie und der Feministischen Theologie sowie an Texte der Prophetie und Weisheitsliteratur zu denken – , kann nicht auf Verfü-

---

[518] Ebd., S. 169.
[519] Vgl. ebd., S. 170.
[520] *Wolf-Eckart Failing*, Bildung: Lebenshilfe statt Lebensdeutung; in: Religion heute, a.a.O., S. 6.

gungen über die Zukunft fixiert werden, sondern darauf, kommentierend Möglichkeiten für die Bewältigung und Gestaltung der Gegenwart zu entbergen, ans Licht zu bringen. Schulische Bildung ist von daher als ein Prozess zu verstehen, der beim Erschließen des gegenwärtigen Weltverständnisses Hilfestellung leistet. Bildung dabei als wahrnehmende Begleitung der Schüler aufzufassen, meint, sie zu befähigen, Intersubjektivität und Kommunikation in einer Weise zu praktizieren, dass ihnen Humanität, die Bedeutsamkeit von Orten, an denen sie sich aufhalten, und Formen des Umgangs mit anderen Menschen, in ihrer bildenden Bedeutsamkeit offensichtlich werden. Schulische Bildung muss von daher zu einem prozesshaften Kompetenzprofil gelangen, mit dem Wahrnehmungsfähigkeit, Kommunikationsfähigkeit und Gestaltungskompetenz zur Entwicklung kommen.[521] Unter der Zielsetzung, dass der Religionsunterricht an der Entfaltung der Ich-Stärke der Schüler mitwirkt, weist *Wolfram Kurz*[522] der religiösen Erziehung die Aufgabe zu, Angst- und Schuldgefühle, Inkompetenz- und Minderwertigkeitsgefühle zu verhindern, indem positive Erfahrungen wie »liebenswert zu sein«, »wertvoll zu sein«, »Schwierigkeiten meistern zu können« und die Gewissheit haben zu können, »geborgen zu sein« und von dem Gefühl getragen zu sein, dass »das Leben gut aus geht«,[523] gefördert werden. Christliche Erziehung ist von der »Ermutigung zum Leben«[524] getragen, indem sie dazu verhilft, »Angst vor Sinnlosigkeit, Schuldangst und Todesangst zu bewältigen.«[525] Dabei folgt sie einem Glaubensverständnis, das aus der theologischen Leitlinie der »Rechtfertigung des Menschen« hervorgeht: Im Zuspruch der Gnade befreit Gott den Menschen aus seiner Schuldverstricktheit und nimmt ihn an in aller Fragmentarität. Der Mensch ist also nicht darauf angewiesen, sich durch Arbeit und Leistung selbst zu erlösen, sondern die aus dem Glauben hervorgehende Tat ist darauf gerichtet, »die vielfältigen Nöte dieser Welt zu wenden zum Beispiel. Die vielfältigen Güter dieser Welt zu genießen zum Beispiel. Sich und andere zum Genuss zu befreien. Anderen und sich die Sinne zu öffnen für die Schönheit der Welt, den Geist der Welt, das Geheimnis der Welt. Und die aus Glauben geborene Tat unterlässt, was durch sie nicht möglich ist: nämlich Selbsterlösung.«[526] Hier schließt die zweite Leitlinie einer verantwortlichen Religionspädagogik an, die mit der »Gottesebenbildlichkeit« einen christlich-theologischen Bildungsbegriff vertritt, mit dem der Mensch dazu aufgerufen ist, die Welt, in der er lebt, zu bewahren. »Gottesebenbildlichkeit« heißt dann auch, die Menschen, die in den Verhältnissen der Welt leben, zu

[521]   Vgl. *Wolf-Eckart Failing*, a.a.O., S. 11.
[522]   *Wolfram Kurz*, Die Bedeutung religiöser Erziehung für die Entwicklung psychischer Gesundheit unter besonderer Berücksichtigung logotherapeutischer Aspekte; in: *Wolfram Kurz/Franz Sedlak* (Hg.), Kompendium der Logotherapie und Existenzanalyse: Bewährte Grundlagen–Neue Perspektiven, Tübingen 1995, S. 528–553.
[523]   Vgl. *Wolfram Kurz*, ebd., S. 536.
[524]   Ebd., S. 537.
[525]   Ebd., S. 538.
[526]   Ebd., S. 542.

ihrem Wesentlichen zu befreien, nämlich »wertvoll zu sein für sich und andere.«[527]
Aus religionspädagogischer Perspektive kommt hier die »spirituelle Orientie-
rung«[528] ins Spiel, die über die Kategorien der Meditation sowie der Arbeits- und
Liebesfähigkeit die Gewissheit von der Erfüllung des Lebens vermitteln: »Diese
Gewissheit bewirkt im Menschen Gelassenheit, verhindert Perfektionismus, ver-
mittelt Vertrauen und Hoffnung ins Leben, eröffnet eine letzte Geborgenheit.«[529]

7.3.1.5 Wahrnehmung und Glaube

Exzentrische, unabgeschlossene Wahrnehmung, die aus der Perspektive des Leibes
auf den Anderen bezogen ist, bewirkt einen Wirklichkeitsüberschuss in der Realität seines Alltags. Erfahrungen von Umbrüchen und Fragilitäten in der Lebenswelt des Subjekts, Erlebnisse, mit denen Gefährdungen, gelingende und beglük-
kende Anteile diesen Alltag ausmachen, nehmen solche Geschehnisse jenseits des
Routinierten und Regelhaften als Differenz zum Alltäglichen wahr. Das Subjekt
steht demnach im Spannungsverhältnis von Alltäglichem und Außeralltäglichem,
vom Leben in der Normalität des Alltags und seiner Transzendierung. Im Glauben können diese von Schmerz und Trauer, von Momenten des Staunens und des
Glücks begleiteten Erfahrungen, im konkreten Kontext der menschlichen Lebenswirklichkeit und Lebenspraxis gestaltend und verändernd auf Verheißung
und Hoffnung hin transformiert werden. Erfahrungen, in denen sich die andere
Seite der bestehenden Welt überraschend, beunruhigend oder krisenhaft zeigt,
werden im Glauben »nicht als abzuwehrendes Unheil wahrgenommen, sondern
geradezu als heilsam. Religiöse Sprache bietet hierzu die Artikulationshilfe, das,
was selbstverständlich ist, verfremdend von seiner Differenz her zu denken. So er-
zeugt sie eine ›erhellende Distanz zum Nächsten und Selbstverständlichsten‹. – Religion, die sich nicht zur Beruhigung instrumentalisieren lässt, vermittelt so die
Gewissheit der Ungewissheit, die Bergung im Ungeborgenen, die Anfreundung
mit dem Befremdlichen, die Beheimatung im Unbehausten. Die eschatologische
Perspektive einer nicht-eskapistischen Religion verspricht, dass diese Paradoxie
möglich und lebbar ist.«[530] Glaube, der die Brüche und Schwellen in der alltäglichen Lebenswirklichkeit der Menschen wahrnimmt und verortet, zeigt, dass im
Alltag der Moderne Religion nicht immer präsent wäre, wohl aber immer wieder.
»Nicht der gesamte Alltag ist religiös grundiert, wohl aber wird der Alltag immer
wieder religiös. – Religion wird bei Gelegenheit – immer wieder, aber nicht immer (ständig) – thematisch.«[531] Auf diese Weise schreibt sie den
Wirklichkeitserfahrungen der Menschen Sinn ein, indem sie als gelebte Religion

---

527 Ebd., S. 548.
528 Ebd.
529 Ebd., S. 553.
530 *Henning Luther*, Religion und Alltag, a.a.O., S. 216.
531 Ebd., S. 223.

ihren Platz an den Rändern, in der produktiven Wahrnehmung des Fragmentarischen, Fremden und Überraschenden der Lebensvollzüge findet. In diesen randständig-existenziellen Zusammenhängen würde Lernen dann zu verstehen sein als die zweckunabhängig handelnde Aufmerksamkeit für die Wirklichkeit von Biographien, die gebrochen und krisenhaft verlaufen.

7.4 Wahrnehmung als phänomenologische Kategorie von Unterricht

Für *Peter Biehl*[532] geht es in diesem Zusammenhang um die religionspädagogische Notwendigkeit zur sinnlich-leiblichen Fundierung von Erfahrung als Alltagserfahrung, also um Wahrnehmungen von Wünschen und Phantasien, von Schmerz und Sehnsucht, Vertrauen und Hoffnung, die dazu führen, den Alltag produktiv anders zu erfahren. Solche Erfahrungen der Unterbrechungen und Überbietungen ereignen sich auf vielfältige Weise in den kulturellen Formen der Massenmedien, der Trivial-, Festival- und Popkultur, den Fremd- und Alternativkulturen, die als Formen lebendiger Erfahrung, als »Formen gelebter Religion des Unalltäglichen im Alltäglichen«[533] religionspädagogisch fruchtbar zu machen sind, denn hier ereignen sich »Weltkonstruktionen und Sinnentwürfe«.[534] wie sie aus den vielschichtigen Wahrnehmungen und Erfahrungen in der Biographie Jugendlicher hervorgehen. Im Vordergrund steht dabei die »Rehabilitierung nicht- und vorwissenschaftlicher Erfahrungen,«[535] mit der sich das Subjekt in seiner Lebenswelt orientiert. Somit ist die Lebenswelt der Ort für das Geheimnis einer Wirklichkeit, an dem ihre Tiefendimension, ihre Glaubensfundierung, zur Erschließung kommt.

Die geheimen oder verborgenen Stellen und Orte des Kindes tragen die Aspekte der Geborgenheit und des Vertrauens in sich, wenn in der Abgeschlossenheit von der Außenwelt die symbolische Imagination zum Eigenentwurf einer Welt ›extra nos‹ führt; einen Überstieg in die andere Dimension des Alltags und andere Weisen der Existenz erfahren lässt. Im Vollzug dieser lebensweltlichen Erfahrungen und Intuitionen finden sich ontologisch-anthropologische Grundfiguren von Religion, die als Momente des Transzendierens und des Heiligen, als Zugänge zum Wesen der Weltwirklichkeit, zu verstehen sind. Dem Bewusstsein erschließen sich Tiefenstrukturen nicht allein empirisch-erklärend oder hermeneutisch-verstehend, sondern besonders auch als sinnschöpferisch-poetische Leistun-

---

[532] *Peter Biehl*, Der phänomenologische Ansatz in der deutschen Religionspädagogik; in: *Hans-Günter Heimbrock*, Religionspädagogik und Phänomenologie, Weinheim 1998, S. 36.
[533] Ebd., S. 36.
[534] Ebd., S. 39.
[535] Ebd., S. 40.

gen, die aus dem Kontext der Lebenswelt heraus auf eine veränderte Wirklichkeit verweisen[536] und als spezifische Formen des subjektorientierten Erlebens im Kind- und Jugendalter unterrichtlich geltend zu machen sind.

7.4.1 Alltag und Lebenswelt als Perspektiven *einer phänomenologischen Didaktik*

Aus der Phänomenologie lassen sich Grundsätze für ein pädagogisches Fundament des Unterrichts ableiten, wenn man ihre Leitformel »zurück zu den Sachen selbst« als die Eröffnung eines Weges in die Wirklichkeit versteht, der sich von jeglichen Vor-Urteilen, wie sie durch Traditionen, Ideologien oder Lehrmeinungen gegeben sind, freihält. Damit ist das Selbstverständnis der Phänomenologie als eine Erkenntnisweise anzusehen, die vor jeder anderen Wissenschaft liegt, diese also erst ermöglicht. Phänomenologisch soll das aufgegriffen werden, was vom rein empirischen Vorgehen ausgegrenzt wird. Im Rückbezug auf die vorfindlichen und gegebenen Sachverhalte erhält die Lebenswelt Bodenfunktion und kann so zum verbindenden Fundament und Vermittler zwischen den schulischen Fächern werden. Die unterrichtsrelevanten pädagogischen Konsequenzen aus diesem phänomenologisch orientierten Denkansatz lauten demzufolge:

1. Die Erarbeitung eines Unterrichtsgegenstandes beginnt nicht mit einem wissenschaftlichen (Vor-)Wissen über eine Sache, sondern sie bringt den Gegenstand selbst, so wie er tatsächlich ist, zur Sprache.
2. Die Tatsachen, wie sie sich ursprünglich zeigen, werden unabhängig von vorgegebenen Theorien erhoben.
3. Vorinterpretationen sind möglichst zu vermeiden.

Auf dem Boden einer phänomenologischen Orientierung wird es weiterhin möglich, den Objektivismus einer naturwissenschaftlich-technisch-rational geprägten Welt mit dem Subjektivismus einer personalen und geschichtlichen Welt in Korrelation zu setzen, wenn die Lebenswelt als das Sinnfundament sowohl für die Wissenschaft als auch für das Individuum aus der Vergessenheit befreit wird. Für das pädagogische Anliegen fächerverbindenden und -übergreifenden Unterrichts wird dieser Ansatz bedeutsam durch den Bezug auf die Lebenswelt, mit dessen Hilfe sich die Abgrenzungen zwischen den Fächern überwinden lassen. Als weitere unterrichtsbezogene Konsequenz lässt sich somit sagen:

Die Besinnung auf die Lebenswelt ist zu verstehen als Hilfe, um zwischen der rationalen Wissenschaftsorientierung und dem Subjektbezug einer personalen Welt zu vermitteln. Lebenswelt und Wissenschaft treten in Korrelation zueinander, um die Wirklichkeit gemeinsam zu erschließen.

---

[536] Vgl. ebd., S. 43–45.

7.4.2 Grundzüge einer lebensweltlich orientierten Didaktischen Analyse

Eine lebensweltlich ausgerichtete Didaktik trägt den Charakter einer Fundierung oder Sinn-Erhebung für den Unterrichtsverlauf. Sie leitet dieses Selbstverständnis zum einen aus dem phänomenologischen Anspruch ab, Grundlage für alle anderen Wissenschaften zu sein. Zum anderen geht sie von einem Menschenbild aus, das die ursprünglichen, natürlichen Einstellungen und Erfahrungen, Wahrnehmungen und Handlungen des Individuums zum Ausgangspunkt ihres Wirklichkeits- und Sinngebungsverständnisses macht. Die Welt soll ausgehend von den Erlebnissen, Erfahrungen und Wahrnehmungen des Schülers, also ohne den Einfluss eines vorgegebenen wissenschaftlichen Modells, in den Blick kommen. Es ist die Welt »vom Kinde und Jugendlichen aus«, die Welt in Korrelation zum Subjekt, die das Zentrum der lebensweltlichen Didaktik bildet.

Es ergeben sich folgende Erschließungsfragen für die *Didaktische Analyse*:

1. Welche Wahrnehmungen, Erlebnisse und Erfahrungen bringen die Schüler bereits über den Unterrichtsgegenstand mit?
2. In welchen Alltagssituationen sind die Schüler schon mit den Thema in Berührung gekommen?
3. Die Kenntnis welcher Sachverhalte kann vorausgesetzt werden?– Mit welchem Vor-Wissen muss bei den Schülern gerechnet werden?
4. Welchen Beitrag können die Schüler von daher zu dem anstehenden Thema leisten?
5. Was muss getan werden, um die Kenntnisse über den Gegenstand weiterführend zu erschließen?
6. Wie lassen sich die (Vor-) Erfahrungen der Schüler mit der wissenschaftlichen, gesellschaftlichen und kulturellen Bedeutung des Themas verbinden?[537]

7.4.2.1 Grundzüge einer lebensweltlich orientierten Methodik

Das Ziel einer lebensweltlichen Methodik liegt in der Befähigung der Schüler zur Erfassung des Wesens eines Unterrichtsgegenstandes und seiner Konstitution im Bewusstsein. Um dieses Ziel zu erreichen, lässt sich das phänomenologische Verfahren von dem Grundsatz tragen, unvoreingenommen und vorbehaltlos das anliegende Phänomen, also z.B. den Unterrichtsgegenstand, einen Vorgang oder Zusammenhang, ein Erziehungsverhältnis und dessen Struktur, durch Beschreibung darzustellen. Lebensweltlicher Unterricht wird von daher zunächst eingehen auf

---

[537]   Vgl. *Gerd Heursen*, Ungewöhnliche Didaktiken, Hamburg 1997, S. 69ff.

die theoretische Einstellung des Schülers, das heißt, auf das, was z.B. durch Traditionen, Moral, Erlebnisse und Denkmuster sein Bewusstsein über die Sachverhalte eines Gegenstandes oder Themas bestimmt hat. Nachdem diese beschreibende Bestandsaufnahme erfolgt ist, wird es darum gehen, alle genannten Vorgegebenheiten einzuklammern, sich ihnen zu enthalten, um einen möglichst ursprünglichen, atheoretischen, vorwissenschaftlichen, und somit vor-urteilsfreien, aus der sinnlichen Anschauung und Erfahrung abzuleitenden Weg, wie er in der Lebenswelt vorzufinden ist, zu dem anliegenden Unterrichtsgegenstand zu gehen. In einem nächsten Schritt soll auch zu dieser natürlichen Welt eine Distanz hergestellt werden, indem aus unterschiedlichen Perspektiven variierend über den Gegenstand im Dialog reflektiert wird. Dasjenige Element, das sich als konstant und durchgängig erweist, macht das Wesen des Gegenstandes, das, was ihn ermöglicht, aus. Um das Wesen dieses Gegenstandes im Bewusstsein zu festigen, muss es in einem letzten Schritt darum gehen bewusst zu machen, auf welche Art und Weise, durch welche Umstände und Interessen ein Gegenstand vorgegeben ist und in welcher Weise die Wirklichkeit sich unabhängig von diesen Vorgaben aus der Wahrnehmung des lebensweltlichen Subjekts zeigt: in der Korrelation von beidem entwirft sich die Welt für den Schüler.

Lebensweltliche Methodik folgt den Schritten:

1. Enthaltung von theoretischen Vorannahmen
2. Möglichst vor-urteilsfreie Einstellung
3. Variierende Beschreibung
4. Wesenserfassung
5. Erörterung der Vorgegebenheit des Gegenstandes und seiner Wahrnehmung durch den Schüler[538]

Als Erschließungsfragen für die *methodischen Schritte* ergeben sich:

1. Was ist von der Sache bereits bekannt?–
2. Wie lassen sich die wesentlichen Merkmale der Sache erschließen?– Was macht ihr Wesen aus? –
3. Wie stellt sich die Sache für mich/uns dar? – Welchen Bezug hat die Sache zu mir? – Welche Bedeutung hat die Sache für mich?–
4. Unter welchen Gesichtspunkten wird die Sache vorgestellt?– Aus welchen Gesichtspunkten betrachte *ich* die Sache?–
5. Über welche Phänomene der Sache will ich mich mit anderen austauschen?

---

[538] Vgl. *Helmut Danner*, Methoden geisteswissenschaftlicher Pädagogik, München 1994, S. 117ff.

6. Mit welchen Handlungsformen erschließen wir das Thema?–
    Wie sollen das Thema und dessen Ergebnisse präsentiert wer-
    den?[539]

7.4.3 Lebensweltorientierter Unterricht als fächerverbindendes Phänomen

Dasjenige Element, mit dem sich die Phänomenologie zur Grundlage der Pädagogik macht, ist der Anspruch, die Gegenstände, Erscheinungen, Handlungen und
Sachverhalte so zu sehen, wie sie tatsächlich gegeben sind. Indem sie somit den
gemeinsamen Boden von Erziehung und Bildung aufzeigen will, entwirft sie sich
zum verbindenden Fundament der schulischen Unterrichtsfächer. Vor dem Hintergrund ihrer Kritik, dass nämlich vor dem Ideal der Objektivierbarkeit aller Erkenntnis die Lebenswelt und die in ihr handelnden Menschen vergessen worden
seien, will die pädagogisch ausgerichtete Phänomenologie den Lebensweltbezug
der Wissenschaften und der Menschen wieder in ihr Recht einsetzen. Für schulische Belange heißt das, dass jeder Unterricht sich auf die Wahrnehmungen, Erlebnisse und Erfahrungen der Schüler, die sie in der Lebenswelt ihres Alltags machen, Bezug nehmen muss. Denn in der Korrelation zur Lebenswelt erwirbt der
Schüler so die primären Erkenntnisse über die Welt. Seine Erziehung und Bildung
haben hier ihre Quelle. Seine natürliche Wahrnehmung ist auf die Wirklichkeit
dieser Welt entworfen, und hier entwickelt er die ersten Merkmale seiner Persönlichkeit. Der lebensweltlich orientierte Unterricht könnte so ein Versuch sein, die
unterschiedliche Wissenschaftsorientierung der Fächer miteinander in Beziehung
zu bringen und den Schüler zum selbstverantworteten, kontinuierlichen Bezugspartner von Unterrichtsverläufen zu machen.

7.4.4 Lebensweltorientierter Unterricht als fächerübergreifendes Phänomen

So wie die Lebensweltorientierung als verbindendes Element zwischen den Fächern fungieren kann, so kann auch der Bezug zur Lebenswelt zum Weg für au-
ßerschulisches Lernen werden. Die Öffnung der Schule in den Alltag des Gemeinwesens, von dem sie ein Teilbereich ist, ermöglicht Wahrnehmungen und
Handlungen in realen Zusammenhängen. Es sind ursprüngliche und authentische
Erfahrungen, die Schüler auf diese Art und Weise machen. Lernen wird zu einem
Handlungs- und Erlebnisprozess, der sich in dialogischen Originalbegegnungen
formt und sich damit entscheidend von der Sekundärvermittlung durch unter-
richtsabhängiges Lernen unterscheidet. Sachnahes Lernen in lebensweltlich-alltäg-
lichen Kontexten ereignet sich in der Korrelation zu den Primärerfahrungen der

---

[539] Vgl. *Gerd Heursen*, a.a.O. S. 67.

Schüler, weil sie am ursprünglichen Leben teilnehmen. Im Rahmen der Öffnung von Schule für Alltags- und Lebensweltbezüge begeben sich sowohl Schüler als auch Lehrer in die Begegnung mit bisher Fremdem. Beide Seiten werden untereinander und in ihrer Haltung zu den neuen Lernorten und sozialen Umfeldern ihre Beziehungen neu bestimmen müssen, um die Schule mit ihren Aufgaben zukunftsfähig zu machen.

7.5 Die Tragweite der Lebensweltorientierung im schulischen Rahmen: Kritische Reflexion und ein Blick auf den neuen Lehrplan Evangelische Religion

Lebensweltlich orientierte Erziehungs- und Bildungsprozesse rehabilitieren den Schüler, indem sie einem Menschenbild folgen, das die brüchigen und unvollkommenen Erfahrungen der Heranwachsenden, wie sie in der Wirklichkeit ihres Alltags vorkommen, ernst nimmt. Mit dem Bezug zu ihrer Lebenswelt tritt eine existenzielle Qualität in die schulische Wirklichkeit ein, die den Unwägbarkeiten, dem Unabgeschlossenen und Irritierenden, dem Überraschenden und Unvorhergesehenen, Raum gibt. Damit entwirft lebensweltliche Erziehung und Bildung ihr pädagogisches Selbstverständnis aus der Subjektivität der Jugendlichen und nicht aus der Perspektive vorgeordneter erziehungswissenschaftlicher Modelle. Bereits an dieser Stelle wird deutlich, mit welcher immensen ethischen Kraft die Lebensweltorientierung an der Wahrung selbstbestimmter Erfahrungen als Boden von Persönlichkeitsentwicklungen interessiert ist, die aus der Erlebnisoffenheit der Betroffenen erwachsen.

Erkenntnisgewinnung und Lernleistungen, die an der Lebenswelt orientiert sind, werden von daher kontinuierlich Rationalitätsformen in den Unterricht einbeziehen, auf deren Hintergrund eine Gewöhnung an die vermeintliche Selbstverständlichkeit mess- und überprüfbarer Zielvorgaben und Handlungsabläufe durchbrochen wird. Mit der Einbeziehung sinnlich-leiblicher Wahrnehmungsformen macht es sich der lebensweltliche Unterricht zum Anliegen, die Wirklichkeit stringenter Planungsverfahren existenziell anzureichern und damit aus Verengungen normierbarer Kontrollverfahren zu befreien. Über das jeweilige Unterrichtsfach hinaus bietet der lebensweltliche Ansatz dazu Möglichkeiten im fächerverbindenden und fächerübergreifenden Unterricht. Ausgehend von der Voraussetzung, dass auf dem Boden der Lebenswelt vorwissenschaftliche Sicht- und Erfahrungsweisen intersubjektiv gelebt werden, ist die Orientierung an der Lebenswelt dafür geeignet, zur pädagogischen Achse zwischen den einzelnen Fächern zu werden, da sie von dem Wissenschaftsanspruch des jeweiligen Faches nicht okkupiert ist. Der fächerübergreifende Bezug, wenn er als Öffnung des Faches aus seinem institutionellen Rahmen verstanden wird, kann durch Unterrichtsgänge in den Alltag der regionalen Lebensumwelt erweiterte Aufmerksamkeitsformen und Wahrnehmungen herstellen.

Ein lebensweltorientierter Unterricht fördert die Kompetenz der Schüler, ihren lebensgeschichtlichen Hintergrund zum begleitenden ›Gegenstand‹ der Unterrichtsverläufe zu machen. Ihre biographischen Erfahrungen und Einsichten geben den Boden ab für ein Lernverständnis, das nicht primär ergebnis-, sondern prozessorientiert ist. Der Schüler ist als Subjekt gefordert, das seine lebensweltliche Wahrnehmungsvielfalt in die Kommunikation mit den Mitschülern einbringt und somit die eigene wie die Wirklichkeit der Anderen erkennen und deuten lernt. Mit diesem Austausch werden Widersprüche und Brüche, Hoffnungen und Enttäuschungen als individuelle und gesellschaftliche Existenzbedingungen bewusst. Lebensweltliche Erziehung und Bildung machen vor diesem Hintergrund Sinnbildungen möglich, die als schöpferische Leistung Wirklichkeit dialogisch erschließen und verändern, ohne den Anspruch zu erheben, über sie Bescheid zu wissen. Das zentrale ›Lernziel‹ einer lebensweltlichen Haltung liegt somit darin, die Freiheit von jeglicher Verfügung auszuhalten.

Für das zehnte Schuljahr greift der neue Lehrplan »Evangelische Religion« unter der Themenvorgabe »Religion im Leben – Die Welt anders wahrnehmen« in zaghaften Ansätzen solche lebensweltlichen Perspektiven auf.[540] Ausgehend von der Definition, mit der Religion als sinngebende Orientierung und veränderte Wahrnehmungsweise der Welt, als der Antwortversuch auf die existenziellen Fragen der Menschen über ihren Ursprung, Weg und Ziel mit der Ausrichtung auf ein heilvolles Leben verstanden wird, folgt diese Themeneinheit dem Leitgedanken der erfahrbaren Religion. Eingelöst werden soll dieser Ansatz durch vier Unterbereiche. Mit ›Religion in der Schule‹, sollen besonders Schüler aus unterschiedlichen religiösen Kulturen in den Unterricht einbezogen werden. Mit dem Bereich ›Religionen in der Stadt‹ geht es um die Wahrnehmung religiöser Gruppen und ihrer religiösen Zentren in der Heimatstadt. ›Religionen in der Gesellschaft‹ fragt als dritter Themenschwerpunkt nach der Funktion und Bedeutung von Religionen in der Gesellschaft, wobei hier die Reflexion über die Notwendigkeit des Dialogs zwischen den Religionen diesen Aspekt trägt. Mit ›Religionen in der Welt‹ erhält das Thema dann seine weitestgehende Perspektive, wenn nach den kulturellen Kontexten von Religionen im globalen Zusammenhang gefragt wird. Vom lebensweltlichen Nahbereich, der Wahrnehmung von Religion in Schule und Stadt ausgehend, öffnet sich das Thema so in die Gesellschaft und schließlich in weltweite Zusammenhänge.

Für die Oberstufe wird zwar an mehreren Stellen der didaktisch-methodische Anspruch erhoben, die Themen (›Religiös sein‹ (11 I), ›Heilige Schriften: Verste-

---

[540] Hessisches Kultusministerium (Hg.), Lehrplan Evangelische Religion, Gymnasialer Bildungsgang, Wiesbaden 2002, S. 38.

hen und Dialog‹ (11II), ›Jesus Christus‹,(12 I) ›Der Mensch und sein Handeln‹ (12 II), ›Die Frage nach Gott‹ (13 I), ›Leben gestalten‹ (13 II)) in die Lebenswelterfahrungen der Schüler einzubinden. Dennoch ergibt sich der Eindruck, dass hier mit Lebenswelt kaum mehr als ›Lebens*um*welt‹ gemeint ist. Einer Differenzierung, wie sie mit dem Begriff inhaltlich verbunden ist, wird dessen Einbindung in Unterrichtsverläufe damit keineswegs gerecht.

Das skizzierte Thema der Sekundarstufe I lässt sich auf subjektorientierte und erfahrbare Religiosität ein, wobei die Orientierung an der Lebenswelt mit ihren höchst ideellen anthropologischen Implikationen in der schulischen Wirklichkeit allerdings auf eine Tendenz stoßen wird, die in immer größer werdendem Umfang auf betriebswirtschaftliche Steuerungsmodelle hinausläuft. Unter dem Motto der ›Ökonomisierung der Pädagogik‹ wird die Kontrollierbarkeit schulischer Leistung sowohl von Schülern als auch von Lehrern an der verwertbaren Qualität ihrer Produkte ausgerichtet, unter der Lehrer zum Verkäufer und Schüler zum Kunden der ›Ware‹ Pädagogik werden. Es ist offensichtlich, dass die Ausrichtung der schulischen Wirklichkeit an lebensweltlichen Prinzipien diesen Tendenzen in jeder Hinsicht widerspricht und widersprechen muss. Von daher ist zu wünschen, dass der Lebensweltansatz, so wie er in der vorliegenden Arbeit vertreten wird, zum ›Stachel im Fleisch‹ der genannten Entwicklungen generiert, um die mit ihnen einhergehende Gefahr der Sinnentleerungen in der Erziehungs- und Bildungswirklichkeit zu überwinden. Ein Impuls dafür kann von der Verwirklichung lebenswelt- und alltagsorientierten Lernens vor Ort ausgehen.

7.6 Religion lernen vor Ort

Hans-Günter Heimbrock zeigt in seinem Aufsatz »Religion lernen vor Ort«[541] wie der Lebensweltansatz im Rahmen regionaler und lokaler Lebensbezüge, im vorliegenden Fall ist es Frankfurt am Main, zu kontextuellen Lernerfahrungen von gelebter Religion werden kann. Die Konzentration auf die Region und den Nahraum wird dabei als ein Prozess der Identitätsbildung verstanden, der keineswegs einer sozialromantischen Verklärung Vorschub leisten will, sondern der das Partikulare geradezu als beispielhaften Lernprozess für humane Integrationsformen auf übernationaler Ebene ansieht. Entscheidend ist dabei ein Religionsverständnis, das »auch außerinstitutionelle Lebens- und Kulturmuster, Suchbewegungen, Deutungsweisen von Einzelnen und Gruppen nach Erfahrung von Transzendenz [umfasst].«[542] Auf diese Weise wird religiöse Wahrnehmung offen für Suchbewe-

---

[541]   *Hans-Günter Heimbrock*, Religion lernen vor Ort; in: Schönberger Hefte 3/01, Religionsunterricht vor Ort, Kronberg 2001, S. 2–9.
[542]   Ebd., S. 2.

gungen und Veränderungen in urbanen Lebensprozessen und den dort zu findenden Alltagskulturen.

Als Basis für die Identitätsbildung kann der Regional- und Heimatbezug nicht ignoriert werden. Nur mit der Geborgenheit früherer Zeiten hat er fast nichts mehr zu tun. Vielmehr ist Heimat in unseren Städten für viele Menschen zur Heimat in der Fremde, zu Durchgangsstationen und Passagen geworden. Vor diesem Hintergrund kann Lernen nicht allein auf seine Funktion als Sachwalter kognitiver Gehalte beschränkt werden. Es geht jetzt um ein Lernen mit allen Sinnen, das ›leib-haftig‹ mit dem regionalen Nahraum in Kontakt steht und diesen in produktiven Lernprozessen erfahrbar macht, so dass sich lebensweltbezogenes Lernen als eine Weise des Lernens verstehen lässt, das auf den Standort bezogen ist. Religionspädagogisch gewendet kommen somit Formen gelebter Religion im Nahbereich mit der Vielschichtigkeit seiner alltäglichen Abläufe in den Blick. Der Lebensweltbezug meint von daher eine Wahrnehmungshaltung, die auf Erfahrungen in der ›natürlichen Einstellung‹ der Menschen gerichtet ist. Sinnliche Wahrnehmung und Aufmerksamkeit treten hier also kritisch gegenüber ergebnisorientierten Lernprozessen auf, indem verlangsamte, geschärfte Sichtweisen auf Menschen und Sachen eher zur Sinn-Bildung als zu kognitiven Reproduktionsfähigkeiten beitragen sollen. Damit löst der Lebensweltbezug sein Verständnis von Subjektorientierung in einem Sinne ein, der kreative Inszenierungen von ›doing theology‹ in der Pluralität des Heimischen verortet. Hier ereignet sich zudem Identitätsbildung im Dialogfeld zwischen Naherfahrung und Öffnung zum Fremden. Lernprozesse, die das Lernen an der Differenz aufgreifen, thematisieren im Partikularen Phänomene der Welt, die sich für das Subjekt in unterschiedlicher Art und Weise zeigen. Der Nahraum wird zum Entdeckungsraum für das Überraschende und Unbekannte, für die Brüchigkeit und Befremdlichkeit des Alltags. Religiöse Lernprozesse müssen diesen Entdeckungen Raum geben zur Gestaltung und Inszenierung, um sich aus distanziertem Reden über Religion zu befreien und zu einer eigenen religiösen Position zu finden. Themenfelder ergeben sich dazu aus den jeweiligen regionalen Bedingungen. In seinem Praxisbericht »Religion lernen vor Ort« schlägt *H.-G. Heimbrock* »City-Religion – das Heilige in der Stadt« für die Sekundarstufen I und II, »David und Goliat« für die Primarstufe vor.[543]

Aus der eigenen Unterrichtspraxis schließe ich die Konzeption des Themas ›Religion im Alltag‹ für die Jahrgangsstufe 11 an die phänomenologisch orientierten didaktischen Erwägungen des oben vorgestellten Kapitels an.

---

[543] Vgl. ebd., S. 7–8.

7.7 Fazit und Perspektive

Der vorangegangene Teil hat in verstärktem Maße gezeigt, wie lebensweltlich ausgerichteter Unterricht den Schüler selbst mit seinen Erfahrungskontexten zum
kontinuierlichen Bezugspartner von Unterrichtsprozessen macht. Die entscheidende didaktisch-methodische Konsequenz besteht nun darin, lebensweltlich-pä-
dagogische Verfahren als Suchbewegungen zu verstehen, mit denen die Heranwachsenden Erkenntnishaltungen »aus sich selbst« hervorbringen bzw. selbst mit-
bringen. Von außen an die Schüler herangetragene Lern-Modelle verlieren damit
ihren instrumentell-steuernden Charakter und treten hinter autonom-subjekthal-
tigen Orientierungen zurück. Die phänomenologische Pädagogik ist im Alltag des
Subjekts angekommen. Die folgenden Praxisorientierungen wollen von daher im
Sinne eines Fächerverbunds für Religion/Ethik und Philosophie anhand von drei
Themen verdeutlichen, wie sich der phänomenologische Lebensweltgedanke unterrichtsrelevant gestalten lässt.

8. KAPITEL: ›RELIGION IM ALLTAG‹: ELEMENTE EINER UNTERRICHTSGESTALTUNG FÜR DIE JAHRGANGSSTUFE 11

Mit diesem Thema möchte ich auf persönlich durchgeführte Praxiskonkretionen verweisen, die sich auf phänomenologischer Grundlage für Wege religiösen Lernens eignen. Dabei sollen die Unterrichtsprinzipien dem roten Faden folgen, der die Struktur dieser Arbeit ausmacht. Zu berücksichtigen sein werden von daher besonders die Subjektorientierung, Impulse zur Identitätsfindung, die Lebenswelt- und Alltagsorientierung, ästhetische Formen des Welt- und Wirklichkeitszugangs sowie Strategien zur Wahrnehmungsförderung. Die konkrete Einlösung der genannten Prinzipien erfolgt über Lernfelder, mit denen die Schüler sowohl in ihren persönlichen als auch regionalen Lebenswelten und in ästhetischen Lernfeldern auf religiöse Spurensuche gehen können: Die Elemente »Religion in meiner Lebensgeschichte« und »Religion in der Jugendkultur« wollen so die biographisch-traditionellen als auch die altersspezifisch-gegenwärtigen Strömungen von Religion im Alltag erreichen. Unter dem Lernfeld »Religiöse Spuren in Groß-Gerau« gehen die Schüler auf entdeckende Wahrnehmung der Lebenswelt im nahen Umfeld ihrer Heimatregion. Mit den Lernfeldern »Religion in alltagsorientierter Malerei« und »Religion in alltagsorientierter Literatur« nehmen sie die Spuren ästhetisch-transzendenter Wirklichkeitsdeutung als vertiefende Sensibilisierung für die Wahrnehmung des Religiösen im Alltag auf.

8.1 Die Kursbeschreibung

In der Beschreibung für den Kurs *»Religion im Alltag«* hatte ich formuliert. ›Da es sich der Religionsunterricht unter anderem zum Ziel setzt, die Subjektwerdung des Menschen zu unterstützen, soll in diesem Kurs der Frage nachgegangen werden, inwieweit der Alltag der Ort sein kann, an dem Erfahrungen mit Spuren des Religiösen zur Entwicklung des Menschseins beitragen. Dabei liegt es in der Absicht des Unterrichtsverlaufs, praktisch-lebenshaltige Möglichkeiten zu entwerfen, die den Blick für die Wahrnehmung religiöser Elemente in unserer alltäglichen Lebenswelt schärfen helfen.‹

8.2 Vorgespräch: Religion in meiner Lebensgeschichte

Das *Vorgespräch* in der ersten Doppelstunde nahmen die Schüler zum Anlass, einen Gedankenaustausch über das Thema zu führen. Es wurde im Laufe der Gesprächsphasen deutlich, dass es im Interesse der Schüler lag, so über Begegnungen mit Religion sprechen zu wollen, dass sie sich an ihre Lebenssituationen anbinden lassen konnten. Aus diesem Bedürfnis erwuchs der erste Themenblock, den wir unter die Überschrift »Religion in meiner Lebensgeschichte« stellten. Es kam zunächst zu Diskussionen über die Bedeutung des Kirchgangs allgemein, über die Teilnahme an Sakramentalhandlungen wie Taufe und Hochzeit, den Gottesdienstbesuch an Weihnachten, Erfahrungen mit dem Konfirmandenunterricht und den Stellenwert der Konfirmation, über religiöse Handlungen wie Gebet und Abendmahl, Betroffenheit durch Krankheit und Tod bei Familienangehörigen sowie über den Einfluss der Persönlichkeit des Pfarrers auf die Herausbildung der eigenen Religiosität.

In der nächsten Unterrichtsphase vertieften wir diese Erfahrungsberichte durch Übungen, mit denen sinnlich-imaginative Entdeckungen zum Anteil des Religiösen in der persönlichen Lebensgeschichte möglich wurden.[544] Interaktionsspiele wie »Erste Erinnerungen an Religion«, »Gott in meiner Lebensgeschichte«, »Das Panorama meines Lebens«[545] oder Gegenstandsmeditationen mit Zweigen, Blättern, Steinen und Senfkörnern zu »Im Tod ist Leben«, »Ich bin ein einmaliger Gedanke Gottes«, »Mit dem Himmelreich ist es wie mit einem Senfkorn«, und »... dann werden die Steine schreien.« (Lk.,19,10)[546] ermöglichten diese Spurensuche, um im Alltäglichen die Tiefendimension der Wirklichkeit aufzuspüren.

8.2.1 Lernfeld 1: Religion in der Jugendkultur

Wir näherten uns dem Thema *Jugendkultur* zunächst durch eine Bildvorlage, die einen Punker zeigt.[547] In der Diskussion zu diesem Aspekt der momentanen Jugendkultur ergaben sich Gesprächsanlässe zum Lebensstil der Jugend: Was ist erlaubt? – Was gefällt? – Was will man zeigen und warum? – Was heißt Jungsein? – Welches Verhältnis haben heutige Jugendliche zur älteren Generation? – Wer

---

[544] *Ludwig Rendle/Lothar Kuld/Ursula Heinemann* et al., Ganzheitliche Methoden im Religionsunterricht – Ein Praxisbuch, München 1996.

[545] *Ludwig Rendle*, Religion in Lebensgeschichten; in: *Ludwig Rendle, Lothar Kuld/Ursula Heinemann* et al., a.a.O., S. 65–68.

[546] *Ludwig Rendle*, Meditatives Umgehen mit alltäglichen Dingen; in: *Ludwig Rendle/Lothar Kuld/Ursula Heinemann* et al., a.a.O., S. 86–96.

[547] Vgl., Material F 47: ›Jugendkultur‹; in: PMS Folienmappe 10, Pädagogische Materialstelle, Wesel o. J.

möchte man sein? – Für wen halten mich die anderen? – [548] Mit diesen Fragen wurde letztlich die Suche nach Orientierungen angesprochen, wie sie für die Herausbildung der persönlichen Identität bzw. Subjektwerdung charakteristisch sind.

Um einen weiteren Bereich gegenwärtiger Jugendwelten unter der Frage nach ihrer alltagsreligiösen Valenz aufzugreifen, bot es sich an, den *Video-Clip* »Like a prayer« der amerikanischen Popsängerin *Madonna* anzuschauen und zu besprechen. Die Bearbeitung erfolgte in fünf Schritten, wobei die Schüler sich zunächst spontan zu den religiösen Elementen, die sie wahrgenommen hatten, äußerten. In der Weiterführung dieser Beiträge gingen wir auf den theologisch-philosophisch-ethischen Ansatz des Materials unter der Frage nach der Verpflichtung gegenüber dem Anderen, nach der Beziehung von religiöser und erotischer Erfahrung und der Bedeutung religiöser Symbolik in der Video-Inszenierung ein. Den Abschluss der Diskussion bildete die Überlegung, warum Produkte der Kulturindustrie in unserer Zeit so stark von religiösen Elementen durchsetzt sind.[549]

Da wir im Alltag auf Schritt und Tritt an Plakatwänden, in Tageszeitungen, Illustrierten und Jugendzeitschriften, sowie im Kino und Fernsehen Werbeanzeigen begegnen, ist es auch in diesem Bereich lohnend, Untersuchungen darüber anzustellen, ob und wie *Werbung* religiöse Inhalte für ihre Zwecke verwendet.[550] Die Schüler sammelten Werbeanzeigen aus ihnen zugängigen Medien und analysierten sie auf ihre religiöse Symbolik. Es wurde deutlich, dass die Anzeigen Themen wie Rassismus, Gerechtigkeit und Ökologie ansprechen, und dass Analogien zwischen der Sprache der Werbung und der Religion hinsichtlich der Vorstellungen von Sünde, Erlösung und Himmelreich offensichtlich wurden. Wir fanden ethische Implikationen wie Liebe und Hoffnung, Utopien als Ausdruck für die Sehnsucht nach dem Ausbruch aus Bestehendem, Elemente von Gut und Böse; es gab Angebote zur Beheimatung, die in der Werbung von privaten Fernsehkanälen zum Ausdruck gebracht wurden, sowie die Verwendung von Motiven aus Sagen, Legenden und Mythologien. Es war für die Schüler überraschend, diese Vielfalt religiös-ethischer Spuren in der Werbung zu finden. Ähnlich wie bei der Behandlung des Video-Clips von *Madonna* kam auch hier schnell die Frage auf, mit welcher Absicht sich die Werbeindustrie religiöser Anspielungen bedient. Liegt das Interesse an der Verwendung von Religion darin, eine erhöhte Aufmerksamkeit für das angebotene Produkt zu erzielen, oder dient Religion der kulturellen Wert-

---

[548] Vgl. *Martin Autschbach*, Zwischen Adidas und Nike-Air-Max: Outfits und Outcasts. Selbstinszenierung Jugendlicher; in: BRU 21 – Magazin für die Arbeit mit Berufsschülern, hg. v.d. Gesellschaft für Religionspädagogik e.V., Villigst o. J., S. 16–18.

[549] *Andreas Mertin*, Religion in der Alltagswelt am Beispiel des Video-Clips »Like a prayer« von Madonna; in: Schönberger Hefte, 25. Jg., 3/1995, S. 1–12.

[550] Vgl. ders., Alle Werbung ist (nur) ein Gleichnis – Alte und neue religiöse Erzählungen aus der Warenwelt: Zur Arbeit mit Werbung im Religionsunterricht; in: Schönberger Hefte 26. Jg., Heft 1/1996, S. 23–32; *Manfred L. Pirner*, Heilige Höschen – Religion und Erotik in der Populärkultur: »Viva Maria« –Mode und ihre Vermarktung; in: Religion heute, 42/Juni 2000, Seelze, S. 92–97.

steigerung der Werbung selbst, war von daher der problematisierende Gesprächs-anlass.

Zu den vielfältigen Aspekten jugendlicher Lebenswelten gehört auch die *Pop-Musik*. Inwieweit die Lieder deutscher Liedermacher, ihre Texte, aber auch die Musik, der »Sound«, britischer und amerikanischer Popgrößen religiöse Bot-schaften transportieren, ist für die Behandlung im Religionsunterricht gewinn-bringend, da sie das Alltagserleben der Jugendlichen entscheidend mitbestimmen. Die Schüler meines Kurses ließen sich gerne dazu anregen, entsprechende Lieder von Popgruppen mitzubringen, die zu ihren Favoriten gehörten. Falls dies – wider Erwarten – nicht gelingen sollte, verweise ich hier auf Unterrichtshilfen, die um-fangreiches Material zu diesem Bereich enthalten.[551] Einige Schüler des Kurses, für die auch die *klassische Musik* Bestandteil ihres Alltags ist, regten an, ein Werk *Mo-zart*s zu hören. Wir einigten uns auf die »Krönungsmesse«.[552]

Filme, sei es im Fernsehen oder im Kino, gehören nicht nur bei Jugendlichen, sondern auch bei Erwachsenen, zu Medienereignissen. Für den Religionsunter-richt kann besonders ein Film wie »Titanic« herangezogen werden, weil sich mit ihm die Lebenseinstellungen der handelnden Personen, die Frage nach Gott, Möglichkeiten und Grenzen der Technik, sowie traditionelles und modernes reli-giöses Liedgut, behandeln lassen.[553]

Ein weiterer Bereich, in dem die Jugendkultur ihren alltagssignifikanten Aus-druck findet, ist der *Fußball*. Inwieweit der Gruppengang zum Fußballstadion, das Fanverhalten, der Verein, der Ball, das Spiel und die Spieler selbst, Schieds-richter- und Trainergebaren, das Stadion und die Anordnung der Ränge, die Überreichung eines Siegerpokals oder das Erleben von Niederlagen, Spuren des Religiösen in sich tragen, war Anlass komplexer Gesprächssituationen, nachdem wir uns typische Szenen aus einem Fußballspiel angeschaut hatten.[554]

Religion als Phänomen der Alltagswelt wird auch in der virtuellen Wirklich-keit der *Computerspiele* wahrnehmbar. »Krieg der Sterne«, »Command & Con-quer«, »Planet der Affen« oder »Lunar 2« arbeiten mit mythologischen und apo-

---

[551] Vgl. *Joachim Fuchs*, »God is a concert« – Religiöse Botschaften in den Texten der Rock- und Popmusik: Eine Unterrichtshilfe für die Sekundarstufe I (ab Kl. 7) und die Konfirmandenarbeit; in: Schönberger Hefte, 24.Jg., Heft 1 / 1994, S. 12-40; *Michael Landgraf*, »Hip-Hop Hurray...« – Die Ju-gendkultur des Hip-Hop und RAP im Religionsunterricht; in: Religion heute Nr. 32, Dezember 1997; Seelze, S. 264-267; *Gerd Buschmann*; Tell me why – Die Theodizee in der Pop-Musik; in: Reli-gion heute Nr. 33, März 1998, Seelze, S. 24-27; *Andrew Greely*, Religion in der Popkultur, Graz/Wien/Köln 1993.

[552] Zur Krönungsmesse Mozarts liegt ein anregendes Buch von *Hans Küng* vor, das unterrichtlichen Zwecken in Auszügen dienlich ist: *Hans Küng*, Mozart – Spuren der Transzendenz, München/Zürich 1992.

[553] *Heinz-Günther Beutler-Lotz*, Titanic – Der Film: Unterrichtsanregungen für den RU und KU; in: Religion heute Nr.33, März 1998, Seelze, S. 14–23.

[554] Vgl., *Manfred Josuttis*, Fußball ist unser Leben: Über implizite Religiosität auf dem Sportplatz; in: *Kristian Fechtner/Lutz Friedrichs/Heinrich Grosse* et al., Religion wahrnehmen, Festschrift für *Karl-Fritz Daiber* (65), Marburg 1996, S. 211–218; vgl., *Jörg Schmidt*, Der Fan; in: *Christoph Bizer* (Hg.), Theologisches geschenkt: Festschrift für Manfred Josuttis, Bovenden, 1996, S. 432–441.

kalyptischen Szenarien, deren religiöse Dimension im Religionsunterricht produktiv wahrgenommen werden kann.[555]

8.2.2 Lernfeld 2: Religion in der Region: Religiöse Spuren in Groß-Gerau

Im Sinne der Öffnung von Schule, wie sie als Neuerung pädagogischer Lernwege seit einiger Zeit diskutiert wird[556], nahmen wir uns vor, nach Spuren des Religiösen in Groß-Gerau zu suchen. Wir leiteten dieses Vorhaben ein mit der Diskussion zu einer Folienvorlage unter dem Thema »Stadt ohne Gott«?[557] Das Material zeigt ein großflächiges Kreuz mit den Konturen von Hochhäusern, Fernsehantennen und Menschen. Der Fisch, der in der Mitte des Kreuzes zu sehen ist, weist symbolisch auf Jesus Christus als Erretter aus Entfremdung und Anonymität. Diese Stadt, so die Botschaft, ist nicht ohne Hoffnung, Trost und Liebe; diese Stadt ist nicht ohne Gott.

Die Spurensuche in Groß-Gerau fängt bereits mit dem Namensgeber unserer Schule, Theodor Wilhelm Diehl[558], an. Neben den christlichen Kirchen, also der protestantischen und katholischen Gemeinde, sowie der Freikirche, gibt es eine moslemische Begegnungsstätte und die islamische Ahmadiyya Gemeinschaft. Die Spuren regionaler religiöser Lebenspraxis führen zurück bis zur Zeit vor dem Zweiten Weltkrieg. Der jüdische Friedhof, der Gedenkstein zur Erinnerung an den Standort der Synagoge, und Häuser, die von jüdischen Bürgern bewohnt wurden, geben davon noch heute Zeugnis.[559] Aber auch Zeichen verweltlichter Religiosität sind in Groß-Gerau wahrzunehmen. So gibt es einen Steinmetzbetrieb, der sich hauptsächlich mit der Herstellung von Grabsteinen beschäftigt. Am Hauseingang zum Geschäft ist ein Kreuz auf einer Metallplatte befestigt. Das Bettenfachgeschäft trägt den aus der buddhistischen Religion stammenden Namen Nirwana. Institutionen wie das Obdachlosenheim, die Diakonie und die Sozialstation weisen hin auf ethisch-religiöse Alltagspraxis. Verkehrsschilder markieren leicht zugängliche Plätze für Behinderte. Der Eingang zum Friedhof ist überschrieben mit »Stirb und werde«; ein Zeuge Jehovas bietet den »Wachtturm« mit dem deutlich zu erkennenden Aufruf »Erwachet« zum

---

[555] *Hans-Günter Heimbrock*: Virtuelle Räume. Wahrnehmung und Einbildung; in: *Hans-Günter Heimbrock* (Hg.), Religionspädagogik und Phänomenologie, a.a.O., S. 217–233; vgl. ders., Wahrnehmung und Einbildung: Irritationen religiöser Erziehung durch virtuelle Welten; in: Schönberger Hefte 2/96 , S. 10–19.
[556] *Klaus Reinhardt*, »Öffnung von Schule«: Aktionismus ohne Theorie?, in: Pädagogik 4/91, Beltz, Weinheim 1991, S. 18–23.
[557] Vgl. Material F 46: ›Stadt ohne Gott‹; in: PMS Folienmappe 10, Pädagogische Materialstelle, Wesel, o. J.
[558] Theodor Wilhelm Diehl, geb. 10.1.1871 in Groß-Gerau, gest. 11./12.9.1944 in Darmstadt, war Pfarrer und erhielt 1923 den Titel Prälat als Präsident der Hessischen Evangelischen Landeskirche.
[559] Vgl. *Hans-Georg Vorndran/Jürgen Ziegler*, Juden in Groß-Gerau, hg. v. Evangelischen Dekanat Groß-Gerau, Groß-Gerau 1989.

Verkauf an. Eine kleine Pension, die ihre Gästezimmer anbietet, lässt den biblischen Gedanken »Wer anklopft, dem wird aufgetan«, wach werden. Das Sanitätshaus trägt den profanisierten Wunsch nach Wohlfühlen, Gesundung und Heilung, dem »sanitare«, im Namen. Hilfsorganisationen wie Essen auf Rädern, Das Rote Kreuz und der Arbeiter Samariter Bund sind in Groß-Gerau ansässig. Kaufhäuser mit ihrer Geschäftigkeit und die Ruhezonen im Fußgängerbereich machen auf den Gegensatz von Betriebsamkeit und dem Bedürfnis nach Stille als Sinngebungsmomente aufmerksam. In der Buchhandlung weist ein Titel wie »Zwischen Himmel und Erde« auf die Diskussion über die Frage nach der Herkunft des menschlichen Lebens. Die Fassade des alten Rathauses und andere renovierte Gebäude lassen Gedanken an Vergänglichkeit und Bewahrung im Lebenslauf aufkommen. Die ausländischen Mitbürger in der Stadt verkörpern den Kontrast von Nähe und Fremdsein. Von der Plakatwand verkündet eine Frau ihr Urlaubsmotto: »Endlich ich« und gibt damit ihrer Sehnsucht nach Selbstverwirklichung Ausdruck. Auch die Plakate in den Auslagen der Reisebüros wurden in die Wahrnehmung von Träumen und Utopien aufgenommen.

Die Stadtbegehung, wie wir sie in unserem Kurs verstanden, war auf Entdeckungen und Erkundungen ausgerichtet, aber auch auf den Zeichencharakter des Religiösen, der sich nicht nur aus dem erschließt, was offenkundig vor Augen liegt, sondern eine geschärfte Wahrnehmung für das Hintergründige erfordert, das im Profanen unterzugehen droht. Um diese erhöhte Aufmerksamkeit einzulösen, bekamen die Schüler einen Fragebogen an die Hand, mit dem es ihnen zum einen möglich werden sollte, sinnliche Erfahrungen bewusst in ihren Rundgang aufzunehmen und zum anderen die Fähigkeit zur Entschlüsselung vordergründiger Zeichen zu entwickeln. In der Nachbesprechung wurden besonders Fragen nach der Aufmerksamkeit und Wahrnehmung religiöser Spuren zur Diskussion gestellt. Um diesen religiös-ethischen Ansatz zu vertiefen, fand ich es lohnenswert, kleinere Textpassagen mit den Schülern zu bearbeiten, aus denen heraus sie Anstöße zur Artikulation ihrer Erfahrungen mit dem Leben im Dorf und/oder der Stadt[560] sowie zur Wahrnehmung anderer Menschen beschreibend in den Unterricht einbringen konnten. Gruppenarbeiten zu ›Prälat Diehl‹, dessen Name unsere Schule trägt, und dem jüdischen Leben in Groß-Gerau, schlossen sich an.

8.2.3 Lernfeld 3: Religion in alltagsorientierter Ästhetik

Darstellende Kunst, wie sie unter ästhetischen Gesichtspunkten in dieser Arbeit vorgestellt worden ist, soll neue Sichtweisen auf die Wirklichkeit ermöglichen. Sie ist zu verstehen als ein Erkenntnisakt, der sich nicht mit vorgegebenen Wahrnehmungsweisen abfindet, sondern Sensibilität für das Unverfügbare der Weltwirk-

---

[560]   Vgl. *Bernhard Waldenfels*, In den Netzen der Lebenswelt, a.a.O., S. 194–211.

lichkeit eröffnet. In diesem Sinne beschäftigten wir uns mit dem *Abendmahl* von Leonardo da Vinci, den *apokalyptischen Visionen* des Malers Franz Radziwill,[561] den Gemälden »*Mann und Frau den Mond betrachtend*« und »*Kreidefelsen auf Rügen*« von Caspar David Friedrich,[562] der Symbolik in den Gemälden »*Der Bibliothekar*« und »*Der arme Poet*« bei Carl Spitzweg,[563] den Bildern »*Der Schrei*«, »*Die tote Mutter*« und »*Das kranke Kind*« von Edvard Munch,[564] sowie der Landschaftsdarstellung »*Mont Sainte-Victoire*« von Paul Cézanne.[565]

8.2.4 Lernfeld 4: Religion in alltagsorientierter Literatur

Alltagserfahrungen und befreiungstheologisch orientierte Religiosität verbinden sich literarisch in den Gesprächen, die der lateinamerikanische Priester, Poet und ehemalige Kulturminister *Ernesto Cardenal* auf der Inselgruppe Solentiname im Großen See von Nicaragua mit der dortigen bäuerlichen Bevölkerung geführt hat. Es sind Auslegungen über das Evangelium durch die Bauern, die ihre Lebenserfahrungen mit den biblischen Texten verbinden und die Texte auf diese Weise zum Sprechen bringen. Für den Unterricht wählte ich »Die Seligpreisungen«[566] und »Die Ähren und der Sabbat«[567] sowie »Ihre Aktien sind wie das Heu auf den Wiesen«, einen Text, in dem *Ernesto Cardenal* das macht- und herrschaftskritische Potenzial von Psalm 36 und 37 deutlich werden lässt.[568] Betrachtungen zur Alltagshaltigkeit von Religion in lyrischen Texten kamen zur Behandlung mit Auslegungen zu den Gedichten von *Rainer Maria Rilke*: »Ich fürchte mich so«[569], und *Rose Ausländer*: »Jerusalem«.[570] Wir schlossen die Themeneinheit Religion und Literatur mit einem Vergleich zwischen dem alttestamentarischen Text 1. Mose 45, 1–15

---

[561]   Vgl. *Christine Reents*, Kunst im Gespräch mit der Religion: Apokalyptische Warnungen des Malers Franz Radziwill; in: Religion heute, Nr. 6, Juni 1991, S. 138–143.

[562]   Vgl. *Eberhard Fisch*, Kunst im Gespräch mit der Religion: Durch Nacht zum Licht: Zur Symbolik bei Caspar David Friedrich; in: a.a.O., Nr. 21, März 1994, S. 70–71.

[563]   Vgl. ders., Kunst im Gespräch mit der Religion: Menschliches und Göttliches – Zur Symbolik bei Carl Spitzweg; in: a.a.O., Nr. 27, September 1996, Seelze 1996, S. 216–219.

[564]   Vgl. ders., Kunst im Gespräch mit der Religion: Kunst aus Leid – Zur Symbolik bei *Edvard Munch*; in: a.a.O., Nr. 29, März 1997, Seelze 1997, S. 65–68.

[565]   Vgl. ders., Kunst im Gespräch mit der Religion: Farbarchitekturen in der Fläche – Zur Symbolik bei *Paul Cézanne*; in: a.a.O., Nr. 38, Juni 1999, Seelze 1999, S. 134–135.

[566]   Vgl. die Interpretation der ›Seligpreisungen‹; in: *Ernesto Cardenal*, Das Evangelium der Bauern von Solentiname: Gespräche über das Leben Jesu in Lateinamerika, Band 1, Gütersloh 1979, S. 117–126.

[567]   Vgl. die Interpretation von: ›Die Ähren und der Sabbat‹; in: ders., a.a.O., Band 2, Gütersloh 1980, S. 24–31.

[568]   Vgl. den Text ›Ihre Aktien sind wie das Heu auf den Wiesen‹; in: ders.: Das Buch von der Liebe, Lateinamerikanische Psalmen, Wuppertal 1978, S. 122–123.

[569]   Vgl., *Walter Müller-Seidel*: Sprechen von den Dingen, Interpretation zu *Rainer Maria Rilkes* Gedicht, ›Ich fürchte mich so‹; in: *Marcel Reich-Ranicki* (Hg.), 1000 Deutsche Gedichte und ihre Interpretationen – Von *Arno Holz* bis *Rainer Maria Rilke*, Band 5, Frankfurt 1995, S. 351–354.

[570]   Vgl. *Rose Ausländer*, ›Jerusalem‹. Interpretation von *Horst Krüger*; in: ders., 1000 Deutsche Gedichte und ihre Interpretation – Von *Peter Huchel* bis *Paul Celan*, Achter Band, Frankfurt 1995, S. 71–74.

und 1.Mose 50, 15–21 zu »Joseph und seine Brüder« mit einem Auszug aus *Thomas Manns* gleichnamigem Roman[571] sowie dem neutestamentarischen Text Matthäus 12, 1–12 »Die Huldigung der Sterndeuter« im Vergleich mit *Wolfgang Borcherts* »Die drei dunklen Könige«[572] ab.

Um das Potenzial der Lebensweltorientierung, so wie ich es einschätze, noch weiter auszuschöpfen, möchte ich mit den folgenden Konzeptionen zeigen, wie die Lebenswelt zum fächerverbindenden Element werden kann und welche thematischen Weiterführungen sich damit realisieren lassen.

8.3 Weiterführende Perspektiven

Auf der Grundlage der Lebensweltorientierung liegt die Möglichkeit zur Kooperation zwischen den Fächern Religion/Ethik und Philosophie nahe. Von daher ist es das Anliegen der folgenden Darstellung, die Ausrichtung an der Lebenswelt als Grundlage für ein Bildungsverständnis zu betrachten, mit dem alle Schüler an religiösen, ethischen und philosophischen Fragestellungen beteiligt werden können. Damit stelle ich das anschließende Unterrichtskonzept in Beziehung zu einem Diskussionsstand, wie er von *Jürgen Heumann*[573] initiiert wurde. Die Ausrichtung an der Lebenswelt kann ein Impuls dafür sein, das Gespräch zwischen den Fächern Religion/Ethik und Philosophie zu fördern. Ihre mögliche Integration in ein ›Kulturfach‹ ist eine diskussionswürdige Perspektive, zumal es in der gegenwärtigen Öffentlichkeit zunehmend Orientierungsbedürfnisse gibt, die nach einer diskursiven Gesamtschau verlangen, so dass die Trennung zwischen den genannten Fächern unzeitgemäß erscheint. Die reduzierte Wahrnehmung des jeweils anderen Bereichs, wie sie sich aus einer Trennung ergibt, steht im Widerspruch zu multikulturellen und globalen gesellschaftlichen Realitäten. Die pluralen Beziehungsgeflechte, die sich vor diesem kulturellen Hintergrund ergeben, können nicht länger von isolierenden Fächergrenzen ignoriert werden. Von daher erscheint es sinnvoll, einen gemeinsamen Erziehungs- und Bildungsanspruch, der in einem Curriculum verortet werden müsste, für Religion/Ethik und Philosophie als Integrationsfächer bzw. in einer Fächergruppe als ›Kulturfach‹ zu formulieren. Mit der folgenden Konzeption wird die Ausrichtung an der Lebenswelt als pädagogi-

---

[571]   *Friedrich Hahn*, Bibel und moderne Literatur: Große Lebensfragen in Textvergleichen, Stuttgart 1979⁶, S. 50–59.

[572]   ders., Bibel und moderne Literatur, a.a.O., S. 147–151; vgl., ders., Glaube und moderne Literatur: Das Glaubensbekenntnis im Spiegel der Gegenwartsliteratur, Stuttgart 1980.

[573]   Vgl. *Jürgen Heumann*, Vom Religionsunterricht zum Kulturfach – *eine Utopie?* – In: Religion heute 43/September 2000, Seelze 2000, S. 190–197; *Jürgen Heumann*, Religionsunterricht zwischen Bildungsauftrag, Patchworkreligiosität und Glaubensfreiheit; in: *Jürgen Heumann*, Religion, Ethik, Philosophie in der multireligiösen Schule, Zentrum für pädagogische Berufspraxis, Universität Oldenburg, 1999, S. 13–21.

sche Achse zwischen Religion/Ethik und Philosophie verstanden, wobei hier implizit davon ausgegangen wird, dass die Lebensweltorientierung auch zum verbindenden Drehpunkt zwischen weiteren Fächern werden kann. Das Lebensweltkonzept, wie es im Folgenden zur Darstellung kommt, bleibt jedoch nicht bei einer formalen Begründung stehen, sondern es will vor allem Möglichkeiten aufzeigen, mit welchen Themen Religion/Ethik und Philosophie unterrichtspraktisch integrierend wirken können. Im Gespräch mit diesen ›Partnern‹ möchte ich einen ›Blick über den Zaun‹ werfen, der zu einer Erweiterung in unterrichtsthematischer sowie allgemeinschulischer Perspektiven führen soll. Dies wäre ein Weg, der Schule nicht mehr als präpariertes Gebilde, sondern als Institution begründen helfen könnte, in der sich neue Bezugspunkte durch die Verzahnung von Fächern erziehungs- und bildungspraktisch prozesshaft wahrnehmen und erfahren lassen. Dazu werden zunächst die Grundlagen bestimmt, mit der die Lebenswelt das jeweilige Fach fundiert. Dann kommt die fächerverbindende Perspektive zur Sprache, von der aus es möglich wird, an den Themen »Mensch und Raum« sowie »Übergänge – Schwellen und Passagen« die Lebensweltorientierung unterrichtspraktisch werden zu lassen.

8.4 Die Orientierung an der Lebenswelt als Boden für den Religionsunterricht

Die Funktion der lebensweltlich ausgerichteten *Religion* besteht in einem Entwurf von Sinnstiftungen, die ihr Potenzial in der Differenz zum Naheliegenden und Selbstverständlichen entfalten. Aus dieser kritischen Distanz nimmt sie im Alltag kommentierend und erhellend Stellung zur Welt, wenn sie auf Grenz- und Schwellenerfahrungen, existenzielle Übergänge und Passagen Bezug nimmt. Die religiöse Dimension durchbricht und unterbricht den Alltag z.B. demnach dort, wo die Menschen durch Krankheit und Tod von Schmerz- und Leiderfahrungen betroffen sind, wenn ihr Leben bedroht ist und in Unordnung gerät, wo Überraschendes und Ungewöhnliches durch unerwartete Ereignisse und Begegnungen eintritt, wenn sie Wünsche, Träume und Hoffnungen zum Ausdruck bringen, oder wenn ihre Lebensgeschichte von Veränderungen in zwischenmenschlichen und beruflichen Beziehungen oder persönlichen Entwicklungsstadien betroffen ist. Auf diese oftmals destabilisierend wirkenden Alltagserfahrungen kann Religion gestaltend und bewältigend eingehen, indem sie ihre Erzählungen, Riten und Verheißungen als Angebote versteht, lebensgeschichtliche Betroffenheiten im Sinne neuer und weiterführender Orientierungen zu reflektieren und handelnd wahrzunehmen. Lebensweltliche und auf den Alltag gerichtete Religion verwirklicht ihr Potenzial damit außerhalb institutionalisierter Religionspraxis. Als gelebte

Religion überschreitet sie deren Normen und Fixierungen wie auch die Beziehungen der wissenschaftlichen Zugänge zum menschlichen Leben, indem sie sich an den Stellen unserer Existenz verortet, wo Menschen die Ungesichertheit ihres Daseins erfahren und das vermeintlich Selbstverständliche unserer Wirklichkeit durchbrochen wird. An diesen Stellen kann religiöse Orientierung dazu beitragen, Kontingenzen zu bewältigen, wenn sie den Bezug auf das Absolute mit den konkreten Erlebnissen und Vorstellungen der Menschen verbindet. Die Intention der gelebten Religion liegt dann darin, ihre Antworten so in den Bezug zur vorgefundenen Wirklichkeit der Lebenswelt zu stellen, dass in ihr sowohl die subjektiven Bedürfnisse der Menschen als auch die Tiefendimension dieser Wirklichkeit als Impuls für eine sinnhafte Lebensführung zum Ausdruck kommen.

8.5 Die Orientierung an der Lebenswelt als Boden für den Ethikunterricht

Die Funktion der lebensweltlich ausgerichteten *Ethik* liegt in ihrem Bezug zur Humanität des anderen Menschen. In der Begegnung mit dem Anderen, dem Fremden, liegt die Möglichkeit, das eigene Subjektsein zu fundieren. Allerdings geschieht dies in der Dialektik von Verwundbarkeit und Verantwortung, Unterwerfung und Erwählung, Infragestellung und Bestätigung. Es ist das Antlitz, das Angesicht des Anderen, das in die Dimension des Unendlichen führt, weil es die Widerspiegelung einer Existenz ist, die als Ausdruck von Trauer, Hoffnung und Liebe zur Unterbrechung meines eingefahrenen Selbstverständnisses führt. Der Andere, der sich auf diese Weise offenbart, nimmt mich in die Pflicht, meiner Verantwortung nachzukommen. Schmerz und Sehnsucht, so wie sie sich im Antlitz des Anderen zeigen, lassen uns den Alltag und uns selbst anders erfahren. Nun ist es gerade dieses Moment von Erfahrung, das die lebensweltliche Ethik bestimmt, und zwar nicht im empiristischen und intellektualistischen Sinne, sondern als Wahrnehmung von Wirklichkeit mit dem Leib. Körper zu sagen, wäre bereits die verdinglichte Form der Wahrnehmung; Leib jedoch meint die gelebte Art und Weise eines Zugangs zur Welt und der Existenz in ihr. Es geht um die lebendige Kommunikation, mit der wir über unseren Leib die Weltwirklichkeit nicht geometrisch, mathematisierend-berechnend, sondern empfindend-sinnlich wahrnehmen. Wir bewegen uns in den uns umgebenden Räumen nicht unter der Maßgabe objektiver, eindeutig bestimmbarer Relationen, sondern vielmehr mit subjektiven und sich dauerhaft verändernden Positionierungen. Nicht allein die Bewegungen in der Realität von Räumen bestimmen sich über den Leib, sondern auch die intersubjektiven Beziehungen zum Anderen. Damit bekommt die Wahrnehmung gegenseitiger Existenz ihre Bedeutung als Wahrnehmung von Lebens-

und Verhaltensweisen, mit denen der Andere auf mich wirkt, dennoch aber nicht meiner Verfügung unterliegt: Eine Leibethik begründet eine personale Existenz in Freiheit als Grund für den Zugang zur Welt im individuellen und universalen Sinn.

8.6 Die Orientierung an der Lebenswelt als Boden für den Philosophieunterricht

Die Funktion der lebensweltlich ausgerichteten *Philosophie*, wie sie vor allem in der ›Krisis‹ Schrift *Husserls* entworfen wird, liegt in ihrer Fundierungs- und Bodenfunktion für die Rückbindung der Naturwissenschaften an das Feld ihrer subjektiven Sinnbildungen. Von daher ist die Lebenswelt zu verstehen als das vergessene Sinnfundament, auf dem sich die sinnlichen Erfahrungen des vorwissenschaftlichen Lebens konkret und anschaulich abspielen. Es ist somit notwendig, die Lebenswelt der Menschen, die von den Idealitäten des wissenschaftlichen Objektivismus überdeckt wird, freizulegen, um der Subjektivität als Quelle und Horizont aller Erkenntnisbildung wieder Raum zu geben. Vor diesem Hintergrund erhält die Lebenswelt kritische Bedeutung gegenüber der Verabsolutierung von Tatsachen und Konstruktionen. Ihr Wahrnehmungsblick reicht vielmehr in die originären, ursprünglichen Gegebenheiten von Gestalt- und Strukturbildungen der Wirklichkeit, wie sie innerhalb unserer Alltagserfahrungen vorkommen. Hier geht es besonders darum, die Rationalität an konkrete und anschaulich-beschreibbare Erlebnisse zurückzubinden. Die Alltagserkenntnisse werden dann zur Verkörperung einer Form von Vernunft, die auf einer vorprädikativen Ebene, also dort, wo es um de Notwendigkeit geht, Differenzen auszuhalten, Ambiguitäten und Meinungen zu tolerieren, die Rationalität selbst zum Gegenstand der Forschung macht. Die Vernunft im lebensweltlichen Sinn ist also keineswegs das bereits vorgefundene Regulierungsinstrument, nach dem sich die Weltwirklichkeit strukturiert. Sie ist vielmehr dasjenige Element, aus dem heraus es genetisch in komplexen imaginativen Variationen zur Bildung von Ordnungsstrukturen kommt. Lebensweltliches Wahrnehmen und Erleben artikulieren sich in diesem Rahmen intersubjektiv über Leiberfahrungen und leibliches Verhalten, und es wird damit zugleich zum authentischen Hintergrund der Vernunft, die sie ästhetisch anreichert und zu Rationalitätsfeldern erweitert. Die Lebenswelt liegt folglich allen theoretischen Konstruktionen zugrunde und verwandelt sie vor dem skizzierten Hintergrund in erfahrbare und anschauliche Gestalten, so dass wir unsere Wirklichkeit als gelebte Räumlichkeit wahrnehmen und neu entdecken.

8.7 Der Beitrag eines lebensweltlichen Erziehungs und Bildungsverständnisses für die Vernetzung der Fächer Religion/Ethik und Philosophie

Unter der Voraussetzung, dass die Zielbestimmung der Fächer Religion/Ethik/Philosophie in der Befähigung der Schüler zu einer praxisorientierten Gestaltung lebensweltlicher Wirklichkeitserfahrungen liegt, soll hier der Boden für ein Bildungsverständnis vorgestellt werden, auf dem eine gemeinsame Verständigung möglich wird.

Ein Erziehungs- und Bildungsansatz, auf dessen Grundlage die Vernetzung der Fächer Religion/Ethik und Philosophie gelingen kann, sucht Zugänge zu eröffnen zu den Erfahrungen und Erlebnissen, wie sie Kinder und Jugendliche im Alltag und in ihrer Lebenswelt machen. Aus der Perspektive des Lehrenden ist von daher mit Lebensweltorientierung zunächst die didaktisch-methodische Selbstverpflichtung zu Sachlichkeit, Ursprünglichkeit und Freiheit von jeglichen Vormeinungen gemeint. Allein die Sache, das heißt die Erlebnisweisen, Einstellungen und Haltungen, so wie sie sich durch ihre Beschreibung durch die Schüler tatsächlich, also theorie- und ideologiefrei zeigen, machen den Zugang zur Wirklichkeit ihrer Lebenswelt aus. Durch die Bezogenheit auf diese personalen Erlebnisweisen, ihre sprachlichen und körperlichen Darstellungen, werden die damit verbundenen sinnlichen und kognitiven Erfahrungen zu »Orten« der Herausbildung von subjektiv gelebter Wirklichkeit in natürlichen, unverstellten, spontanen Erfahrungen. Im Durchspielen dieser Sachen, Haltungen und Einstellungen, Handlungs- und Denkweisen aus verschiedenen Perspektiven durch den Einzelnen und die Gruppe, tritt das Wesen ihrer Erfahrungen in den Blick. So legt sich die Quelle für eine vor-urteilsfreie Betrachtung und eine originale Begründung von Wirklichkeit frei. Die Primärerfahrungen mit der Sache, welche die Beziehung des Schülers zu ihr als Ort der Weltbildung ausmachen, und der Rückgang auf dessen natürliche, spontane und ursprüngliche Einstellung als Feld wirklicher und möglicher Praxis, als Kernpunkt zwischenmenschlicher Erfahrungen und Sinnbildungen sowie als Erlebnisbereich vorwissenschaftlicher, theoriefreier Subjektivität, machen die wesentlichen Merkmale einer Lebenswelt aus, die der Schüler leiblich-sinnlich erfährt. In ihr existiert er, indem er sie gestaltet und damit sein Weltverhältnis bestimmt. Die Anschaulichkeit der Erfahrungen in dieser Lebenswelt kann somit das religiös-ethisch-philosophische Erziehungs- und Bildungsverständnis pädagogisch begründen.

8.8 Fazit und Perspektive

Es wird für die Unterrichtspraxis darauf ankommen, nach Formen gelebter Religion/Ethik und Philosophie in der Lebenswelt zu suchen und sie als didaktisch-methodisches Anliegen für eine Kooperation in dieser Fächergruppe zu formulieren. Hier müssen die Alltagserfahrungen, von denen die Welt der Jugendlichen bestimmt ist, auf Spuren religiöser, ethischer und philosophischer Sinnbildungen befragt werden. Jugendkulturelle Identität, wie sie sich zum Beispiel als personale Kultur im Verhalten von Jugendgruppen, in der Familie, in Freizeit und Schule, als gegenständliche Kultur in der Kleidung, Musik, Graffiti, Videoclips und Werbung oder als Interaktionskultur in sozialen Beziehungen z.B. bei Popkonzerten, Sportereignissen oder kirchlichen Großereignissen wie den Kirchentagen zeigt, werden zum Anlass für religiös-ethisch-philosophische Wirklichkeitszugänge, wie sie im vorangegangenen Kapitel zum Thema ›Religion im Alltag‹ dargestellt wurden. Aber auch besonders die Ränder lebensweltlicher Erfahrungen wie Wünsche, Sehnsüchte und Ängste, Schmerz und Hoffnung, Trauer, Grenzen und Grenzerfahrungen, gehören in den Kanon eines Bildungskonzepts, das die Fächergruppe inhaltlich fundiert.[574] Denn der »schräge Blick« auf die Wirklichkeit, wie er religiös-ethisch-philosophisch möglich ist, legt Perspektiven frei, die das Andere der bestehenden Welt, ihre Brüchen und Krisen in Lebenserfahrungen entdecken hilft. Sie zu kooperativen Erschließungsweisen von Wirklichkeit im Alltag werden zu lassen, sollte die Aufgabe dieses fächerverbindenden Unterrichts sein. Besonders unter dem Blickwinkel der angesprochenen Vernetzung bieten die folgenden Themeneinheiten ›Mensch und Raum‹ sowie ›Übergänge – Schwellen und Passagen‹, Möglichkeiten zur unterrichtspraktischen Umsetzung.

---

[574] In der Denkschrift der EKD »Maße des Menschlichen«, Gütersloh 2003, S. 87, S. 90 und S. 94, wird auf die Notwendigkeit einer Fächerkooperation zwischen Religions-, Ethik- und Philosophieunterricht ausdrücklich hingewiesen.

9. KAPITEL: DIE LEBENSWELT ALS ACHSE FÜR FÄCHERVERBINDENDEN UNTERRICHT ZU DEN THEMEN ›MENSCH UND RAUM‹ SOWIE ›ÜBERGÄNGE – SCHWELLEN UND PASSAGEN‹ IN RELIGION/ETHIK UND PHILOSOPHIE AUF DEN JAHRGANGSSTUFEN 12 (UND 13)

9.1 ›Mensch und Raum‹ aus der Sicht lebensweltlich orientierter Religion

Phänomenologisches Fragen für den Unterricht erfahrbar werden zu lassen, bedeutet für das Thema »Mensch und Raum« nicht, die Schüler in die Ideengeschichte zur Theorie des Raums einzuführen, wie sie in abstrakten Zusammenhängen durch Naturwissenschaft und Philosophie vorgegeben ist. Vielmehr soll es darauf ankommen, die Aufmerksamkeit auf das Subjekt zu lenken, das den Raum ›hervorbringt‹. Es wird also um die Wirklichkeit von Räumen gehen, die den alltäglichen Dingen, dem alltäglichen Dasein Raum geben. Es sind die Räume vor- oder außerwissenschaftlicher Alltäglichkeiten, die nicht den messbaren Regelsystemen mathematischer oder physikalischer Wissenschaftlichkeit entsprechen. Der Subjektivität des Raumerlebens, das heißt der leiblich erfahrbaren und lebbaren Räumlichkeit, wird also ein Platz vor den objektiven Sachbezügen eingeräumt. Wissenschaftliche Sachverhalte und Begrifflichkeiten werden auf ihre Vorgegebenheiten durch die Fundierung in der alltäglichen Lebenswelt zurückbezogen, um den gelebten Raum zum Ort von Existenz- und Sinndeutungen im Unterricht anschaulich wahrnehmbar zu machen. So wachsen wir zunächst in Räume ›hinein‹, die uns durch die unterschiedlichsten Bauweisen architektonisch vorgegeben sind; wir erfahren das eigene häusliche Umfeld und den erweiterten Außenraum als unseren Lebens-Raum und bewegen uns in Landschaften und Städten, die wir als vertraute oder fremde Räume wahrnehmen und erleben. Unsere räumliche Umwelt hat so ihren Anteil an der Gestaltung unserer Identität. Kirchen, Tempel, Moscheen, die wir besuchen, aber auch Symbolhandlungen, können zu Erfahrungen mit ›heiligen Räumen‹ werden, indem sie das Alltägliche ins Außeralltägliche verwandeln.

9.1.1 Lernfeld 1: Raum und Transzendenz in der Architektur

Es wird in diesem Lernfeld zunächst darum gehen, eine gemeinsame Gesprächs-
grundlage zwischen Theologie und Philosophie zu schaffen. Sie kann darin bestehen, der Sorge und den Bemühungen der Menschen nachzugehen, die es bedeutet, eine ›Behausung‹ zu finden oder zu schaffen. Der etwas antiquiert anmutende
Begriff will darauf verweisen, dass es sich beim Bauen nicht allein um die Frage
der Konstruktion handelt, sondern dass in die Planung von Gebäuden auch immer die Frage der Menschen nach Orientierung und Sicherheit durch den zu er-
richtenden Wohnsitz einfließt. Die Erstellung oder der Kauf eines Wohnraumes
und dessen Gestaltung tragen somit einen Bedeutungsüberschuss in sich, der le-
bensbedeutsamen, sinnstiftenden Charakter hat. Im Erscheinungsbild des Gebäu-
des selbst spiegelt sich dabei das Welt- und Menschenbild des Architekten wieder,
sofern er nicht an wirtschaftliche Konstruktionsvorgaben gebunden ist. Hier muss
es die Aufgabe der Theologen sein, sich für die Würde des Menschen dahingehend einzusetzen, dass Stadtplaner und Architekten den Entfaltungsbedürfnissen
der Menschen gerecht werden.

9.1.2 Lernfeld 2: Der heilige Raum

Im Rahmen dieses Lernfeldes rücken heilige Orte wie Jerusalem, Mekka und Me-
dina sowie heilige Räume wie Kirchen, Tempel und Synagogen, also Stätten, die
durch bestimmte Ereignisse oder Erlebnisse zu sakralen Räumen wurden, in das
Blickfeld. An zentraler Stelle wird dabei der Frage nachzugehen sein, was bestimmten Stätten ihre Sakralität verleiht; wie dieser Vorgang aus der Geschichte
heraus zu verstehen ist; durch welche Symbole sie sich auszeichnen und mit welcher Bedeutung sie gegenwärtig versehen sind.[575]

9.1.3 Lernfeld 3: Du stellst meine Füße auf weiten Raum

In Anlehnung an das Kirchentagsmotto 2001 können in diesem Lernfeld Aktionen
aufgegriffen werden, die aus der Gestaltungsfülle des Kirchentags erwachsen sind.
Dazu gehören u.a. Spielideen und Erzählvorschläge zum Thema »Wieder auf die
Füße kommen« anhand der »Heilung des Gelähmten«, Backrezepte nach dem
Motto »Käsefüße zum Anknabbern«, Fotoaktionen zum Thema »Zeigt her eure
Füße«, meditative Atemübungen wie »Fest stehen, tief atmen, Raum erfahren«

---

[575] Vgl. *Gerardus van der Leeuw*, Phänomenologie der Religion, Tübingen ⁴1977, S. 445ff.

sowie Übungen für Körper und Geist unter dem Aspekt »Sich selbst auf die Spur kommen«.[576]

9.2 ›Mensch und Raum‹ aus der Sicht lebensweltlich orientierter Ethik

9.2.1 Lernfeld 1: Meine Lebens-Räume

Es liegt in der Absicht dieses Lernfelds, die Schülerinnen und Schüler zu einer Reflexion zu führen, mit der sie über die unterschiedlichsten Räume, in denen sie leben, nachdenken. Im Rückblick auf die vergangene Woche erstellen die Schüler dazu eine Liste, Zeichnungen oder schriftliche Ausführungen, aus denen hervorgeht, in welchen Räumen sie diese Woche verbracht haben. Aus den Aufzeichnungen lassen sich einerseits Wertigkeiten ableiten über die Bedeutung der Räume, andererseits aber vor allem Erkenntnisse über Befindlichkeiten. Werden die Räume als zu eng oder zu weit empfunden; rufen sie Gefühle des Wohlbefindens oder eher des Unwohlseins hervor? Welche Gründe gibt es dafür? Würden die Schüler einen der Orte als »ihren« Ort bezeichnen, mit dem sie sich besonders identifizieren? Worin liegt die Qualität dieses Raumes?

Eine zweite Möglichkeit, die persönlichen Lebens-Räume neu erfahrbar zu machen, ist dann gegeben, wenn die Schüler in ihrem Heimatort oder direkt am Standort der Schule Plätze, Banken, Supermärkte, Lebensmittelgeschäfte, Unterführungen, Straßenkreuzungen, Parkanlagen, Bahnhöfe etc. beobachten, indem sie selbst einen ruhenden, stillen Beobachterstandpunkt einnehmen.

Als weitere Alternative oder zusätzliche Übung kann die Frage nach den Lebens-Räumen in die inneren Räume der eigenen Person verlegt werden. Eine Fantasiereise in das innere Haus meines Selbst kann Erfahrungen freisetzen, mit denen es möglich wird, genauer danach zu fragen, ob das, was in uns geschieht, etwas mit dem zu tun hat, was um uns herum geschieht und wie wir damit zurecht kommen.

Auf der Grundlage der hier vorgestellten lebensweltlichen Ansätze können Sensibilisierungen erreicht werden für die Arbeit an biblischen und theologischen Texten, die ebenfalls das Thema »Raum« entfalten.[577]

---

[576] Vgl. die Betrachtungen zum Kirchentagsmotto »Du stellst meine Füße auf weiten Raum«; in: Aktions-Raum, Evangelischer Kirchentag 2001, Ideen für Schule, Gemeinde und Öffentlichkeit, Baustein »Der Kirchentag kommt in die Gemeinde«, Frankfurt 2000, S. 29ff.
[577] Vgl. ebd., Baustein »Schule«, S. 15ff.

9.2.2 Lernfeld 2: Die Unwirtlichkeit unserer Städte

Mit den folgenden Lernfeldern kommt es zu Überschneidungen zwischen philosophischen und ethischen Blickwinkeln. Dass die anzusprechenden Thematiken
dennoch dem ethischen Ansatz zugeordnet werden, ist mit den Verhaltens- und
Handlungsmustern zu begründen, von denen sie vorwiegend sprechen. So bringt
der Aufsatz von *Alexander Mitscherlich* zur »Unwirtlichkeit der Städte« besonders
das Verhältnis zwischen der Gestalt der Städte und dem sozialen Charakter der
Menschen zum Ausdruck.[578]

9.2.3 Lernfeld 3: Bauen – Wohnen – Denken

Mit *Martin Heidegger* kann in diesem Lernbereich den Fragen nachgegangen werden: ›Was ist Wohnen?‹ und ›Inwiefern gehört das Bauen in das Wohnen?‹ Was
ist gemeint, wenn *Heidegger* das Verhältnis von Mensch und Raum unter dem Aspekt des Wohnens als ›Aufenthalt bei den Dingen‹ und des Bauens als ›Hervorbringen von Dingen und Orten‹ bestimmt?[579] Auf welchen Grundzug des Seins
verweist er, wenn *Heidegger* in Anlehnung an *Hölderlin* formuliert: ›Dichterisch
wohnet der Mensch‹[580] – Die Wohnung als gelebter Raum eröffnet zudem die Bewusstmachung von Erlebnissen, Erfahrungen und Wahrnehmungen im Kontext
von Lebensräumen, die ihre subjektive Welt in der Intimität des Hauses als Aufenthalt und Vertrautheit, als Zu-Hause sein und Rückzug, als Bezogenheit und
Zuflucht, als Besitz und durch Gastfreundlichkeit entfalten.[581]

9.2.4 Lernfeld 4: Landschaft und Großstadt

Spaziergänge durch Landschaften sind nicht mehr ungebrochen. Die Landschaft
als gelebter und erlebter Raum weist sichtbare Zeichen einer zerstörerischen Na-
turbeherrschung auf; Naturbetrachtung und Naturgenuss verflüchtigen sich zu
Spuren, nach denen man suchen muss. Vor diesem Erfahrungshintergrund können Erlebnisse mit und in der Landschaft als regionaler Raumbezug im Verhältnis
Umwelt und Verhalten, als leibliche Befindlichkeit für Stimmungen, als Raum für

---

[578] Vgl. *Alexander Mitscherlich*, Die Unwirtlichkeit unserer Städte; in: Ders., Die Unwirtlichkeit
unserer Städte, Frankfurt ⁸1969, S. 9–27.
[579] Vgl. *Martin Heidegger*, Bauen Wohnen Denken; in: Ders., Vorträge und Aufsätze, Pfullingen
⁵1985, S. 139–156.
[580] Vgl. *Martin Heidegger*, »… dichterisch wohnet der Mensch …«; in: Ders., Vorträge und Aufsätze, a.a.O., S. 181–198.
[581] Vgl. *Emmanuel Lévinas*, Totalität und Unendlichkeit – Versuch über die Exteriorität, Frei-
burg/München 1993, S. 217–226.

Fortbewegungen durch Transporte sowie durch Wandern und Flanieren zur Sprache kommen.[582]

Die Lebenswelt der (Groß-) Stadt ist angefüllt mit Erfahrungen, die moderne Ordnungs- und Unordnungssysteme offen legen. Zu diesen Erfahrungsfeldern gehören Raum- und Zeitsprünge durch die Fortbewegungsmittel, die Anonymität der Menschenmassen, das Übermaß an Eindrücken, die von Personen, Dingen und Ereignissen ausgehen. Wahrnehmungen generieren zu Reizüberflutungen, Perspektiven und Blicke werden gelenkt, durch Reklame produziert; Ordnungen lösen sich auf; der Fortschritt muss neu überdacht werden.[583]

9.2.5 Lernfeld 5: Fremde Orte – Vertraute Orte

Im Sinne einer Topographie des Fremden kann nach dem Ort des Fremden im Zusammenhang mit Abgrenzungsfunktionen von Diesseits und Jenseits, Drinnen und Draußen, Offenheit und Verschlossenheit, Zugänglichkeit und Unzugänglichkeit gefragt werden. Diese räumlichen Metaphern verlassen die funktionalen Linien der Raumaufteilung und wandeln sich zu Erfahrungen des gelebten Raums, wenn wir unser leibliches Dasein, unsere Bewegungen, in diesen Räumen reflektieren: Nähe und Ferne können z.B. Standortrelationen unseres Körpers zu Punkten im Raum sein oder mechanische Nähen und Fernen, die mit Hilfe von Technik durch Verkehrsmittel wie Autos, Flugzeuge, Eisenbahnen etc. hergestellt werden. Geschwindigkeiten, Anwesenheit und Abwesenheit werden zu Erlebnisweisen des eigenen oder fremden Selbst: räumliche Alltagsphänomene entwickeln ihre symbolische Kraft in der Spannung von Eigen- und Fremdorten, in denen es darum geht, die jeweiligen Formen von intersubjektiver und interkultureller Verständigung des Andersseins von Sachverhalten und menschlichem Verhalten wahrzunehmen und anerkennen zu lernen.[584]

9.3 ›Mensch und Raum‹ aus der Sicht lebensweltlich orientierter Ästhetik

9.3.1 Lernfeld 1: Poetik des Raums

Gaston Bachelard entwirft mit seiner Philosophie der Poesie eine lyrische Ästhetik, für die er an zentraler Stelle das menschliche Vermögen der Einbildungskraft gel-

---

[582] Vgl. *Bernhard Waldenfels*, In den Netzen der Lebenswelt, a.a.O., S. 179–194.
[583] Vgl. ders., Der Stachel des Fremden, Frankfurt 1990, S. 243–261.
[584] Vgl. *Bernhard Waldenfels*, Topographie des Fremden, Frankfurt 1997, S. 184–207.

tend macht. Damit repräsentiert das poetische Bild eine Realität, die sich aus der Seele entwirft und in dieser seelischen Bewegung die Kräfte der Fülle und Tiefe freisetzt. Hier liegt der Ursprungswert des Gedichts, mit dem es auf den Leser wirkt und bei ihm Anklang und Widerhall findet. Es ist dabei das Kennzeichen des dichterischen Bildes, dass seine Sprache aus der Bindung an konventionelle Bedeutungen und Zwecke heraustritt und die Dichtung als ein Phänomen der Freiheit auftreten lässt. Dieses Losreißen und Emportauchen aus vermeintlich vertrauten Wahrnehmungen und Bedeutungen führt in eine neue Seinssicht gegenüber der Wirklichkeit. Diesen neuen, erweiterten Blick, will *Bachelard* an poetischen Bildern der Räumlichkeit auf das Haus, auf Schlupfwinkel und Höhlen, auf Schubladen, Truhen und Nester sowie auf den Gegensatz von Drinnen und Draußen lenken.[585]

9.4 ›Mensch und Raum‹ aus der Sicht lebensweltlich orientierter Philosophie

9.4.1 Lernfeld 1: Philosophische Untersuchungen zum Raum

In diesem Lernfeld werden besonders Fragen angesprochen, wie sich der Raum konstituiert. Aus dem Blickwinkel lebensweltlich ausgerichteter Philosophie kommt dabei besonders das Verhältnis zwischen Leiblichkeit und Räumlichkeit in dem Sinn zur Sprache, dass Konstitutionsmerkmale wie Bewegung, Bewusstsein, Dimensionalität, Endlichkeit und Unendlichkeit, Gegenständlichkeit und Gestimmtheit als leibvermittelte Erfahrungen des gelebten Raums bewusst werden sollen.[586]

9.4.2 Lernfeld 2: Räumliche Umwelt und Identität

Im Rahmen dieses Lernbereichs soll der existenzielle Charakter des Raumes Gegenstand gemeinsamer Überlegungen sein. Dabei steht die These im Mittelpunkt, dass der Mensch nie ein raumloses Subjekt ist, denn sein Dasein steht immer in gelebten und erlebten Beziehungen zum Raum. Menschliche Identität wird unter anderem durch die Verlässlichkeit des dauerhaften Bezugs zur räumlichen Umwelt geformt. Unsere Lebensgeschichte ist eingebunden in den erfahrenen Raum, der uns umgibt und aus dem wir unsere Welt formen. Deutlich wird diese identitäts-

---

[585] Vgl. *Gaston Bachelard*, Poetik des Raums, Frankfurt 1987, S. 7–29.
[586] Vgl. *Elisabeth Ströker*, Philosophische Untersuchungen zum Raum, a.a.O., S. 22–155.

prägende Form des räumlichen Rahmens z.B. in den Erlebnissen und Lernerfahrungen, die Heranwachsende mit der Gestalt von Schulräumen machen.[587]

9.5 Unterrichtspraktische Perspektive: ›Übergänge – Schwellen und Passagen‹

Ermöglicht das Thema ›Mensch und Raum‹ fächerverbindend erfahrungs- und handlungsrelevante Lernprozesse, so zeigt auch das Thema ›Übergänge – Schwellen und Passagen‹, wie Formen gelebter Religion/Ethik und Philosophie möglich werden, wobei hier die lebensgeschichtlichen Akzentuierungen noch stärker hervortreten. Das Leben demgemäß als einen Weg zu verstehen, der von Höhen und Tiefen gekennzeichnet ist, bringt existenzielle Positionierungen mit sich, die ein Vorher und Nachher, Erstarrungen und neue Erkenntnisse als Übergänge zwischen den verschiedenen Lebensphasen erfahrbar machen. Krisen und Umbrüche, aber auch Passagen mit seelischem Wachstum und Identitätsbildungen, begleiten diesen Weg. Religiöse Riten können hier helfen die Fragen nach dem Woher?, Wozu? und Wohin? sowohl während des Lebensprozesses, aber auch an seinen Grenzen zu begleiten. Diese Fragestellungen bestimmen das Strukturprinzip der folgenden Unterrichtsplanung, indem sie Passagen, Übergänge und Grenzsituationen in alltäglichen Biographien und Erlebnissen nachempfinden und sich damit in die Spur von Lebensentwürfen begeben, um das Fremde und das Eigene in ihnen neu wahrzunehmen.

9.6 ›Übergänge – Schwellen und Passagen‹ als fächerverbindendes Thema in Religion/Ethik und Philosophie auf den Jahrgangsstufen 12 (und 13)

Das Thema »Übergänge – Schwellen und Passagen« ist für die Gestaltung lebensweltlicher Unterrichtsprozesse geeignet, da es die Möglichkeit bietet, die biographischen Erfahrungen der Schüler kontinuierlich in den Unterricht einzubeziehen. Es wird für jeden Schüler möglich sein, Erlebnisse zu diesem Thema aus seiner persönlichen Lebens- und Alltagswelt zur Grundlage der unterrichtlichen Erörterungen zu machen, d.h. ihren Wirklichkeitsanspruch zu bestätigen oder zu hinterfragen. Die notwendige Auseinandersetzung erfordert aber auch, einen

---

[587]   Vgl. *Lenelis Kruse*, Räumliche Umwelt, Berlin/New York 1974; *Friedemann Maurer*, Räumliche Umwelt und Identität; in: Wege zum Menschen – Monatsschrift für Arzt und Seelsorger, Erzieher, Psychologe und soziale Berufe, 34. Jg., Göttingen 1982, S. 193–204.

neuen Blick für die bisherige Wirklichkeits- und Weltsicht zu entwickeln, also die gewohnte Wahrnehmung zu ändern und so auf neue Erfahrungen mit sich selbst und in der Lebensregion zu stoßen.

9.6.1 ›Übergänge – Schwellen und Passagen‹ aus der Sicht lebensweltlich orientierter Religion

9.6.1.1 Lernfeld 1: Grenzerfahrungen

Im Sinne eines phänomenologiedidaktischen Ansatzes werden für das hier zu skizzierende Unterrichtsthema Religion und Alltag komplementär verstanden. Das setzt allerdings voraus, dass Religion nicht auf ihre stabilisierende und beruhigende Funktion beschränkt wird, und dass der Alltag nicht als entfremdeter und eindimensionaler Ort der Lebensgestaltung aufzufassen ist. So wird auch die Religion nicht gewichtet nach der Möglichkeit, die ihr anvertrauten Subjekte zur Ausbeutung freizugeben. Vielmehr soll das Potenzial der Religion sich darin entfalten, Ordnungen zu stören und das Bestehende kritisch zu hinterfragen. Religion erweist sich dann als Kommentatorin zu lebens- und weltgeschichtlichen Erfahrungen, indem sie zur Beunruhigung selbstverständlicher Wahrnehmungen beiträgt, sich als Artikulationshilfe für Ungewissheiten, Befremdliches, Ungeschütztes und Unbehaustes erweist. Sie kommt zur Sprache bei Grenz- und Krisenerfahrungen, deren existenzielle Chancen sie aufzeigt; sie nimmt ihre Gestaltungsaufgabe wahr, wenn sie Unterbrechungen und Diskontinuitäten, Übergänge und Schwellenzustände durch Rituale und Spiel, durch Reflexion und Nachdenklichkeit produktiv bewältigt. Damit hat Religion ihren Ort an den Übergängen und Schnittstellen des Lebens. In dieser Randständigkeit nimmt sie die Differenz zur Welt wahr, hält sie aus und gibt ihr Sprache. So nimmt sie den Überschuss des Alltags gegen den Positivismus auf als einen Mehrwert, mit dem sie auf Fragen in Übergangssituationen von Menschen reagiert, die mit tragfähigen Antworten rechnen.[588]

9.6.1.2 Lernfeld 2: Passage und Augenblick: alltägliche Transzendenzen

Dort, wo der Alltag aus der Selbstverständlichkeit seines Verlaufs heraustritt, wo er als fraglich erlebt wird und auf Möglichkeiten verweist, in denen die erlebte Realität ganz anders sein könnte, also an oder zwischen den lebensgeschichtlichen Phasen der Menschen, wird er mehrdeutig. Erfahrungen an diesen Schnittstellen des Lebens, an seinen Schwellen, stellen bisher gemachte Erfahrungen und Einstellungen zur Wirklichkeit vor die Notwendigkeit der Revision. Der neue Blick, die neue Wahrnehmung auf Gewohntes und Selbstverständliches, lassen bereits

---

[588]   Vgl. *Henning Luther*, Religion und Alltag, a.a.O., S. 212ff.

im Alltag, und nicht erst außerhalb, exterritorial, diese Unterbrechungen und Passagen als religiös erscheinen. Erfahrungen, die unseren Alltag innerhalb des alltäglichen Verlaufs unterbrechen und sich als Phänomene des Übergangs, als Grenzen- und Krisenerlebnisse, als Verunsicherungen und Ahnungen ganz anderer Möglichkeiten erweisen, transzendieren das Hergebrachte. Das Subjekt erlebt sich im Scheitern oder Gelingen seiner Lebensgeschichte; es thematisiert seinen Schmerz und seine Sehnsucht, seine Trauer und Hoffnung zwischen Verlorenem und zukünftig zu Erlangendem: Es steht an der Schwelle zum ganz Anderen mitten im Alltäglichen.[589]

Zu diesen Schwellenerfahrungen, an denen ein Lebens- und Erfahrungsbereich in einen anderen übergeht, gehören z.B. Wachen und Schlafen, Gesundheit und Krankheit, Leben und Tod, aber auch der Gang von einem Raum in einen anderen, Drinnen und Draußen, Abreisen und Ankommen, Trennung und Gemeinsamkeit, Abschied und Begrüßung, Diesseits und Jenseits, Ordnung und Unordnung, Fremdes und Eigenes, Tag und Nacht.[590]

9.6.2 ›Übergänge – Schwellen und Passagen‹ aus der Sicht lebensweltlich orientierter Ethik

9.6.2.1 Lernfeld 1: Lebensübergänge

Übergänge sind ein Phänomen jeder Lebensgeschichte. Dabei verlaufen diese Übergänge zumeist nicht kontinuierlich oder linear. Sie sind vielmehr von einer Dynamik beherrscht, die in ihrer Eigenart begründet liegt, Unterbrechungen von Routinen und Eingefahrenem zu sein. Übergänge stören die gewohnten Ordnungen, indem sie Diskontinuitäten ins Leben bringen. Sie destabilisieren das Gewohnte, denn sie sind Durchgänge zu einer neuen Ordnung, die erst gefunden werden muss.[591]

Vor diesem Hintergrund kann der Themenaspekt »Übergänge« unter anderem eingebunden werden in die Diskussion über Wachstums- und Reifeprozesse zwischen Kindheit, Jugend und Erwachsenenalter. Auf der individuellen Ebene können Lebensübergänge zur Sprache kommen durch Erlebnisse und Erfahrungen mit (vor-) schulischen Übergängen von der Krabbelstube und dem Kindergarten zur Grundschule sowie zu den weiterführenden Schulformen. Auch Erfahrungen und Beobachtungen mit kirchlichen Initiationsriten wie Taufe, Konfirmation und Kommunion, Eheschließung, Ordination, Buße, Abendmahl und Be-

---

[589] Ebd., S. 246–256.
[590] Vgl. *Bernhard Waldenfels*, Ordnung im Zwielicht, a.a.O., S. 28–31; vgl. ders., Der Stachel des Fremden, a.a.O., S. 28–40.
[591] Vgl. *Manfred Josuttis*, Lebenslauf und Passageriten; in: *Helga Egner* (Hg.), Lebensübergänge oder Der Aufenthalt im Werden, Solothurn und Düsseldorf 1995, S. 169–183.

stattung, gehören in den erzieherisch-bildenden-lebensweltlichen Erfahrungsbereich der Schüler.[592] Im Umfeld von Gesundheit und Krankheit, Erfolgen und Misserfolgen, Unfällen, Jung- und Alt-Sein, von Stabilität und Krisen, von Beziehungen in Freundschaft und Partnerschaft, von Familiengründungen, bis zu Wahrnehmungen in der Familie oder dem Freundes- und Bekanntenkreis über berufliche Veränderungen, lassen sich Phänomene des Übergangs aufarbeiten. Biblische Texte, die auf Wendungen und Veränderungen im Hörer, auf Unterbrechungen des Alltags gerichtet sind, mit denen Übergänge zu veränderten Ausblicken auf das Leben möglich werden, stellen die Gleichnisse dar. Sie bieten die Möglichkeit, von Alltagserfahrungen zu erzählen, die aus dem Alltag heraus auf überraschende, neue Perspektiven des Lebens verweisen, mit denen Gott ins Denken einfallen kann.[593]

9.6.2.2 Lernfeld 2: Die Spur des Anderen

Für die Arbeit in der Oberstufe sind phänomenologische Texte geeignet, mit denen Themenkreise wie die »Beziehung zum Anderen«, »Verantwortung«, und »Autonomie« aus ethischer Sicht[594], »Grenzbetrachtungen«, »Schwellenerfahrungen« und »Wahrnehmung«[595] aus philosophischer Perspektive im Unterricht zur Behandlung kommen. Dabei nimmt der ethische Ansatz seinen Ausgangspunkt vom Antlitz des anderen Menschen, der philosophische von seinem Leib. Damit gewährleisten die Textgrundlagen umfassende Möglichkeiten für einen ganzheitlich-subjektorientierten Unterrichtsprozess.

9.6.3 ›Übergänge – Schwellen und Passagen‹ aus der Sicht lebensweltlich orientierter Ästhetik

9.6.3.1 Ästhetik und Wahrnehmung

Im Rahmen des Themas »Übergänge – Schwellen und Passagen« sind besonders Bildbetrachtungen angemessen, die mit Metamorphosen und Transformationen der Wirklichkeit spielen. Für den Betrachter sollten Beobachtungen möglich wer-

---

[592] Vgl. *Georg Schwikart*, Die Feste im Lebenslauf; in: Ders., Basiswissen Christentum, Gütersloh 2000, S. 66–70

[593] Vgl. *Emmanuel Lévinas*, Wenn Gott ins Denken einfällt – Diskurse über die Betroffenheit von Transzendenz, Freiburg/München 1988; *Bernd Casper* (Hg.), Gott nennen – Phänomenologische Zugänge, Freiburg/München 1981.

[594] Vgl. ders., Die Spur des Anderen, Freiburg/München 1992; ders., Totalität und Unendlichkeit, Freiburg/München 1993; ders., Jenseits des Seins oder anders als Sein geschieht, Freiburg/München 1992.

[595] Vgl. *Bernhard Waldenfels*, Der Stachel des Fremden, a.a.O.; ders., Ordnung im Zwielicht, a.a.O.; vgl., *Maurice Merleau-Ponty*, Phänomenologie der Wahrnehmung, Berlin 1966; ders., Das Sichtbare und das Unsichtbare, München 1994.

den, deren Charakter die Mehrdimensionalität und Relativität der Wahrnehmungen erlebbar macht. Mit der Pluralität der Perspektiven, wie sie das Kunstwerk anbietet, können so die Übergänge zwischen verschiedenen Ordnungen bewusst werden.

9.6.3.1.1 Lernfeld 1: ›Übergänge‹ in der Darstellenden Kunst

Die Lithographien *M.C. Eschers* bieten vielfältigste Möglichkeiten zur Einlösung der oben skizzierten ästhetischen Absicht. In seinen Arbeiten kommen Erfahrungen zum Ausdruck, die mit der sichtbaren Wirklichkeit und ihren räumlichen Strukturen durch Spiegelungen, Aneinanderreihungen, Maßstabsverschiebungen, Verwandlungen von abstrakten in lebende Motive, Suggestionen und Transformationen, so facettenreich umgehen, dass für Wahrnehmungen zwischen Endlichem und Unendlichem jeglicher Raum geöffnet ist.[596] Mit Arbeiten aus dem Kubismus, Dadaismus und Surrealismus sind vergleichbare Möglichkeiten gegeben, Phänomene des Übergangs erfahrbar zu machen.[597]

9.6.3.1.2 Lernfeld 2: ›Übergänge‹ in der Literatur

Die vielfältigsten Schwellen und Passagen des Lebens, zentriert auf sinnliche Erfahrungen im pulsierenden Alltagsleben einer Stadt, spiegeln die Geschichten von James Joyce's »Dubliners«, die Romane von John Dos Passos »USA« sowie Robert Musils »Der Mann ohne Eigenschaften« und Alfred Döblins »Berlin Alexanderplatz« wider. Die Figuren der genannten Texte agieren in einer Wirklichkeit, die von der Vision anderer Zustände, von der Utopie neuer Möglichkeiten und Transformationen, getragen wird. Ähnlich wie in den Beispielen zur darstellenden Kunst bieten die literarischen Werke komplexe Deutungen für existenzielle Wandlungen und Änderungen, die den Alltag im Alltag mehrdimensional transzendieren.

9.6.4 ›Übergänge – Schwellen und Passagen‹ aus der Sicht lebensweltlich orientierter Philosophie

9.6.4.1 Lernfeld 1: Auf der Schwelle: Schwellen- und Grenzerfahrungen

Lebensweltlich ausgerichtete Philosophie, die unter dem Stichwort der Schwellenerfahrungen auftritt, praktiziert ein ›Denken in Übergängen‹, das an Bruchstellen

---

[596]   Die Welten des *M.C. Escher*, Herrsching 1971.
[597]   Stellvertretend seien genannt für den Kubismus *Pablo Picasso*, für den Dadaismus *Tristan Tzara* und für den Surrealismus *René Magritte, Salvador Dalí, Joan Miró* und *Max Ernst*.

in kulturell-sozialen Ordnungen auftritt und sich von daher vor allzu schnell herbeigeführten Definitionen und Argumentationen bewahrt. Schwellenerfahrungen, die in diesem Lernfeld zu Wort kommen, treten in Lebens- und Erfahrungsbereichen von Wachen und Schlafen, Gesundheit und Krankheit, Leben und Tod auf. Sie sind zu finden in räumlichen Übergängen beim Verlassen und Betreten eines Raums, beim Abreisen und Heimkommen. Schwellenerfahrungen bekunden sich in Heimweh und Fernweh, in Berufs- und Zukunftsangst. Es sind Schwellenerfahrungen, mit denen das Subjekt in der Moderne zu den überkommenen allumfassenden Vernunftordnungen auf kritische Distanz geht.

9.7 Fazit und Perspektive

Mit den Unterrichtsthemen »Religion und Alltag«, »Mensch und Raum« sowie »Übergänge – Schwellen und Passagen« wurden konkrete phänomenologiedidaktische Praxismodelle vorgestellt. Die drei Themen rücken die Lebensweltorientierung auf eine Weise in den Mittelpunkt der Unterrichtsgestaltung, die es möglich macht, fächerverbindend in der Fachgruppe Religion – Ethik – Philosophie zu arbeiten. Dabei fördert der Lebensweltansatz ein subjektorientiertes Lernen, durch dessen Anwendung die Wahrnehmung leiblicher Wirklichkeit, also die Realität multipler Erfahrungen zwischen fragmentarischen, unabschließbaren und empathischen Lebensprozessen, Aufmerksamkeit findet. Es soll die Fähigkeit der Schüler entfaltet werden, gelebte Formen religiöser, ethischer und philosophischer Orientierung zu erkennen und handelnd zu verwirklichen.

Der Blick in den Alltag und die Lebenswelt der Schüler ermöglichen im Unterrichtsprozess subjekthaltige Perspektiverweiterungen, da so Wahrnehmungen aus der Umklammerung von lenkbaren pädagogischen Zielvorgaben befreit werden. Mit der Ausrichtung des Unterrichts auf alltagsorientierte Erfahrungen kommen nichtnormierbare Wirklichkeitsgehalte zum Tragen, mit denen die Erschließung rein faktischer Erkenntnisse relativiert werden kann. Lebensweltliche Bezüge bringen komplexe Formen der sinnlich-leiblichen Erlebnisse in die Gruppenprozesse ein, mit denen sich neue Erfahrungen über bereits vertraute Wahrnehmungen hinausführen lassen.

Wenn sich also der Unterricht in Religion, Ethik und Philosophie an phänomenologischen Prinzipien ausrichtet, kann damit gewährleistet werden, dass gelebte Formen von Wirklichkeit Orientierungs- und Handlungsmöglichkeiten für die gegenwärtige und zukünftige Lebensgestaltung bereitstellen.

10. KAPITEL: RÜCKBLICK UND AUSBLICK

10.1 Rückblick: Der wissenschaftliche Ertrag einer phäno-menologischen Erziehungs- und Bildungstheorie

Da es eines der zentralen Anliegen des phänomenologischen Selbstverständnisses ist, subjektorientiert-lebensweltliche Erfahrungen in eine kritische Relation zur Evidenz positivistisch-wissenschaftlicher Methodik zu stellen, fand ich es gerechtfertigt, meine Untersuchungen zur Tragweite der phänomenologischen Erziehungs- und Bildungstheorie mit der Darstellung einer persönlichen pädagogischen Skizze zu beginnen. Das erste Kapitel der vorliegenden Arbeit geht von daher auf den subjektiven Boden zurück, auf dem ich sowohl an der Universität als auch im Referendariat religionspädagogisch zu unterrichten lernte. Ein Blick in die gegenwärtige religionspädagogische Praxis und deren Einschätzung führt sowohl zu einer Rückblende auf zentrale religionspädagogische Konzeptionen als auch zu notwendigen weiterführenden Perspektiven.

Mit dem Einleitungsteil kommt das marxistisch orientierte politische Umfeld der Zeit zu Wort, das in den späten sechziger und beginnenden siebziger Jahren des vergangenen Jahrhunderts die pädagogischen Diskussionen an der Universität beeinflusste und den Emanzipationsbegriff in den Vordergrund stellte. Meine Ausführungen wollen klar machen, dass Selbstbestimmung zur pädagogischen Leitlinie der Schülerorientierung und der Inhalte des Religionsunterrichts werden konnte, weil einerseits die gesellschaftlichen Umbrüche ein Bewusstsein fördern halfen, das in kritischer Reflexion pädagogische Traditionen und Normen auf deren Tragfähigkeit überprüfte, und es andererseits schulimmanent deutlich wurde, dass die bisherigen pädagogischen Konzeptionen des Religionsunterrichts die Schüler nicht mehr ansprachen. Diesen gesellschaftlichen und schulinternen Gegebenheiten konnte sich der Religionsunterricht nicht länger verschließen. Die Revision der religiösen Erziehung, wie sie sich im Rahmen der ›Politischen Theologie‹ anbahnte, nahm dabei Gestalt an in Form von Impulsen zur Aktualisierung des Unterrichts durch gesellschaftsrelevante Themen und der Veränderung von Schüler- und Lehrerrollen. Die Gegenwartsorientierung geriet aber in Konflikt mit der Didaktisierungsmöglichkeit ihrer originären religiösen Substanz, wobei diese Schieflage zunächst nicht überwunden werden konnte.

Für meine Ausbildung während der Referendariatszeit war es hilfreich lernziel- und problemorientierte Erarbeitungsverläufe im Unterricht zu praktizieren, mit denen sich die Schüler in ihren Erfahrungshorizonten abholen ließen. Der zweite Teil des Hinführungskapitels weist infolgedessen nach, dass ein sozial-affektives Thema wie »Streben nach Glück« für die Sekundarstufe I oder ein

Lernbereich »Glaube und Naturwissenschaft« für die Sekundarstufe II bei den Schülern deshalb auf Interesse stießen, weil altersgemäße Orientierungen auf der emotionalen und gesellschaftlichen Ebene zur Sprache kamen. Deutlich rationalere Fragestellungen, wie sie im Umfeld von ›Glauben und Wissen‹ einen Blick in die gegenwärtige Unterrichtspraxis ermöglichen, zeigen die fachwissenschaftlichen Gehalte, zugleich aber auch die Begrenzungen des Themas im persönlichen Nahbereich der Schüler und die daraus folgenden didaktischen Konsequenzen, wie ich sie in einer persönlichen Reflexion innerhalb des Kapitels vorstelle.

Ein Rückblick zu den didaktisch-methodischen Konzeptionen der Religionspädagogik, wie er im zweiten Kapitel vorgenommen wird, verweist auf die Möglichkeiten aber auch die Mängel der unterschiedlichen religionspädagogischen Modelle von der Evangelischen Unterweisung über den hermeneutischen Religionsunterricht bis zu seiner curricularen Planung in Form der Lernziel- und Problemorientierung. Im Kern macht das Kapitel deutlich, wie die einzelnen Konzeptionen sich allmählich an die Lebenssituation der Schüler annähern und zu deren gegenwärtiger Lebenswirklichkeit in Beziehung treten. Von einer Abwendung der pädagogischen Verfügung über die Schüler, wie sie phänomenologiedidaktisch beabsichtigt ist, konnte jedoch noch nicht die Rede sein.

Da die im zweiten Kapitel skizzierten didaktisch-methodischen Unterrichtsverfahren noch nicht verdeutlichen konnten, was unter subjektorientiertem Wirklichkeitszugang zu verstehen ist, dient der anschließende Teil des dritten Kapitels dazu, unter Bezug auf die Konzeptionen moralisch-religiöser Urteilsbildung und die Erkenntnisse der kognitiv-strukturellen Entwicklungspsychologie die Lebenswirklichkeit der Heranwachsenden zu entdecken und die darin eingebundene Glaubensentwicklung wahrzunehmen. Mit den Forschungsergebnissen der kognitiv-religiösen Entwicklungstheorie wird es möglich, die inhaltliche Strukturierung des Unterrichts gemäß der jeweiligen altersspezifischen Wirklichkeitsorientierung und der kognitiven Kompetenz der Schüler auszurichten. Hierin liegt ihr Potenzial. Dennoch, so weist es der Erkenntnisstand in diesem Kapitel nach, muss verstehendes Lernen durch den Bezug zur gegenwärtigen Lebensgeschichte der Schüler erweitert werden. Ein stufenbezogenes Perfektionsstreben allein, wie es in der Kognitionspsychologie angelegt ist, das die geschichtlich-kontingente Subjekthaltigkeit der Heranwachsenden übergeht, kann nicht identitätsbildend wirken. Kinder und Jugendliche haben vielmehr, speziell unter theologischer Perspektive, das Recht, anders zu werden, als es vorgegebene Stufenmodelle erwarten lassen.

Um die Anbindung von Lernprozessen an die Lebensgeschichte der Schüler zu verwirklichen und gleichzeitig linear-operationalisierte Verfahren zu durchbrechen, erweist sich das phänomenologisch ausgerichtete Lernverständnis, wie es im vierten Kapitel dieser Arbeit vorgestellt wird, als weiterführende pädagogische Perspektive. Unter phänomenologischem Blick wird deutlich, dass subjektorientiertes Lernen die Fähigkeit meint, Fragmentarisches, Ambivalentes und Unabschließbares für einen lebensweltlich orientierten Lernweg geltend zu machen. Lebensweltliche Rationalität nimmt die Brüchigkeit unserer endlichen Existenz und damit die Unvollkommenheit von Lernvollzügen ernst. Subjekthaltiger Unterricht stellt also Bezüge her zu den Erlebnissen der Heranwachsenden in kontingent-leiblichen Wirklichkeitsformen, die ergänzend und erweiternd instrumentell-objektivierbare Lernziele relativieren.

Das anschließende fünfte Kapitel weist nach, dass sich subjekthaltige Perspektiverweiterungen dann ermöglichen lassen, wenn Wahrnehmungen aus der Begrenzung von Instrumentalisierungen herauswachsen. Dies geschieht phänomenologisch durch den Blick in den Alltag und die Lebenswelt der Menschen. Eine leiblich-zweckunabhängige Wahrnehmung, wie sie hier geschieht, lenkt die Aufmerksamkeit auf eine Wirklichkeit, in der die Irritationen des Selbstverständlichen Befremdliches und Unerwartetes freilegen. Diese phänomenologische Sicht macht aufmerksam auf Realitätsvollzüge, die jenseits des Faktischen objektives Denken in der sinnlichen Anschauung auf einen Wirklichkeitsüberschuss hin erweitern, wie er durch den Einsatz ästhetischer Mittel und Verfahren im Unterricht initiiert werden kann. Religionspädagogik als Ästhetik, so soll es dieses Kapitel verdeutlichen, zielt auf die Verwandlung der Wirklichkeit, so dass ästhetische Methoden zu verstehen sind als Widerstandspotenziale gegen die Reduzierung von Erfahrungen auf das Überprüfbare. Sie greifen menschlich-subjektive Existenzphänomene vielmehr leiblich auf und rehabilitieren damit die sinnlichen Anteile des Daseins. Ästhetisches Verhalten befreit so aus Verfügungen und verweist auf die Tiefenstruktur der Weltwirklichkeit.

An dieser Stelle kann eine theologische Deutung von Bildung ansetzen, mit der Menschsein als unverfügbare, über das Weltverhältnis hinausweisende, Existenzform anzusehen ist. Theologisch verstandenes Menschsein, wie es im sechsten Kapitel unter dem Thema ›Erfahrung, Glaube und Bildung‹ zur Darstellung kommt, meint somit eine Existenzweise, die auf das Reich Gottes als ›Sehnsucht nach dem ganz Anderen‹ verweist. Mit diesem Gedanken wird die Alltagswelt auf eine andere Wirklichkeit hin unterbrochen, die ihr theologisches Bildungsziel auf die Befähigung zur Artikulation von Anfechtungen, Sehnsüchten und Hoffnungen richtet. Der Glaube wird in diesem Kontext zu einem Impuls für die Fähigkeit über vordergründige Einverständnisse mit den Dingen hinaus zu gehen und in die Einbindung mit dem Letztgültigen zu führen. Religionspädagogische Bildung setzt es sich dabei zum Ziel, Konstitutionsbedingungen zu schaffen, die den Erfahrungs- und Erkenntniszuwachs der Schüler für die selbstbestimmte Mitarbeit in den Feldern Gerechtigkeit und Freiheit, dem Abbau von Herrschaft und der Hilfe für Schwächere fördern helfen, um so das eigene Handeln wie das Ich-Fremde des anderen Menschen verstehen zu lernen.

An dieser Stelle verweist meine Darstellung darauf, dass es das Verdienst phänomenologisch orientierter Pädagogen ist, nach einer langen Phase der Wahrnehmungsverleugnung kindlicher Selbst- und Weltverhältnisse den Blick in die Erfahrungsräume von Kindern und Heranwachsenden gerichtet zu haben, ohne sich von einer vorkonstruierten Theorie leiten zu lassen. Denn nach phänomenologischer Lesart ist die Wirklichkeit kindgemäß-originärer Erfahrungen und Erlebnisse in deren Alltag und Lebenswelt zu entdecken. Hier entwirft sich die Subjekthaltigkeit der Heranwachsenden in ursprünglichen und unverstellten Verhaltens- und Einstellungsweisen. Die Ausrichtung an diesem Subjektverständnis ist zur entscheidenden Leitlinie phänomenologischen Erziehungshandelns geworden, zumal sich damit sein kritisches Potenzial gegenüber verfügenden und vorausbestimmenden pädagogischen Zielen entwirft.

Phänomenologisch orientierte Bildungsgrundlagen heben somit die Bedeutung leiblicher Subjekthaltigkeit hervor, um dem Bewusstsein der Endlichkeit von menschlichen Gestaltungsmöglichkeiten Raum zu geben. Im Sinne eines existenziellen Wirklichkeitsverständnisses bereitet die phänomenologische Erziehungstheorie auf diese Weise den Boden für die Wahrnehmung kontingenter Lebensvollzüge. Das Unvollkommene, Krisenhafte, Brüchige und Außergewöhnliche sind Erkenntnisformen, denen infolgedessen im Lernprozess ebenso viel Aufmerksamkeit zu widmen ist wie dem anscheinend eindeutig Berechenbaren. Im gegenseitigen Austausch werden unvollendete Erkenntnisweisen auf dem Weg intersubjektiver Wahrnehmungen ihrer Vervollkommnung zugeführt. Dass dabei das Moment der Zwischenleiblichkeit, das Anderssein des Anderen, als Ausdruck für die unterschiedlichsten lebensgeschichtlichen Zugänge zum anstehenden Problemfeld sozial bedeutend wird, gehört zur phänomenologischen Aufmerksamkeitshaltung.

Das phänomenologische Erziehungsverständnis stellt sich somit kritisch zu vorgegebenen Handlungsbegriffen, die zielgerichtet ein Endverhalten anvisieren und dadurch zweckunabhängiges Erkennen erschweren. Imaginativ-kreative Wahrnehmungen zu fördern, führt nach phänomenologischem Verständnis hingegen zur Erweiterung des Wirklichkeitshorizontes. Diese Weise des Sehens ermöglicht auch das Einfühlen in Schmerz und Leid, in Hoffnung und Vertrauen, wodurch die lebensweltlichen Erfahrungen des Subjekts mitbestimmt sind.

Phänomenologisches Erziehungs- und Bildungshandeln macht folglich empathische Handlungsformen stark, mit denen durch die Wahrnehmung z.B. der Fragmentarität von Leben im Alltag Sinndeutungen möglich werden, die sich aus der Umklammerung institutioneller Vorgaben befreien und praktisch gelebte Formen von Religion, Ethik und Philosophie verwirklichen. Wahrnehmen wird hier zu einem Verstehensvorgang, mit dem sich das Individuum dem Leben aussetzt und so zum Teilnehmenden und Handelnden generiert. Damit stellt es sich außerhalb eingefahrener, gewohnter und selbstverständlich gewordener Wege und transzendiert sein Dasein.

Phänomenologisch fundierter Unterricht greift die angesprochenen Grundprinzipien des Erziehungs- und Bildungshandelns wie Subjekthaltigkeit, Leiblichkeit, Kontingenz, Wahrnehmung und Aufmerksamkeit sowie Alltag und Lebenswelt auf. So stellt er den Schüler in die Wirklichkeit seiner unmittelbaren Erfahrungsfelder, um von da aus gelebte und erlebnishaltige Formen von Religion, Ethik und Philosophie lebensbedeutsam zu verorten und praktisch werden zu lassen. Lebensweltlich gestalteter Unterricht kann in der Form dieses Fächerkanons bisherige pädagogische Verfahren entschränken und zu einem Wirklichkeitsbewusstsein führen, mit dem er die ›conditio humana‹ in verstärktem Maß als produktive Differenz funktionalen Regelhaftigkeiten an die Seite stellt.

Die Kapitel sechs und sieben der vorliegenden Arbeit stellen schulisch-religiöse Bildung folglich aus phänomenologischer Sicht in den Rahmen eines subjekthaltigen Kompetenzprofils, weil es sowohl Wahrnehmungs- und Kommunikations- als auch Gestaltungskompetenz einschließt. Indem die Wahrnehmungen der Heranwachsenden selbst zu Wort kommen und sich an der konkret erfahrbaren lebensweltlichen Wirklichkeit orientieren, liegt die Leistung des Subjekts darin, seinen Lernprozess als Lernen am gelebten Leben zu verstehen. Die religiös-theologisch ausgerichtete Bildung stellt hier den Begriff der Gottebenbildlichkeit als Leitkategorie in den Mittelpunkt, mit dem sich das Menschsein qualifiziert. Denn Personalität und Subjektwerdung gründen in Gottes schöpferischem Handeln am Menschen, indem seine Würde, seine Beziehungsfähigkeit, Geschöpflichkeit und Endlichkeit, vor allem aber seine Transzendenzfähigkeit die selbstbestimmte Gestaltung des Lebens konstituieren. Das theologische Bildungsverständnis formuliert aus der Gottebenbildlichkeit des Menschen heraus ein autonomes Persönlichkeitskonzept, das die Befähigung zur Krisenbewältigung und die Wahrnehmung von eigener und fremder Fragmentarität einschließt. Aus phänomenologischer Sicht, so will es das Kapitel zeigen, haben von daher Glaube, Religion und Bildung ihren Boden im Gedanken der Gottebenbildlichkeit, der in seiner letzten Konsequenz die Unverfügbarkeit der Person meint. In diesem Freiheitsverständnis ist sowohl das Gelingen als auch das Scheitern Bestandteil des menschlichen Existenzvollzugs. Die befreiende Kraft des Gesprächs kann hier identitätsstiftend zur verantwortlichen Teilhabe an der Gestaltung der Zukunft führen und dabei den anderen Menschen in seiner Einmaligkeit und Besonderheit wahrnehmen und annehmen.

Mit dem achten und neunten Kapitel führt die vorliegende Arbeit zu Perspektiven einer alltags- und lebensweltlichen Didaktik und Methodik, aus denen heraus es möglich wird, den dargelegten phänomenlogischen Erziehungs- und Bildungsgehalt für unterrichtspraktische Absichten fruchtbar zu machen. Zur Entfaltung dieser Sichtweisen ist es grundlegend, lebensweltliche Wirklichkeit als

die Eröffnung eines didaktisch-methodischen Weges zu verstehen, der die ursprünglichen Erfahrungen und Sachverhalte sowie die natürlichen Einstellungen
und Erlebnisse der Heranwachsenden, zum Boden mehrdeutiger Unterrichtsprozesse macht. Unabhängig von der Bewertung durch wissenschaftliche Modelle soll
die Wirklichkeit beschreibend-wahrnehmend und dialogisch-variierend in den
Blick kommen. In der Konsequenz dieser Voraussetzungen ergibt sich die Notwendigkeit, lebensweltorientierten Unterricht fächerverbindend zu gestalten, insofern Lebenswelt- und Alltagserfahrungen für jedes Fach Boden- und Horizont-
funktion übernehmen und damit Atomisierungen entgegenwirken können. Besonders aber fächerübergreifendes Handeln wird lebenswelt- und alltagsorientiert
möglich, wenn sich der Unterricht in den Nahbereich der Schüler öffnet und so
auf Spuren des Religiösen z.B. im städtischen Umfeld stößt: Es geht also darum,
den Glauben aus dem Leben selbst, sozusagen »vor Ort« und aus der existentiellen
Wirklichkeit der Betroffenen zu entwickeln. Diese Ziele können im Unterricht
unter anderem realisiert werden im Rahmen des Themas »Religion im Alltag«.
Mit den Bereichen »Mensch und Raum« sowie »Übergänge, Schwellen und Passagen« lässt sich religiös-ethisch als auch philosophisch arbeiten. Die abschließenden
Kapitel acht und neun stellen die Lernfelder für diese Themen phänomenologiedidaktisch vor.

10.2 Ausblick: Perspektiven einer phänomenologischen Bildung

Zusammenfassend dargestellt weist die phänomenologische Erziehungs- und Bildungstheorie den Weg für eine zukunftsfähige Bildung, indem sie

1. bisherige religionspädagogische Konzeptionen um die Lebensweltori-
    entierung als pädagogisches Verfahren erweitert. In diesem Kontext
    wird die erfahrbare Wirklichkeit des Alltags zum Feld des pädagogi-
    schen Handelns. Die eindimensionale Rationalität szientistischer Le-
    bensdeutungen wird damit durch den Bezug auf Kontingenzen in
    der menschlichen Lebenspraxis vermieden, und es kommt zur Her-
    vorbringung von Wissen, das im selbstbestimmten Handeln zu sei-
    nen Erkenntnissen findet,

2. die Gegenwart von Religion im Subjekt wiederentdeckt. Der Erzie-
    hungsauftrag lautet hier die Fähigkeit zur Empathie so zu entwickeln
    helfen, dass menschliches Erleben und Erleiden, dass Sehnsucht und
    Schmerz als religiöse Erfahrungen wahrgenommen werden, die unser
    Dasein über empirische Wirklichkeitsdeutungen hinausgehend

bestimmen und auf die Unabgeschlossenheit unserer Existenz verweisen. Es handelt sich um Erfahrungen, die wir im Alltag machen, ihn aber zugleich unterbrechen und an dieser Schnittstelle Lernen als die Fähigkeit zum Mitgefühl, zur Barmherzigkeit und zur Hilfsbereitschaft als eminente religiöse, ethische und philosophische Kategorien erkennen lassen,

3. die Wirklichkeitsdeutung als Befähigung zum Transzendieren des Faktischen versteht. Im Sinne einer poetischen Didaktik wird sich der Lehrende von dem pädagogischen Leitbild der didaktischen Machbarkeit von Unterrichtsverfahren distanzieren müssen, wenn er Freiräume für eine Wirklichkeit schaffen will, die nach phänomenologischer Lesart Fragilitäten und Labilitäten im Unterrichtsverlauf Raum gibt. Die Unterrichtsgestaltung generiert dann zu einem prozesshaften Verfahren, das sich jenseits des Regelhaften bewegt, weil sie die produktiven Unwägbarkeiten und Irritationen, wie sie aus der Lebenswelt der Schüler hervorgehen, aufgreift,

4. prozesshaft die Fähigkeit fördert, die existentiellen Bedürfnisse, wie sie in der Lebenswelt zum Ausdruck kommen, deutlicher wahr zu nehmen. Dabei geht es in zwischenmenschlichen Begegnungen um die Verstärkung der Aufmerksamkeit für das Gegenüber. Genaues Hinhören und Zuhören, gemeinsames Suchen und Fragen, machen hier die Qualität einer Subjekthaltigkeit aus, mit der sowohl das eigene, besonders aber das fremde Ich leiblich zueinander in Beziehung treten lernen,

5. eine Gegenbewegung fördern hilft zu Normierungen und Dogmatismen. Hier ist es das Anliegen phänomenologischer Erziehungshaltungen, reine zweckrationale und verdinglichte Verfahren durch den Bezug auf Alltagserfahrungen zu entschränken und mit und durch Eigenbewegungen zu dynamisieren und aus normativen Verfestigungen zu lösen. Phänomenologische Bildung kann sich so als Lebensbegleitung verstehen, mit der die Lebensgeschichte des Schülers in den Mittelpunkt des Unterrichts rückt. In diesen Lebensgeschichten kommen Ahnungen und Spuren vor, die für religiöse, ethische und philosophische Erziehungs- und Bildungsprozesse relevant sind.

Phänomenologische Forschung, wie sie im Anschluss an die Philosophie *Edmund Husserls* entwickelt wurde, ermöglicht es auf den Feldern der Praktischen Theologie und Religionspädagogik sowie einer Didaktik der Ethik und Philosophie eine Lücke zu schließen. Denn mit der Phänomenologie als Bezugswissenschaft wird die Option für einen Wirklichkeitsbezug möglich, der die empirische Erschließung von Wirklichkeit aus ihrer methodischen Verengung befreit, durch die sie

Handlungsorientierungen rein funktionalistisch auf regelhaftes Verhalten beschränkt. Das phänomenologische Interesse richtet sich vielmehr auf ein Wirklichkeitsverständnis aus, das diese Einengungen entschränkt und existenzielle Unwägbarkeiten des Alltags und der Lebenswelt aufgreift, um so Erfahrungen Raum zu geben, mit denen die Aufmerksamkeit für das Kontingente erziehungs- und bildungspraktische Lebensbedeutsamkeit erhält. Phänomenologische Orientierung nimmt an dieser Stelle ihre Möglichkeit wahr, sich auf die vieldeutigen subjekthaltigen Erfahrungshorizonte von Menschen einzulassen und damit offen zu sein für gelebte Formen ihrer Teilhabe an der Kultur.

LITERATURVERZEICHNIS

Ansorge, Dirk,/Ingenhoven, Christoph, Overdiek, Jürgen (Hrsg.), Raumerfahrungen, Münster 1999.

Bachelard, Gaston, Poetik des Raums, Frankfurt 1987.

Beuscher, Bernd/Schroeter, Harald/Sistermann, Rolf (Hg.), Prozesse postmoderner Wahrnehmung: Kunst – Religion – Pädagogik, Wien 1996.

Berg, Christa, Aufwachsen in schwieriger Zeit; in: Aufwachsen in schwieriger Zeit – Kinder in Gemeinde und Gesellschaft, EKD (Hg.): Synode der Evangelischen Kirche in Deutschland, Gütersloh 1995.

Bergmann, Werner, Lebenswelt, Lebenswelt des Alltags oder Alltagswelt; in: Kölner Zeitschrift für Soziologie und Sozialpsychologie, Jg. 33, 1981, S. 50–72.

Beutler-Lotz, Heinz-Günther, Titanic – Der Film: Unterrichtsanregungen für den RU und KU; in: Religion heute 33/März 1998, Seelze-Velber 1998, S. 14–23.

Biehl, Peter, Religionspädagogik und Ästhetik; in: *Biehl, Peter/Bizer, Christopher/Heimbrock, Hans-Günter*, Jahrbuch der Religionspädagogik 5, Neukirchen-Vluyn 1984.

Ders., Der phänomenologische Ansatz in der deutschen Religionspädagogik; in: *Heimbrock, H.-G.*, Religionspädagogik und Phänomenologie – Von der empirischen Wendung zur Lebenswelt, Weinheim 1998.

Ders., Wahrnehmung und ästhetische Erfahrung – Zur Bedeutung ästhetischen Denkens für eine Religionspädagogik als Wahrnehmungslehre; in: *Grözinger, Albrecht* und *Lott, Jürgen* (Hg.), Gelebte Religion, Rheinbach-Merzbach 1997.

Ders., Was ist Erfahrung? – Erfahrung als hermeneutische, theologische und religionspädagogische Kategorie; in: *Ders.*, Erfahrung, Glaube und Bildung – Studien zu einer erfahrungsbezogenen Religionspädagogik, Gütersloh 1991.

Ders., Die Gottebenbildlichkeit des Menschen und das Problem der Bildung – Zur Neufassung des Bildungsbegriffs in religionspädagogischer Perspektive; in: *Ders.*, Erfahrung, Glaube und Bildung – Studien zu einer erfahrungsbezogenen Religionspädagogik, Gütersloh 1991.

Bollnow, Otto Friedrich, Existenzphilosophie und Pädagogik – Versuch über unstetige Formen der Erziehung, Stuttgart 1962.

Ders., Die pädagogische Atmosphäre – Untersuchungen über die gefühlsmäßigen zwischenmenschlichen Voraussetzungen der Erziehung, Heidelberg 1964.

Ders., Krise und neuer Anfang, Beiträge zur pädagogischen Anthropologie, Heidelberg 1966.

Ders., Die anthropologische Betrachtungsweise in der Pädagogik; in: *König, Erhard/Ramsenthaler, Horst* (Hg.), Diskussion pädagogische Anthropologie, München 1980.

Ders. Mensch und Raum, Stuttgart 1997.

Brockmann, Gerhard/Stoodt, Dieter, Schülerorientierung als Situationserschließung und Situationsbearbeitung; in: *Bauer, Gerhard/Brakelmann, Günter* (Hg.), Wissenschaft und Praxis in Kirche und Gesellschaft, 65. Jhg., Göttingen 1976.

Brömse, Michael, Kunst im Gespräch mit der Religion: Dreizehn bei Tisch – Das Abendmahl des Leonardo da Vinci; in: Religion heute 1/März 1990, Seelze-Velber, S. 58–63.

Buschmann, Gerd, Tell me why – Die Theodizee in der Pop-Musik; in: Religion heute 33/März 1998, Seelze-Velber 1998, S. 24–27.

Danner, Helmut, Phänomenologie; in: *Ders.*, Methoden geisteswissenschaftlicher Pädagogik, München 1994.

Denkschrift der EKD, Maße des Menschlichen, Evangelische Perspektiven zur Bildung in der Wissens- und Lerngesellschaft, Gütersloh 2003.

Ditfurth, Hoimar v., Wir sind nicht nur von dieser Welt: Naturwissenschaft, Religion und die Zukunft des Menschen, Hamburg 1981.

Dürr, Hans-Peter/Meyer-Abich, Klaus Michael/Mutschler, Hans-Dieter/Pannenberg, Wolfhart /Wuketits, Franz M., Gott, der Mensch und die Wissenschaft, Augsburg 1997.

Dürr, Hans-Peter, Physik und Transzendenz, Bern 1989.

Ehrenspeck, Yvonne, Der Ästhetikdiskurs und die Pädagogik; in: Pädagogische Rundschau,50.Jg.,Frankf.1996.

Englert, Rudolf, Wissenschaftstheorie der Religionspädagogik; in: *Ziebertz, Hans-Georg/Simon, Werner*, Bilanz der Religionspädagogik, Düsseldorf 1995.

Esser, Wolfgang, Religionsunterricht so oder so?; in: Ders., Zum Religionsunterricht morgen, München 1971.

Failing, Wolf-Eckart/Heimbrock, Hans-Günter, Von der Handlungstheorie zur Wahrnehmungswissenschaft und zurück; in: Dies., Gelebte Religion wahrnehmen – Lebenswelt – Alltagskultur – Religionspraxis, Stuttgart 1998.

Ders., Bildung: Lebenshilfe statt Lebensdeutung (Rh-Gespräch mit Wolf-Eckart Failing); in: Religion heute 25/März 1996, S. 4–11.

Feifel, Erich, Was ist ästhetische Erfahrung? – Prolegomena einer religionspädagogischen Ästhetik; in: Religionspädagogische Beiträge 30, Zeitschrift der Arbeitsgemeinschaft Katholischer Katechetikdozenten, Dortmund 1992.

Fisch, Eberhard, Kunst im Gespräch mit der Religion: Durch Nacht zum Licht – Zur Symbolik bei Caspar David Friedrich; in: Religion heute 21/März 1994, S. 70–71.

Ders., Kunst im Gespräch mit der Religion: Menschliches und Göttliches – Zur Symbolik bei Carl Spitzweg; in: Religion heute 27/September 1996, Seelze–Velber 1996, S. 216–219.

Ders., Kunst im Gespräch mit der Religion: Kunst aus Leid – Zur Symbolik bei Edvard Munch; in: Religion heute 29/März 1997, Seelze–Velber, S. 65–68.

Ders., Kunst im Gespräch mit der Religion: Farbarchitekturen in der Fläche – Zur Symbolik bei Paul Cézanne; in: Religion heute 38/Juni 1999, Seelze–Velber 1999, S. 134–135.

Fowler, James W., Stufen des Glaubens – Die Psychologie der menschlichen Entwicklung und die Suche nach Sinn, Gütersloh 2000.

Freire, Paulo, Pädagogik der Unterdrückten, Stuttgart/Berlin 1971.

Gmünder, Paul, Entwicklung als Ziel der religiösen Erziehung – Bericht über das Forschungsprojekt: »Entwicklung kognitiver Stufen des religiösen Urteils«; in: Katechetische Blätter 1979.

Goldman, Ronald, Religious Thinking from Childhood to Adolescence, London ⁴1968.

Groothoff, Hans-Hermann, Phänomenologie der Erziehung; in: *Ellmann, Thomas/Groothoff, Hans-Hermann/Rauscheberger, Hans/Roth, Heinrich*, (Hg.), Erziehungswissenschaftliches Handbuch, Berlin 1975.

Grözinger, Albrecht, Praktische Theologie als Kunst der Wahrnehmung, Gütersloh 1995.

Halbfas, Hubertus, Revision der religiösen Erziehung; in: Informationen zum Religionsunterricht 1972 (1.Quartal), Hannover 1972, S. 4–9.

Ders., Revision der religiösen Erziehung II; in: Informationen zum Religionsunterricht 3/1972, Hannover 1972, S. 1–11.

Ders., Revision der religiösen Erziehung III; in: Informationen zum Religionsunterricht 3/1974, Hannover 1974, S. 23–30.

Harmsen, Axel/Dumke, Dietrich/ Hopf, Herbert, Leben in der Schule als Leistung – Kindsein in der Leistungsgesellschaft; in: *Neumann, Karl* (Hg.), Kindsein – Zur Lebenssituation von Kindern in modernen Gesellschaften, Göttingen 1981.

Heidegger, Martin, Vorträge und Aufsätze, Pfullingen 1985.

Heimbrock, Hans-Günter, Martinus Jan Langeveld; in: *Schröer, Henning, Zilleßen, Dietrich* (Hg.), Klassiker der Religionspädagogik, Diesterweg 1989.

Ders., Entwicklung und Erziehung – Zum Forschungsstand der pädagogischen Religionspsychologie; in: *Biehl, Peter* u.a. (Hg.), Jahrbuch der Religionspädagogik 1, Neukirchen-Vluyn 1985.

Ders., Religiöse Urteilsfindung (Oser): Intellektuelle Problembewältigung oder verstehendes Erschließen?; in: *Fraas, Hans-Jürgen/Heimbrock, Hans-Günter*, Religiöse Erziehung und Glaubensentwicklung – Zur Auseinandersetzung mit der kognitiven Religionspsychologie, Göttingen 1986.

Ders., Erfahrung des Leidens – Schule des Glaubens – Plädoyer für ein pathisches Lernverständnis; in: Pastoraltheologie 76, 1987.

Ders., Lern-Wege religiöser Erziehung, Göttingen 1984.

Ders., Religion lernen vor Ort; in: Schönberger Hefte 3/01, Religionsunterricht vor Ort, Kronberg 2002,S. 2–9.

Hilger, Georg, Wahrnehmung und Verlangsamung als religionsdidaktische Kategorien. Überlegungen zu einer ästhetisch inspirierten Religionsdidaktik; in: *Heimbrock, Hans-Günter* (Hg.), Religionspädagogik und Phänomenologie – Von der empirischen Wendung zur Lebenswelt, Weinheim 1998.

Hentig, Hartmut von, Die Schule neu denken, München 1993.

Ders., Ergötzen – Belehren – Befreien: Schriften zur ästhetischen Erziehung, München 1985.

Heumann, Jürgen, Vom Religionsunterricht zum Kulturfach – eine Utopie?; in: Religion heute 43/September 2000, Seelze-Velber 2000, S. 190–197.

Ders., Röller, Dirk, Neue religiöse Lernwege braucht das Land; in: Religion heute 31/September 1997, Seelze-Velber, S. 150–157.

Husserl, Edmund, Die Krisis des europäischen Menschentums und die Philosophie (1935), Weinheim 1995.

Ders., Die Krisis der europäischen Wissenschaften und die transzendentale Phänomenologie (1936), Hamburg 1982.

Jäggle, Martin, Religionspädagogik im Kontext interkulturellen Lernens; in: *Ziebertz, Hans-Georg/Simon, Werner* (Hrsg.), Bilanz der Religionspädagogik, Düsseldorf 1995.

Janssen, Paul, Edmund Husserl, Freiburg/München 1976.

Josuttis, Manfred, Lebenslauf und Passageriten; in: *Egner, Helga* (Hg.), Lebensübergänge oder Der Aufenthalt im Werden, Solothurn und Düsseldorf 1995.

Kaufmann, Hans-Bernhard, Problemorientierter- thematischer Religionsunterricht; in: Religionspädagogisches Werkbuch, Frankfurt 1972.

Kiel, Gerhard, Phänomenologie und Pädagogik; in: Pädagogische Rundschau (Erziehungswissenschaftliche Monatsschrift für Schule und Hochschule), Düsseldorf 1966, 20. Jhg., Bd. 1.

Krings, Hermann/Baumgartner, Hans-Michael/Wild, Christoph, (Hrsg.), Handbuch Philosophischer Grundbegriffe, München 1974.

Kruse, Lenelis, Räumliche Umwelt, Berlin/New York, 1974.

Krüger, Heinz-Hermann, Phänomenologische Pädagogik; in: *Ders.,* Einführung in Theorien und Methoden der Erziehungswissenschaft, Opladen 1997.

Kurz, Wolfram/Sedlak, Franz (Hg.), Kompendium der Logotherapie und Existenzanalyse: Bewährte Grundlagen – Neue Perspektiven, Tübingen 1995.

Lachmann, Rainer, Verständnis und Aufgaben religionsunterrichtlicher Fachdidaktiken; in: *Adam, Gottfried/Lachmann, Rainer* (Hg.), Religionspädagogisches Kompendium, Göttingen 1984.

Laing, Ronald D., Person und Erfahrung; in: *Ders.,* Phänomenologie der Erfahrung, Frankfurt 1969.

Ders., Transzendentale Erfahrung; in: *Ders.,* Phänomenologie der Erfahrung, Frankfurt 1969.

Lange, Günter, Ästhetische Bildung im Horizont religionspädagogischer Reflexion; in: *Ziebertz, Hans-Georg/Simon, Werner* (Hg.), Bilanz der Religionspädagogik, Düsseldorf 1995.

Landgraf, Michael, »Hip-Hop Hurray ...« – Die Jugendkultur des Hip-Hop und RAP im Religionsunterricht; in: Religion heute 32/Dezember 1997, Seelze-Velber 1997, S. 264–267.

Langeveld, Martinus Jan, Das Kind und der Glaube – Einige Vorfragen zu einer Religions-Pädagogik, Braunschweig 1955 (1964).

Ders., Die Schule als Weg des Kindes, Braunschweig 1968.

Ders., Studien zur Anthropologie des Kindes, Tübingen 1968.

Leech, Alison, J.H., Another Look at Phenomenology and Religious Education; in: British Journal of Religious Education, Volume 11, No2, Middlesex 1989.

Leeuw, Gerardus van der, Phänomenologie der Religion, Tübingen 1977.

Lévinas, Emmanuel, Die Spur des Anderen – Untersuchungen zur Phänomenologie und Sozialphilosophie, Freiburg/München 1992.

Ders., Wenn Gott ins Denken einfällt – Diskussion über die Betroffenheit von Transzendenz, Freiburg/München 1988.

Lippitz, Wilfried, »Zu den Sachen selbst« – Phänomenologische Forschungen in der Pädagogik; in: *Ders.,* Phänomenologische Studien in der Pädagogik, Weinheim 1993.

Ders., »Lebenswelt« – kritisch betrachtet: Ein Wort und viele Konzeptionen. Zur Karriere eines Begriffs in der Sozialforschung; in: *Ders.,* Phänomenologische Studien in der Pädagogik, Weinheim 1993.

Ders., Die hermeneutisch-phänomenologische Pädagogik; in: *Gudjons, Herbert/Teske, Rita/Winkel, Rainer* (Hg.), Erziehungswissenschaftliche Theorien, Hamburg 1994.

Ders. und /Meyer-Drawe, Käte, Einige Bemerkungen zur Aktualität und Geschichte phänomenologischen Fragens in der Pädagogik; in: Dies. (Hg.), Lernen und seine Horizonte: Phänomenologische Konzeptionen menschlichen Lernens – didaktische Konsequenzen, Frankfurt 1984.

Ders., Möglichkeiten eines lebensweltlichen Erfahrungsbegriffs im pädagogisch-anthropologischen Denken – dargestellt an Langevelds Pädagogik; in: Pädagogische Rundschau, Frankfurt 1980.

Loch, Werner, Pädagogik, phänomenologische; in: *Lenzen, Dieter* (Hg.), Pädagogische Grundbegriffe, Bd. 2, Hamburg 1989.

Ders., Die Verleugnung des Kindes in der Evangelischen Pädagogik – Zur Aufgabe einer empirischen Anthropologie des kindlichen und jugendlichen Glaubens, Essen 1964.

Ders., Phänomenologische Pädagogik; in: *Lenzen, Dieter/Mollenhauer, Klaus,* Enzyklopädie der Erziehungswissenschaft, Band 1: Theorien und Grundbegriffe der Erziehung und Bildung, Stuttgart 1983.

Lott, Jürgen, Erziehung als Praxis der Freiheit – Paulo Freires Bewusstseinsbildung als Anfrage der Theorie und Praxis der (kirchlichen) Erwachsenenbildung; in: *Otto, Gert* (Hg.), Theologia Practica XI, Hamburg 1976.

Ders., Erfahrung – Religion – Glaube; in: *Lott, Jürgen,* Erfahrung – Religion – Glaube: Probleme, Konzepte und Perspektiven religionspädagogischen Handelns in Schule und Gemeinde, Weinheim 1991.

Lotz, Thomas A., Viertel nach zwölf bis eins: Gott usw. – Religion und Lebenswelt in der Schule; in: *Heimbrock, Hans-Günter* (Hg.), Religionspädagogik und Phänomeenologie – Von der empirischen Wendung zur Lebenswelt, Weinheim 1995.

Luther, Henning, Religion und Alltag – Bausteine zu einer Praktischen Theologie des Subjekts, Stuttgart 1992.

Maurer, Friedemann, Die Wahrheit der Phänomene. Über ästhetische Wahrnehmung als Welthingabe; in: *Duncker, Ludwig/Maurer, Friedemann/Schäfer, Gerd E.,* (Hg.), Kindliche Phantasie und ästhetische Erfahrung – Wirklichkeiten zwischen Ich und Welt, Langenau-Ulm 1990.

Ders., Lebensgeschichte und Lernen; in: *Jeggle, Utz, Loch, Werner* u.a., Lebensgeschichte und Identität, Beiträge zu einer biographischen Anthropologie, Frankfurt 1981.

Ders., Räumliche Umwelt und Identität; in: Wege zum Menschen, Monatsschrift für Arzt und Seelsorger, Erzieher, Psychologen und soziale Berufe, 34. Jg., Göttingen 1982.

Marx, Werner, Die Phänomenologie Edmund Husserls, München 1987.

Merleau-Ponty, Maurice, Phänomenologie der Wahrnehmung, Berlin 1966.

Meyer-Drawe, Käte, Phänomenologische Konzeptionen einer Genealogie der Sozialität in der Pädagogik; in: Dies., Leiblichkeit und Sozialität, München 1987.

Dies., Versuch einer Skizze der Genealogie von Sozialität; in: Dies., Leiblichkeit und Sozialität, München 1987.

Dies., Lernen als Umlernen; in: *Lippitz, Wilfried/Meyer-Drawe, Käte,* Lernen und seine Horizonte – Phänomenologische Konzeptionen menschlichen Lernens – didaktische Konsequenzen, Frankfurt 1984.

Mitscherlich, Alexander, Die Unwirtlichkeit unserer Städte: Anstiftung zum Unfrieden, Frankfurt 1969.

Morgenthaler, Christoph, Sozialisation und Religion – Sozialwissenschaftliche Materialien zur religionspädagogischen Theoriebildung, Gütersloh 1976.

Müller, A.M. Klaus, Wende der Wahrnehmung – Erwägungen zur Grundlagenkritik in Physik, Medizin, Pädagogik und Theologie, München 1978.

Neidhart, Walter, Psychologie des Religionsunterrichts, Zürich 1967.

Ders., Die Glaubensstufen von James W. Fowler und die Bedürfnislage des Religionspädagogen; in: *Fraas, Hans-Jürgen/Heimbrock, Hans-Günter* (Hg.), Religiöse Erziehung und Glaubensentwicklung – Zur Auseinandersetzung mit der kognitiven Psychologie, Göttingen 1986.

Oser, Fritz/Gmünder, Paul, Stufen des religiösen Urteils; in: Wege zum Menschen, Monatsschrift für Arzt und Seelsorger, Erzieher, Psychologe und soziale Berufe, Göttingen 1980.

Ders., Zur Entwicklung kognitiver Stufen des religiösen Urteils; in: *Stachel, Günter* (Hg.), Sozialisation, Identitätsfindung, Glaubenserfahrung, Zürich 1974.

Pädagogik 4/1991, Öffnung von Schule, Beltz, Weinheim 1991.

Peukert, Helmut, Bildung als Wahrnehmung des Anderen – Der Dialog im Bildungsdenken der Moderne; in: *Lohmann, Ingrid/Weiße, Wolfram* (Hg.), Dialog zwischen den Kulturen – erziehungshistorische und religionspädagogische Gesichtspunkte interkultureller Bildung, Münster 1994.

Pirner, Manfred L., Heilige Höschen – Religion und Erotik in der Populärkultur: »Viva Maria« – Mode und ihre Vermarktung; in: Religion heute 42/Juni 2000, Seelze-Velber 2000, S. 92–97.

Reiser, Helmut, Identität und religiöse Einstellung – Grundlagen zu einem schülerorientierten Religionsunterricht, Hamburg 1972.

Reents, Christine, Kunst im Gespräch mit der Religion: Apokalyptische Warnungen des Malers Franz Radziwill; in: Religion heute 6/Juni 1991, Seelze-Velber, S. 138–143.

Rinderknecht, Hans-Jürgen/ Zeller, Konrad, Methodik christlicher Unterweisung, Zürich 1936, 1968.

Roth, Heinrich, Die realistische Wendung in der Pädagogischen Forschung; in: Neue Sammlung, Göttinger Blätter für Kultur und Erziehung, Göttingen 1962.

Rumpf, Horst, Schule für morgen: Abschied vom Bescheidwissen – Über Bildung und Sterblichkeit; in: Katechetische Blätter, München 1994 (119. Jhg.).

Ders., Unterricht und Identität – Perspektiven für ein humanes Lernen, München 1976.

Ders., Die Fruchtbarkeit der phänomenologischen Aufmerksamkeit für Erziehungsforschung und Erziehungspraxis; in: *Herzog, Max/Graumann, Carl F.* (Hg.), Sinn und Erfahrung – Phänomenologische Methoden in den Humanwissenschaften, Heidelberg 1991.

Sommer, Manfred, Der Alltagsbegriff in der Phänomenologie und seine gegenwärtige Rezeption in den Sozialwissenschaften; in: *Lenzen, Dieter* (Hg.) Pädagogik und Alltag: Methoden und Ergebnisse alltagsorientierter Forschung, Stuttgart 1980.

Söllner, Werner, Kopfland. Passagen, Gedichte, Frankfurt 1988.

Schröer, Henning, Höhenluft und Erdenschwere: Alltagsorientierte Religionspädagogik oder Rückkehr zur Phänomenologie?; in: Evangelischer Erzieher 36 (1984).

Schweitzer, Friedrich, Religion und Entwicklung; in: Wege zum Menschen – Monatsschrift für Arzt und Seelsorger, Erzieher, Psychologe und soziale Berufe, Göttingen 1985.

Ders., Lebensgeschichte und Religion – Religiöse Entwicklung und Erziehung im Kindes- und Jugendalter, Gütersloh 1994.

Stachel, Günter, Lernziele und Religionsunterricht; in: *Heinemann, Horst /Stachel, Günter/Vierzig, Siegfried*, Lernziele und Religionsunterricht, Zürich 1970.

Stoodt, Dieter, Religiöse Sozialisation und emanzipiertes Ich; in: *Dahm, Karl-Wilhelm, Luhmann, Niklas, Stoodt, Dieter*, Religion, System und Sozialisation, Darmstadt 1972.

Ders., Die Praxis der Interaktion im Religionsunterricht; in: Der Evangelische Erzieher, Frankfurt 1972.

Ders., Von der religiösen Erziehung zur religiösen Entwicklung; in: *Arndt, Manfred* (Hrsg.), Religiöse Sozialisation, Stuttgart 1975.

Strasser, Stephan, Phänomenologie und Erfahrungswissenschaft vom Menschen, Berlin 1964.

Ströker, Elisabeth, Philosophische Untersuchungen zum Raum, Frankfurt 1977.

Sturm, Wilhelm, Religionspädagogische Konzeptionen; in: *Adam, Gottfried/ Lachmann, Rainer*, Religionspädagogisches Kompendium, Göttingen 1997.

Taureck, Bernhard H.F., Emmanuel Lévinas, Hamburg 1997.

Thema: Wahrnehmen; in: Berufsschulreligionsunterricht (BRU) – Magazin für die Arbeit mit Berufsschülern, Villigst o.J.

Vierzig, Siegfried/Kreis, Ernst, Lernziele des Religionsunterrichts. Versuch einer Systematisierung; in: *Heinemann, Horst/Stachel, Günter/Vierzig, Siegfried*, Lernziele und Religionsunterricht, Zürich 1970.

Ders., Religion und Emanzipation; in: Informationen zum Religionsunterricht 3+4 1970, Pädagogisch- Theologisches Institut Kassel, Kassel 1970, S. 4–7.

Ders., Politische Theologie; in: Informationen zum Religionsunterricht 2/1974, Hannover 1974, S. 32–38.

Waldenfels, Bernhard, Lebenswelt zwischen Alltäglichem und Unalltäglichem; in: *Jammer, Christoph/Poggeler, Otto* (Hg.), Phänomenologie im Widerstreit, Frankfurt 1989.

Ders., Phänomenologie unter eidetischen, transzendentalen und strukturalen Gesichtspunkten; in: *Herzog, Max/Graumann, Carl-Friedrich*, Sinn und Erfahrung: Phänomenologische Methoden in den Humanwissenschaften, Heidelberg 1991.

Ders., Artikel Wahrnehmung; in: *Krings, Hermann/Baumgartner, Hans Michael/Wild, Christoph* (Hrsg.), Handbuch philosophischer Grundbegriffe, Bd. III, München 1974.

Ders., Einführung in die Phänomenologie, München 1992.

Ders., In den Netzen der Lebenswelt, Frankfurt 1994.

Ders., Der Stachel des Fremden, Frankfurt 1990.

Ders., Topographie des Fremden, Frankfurt 1997.

Wegenast, Klaus, Die empirische Wendung in der Religionspädagogik; in: Der Evangelische Erzieher, Frankfurt 20. Jg. 1968.

Wetz, Franz Josef, Edmund Husserl, Frankfurt 1995.

Ziebertz, Hans-Georg/ Simon, Werner, Bilanz der Religionspädagogik, Düsseldorf 1995.

Zilleßen, Dietrich (Hg.), Religionspädagogisches Werkbuch, Frankfurt 1972.

Ders., Religionspädagogische Lernwege der Wahrnehmung; in: *Zilleßen, Dietrich/Alkier, Stefan* (Hg.), Praktisch-theologische Hermeneutik, Rheinbach-Merzbach 1991.

Dittmar Werner, geb. 1949 in Kassel-Niederzwehren. Lehrer am Prälat-Diehl-Gymnasium in Groß-Gerau für Englisch, Evangelische Religion, Ethik und Philosophie.

Veröffentlichungen

Religion:

»Erziehung«, Arbeitsmaterial Religion, Sekundarstufe II, Diesterweg 1990.
Materialien und Stundenblätter zu »Frau und Mann - Ein Kapitel feministischer Theologie«, Klett 1993.
»Glaube und Naturwissenschaft« - Abitur-Wissen Religion, Stark 1999.

Philosophie/Ethik:

»Alltag und Lebenswelt: Perspektiven einer didaktischen Phänomenologie«, in: Zeitschrift für Didaktik der Philosophie und Ethik, Transformationen: Denkrichtungen der Philosophie und Methoden des Unterrichts, Heft 2/2000, Siebert, Hannover 2000.
»Didaktische und methodische Grundfiguren für einen phänomenologisch ausgerichteten Philosophieunterricht«, in: J. Rohbeck (Hg.), Philosophische Denkrichtungen, Dresdner Heft für Philosophie, Dresden, Thelem 2001.
»Lebenswelt und Ästhetik in didaktischer Absicht«, in: Ästhetik und Alltagswelt, Zeitschrift für Didaktik der Philosophie und Ethik, Heft 4/2004, Siebert, Hannover 2004.
»Alltag und Lebenswelt: Phänomenologische Erkundungen zur Religionspädagogik – Ethik und Philosophie in bildungstheoretischer und unterrichtspraktischer Ausrichtung«, Thelem 2005.

Alltag und Lebenswelt machen die grundlegenden didaktischen und methodischen Kategorien des vorliegenden Projekts aus, mit denen eine Neuorientierung in bildungstheoretischer als auch in unterrichtspraktischer Hinsicht sowohl für den Religions- wie den Ethik- und Philosophieunterricht möglich wird. Unter Bezug auf den Lebensweltansatz in der Phänomenologie Edmund Husserls verdeutlichen die vorliegenden Abhandlungen zur phänomenologisch ausgerichteten Pädagogik die Bedeutsamkeit eines subjektorientierten Bildungsverständnisses und von erfahrungshaltigen Unterrichtsprozessen. Von daher erweisen sich für das *Alltags- und Lebensweltkonzept* dieser Arbeit wissenschaftstheoretische, aber besonders unterrichtspraktische Konkretisierungen als tragende Säulen einer zukunftsfähigen phänomenologischen Bildung und Didaktik.